二十一世纪普通高等院校实用规划教材　经济管理系列

客户关系管理

林建宗　主　编

清华大学出版社

北　京

内 容 简 介

本书围绕如何策划并实践企业客户关系管理这一主线，阐述客户关系管理的相关理论、实施方法和技术应用，着重 CRM 的商务模式策划能力以及 CRM 软件系统实施控制能力的培养。全书较为系统地阐述了客户关系管理的相关理论、战略制定、关键环节、项目实施、流程设计、系统构建、客户服务中心、数据分析与商业智能以及绩效评价 CRM 和其他应用系统的集成整合等相关内容。本书力求内容翔实、结构合理，注重理论与实践相结合。

本书适用于应用型高等院校的电子商务、市场营销、企业管理以及其他经济管理类专业的专科和本科的教学，也可以作为 MBA 教材，还可供各领域、各行业的实际管理工作者阅读参考。

图书在版编目(CIP)数据

客户关系管理/林建宗主编. --北京：清华大学出版社，2011.2（2017.3 重印）
(二十一世纪普通高等院校实用规划教材　经济管理系列)
ISBN 978-7-302-24757-9

Ⅰ. ①客…　Ⅱ. ①林…　Ⅲ. ①企业管理：供销管理　Ⅳ. ①F274

中国版本图书馆 CIP 数据核字(2011)第 007756 号

责任编辑：彭　欣　秦　甲
封面设计：山鹰工作室
版式设计：杨玉兰
责任校对：周剑云
责任印制：杨　艳

出版发行：清华大学出版社
网　　址：http://www.tup.com.cn，http://www.wqbook.com
地　　址：北京清华大学学研大厦 A 座　　**邮　　编**：100084
社 总 机：010-62770175　　**邮　　购**：010-62786544
投稿与读者服务：010-62776969，c-service@tup.tsinghua.edu.cn
质 量 反 馈：010-62772015，zhiliang@tup.tsinghua.edu.cn
印 装 者：北京鑫海金澳胶印有限公司
经　　销：全国新华书店
开　　本：185mm×230mm　　**印　张**：24　　**字　　数**：518 千字
版　　次：2011 年 2 月第 1 版　　**印　　次**：2017 年 3 月第 8 次印刷
印　　数：13501～15500
定　　价：39.00 元

产品编号：038244-01

前　言

客户资源已成为企业最重要的资源之一，当今企业的竞争已经从过去的以产品竞争为中心转向以客户竞争为中心。客户关系管理已经成为企业扩大市场占有率、提升企业运营效率、增强核心竞争力的重要手段之一。信息技术的发展更使客户关系管理的理念得以进一步地成功实践。在客户关系管理中，企业以客户为中心，通过业务流程的优化重组和组织架构的重构，创新商业模式，实现企业的可持续发展。正因为如此，目前企业对客户关系管理的应用热情高涨，然而失败者依然为数不少。尽管失败的原因多种多样，但有一点是明确的，即很多企业并不清楚应如何完整地策划以客户关系管理为基础的商业模式，也不清楚该如何长期推进客户关系管理的实践活动。优秀的客户关系管理人才依然缺少。作者正是为解决这个问题而编写本书，希望能为企业的客户关系管理实践提供有益的帮助。

编写本书的作者长期从事企业经营管理的工作，有较丰富的客户关系管理的实践经验和工作体会。虽然本书是为高等院校的教学而编写，但全书紧紧围绕如何策划并实践企业客户关系管理这一主线，简述客户关系管理的相关理论、实施方法及技术应用，着重 CRM 的商业模式策划能力，以及 CRM 软件系统实施控制能力的培养。因此通过本书的学习，读者可以初步掌握如何策划并实践客户关系管理的思路和方法。本书力求内容翔实、结构合理，注重理论与实践相结合。本书主要针对应用型高等院校的电子商务、市场营销、企业管理以及其他经济管理类专业的专科和本科的教学，也可以作为 MBA 教材，还可供各领域、各行业的实际管理工作者阅读参考。

本书由厦门理工学院的林建宗老师负责全书的整体策划、编著和最后的统稿及修改。参与本书编写的作者还有厦门理工学院的蔡志文、杨烜会、邵其赶老师，长春工程学院的任长虹老师，上海迪锐信息科技有限公司的营销经理蒋兰艳。具体分工如下：第 1 章客户关系管理概述(林建宗)；第 2 章 CRM 的相关理论(林建宗)；第 3 章 CRM 的战略制定(林建宗)；第 4 章 CRM 的关键环节(邵其赶)；第 5 章 CRM 的项目实施(林建宗)；第 6 章 CRM 的流程设计(蒋兰艳)；第 7 章 CRM 系统(任长虹、蒋兰艳、林建宗)；第 8 章客户服务中心(蔡志文、林建宗)；第 9 章数据分析与商业智能(杨烜会)；第 10 章 CRM 与其他系统的整合(林建宗、任长虹)；第 11 章 CRM 的绩效评价(蔡志文、林建宗)。

在此，对关心本书编写的各位专家及读者表示感谢，对在写作本书过程中所参考的专著、教材、论文的作者深表谢意。另外，在本书的写作过程中，通过互联网检索并收集了大量的文献资料，所检索的主要网站已在参考文献中列出，由于部分网站上文献资料的原始出处标注不甚清楚，本书在引用参考时可能遗漏或无法标注原作者及来源信息，在此深表歉意。

客户关系管理的理论及实践仍然处于不断发展的过程中，一是理论研究还在进一步的深入；二是企业的实践还处在不断的探索之中，特别是国内企业的客户关系管理实践还需进一步的实践探索和理论总结。再加上本书作者的企业实践和理论水平的欠缺，书中难免存在疏漏和不足之处，甚至是错误，敬请广大读者批评指正。本书是厦门理工学院教材建议基金资助项目。另外，如需教学课件，请发邮件(Jianzonglin@xmut.edu.cn)联系本书作者。

目　录

第 1 章 客户关系管理概述

教学目标

- 了解客户关系管理的发展历程及其未来的发展趋势。
- 熟悉哪些方面的因素驱动客户关系管理的形成与发展。
- 掌握客户关系管理的内涵及其功能。

1.1 客户关系管理的发展历程

随着社会生产力的不断提高，其逐步改变了社会生产能力的不足和商品短缺的局面，商品及其丰富甚至过剩。在这种情况下，消费者的选择余地和选择权力显著增强，同时出现了消费者对个性化的强烈需求。因此，企业为了生存，必须完整地掌握客户信息、准确把握客户需求、快速响应市场、提供便捷的购买渠道和完善的客户服务，以提高客户的满意度和忠诚度，使得客户关系管理(customer relationship management，CRM)得到迅速提升。

1.1.1 CRM 的发展历程

最早发展 CRM 的国家是美国，1980 年初，就有所谓的“接触管理”(contact management)，即专门收集客户与企业联系的所有信息；1985 年，巴巴拉・本・杰克逊(Barbara B. Jackson)提出了关系营销的概念，使人们对市场营销理论的研究又迈上了一个新的台阶；到 1990 年则演变成包括电话服务中心支持资料分析的客户关怀(customer care)；1999 年，加特纳(Gartner Group)公司提出 CRM 的概念。

1. 接触管理

从 20 世纪 80 年代初开始，美国就有了以专门收集客户与企业联系信息的接触管理。到 20 世纪 80 年代中期，为了降低成本、提高效率、增强企业竞争力，许多企业进行了业务流程的重新设计。为了对业务流程的重组提供技术支持，许多企业采用了企业资源计划(enterprise resource planning，ERP)。一方面，ERP 提高了企业内部业务流程的自动化程度，使员工从日常事务中解放出来；另一方面，ERP 的实施也促进了对原有业务流程的优化。由此，企业完成了提高内部运作效率和质量的任务，可以有更多的精力关注企业与外部相关利益者的互动，以便抓住更多的商业机会。然而，由于 ERP 更多的是关注企业内部流程，外部客户所反映的问题不能得到及时合理的解决，因此 CRM 应运而生。最初 CRM 的应用范围较窄，主要是针对部门间的解决方案，如销售自动化(sales force automation，SFA)和客户服务与支持(customer service&support，CS&S)。

2. 关系营销

1985 年，巴巴拉·本·杰克逊提出了关系营销的概念，使人们对市场营销理论的研究又迈上了一个新的台阶。关系营销理论一经提出，便迅速风靡全球，杰克逊也因此成了美国营销界备受瞩目的人物。科特勒评价说，“杰克逊的贡献在于，他使我们了解到关系营销将使企业获得较之前在交易营销中所得到的更多。”

关系营销的本质在于通过与客户间的双向沟通，了解客户的需求，与客户建立一种相互信赖的合作关系，并通过这种关系的长期稳定发展，实现客户与企业的利益最大化。关系营销为 CRM 奠定了坚实的理论基础。

3. 客户关怀

20 世纪 90 年代初，接触管理演变成包括电话服务中心、客户数据库以及具有数据分析能力的客户服务功能在内的客户关怀。客户关怀贯穿了市场营销的所有环节，包括：客户服务(向客户提供产品信息和服务建议等)、产品质量(应符合有关标准、适合客户使用、保证安全可靠)、服务质量(指与企业接触的过程中客户的体验)、售后服务(包括售后的查询和投诉，以及维护和修理)。

4. 呼叫中心

20 世纪 90 年代中期，一些企业开始将 SFA 和 CS&S 两个系统合并起来，再加上营销策划(marketing)、现场服务(field service)，并集成计算机电话集成技术(CTI)，形成集销售和服务于一体的呼叫中心(call center)。这是一种具备交互功能的整体解决方案，它将企业内部数据处理、销售跟踪、外部市场、客户服务等融为一体，为企业营销和销售人员提供及时全面的客户信息。通过这样的解决方案，能够清晰地了解客户的需求和购买情况，方便为客户提供相应服务。

5. CRM 的理念与战略

从 20 世纪 90 年代后期开始一直到现在，在呼叫中心的基础上，进一步加强整个系统的数据管理能力和分析能力，并添加新功能模块，才逐步形成了今天所熟知的 CRM。特别是 Gartner Group 公司正式提出 CRM 的概念以后，CRM 受到学者、企业和政府的高度重视，被提升到企业的管理理念的战略高度。CRM 的目的在于建立一个系统，使企业在客户服务、市场竞争、销售及支持方面形成彼此协调的全新的关系实体，为企业带来长久的竞争优势。

CRM 理念和管理机制的形成，使传统上“以产品为中心”的运营模式和营销体系转向“以客户为中心”，如表 1-1、表 1-2 所示。

表1-1　“以产品为中心”到“以客户为中心”的营销体系演变

策　略	产品中心制	客户中心制
营销策略	从产品出发 推销产品给更多的客户 尽力争取让客户多买	从客户出发 发现消费者最想购买什么 区分出有价值的客户
产品策略	生产产品较少考虑客户感受	生产产品更多地考虑客户感受
价格策略	根据销售成本定价	根据客户认知成本定价
渠道策略	厂家→批发商→零售商→客户	直接和客户接触
沟通策略	根据既定方针或预先安排行动 较少和客户沟通，不通畅和交流迟缓	客户实时地参与互动，反馈信息

表1-2　“以产品为中心”到“以客户为中心”的营运模式演变

模　式	产品价值主导	客户需求主导
营运模式	内向生产能力维持型	外向市场驱动型
市场营销	交易型营销 单向的推销式营销 市场响应速度慢	关系型营销 “一对一”营销 实时、互动营销，快速响应
销售实现	主要是销售部门的参与	企业各业务部门协同的销售
客户服务	被动服务 将服务视为成本来源	主动式、个性化的服务 服务转化为利润来源
策略分析	客户数据不完整 无法作全面的分析	统一的客户数据基础上的全面分析 定量、定性、即时分析

1.1.2　CRM技术系统的发展历程

从CRM软件近十几年的发展演变可以看到，它的每一步发展均与企业所处竞争环境的变化和信息技术的发展息息相关，是一个渐进的发展历程。通过逐步的完善并最终形成了目前的CRM整体框架，其发展历程可分为以下五个阶段。

1. 早期自行开发阶段

一些拥有庞大客户资源的大型企业意识到要将客户信息作为档案进行记录和分析，并逐步考虑利用计算机进行存储和管理，因此这类企业一般都自行开发了供部分人员使用的相关管理系统。虽然这些信息管理系统非常简单，信息也不够齐全，但已经运用计算机来管理客户的部分信息，所以可以认为是最早的客户信息系统。

2. 个体运用阶段

市场上出现第三方 CRM 软件供应商，可以提供对联系人进行管理的单机应用软件，用于记录个人管理的客户信息和联系方式，但仅供销售人员个体使用。对于个体来讲，这些 CRM 软件的使用非常简单，但信息的完整性已经得到逐步提高，便于企业自身更有效地安排时间，以及便于与客户之间的交流和沟通。存在的主要问题是资料无法共享、软件功能过于简单等。

3. 销售数据集中管理阶段

一些企业意识到，客户信息资料的分散管理影响企业对业务整体控制以及销售自动化应用的推广，于是开始考虑把个体手中的数据信息应用到整个销售组织。因此建立了集中式客户数据库，首次实现了客户信息的全局管理，通过销售人员输入相关客户信息、进行销售分析和预测，达到销售自动化。但这个阶段所利用的客户数据并不全面，仅含有销售信息，缺乏营销和服务等其他与客户相关的信息。

4. 客户服务系统与客户服务中心阶段

企业开始考虑销售以外的客户管理，以便收集销售行为以外的客户信息资料，增加企业对客户的进一步了解，于是产生了客户服务系统。与此同时，计算机电话集成技术的研发与应用以及互联网应用技术的快速发展，为企业提供了多元化的接入方式，提高了服务效率和质量，最终形成了客户服务中心的服务模式。此阶段仅能实现统一入口和记录服务信息，但无法充分利用数据资源。

5. CRM 系统集成阶段

企业逐步意识到分散的数据无法发挥应有的作用，便开始着手将企业原有的销售自动化系统、客户服务系统、客户服务中心进行科学的整合。再加入营销与现场服务功能，合并所有客户信息，统一客户数据的管理，达到对客户信息实行全面有效的分析和挖掘的能力，形成了全新的企业应用解决方案，也就是现在的 CRM 系统。

1.2 CRM 的驱动因素

CRM 兴起的主要驱动因素有五个方面：消费者(客户)驱动因素、市场竞争驱动因素、企业驱动因素、技术驱动因素以及营销理论驱动因素。

1.2.1 客户驱动因素

客户购买行为和选择权的变化是 CRM 的主要驱动因素之一。在工业化时代，客户的购买行为可以分为以下三个阶段。

1. 理性消费阶段

工业化初期，社会生产力尚不发达，物质财富不能完全满足人们的需求。由于人们的收入水平相对较低，因此消费行为十分理智，产品的价格和质量则是客户消费所考虑的主要因素。这一阶段客户的价值选择标准是“好”与“差”。

2. 感性消费阶段

随着社会生产力、人们的收入和物质生活水平的提高，客户消费的标准不再仅仅考虑价格和质量，而是更注重产品的品牌、外观及购买的便利性，有时仅仅是因为“喜欢”而购买。因此，企业和产品的形象、购买的便利性也成为了影响客户消费的主要因素。这一阶段客户的价值选择标准是“喜欢”与“不喜欢”。

3. 情感消费阶段

在这一阶段，客户的消费不再仅仅考虑产品的价格、质量、品牌、便利性等因素，而是更加关注产品的附加值(包括售后服务和客户关怀)、客户与企业间的相互信任、个性化需求的满足程度等因素。这一阶段客户的价值选择标准是“满意”与“不满意”。

从上述客户购买行为的变化中可以看出，客户的消费观念逐步向外在化和个性化的方向发展，精神消费和心理消费的要求越来越高。因此，不可避免地要求企业与客户间有更多的沟通与交流，企业需要更加注重与客户之间的关系。

1.2.2　市场竞争驱动因素

激烈的市场竞争是驱动 CRM 发展的直接原因，主要体现在以下三个方面。

1. 竞争的全球化

随着世界经济一体化进程的发展，企业越来越难以得到地方和国家的保护，他们要面对国内、国外两个市场的激烈竞争。失去“保护”的企业必须让客户满意，才能赢得客户忠诚，才能生存下去。

2. 服务更体现竞争力

在竞争日趋激烈的市场，产品质量和特征日渐趋同，仅仅依靠好的产品，已不足以使企业具有差异化的竞争优势。只有服务才能体现差异化，是形成有效竞争力的关键，企业通过服务才能与客户建立长久稳固的关系。

3. 客户资源竞争激烈

越来越多的企业意识到客户资源是形成企业核心竞争力的核心资源。在网络经济时代，

"注意力"是关键，客户已经成为企业间相互竞争的稀缺资源，特别是一些电子商务企业，客户数量的多少直接决定了其生存的价值。另外，忠诚的客户关系具有相对的稳定性，能够消除环境变化给企业带来的冲击。

因此，基于市场激烈竞争的现实，许多企业将 CRM 作为一项长期的战略任务，以寻求新的差别化竞争优势。

1.2.3 企业驱动因素

企业对 CRM 的迫切需要主要体现在以下四个方面。

1. 整合客户信息资源

分散的客户信息资源导致企业客户服务的效率低下。如果将客户的主文件管理、地址管理、交易信息与合同管理、服务请求管理、应收账款管理等分散在各个应用系统的模块中，那么企业就无法对客户整体情况有一个及时完整的了解，无法向客户提供满意的服务，企业内部也会出现很多重复的、内耗式的无效劳动。因此，通过 CRM，整合客户信息资源、建立统一的客户信息库，对企业是至关重要的。

2. 采集、存储、处理和输出客户信息资源

企业内部需要一个能够有效地采集、存储、处理和输出客户信息，并能及时更新客户信息的软件系统，否则，难以保证客户信息的准确、完整和可用。如果客户信息库中存在大量"脏"数据，那么客户信息库的价值将大大降低，甚至导致误导企业行为的情况发生。先进的 CRM 系统能够有效地解决客户信息资源的采集、存储、处理和输出的问题。

3. 有效地管理企业客户资源

有些企业由于没有通过有效的 CRM 系统集中管理客户信息资源，客户信息分别掌握在各销售人员手中，一旦销售人员离职，将会带走许多业务，导致业务量的不稳定以及对客户服务的中断，这是目前许多企业客户流失的重要原因之一。正确的做法应该是企业集中管理客户信息资源，以企业的运作规划和标准统一服务客户，将销售人员的"私有客户资源"变成企业资源。要实现这一目标，就必须采用 CRM。

4. 传统企业在营销、销售和服务领域存在诸多弊端

企业对 CRM 的需求除上述方面之外，传统企业在营销、销售和服务领域存在的各种弊端也是推动企业采用 CRM 的重要因素。可以列举出以下三方面的弊端。[①]

1) 企业层面

(1) 多个分散的数据库与手工操作：数据重复输入；人工出错概率很高；存在多个版本

① 何荣勤. CRM 原理•设计•实践(第 2 版). 北京：电子工业出版社，2006.

的客户资料、客户信息不一致；企业内部对有关客户资源(包括员工、文档等)的利用效率极低；无法快速解决各种客户问题；大量纸面汇报，难以管理。

(2) 部门间的计算机应用系统缺乏集成：业务流程和业务目标之间无法协调一致；产品销售到售后服务之间没有顺利交接；合同和保修期管理不善；遗漏客户应付款项的现象严重；客户付款无法及时缴付；存在客户付款争议；配件生产和库存无协调。

2) 现场服务

(1) 对上门服务的盈亏情况无法有效跟踪：材料、时间和费用难于核算；忘记对超过保修期的服务收费；未充分利用现场销售机会。

(2) 不能有效管理服务配件库存：过量库存导致占用资金太多；库存不足导致过高的购买成本；对零配件的移动(仓库、现场、维修中心等)跟踪不力。

(3) 不必要的现场访问：服务请求信息不准确导致多余访问；现场技术人员同服务分配管理人员存在沟通障碍；对技术人员的技术能力、工作量、工作地点无法有效跟踪；第一次服务不成功率高，导致重复访问。

(4) 其他客户不满意的问题：不清楚合同规定的服务时间；不清楚最长设备故障时间；忘记例行设备检查。

3) 客户服务

(1) 对客户请求的回复缓慢。

(2) 第一次问题解决成功率低。

(3) 没有有效的解决问题的帮助工具，体现在缺乏以下信息和管理：客户数据、销售历史；产品信息；收费信息；保修期和服务等级信息；对话脚本信息；维修历史信息；知识管理。

(4) 丧失在进行客户服务时的潜在销售机会，体现在缺乏以下信息和管理：价格信息；营销信息；交叉销售、销售提升和销售对话脚本信息；退货、换货以及产品升级处理；知识管理。

(5) 对多种联系方式无法提供一致的回复，例如，电话、传真、电子邮件、互联网等。

4) 销售和营销

(1) 多种销售工具混合使用，阻碍销售目标的统一，使得效率低下：销售人员使用不同的联系人管理工具；没有数据统合与共享；管理人员数据收集、整理以及分析预测困难；销售方法难以管理和更改；销售的有效性无法评估；销售机会难于监控；团队销售能力低。

(2) 以下的事务管理占用时间太长：销售汇报与预测；开支费用报告；旅行计划制定；通讯、文本资料的准备；销售建议和建议请求的准备。

(3) 没有合适的工具用于调用其他系统功能：促销活动；售后客户记录与销售历史；售后客户交互活动(呼叫中心、现场服务、自助服务等)。

以上所列举的问题不同程度存在于各类企业的日常经营活动中，为解决这些问题，迫切地需要运用 CRM 以实现对客户的满意服务。

1.2.4 技术驱动因素

信息技术的进步是CRM得以成功实践的关键，没有信息技术的支持，CRM的许多理念将无法实现。

1. 信息技术增强管理客户信息的能力

信息技术包括智能化工具，如知识发现、数据挖掘、数据仓库和计算机网络集成技术等，是CRM的使能者。没有信息技术的支撑，CRM可能还停留在早期的关系营销和关系管理阶段。正是因为信息技术的出现，使得企业能够有效地分析客户数据，积累和共享客户知识，根据不同客户的偏好和特性提供相应的服务，提高客户价值。同时，信息技术也可以辅助企业识别具有不同关系价值的客户关系，针对不同的客户关系采用不同的策略，从而实现客户价值最大化和企业利润最大化之间的平衡。

2. 信息技术丰富客户交流的多样性

信息技术的发展造就与客户信息交流的多样性。一方面，客户可以通过电话、传真、电子邮件及互联网上的语音或视频浏览企业情况，向企业发出服务请求和抱怨投诉等；另一方面，企业利用先进的信息技术，整合各客户接触点，可以更加方便及时地向客户提供个性化的服务。没有信息技术的支持，就不会有现代呼叫中心的出现。

3. 信息技术促进生产的柔性与协同

满足客户个性化需求是现代市场竞争的一个重要特征，也是CRM的核心之一。传统的刚性生产线是专门为一种产品的生产所设计的，不能满足多样化和个性化的客户需求。通过信息技术对客户需求、企业资源、流程设计和现场管理进行有效的集成是实现柔性生产的基础。另外，通过信息技术的应用，将客户引入到企业的设计与生产的活动中，形成有效协同。增强对客户需求的把握能力，有效地增强客户的价值感知，同时也能大大增强企业的灵活性和应变能力，快速满足客户对产品/服务的多变性和个性化的需求。

总体而言，信息技术的发展使许多现代营销理念得以实现，同时信息技术也促进营销理念和营销方式的变革，这种变革加速了“市场权力”向客户转移的进程，进而也推动了CRM的发展。另外，CRM软件市场的发展与成熟，也是推动企业实践CRM的重要因素。

1.2.5 理论驱动因素

进入信息时代，数据库营销、关系营销和“一对一”营销等营销理论的变革与实践为CRM奠定了坚实的理论基础，并促进CRM的发展。例如，CRM秉承现代市场营销学“以客户为中心”的核心理念；CRM根据整合营销的理念，整合不同的客户接触点，整合各种营销工具和手段，建立跨部门、跨业务、跨地区的统一客户信息资源，进行系统化管理，实现团队协作，以一致性的信息支持营销传播和客户服务；CRM 基于关系营销的核心思想，依靠强大的数据处理能力，了解客户的价格选择、渠道偏好、消费习惯等，并及时将客户的需求反映到设计中心和生产中心，向客户提供个性化的产品/服务，奠定企业和客户建立良好关系的基础；CRM 融合网络营销的功能和优势，利用网络化连接，支持客户在线交易，实现随时随地的客户查询、客户反馈与服务跟踪等，随时了解客户需求，把握新的客户机会；CRM 的互动功能使信息的发出与及时反馈能够很好地结合在一起，实现双向沟通，便捷客户联系与服务。

总而言之，大部分的 CRM 思想都能够从现代营销理论中找到依据。CRM 思想是现代市场营销核心理念的体现和延伸，同时 CRM 又是信息技术与营销、服务相互结合的产物，并将相应的现代营销理念应用于 CRM 软件系统的实现。应该说，营销理论的成熟与完善为 CRM 体系的“成型”奠定了基础，而 CRM 则是现代营销理论的进一步扩展与升华。

就 CRM 的驱动因素而言，客户和市场因素是 CRM 形成的外部动力，企业因素是推动 CRM 实践的内部力量，信息技术为 CRM 的实现提供可能性，现代营销理论和实践是 CRM 创新的思想源泉。

1.3　CRM 的内涵及功能

1.3.1　客户及客户关系

1. 客户的概念

本书将客户当成一种通用的、大众化的、广义的概念加以使用，因此并不需要与消费者、用户、顾客等概念进行严格区分。消费者、用户和顾客都可能是企业现有的和潜在的客户。我们可以对客户的类型做以下四种分类。

1) B2C 客户

B2C 客户是指购买最终产品/服务的分散型客户，通常是个人或家庭客户。

2) B2B 客户

B2B 客户是购买产品/服务，并将供应商的产品附加到自己的产品上，再销售给其他客户或企业以获取利润或获得服务，通常是企业客户。

3) 渠道客户

渠道客户包括经销商、分销商、代销商、专卖店等，此类客户购买产品用于销售，或作为该产品在该地区的代表及代理处，通常也是企业客户。

4) 内部客户

企业内部的个人或机构，需要利用企业的产品/服务来达到商业目的。这类客户往往最容易被忽略。

实践中，各个企业可以根据自身的具体情况，对其客户进行不同的分类，例如，某企业根据产品营销(分销)业务模式进行客户细分，将客户分为销售渠道客户和终端用户两种。渠道客户又分为区域分销商、经销商、分销商、代理商、专卖店；终端用户又分为商用客户和个人(家庭)客户等。其中，商用客户又分为订单客户、商机客户、线索客户和一次性客户。订单客户再细分为指名大客户和区域大客户。具体结构如图 1-1 所示。

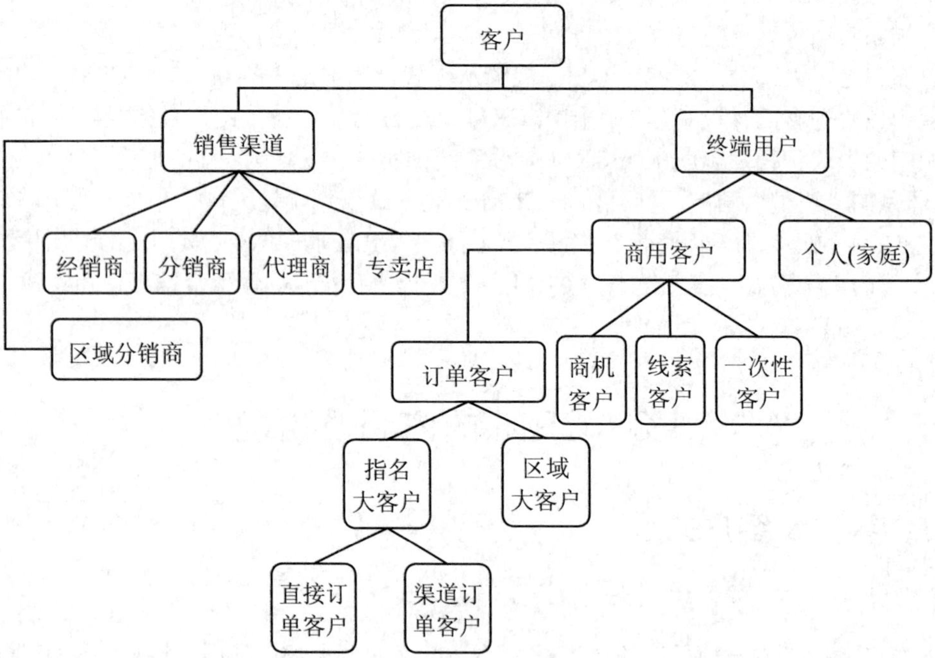

图 1-1　企业的客户分类方式

2. 客户关系的定义

客户关系是指企业为达到其经济目标，主动与客户建立起的某种联系。这种联系可能是单纯的交易关系、通讯联系，也可能是为客户提供一种特殊的接触机会，还可能是为双方利益而形成的某种买卖合同或联盟关系。客户关系具有多样性、差异性、持续性、竞争性、双赢性的特征。它不仅仅可以为交易提供方便，节约交易成本，也可以为企业深入了解客户的需求和双方的信息交流提供适当的机会。

3. 客户关系的类型

在具体的经营管理实践中，企业应该根据产品/服务属性以及客户的定位，选择与客户建立某种形式的关系。著名的营销学专家菲利普·科特勒将企业与客户的关系分为五类。

1) 基本型

企业将产品/服务销售出去后就不再与客户接触。

2) 被动型

企业在销售产品/服务的同时，鼓励客户在购买之后及时向企业反馈出现的问题和相关意见。

3) 负责型

企业在产品/服务销售之后，及时联系客户。主动询问是否满足客户的需求，是否存在缺陷和不足；主动征求客户的意见和建议。其目的在于不断改进产品/服务，使之更加符合客户的需要。

4) 能动型

企业在产品/服务销售之后，持续与客户联系，主动向客户提供改进产品/服务的建议以及新产品/服务的信息。

5) 伙伴型

企业与客户协同建立伙伴型的长期关系，努力帮助客户解决问题，实现共同发展。

由于企业所选择的客户关系类型取决于企业的产品/服务和客户的特征，因此这五种关系并不存在简单的优劣对比。企业可以根据客户数量和边际利润水平，依据图 1-2 所示的思路，选择合适的客户关系类型。例如，对于客户数量少但边际利润高的情况，可以选择伙伴型的客户关系，对于客户数量多边际利润小的情况，基本型的客户关系可能更加合适。

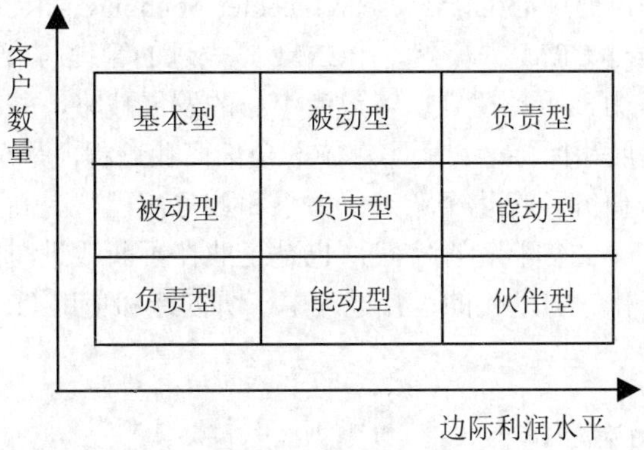

图 1-2　选择客户关系类型示意图

这里要强调的是，上述的客户关系分类方法并不一定完全适合所有的企业，企业可以根据自身和客户的具体情况，建立其他形式的客户关系。例如，可以根据与客户间的相互依赖程度建立简单的买卖关系、优先供应关系、合作伙伴关系、战略伙伴关系等。

1.3.2 CRM 的定义

加特纳公司(Gartner Group)认为 CRM 是一种商业策略，它按照客户的分类情况有效地组织企业资源，培养以客户为中心的经营行为以及实施以客户为中心的业务流程，并以此作为手段来提高企业的赢利能力、利润以及客户满意度。此定义明确指出了 CRM 并非某种单纯的技术，而是企业的一种商业策略，注重企业赢利能力和客户满意度。

赫尔维茨(Hurwitz Group)公司的 CRM 研究小组认为，CRM 的焦点是改善与客户关系有关的商业流程，如市场营销、销售、客户服务与支持等，并使之实现自动化。CRM 既是一套制度原则，也是一套软件和技术，目的是缩减销售周期和销售成本，增加收入，寻找新的市场和渠道以及提高客户的价值、满意度、赢利性和忠诚度。

IBM 的观点认为，CRM 通过提高产品的性能，增强客户服务，提高客户价值和客户满意度，建立长期、稳定、相互信任的密切关系，从而为企业吸引新客户、维系老客户。对企业来说，CRM 涉及企业前台和后台，需要整个企业信息集成和功能配合。对于具体操作来说，CRM 体现在企业与客户的每一次互动上，这些互动都可能加强或削弱客户参与交易的愿望。

盖洛普公司(Gallup)将 CRM 定义为，策略+管理+IT。这是一个简单的公式，却蕴涵着复杂的定义，三个方面缺一不可。策略是指战略，管理指战术，IT 指工具。该定义与加特纳公司(Gartner Group)给 CRM 的定义相通，只不过更加简单。

中国客户关系管理研究中心(CRM research center of china，CRCC)从管理哲学、经营管理、技术方法三个层面对 CRM 进行界定：CRM 是先进的管理与信息科技相结合的典范，是企业为提高核心竞争力，重新树立以客户为中心的发展战略，并在此基础上开展的包括判断、选择、争取、发展和保持客户所需实施的全部商业过程，是企业以客户关系为重点，通过开展系统化的客户研究，优化企业组织体系和业务流程，提高客户满意度和忠诚度，提高企业效率和利润水平的完整管理实践；也是企业在不断改进与客户关系相关的全部业务流程，努力实现电子化、自动化的运营过程中，所创造和使用 IT 技术、软硬件及优化方法、集成方案等的总和。

1.3.3 CRM 的内涵

从上述有关 CRM 的定义来看，CRM 包括管理理念、管理模式和技术系统三个层次的内涵。具体而言，CRM 是企业为了提高核心竞争力，通过改进对客户的服务水平，提高客户的满意度与忠诚度而树立的一种以客户为中心的经营理念。通过开展系统化的研究，优化企业组织体系和业务流程，实施于企业的市场营销、销售、服务与支持等与客户相关的领域，旨在改善企业与客户之间关系的新型管理模式，也是企业通过技术投资，建立能搜集、跟踪和分析客户信息的系统所创造并使用的先进信息技术、优化的管理方法以及解决方案的总和。

1. CRM 是一种管理理念

CRM 首先体现的是一种管理理念，其核心思想是将企业的客户，包括最终客户、分销商和合作伙伴视为最重要的企业资产。通过完善的客户服务和深入的客户分析来满足客户的个性化需求，提高客户的满意度和忠诚度，进而保证客户的终生价值和企业利润增长的实现。它吸收了“数据库营销”、“关系营销”、“一对一营销”等最新管理思想的精华，通过满足客户的特殊需求，特别是满足最有价值客户的特殊需求来建立和保持长期稳定的客户关系。客户同企业之间的每一次交易都使得这种关系更加稳固，从而使企业在同客户的长期交往中获得更多的利润。CRM 的目的就是要通过与客户的个性化交流来掌握其个性化需求，并在此基础上为其提供个性化的产品/服务，不断增加企业交付给客户的价值，提高客户的满意度和忠诚度，最终实现企业和客户的双赢。

2. CRM 是一种管理模式

CRM 也是一种旨在改善企业与客户之间关系的新型管理模式，可以应用于企业的市场营销、销售、服务与技术支持等与客户相关的领域。通过向企业的销售、市场营销和客户服务的专业人员提供全面的、个性化的客户资料，强化其跟踪服务与信息分析的能力，帮助他们与客户和生意伙伴之间建立和维护一种亲密信任的关系，为客户提供更便捷和周到的优质服务。在提高服务质量的同时，还通过信息共享和优化商业流程来有效地降低企业经营成本。成功的 CRM 可以帮助企业建立一套运作模式，随时发现和捕捉客户的异常行为，及时启动适当的营销活动。

3. CRM 是一种技术系统

CRM 是信息技术、软硬件系统集成的管理办法和应用解决方案的总和。它既是帮助企业组织管理客户关系的方法和手段，又是一系列实现销售、营销、客户服务流程自动化的软件乃至硬件系统。CRM 将最佳的商业实践与数据挖掘、工作流程、呼叫中心、企业应用集成等信息技术紧密结合在一起，为企业的营销、销售、客户服务和决策支持等领域提供了一个智能化的解决方案。作为一个解决方案，CRM 逐步集成互联网和电子商务、多媒体技术、数据仓库、数据挖掘、专家系统和人工智能等当今最先进的信息技术。

1.3.4　CRM 的功能

CRM 主要具有互动管理、营运管理、决策支持、系统整合四种功能，通过这四种功能的有效组合，基本可以满足企业对 CRM 功能的整体要求。

1. 互动管理

随着互联网技术的发展以及电子商务的应用，客户与企业之间互动的渠道越来越多，从传统的面对面互动和电话拜访，到现在流行的 E-mail、Web 或是自动语音系统，可谓不胜枚举。良好的 CRM 可以有效地管理各个互动渠道，使互动渠道的运用更加高效。同时，通过对客户资料的分析与客户价值评价，可以依照客户的分类等级来选择、创造与客户互动的新模式，进而有效降低营运成本。此外，CRM 系统还可以记录各个互动渠道获取的客户资料，方便相关人员的查询，从而提升客户服务质量和企业的整体工作效率。

2. 营运管理

营运管理主要包括营销管理、销售管理、客户服务与支持三大核心功能。

1) 营销管理

营销管理的核心是营销自动化(marketing automation，MA)。营销自动化为营销提供独特的能力，如营销活动计划的编制和执行、计划结果的分析、清单的产生和管理、市场预测、营销资料管理、营销知识提供、对有需求的客户进行跟踪分析和管理、营销程序化事务的自动生成等。传统的数据库营销是静态的，经常需要好几个月的时间才能对一次市场营销战役的结果做出一个分析统计的表格，而此期间可能已经失去很多宝贵的商业机会，而营销自动化是建立在多个营销战役交叉的基础上，能够对客户的活动及时做出反应，更好地抓住各种商业机会。因此，与传统的营销数据库功能相比，客户关系管理模式下的营销自动化更为及时快捷。

2) 销售管理

销售管理的核心是销售自动化(sales force automation，SFA)，销售自动化是 CRM 所有功能中增长最快的一个领域，也是当前 CRM 应用最广泛的一种功能。它可实现移动销售、账户管理、合同管理、定额管理、创新管理、销售预测、赢利分析以及向销售部门提供客户和竞争对手的信息等功能。虽然销售自动化是 CRM 功能中应用最广泛的，但同时也是最困难的一个过程，这不仅是因为它的动态性(不断变化的销售模型、地理位置、产品配置等)，而且还因为销售部门的观念阻碍销售自动化的过程。

3) 客户服务与支持

客户服务与支持(customer service & support，CS&S)主要集中在售后服务方面，但也提供一些售前信息，如产品、广告等。在多数情况下，客户保持和获利能力依赖于企业提供的服务质量，因此客户服务与支持非常重要。客户服务与支持的主要功能包括现场服务(field service，FS)、客户关怀、纠纷处理、订单跟踪、问题解决方案提供、维修行为安排和调度等。其中，现场服务是目前客户服务支持中应用最广泛的一个功能，它可以确保客户在最短时间内获得企业所提供的优质服务。另外，通过客户服务支持、销售自动化和营销自动化的有效结合，能够为企业提供更多的商机，向现有客户交叉销售更多的产品。

3. 决策支持

完整的 CRM 强调客户资料的一致性与完整性，CRM 决策功能中的数据仓库与数据挖掘技术可将客户资料系统地存储与管理，不仅方便 CRM 营运功能的执行和运用，同时可以通过在线分析、数据挖掘等资料分析工具对客户、交易与产品等相关资料进行分析，确实了解客户对企业的贡献度和客户的偏好与需求，甚至预测客户未来的消费行为模式与商品结构，并将结果作为营销策略的决策依据。

4. 系统整合

CRM 系统只有与企业的生产、财务和物流等业务流程管理系统进行整合，才能在客户服务及资料分析方面发挥实质性的功效。整合前端和后端的资料，企业才能全面地了解客户的互动及交易资料，分析出客户对企业的贡献度，并决定是否值得继续为该客户加强服务品质等。系统整合的重点是与 ERP 和供应链管理(SCM)之间的整合，实现企业内外部流程的协同。

1.4　CRM 的未来趋势

经过多年的应用与发展，CRM 在其管理理念、技术实现和市场方面也在不断地发生变化。

1.4.1　CRM 的管理理念

CRM 管理理念的边界和内涵也处在变化与发展之中。

1. CRM 关系边界的变化

这个趋势表明 CRM 的关系理念将不断地拓展到各个社会生活领域，CRM 中的“C”将涵盖企业的所有利益相关者，将 CRM 提升到企业全面关系管理的层面，使 CRM 转变成 xRM，将客户的内涵和关系管理的边界拓展到更大的范围。另外，在公共服务、电子政务等领域将越来越关注“关系管理”的内涵。

2. CRM 经营理念的变化

虽然 CRM 强调以客户为中心，但就 CRM 的具体实践而言，企业采用 CRM 几乎都是以企业利益为中心的，在企业和客户的“权力斗争”中，企业基本上主导着关系的发展与维持，企业与客户在利益上的“冲突”还是很明显的。然而，为了维持关系的长期稳定，只有双方进行平等的互利合作才能实现。因此，在 CRM 的经营理念中，企业在维护自身利益的基础上，将会越来越多地关注客户利益，同时也要更多地关注所有其他利益相关者的利益。目前，企业社会责任(corporate social responsibility，CSR)在企业中的推广应用就是一个明显的事例。

3. E-CRM

传统的 CRM 已无法满足其需求，而将逐渐地演变成为一种 E-CRM，以使整个供应链关系同步化。广义的 E-CRM 是由以下四个核心概念的开头字母组成的缩写。

E——电子商务(E-business)：电子商务与现存的和未来的商务活动的一体化。

C——渠道管理(channel management)：即进行市场营销的综合性、互动性的服务渠道管理。

R——关系(relationships)：建立在优质、高效、便捷服务基础上的真正的客户关系。

M——对企业的一体化管理(management of the total enterprise)：即前台操作(front office)与后台操作(back office)的一体化。

E-CRM 强调只要从事电子商务都必须将其视为一个单独的市场区隔，能持续性地立即更新客户资料，利用统计分析功能发挥网络营销的最大优势，进行一对一的营销服务，真正照顾到每一位客户的实际需要。

1.4.2 CRM 的技术应用

任何事物都处于不断发展变化之中，CRM 系统也不例外。随着新技术、新的管理理念的不断涌现，CRM 的技术应用也在向更深的层次发展。

1. CRM 与商业智能的结合

随着企业对于成本控制的更高要求，营销成本也开始受到关注。因此，企业希望 CRM 方案不仅仅要实现客户信息收集与销售进度跟踪等。更希望解决方案可以针对这些信息进行分析，例如，对客户进行聚类分析，可以掌握不同类型客户的购买行为特征，实现精准营销。在这种结合中，体现 CRM 系统对知识管理的需求，主要有两个层面：一是在系统的设计层面融入知识管理的思想、方法和工具；二是在 CRM 的业务运营中实施知识管理，通过信息的积累实现知识挖掘。因此，数据仓库(data warehousing)、数据挖掘(data mining)、联机分析处理(OLAP)技术将成为 CRM 系统实现的关键技术。

2. CRM 与其他应用系统的进一步整合

许多企业的 CRM 系统主要应用于市场营销、销售或是客户服务部门，并没有将 CRM 系统与其他应用系统进行无缝集成，因此造成客户服务的断点。最重要的整合是 CRM 与 SCM、ERP 的集成，通过这三大系统的集成实现从供应商到最终消费者的全程供应链管理，实现企业业务流程的高度整合。例如，目前出现的企业关系管理(enterprise relation ship management，ERM)就是 ERP 与 CRM 合二为一的产物，它强调建立起一个有机的系统，使企业对内外部的信息感应成为集成的、主动的和充分交互式的，即 ERP 要确保来自企业内外部的信息都能对企业的运营和管理形成有效地刺激和反馈，从而帮助企业整合所有资源，获得竞争优势。

3. CRM 与互联网和无线移动技术的结合

由于市场销售的跨区域性，以及客户服务的实时性，移动 CRM 正备受瞩目。由于时间在销售周期里显得越来越珍贵，当今的销售人员需要更多的时间在办公室以外工作并同时处理多个交易，他们需要通过移动设备来完成 CRM 中经常涉及客户信息的任务。CRM 与互联网和移动终端的结合，实现无界限营销，将大大提升企业的营销和服务的效率。

4. CRM 与电子商务的融合

CRM 是企业电子商务的核心，CRM 系统是电子商务平台的子集，CRM 的成功与否直接关系到企业电子商务实践的成败。如果 CRM 没有与企业电子商务平台功能(网上商店、网上服务、网上营销和网上支付等)进行良好的集成与互动，CRM 的应用就没有最大限度地利用互联网这个有力的工具与客户进行交流并建立关系，应用 CRM 的效果会大打折扣。总的来说，CRM 与电子商务的关系在于，电子商务是充分地利用信息技术，特别是通过互联网来提高企业所有业务运作和管理活动的效率和效益，而 CRM 则是专注于同客户密切相关的业务领域，主要是呼叫中心、服务自动化、销售自动化、市场自动化、企业网站等，通过在这些领域内提高内部运作效率和方便客户来提高企业竞争力。

1.4.3　CRM 的应用市场

在过去几年里，非呼叫中心的 CRM 的解决方案在中国市场逐步得到更多应用。不仅使以 ERP 应用为核心的企业开始逐步部署 CRM 的应用，一些中小型企业也开始把 CRM 方案的应用提上日程。但受到 2008 年底的经济环境影响，中国的贸易型企业、生产制造业以及金融服务等行业都受到不同程度的影响，而这些行业恰恰是 CRM 解决方案应用的主导或是新兴力量。随着整个经济环境的转暖，CRM 市场将有着更快速的发展，如图 1-3 所示。

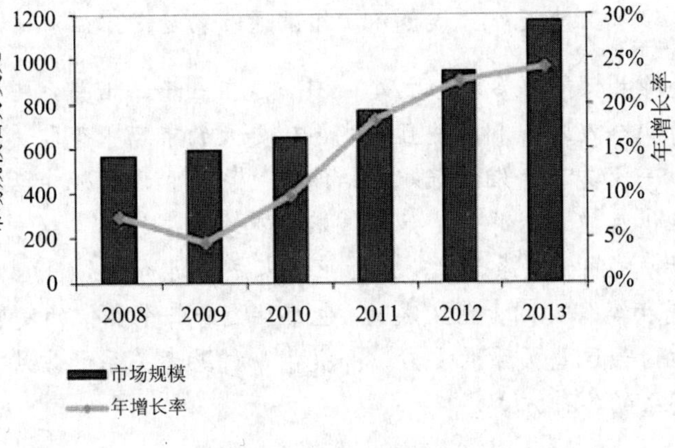

图 1-3　中国 CRM 解决方案市场规模(2008—2013 年)

(数据来源：IDC，2009.)

下面列举三个 CRM 市场的发展趋势。

1. 市场需求广泛

相对于 ERP 来讲，CRM 的市场需求更加广泛。除企业外，政府部门及非营利性公益机构也是 CRM 的目标客户群，其实只要存在和上下游的供需关系，都会有 CRM 的需求。因此，CRM 中的“C”不一定指传统“客户”，也可能适用于供应商、经销商、分销商、联系人、合作伙伴、法律实体等，存在供需关系和业务关系的实体，涵盖企业的所有利益相关者。市场对 CRM 的需求是广泛和复杂的。

2. 行业性解决方案

CRM 具有明显的行业特点，面向行业的 CRM 解决方案是 CRM 产品赖以生存的基础。CRM 正在越来越多地被应用于垂直行业，比如医疗保健和生命科学领域。CRM 的行业解决方案将成为未来 CRM 市场的发展重点，将出现不同于 CRM 厂商占领不同行业市场的局面。

3. 软件即服务(SaaS)CRM

软件即服务(SaaS)CRM 的普及。SaaS 有着易于使用、易于获得、易于实施、甚至易于付费等特色。销售自动化就是 SaaS 在实际应用中的一个成功例子。对一名销售代表来说，软件的可用性和方便性是他最为关心的问题，而 SaaS 在可用性方面的确取得了较大的进步。中小型企业对于目前的 SaaS 的流行起了很大的作用。

补充阅读：关系理论的思考

关系理论的思考①

朱尼叶·埃德尔·布雨通　约瑟·露丝

个人关系和企业关系有很多相似之处。例如，在一场婚姻关系中，两个人只有在交易双方求得平衡，对两个人都有利，并且不能再从更大的市场中夺取更多利益时，双方才会同意做这笔交易。一次美满婚姻的好处包括伴侣关系、和谐的性生活、个人成长、共同拥有金钱、共同分担供房职责，并且，如果婚姻要继续下去的话，双方都必须对这种关系提供价值。买方与卖方之间的关系，无论是企业与客户之间的关系(B2C)，还是企业与企业间的关系(B2B)，都是由类似的因素所组成的，也都伴随着一个类似的发展过程。在这一节里，我们将更加详细地讨论这些关系的要素，并提供一种思考关系的方法，这会帮助我们考察企业与客户建立关系的各种方式。

---

① 邓·皮泊斯，马沙·容格斯. 客户关系管理. 郑先炳，邓运盛，译. 北京：中国金融出版社，2006(部分文字有做修改).

个人间的关系形成的过程，为买方(客户)和卖方(企业)之间的商业伙伴关系形成的过程提供了一种合适的类比。个人间的关系最典型的是通过系统化的、共同的过程而形成的。虽然过程可能会有变化，但是最主要的形成结构却是相同的：识别、建立融洽的关系，信息收集，首次互动行为，通过承诺使互动行为得到加强。为了建立一种成功的关系，就必须遵循一些特定的要素或指南。例如，恰当的认知要求个人对所寻求得到的类型有一个基本了解；建立融洽关系要求对另一方的互动行为方式具有适应性；信息收集要求信息是有用的，并且要对其他成员的喜好和需求有深刻地认识。

1. 买方与卖方之间的交换关系的类型

并不是所有的买方与卖方之间的交换活动都具有关系特征的，有些仅仅是一种纯交换活动、一种支付转移而已，但有许多企业不仅仅将他们的客户当作是纯粹的交易方，他们希望与客户保持一种稳定的关系。那些纯粹以产品销售为目的的组织将每次交易视为互不关联的交易，与先前的或将来的交易都没有关系，这些交易活动是一种互不关联的交易活动。

在互不关联交易这个概念中，一方是货币，另一方是容易计量的商品。在这种交易中，任何关系因素都是完全缺失的。它的特征是双方交易内容狭窄、交流非常有限。在其抽象的形态上，是一种不知名参与方之间的即时交易，而且他们今后非常有可能不会再发生任何互动行为。从经济学角度看，这种交易是一种零和游戏，交易的一方得到越多，另一方剩下的就越少。我们举一个互不关联交易的例子，一个住在城外的消费者，在经过城区时停下来在一个加油站加了五加仑不知品牌的汽油，并支付了 6 美元的现金。这种交易就是一种完全互不关联的交易，即在此之前没有类似的交易，也没有人知道是谁做了这笔交易，也无法预期今后会不会发生类似的交易。但是，当这种交易向连续体的右边移动时，这种交易就会变得更具关系潜力，如图 1-4 所示。

互不关联(转移) ◄————————► 关系(协同合作)

图 1-4　交易关系连续体

或许这个客户在全国各地开车旅行时，他会重复购买同一种品牌的汽油。那么，对这个客户来讲，这些交易就是有关联的。当他购买这种品牌时，尽管价格、服务、地理位置和其他因素也许会发生变化，他仍期待着与他上次加油时所得到的满意度是一样的。汽油销售商与这些交易是否有关联，主要取决于该销售商在一段时间内是否与这个特定的客户进行相关交易，如果该客户在每次交易中都使用销售商的信用卡付账，那么这家销售商就有可能意识到这种交易间的联系，并以此来决定这个客户是否愿意与之建立关系的客户。就这一点而言，这个客户可以被视为销售商的真正客户，而不仅仅是一序列互不关联、独立交易的人。

关系型交易时有发生，每次交易都像是关系链中的一个环节，有历史性、也有可预期的未来。相对于那种没有关系内涵的互不关联交易而言，在关系型的交易中，参与方相互交换信息，并希望改善交易质量。

2. 关系发展的过程

对关系如何发展的理解能够为我们提供一种如何改进关系以及如何从关系中获得最大利益的方法。F.R. 戴耶和P. 施切尔和西久·奥认为企业之间的关系一般包括五个过程。

(1) 认知：这是一个交易发生前的阶段，双方都意识到对方是自己可以预期的关系伙伴，开始努力去证明自身的吸引力(相互发出的信号)或进行自我激励。这个阶段没有发生互动关系。

(2) 探测：这个阶段是关系测试阶段，潜在的关系方进行"搜寻—测验"(Search-and-Trial)活动，开始决定对方目标的可比性、忠诚度以及其他可以获取成效的潜力。双方进行交流，并通过交流表达希望、问题和优先事项等。在最初的谈判中，彼此能够感受到建立关系的愿望，并能够灵活地朝着创造共同价值、实现双赢的方向努力。缺乏谈判愿望会导致关系发展的终止，对履行实现共同目标和公正使用权力的承诺有助于关系的发展。这个阶段是一个重要而脆弱的阶段。在这个阶段，参与方只对关系建立进行少量投入，只做了有限承诺，因此容易做出发展或终止这种关系的决定。

(3) 扩大：如果探测阶段给出了积极的信号，让参与方了解对方的价值所在，这时，关系的发展就自然而然地进入扩大阶段。这一阶段的特征是不断地增加双方在关系建立中所获得的利益，不断地增强相互间的依赖性，同时，各自承担的风险也在增大。参与方也都在对探测阶段所获得的感知以及已建立的关系进行重复测试和再次肯定。

(4) 承诺：在这个阶段，参与方都已经获得了他们所期望的价值和满意程度，因此他们很容易地对确立这种关系做出承诺，并大大降低与其他方建立类似关系的愿望。这里有三个可度量、关键性、代表性的承诺。

投入：关系双方对关系进行高水准、高等级的投入。

一致性：投入质量能够对未来关系发展的结果进行准确的预期，同时，也对这种准确预期提供积极的支持作用。

持久性：双方从交易关系中所获得的利益是可测量的，也是能够被预期到的，未来还能够持续进行这种交易。

(5) 解除：在关系发展过程中，任何阶段都有可能发生关系破裂和解除。关系双方都需要对关系的发展做出艰苦的努力，否则很容易导致关系解除，这种解除可能是单方面提出的。当参与者进行关系价值的评估时，如果认为维持关系所获得的利益小于需要支付的成本，那么就会发生关系的解除。

在关系发展过程中，某些因素会强化这种关系。交流是通过双向交互方式所进行的正式或非正式的信息共享的活动，交流能够积极地强化和巩固已经存在的关系。个性化的电子交流手段、人际间的接触等都会有增加"承诺"的效果，有助于客户信任关系的发展。合作是为了实现共同期望的目标，双方付出努力，采取协调一致的行动。通过增加双方的交易项目、延长交易期限、增加双赢感觉，能够强化和发展已有的关系；有效的利益冲突解决机制有积极的作用，能够缓解利益冲突对关系的负面影响；无需正式程序就能达成共识，可以增强关系中的相互信任以及对承诺的感知。

在相互依存的关系发展过程中，企业和客户通过一系列的互动，相互提供持续不断的反馈意见，相互了解对方的需求、偏好和敏感性等，同时了解自身。如果能够将每一阶段的关系发展评估都当成了解对方意见的机会，就能够加快关系的发展进程。图 1-5 是相互依存型关系的建立过程。

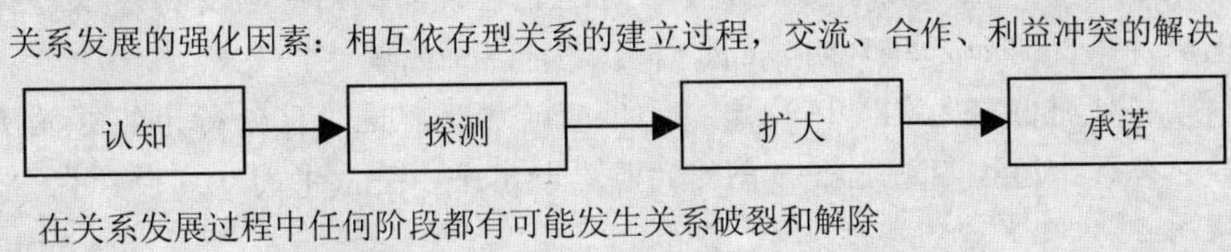

图 1-5　相互依存型关系的建立过程

3. 建立关系的结构

图 1-6 是关系建立的框架，包括信任、承诺、满意、依赖/不确定性、公平、对称六个方面的主要内容。它们所处的位置代表它们在关系形成过程中的相对重要性。例如，“信任”比“对称”更为重要。

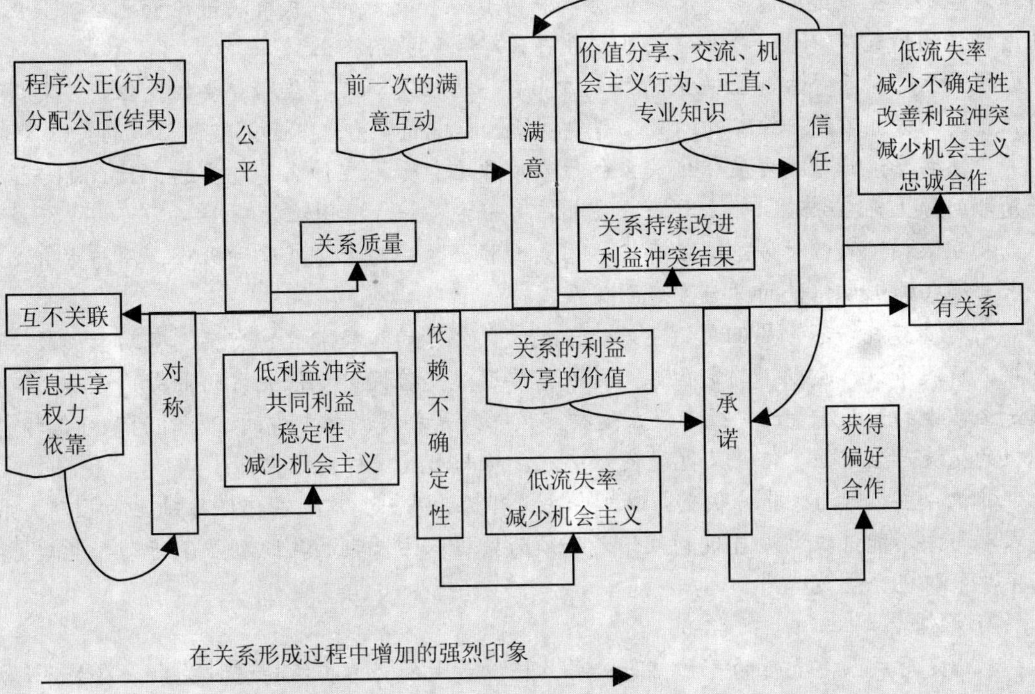

图 1-6　关系形成过程图

1) 信任

信任被定义为建立关系的一方对关系中的另一方在可依靠性、持续性、正直性方面的自信心，以及相信对方所采取的行动都是从信任方的最佳利益出发并能够产生积极的结果。正如许多文献资料所证明的那样，信任是关系成功的焦点。

读者支付一年费用订阅一本杂志，在订阅和付款之时，杂志还没有出版，读者并不清楚杂志的目录和质量，但他相信出版商会很好地履行义务，因而使交易可以进行。建立在信任基础上的关系的好处是非常明显的，下面进行详细的阐述。

合作：信任能够减轻人们对不确定性和风险的担忧，这种信任行为能够促使关系中的双方不断强化合作。通过不断地提升合作的层次和水平，关系中的双方会产生“1+1>2”的效应。

承诺：在关系建立中，承诺包含容易受伤害的可能性，只有在双方相互信任的基础上，才能形成一种稳定可靠的关系。

关系持续期：信任会鼓励关系中的成员尽可能地保持这种关系，防止短期行为，并从乐观的角度采取行动。卖方信任激励买方更多地参与卖方的业务活动，有助于延长关系持续期。

质量：已经建立信任关系的一方更愿意接受和使用所信任的对方给出的信息，使用这种信息能够产生更大的收益。信任能够以一种有效和友好的方式解决争论和利益冲突。在缺乏信任的情况下，争论将阻碍关系发展并最终导致关系终止。

很显然，对于寻求建立关系的参与方而言，信任是非常有益和重要的。但是，要成为被信任的一方并不是一件容易的事，需要持续、集中的努力。下面是信任形成的关键因素。

价值共享：价值是发展信任关系的最本质要素。如果在什么是重要的、什么是合适的等是非问题上存在分歧，那么要一方去相信另一方是一件很困难的事情。

相互依赖：依赖对方意味着存在相当大的脆弱性，为了降低这种风险，参与方有必要寻求与那些能够被信任的参与方建立关系。

高质量交流：不管是正式的还是非正式的，公开的和经常性的交流，有助于形成共同预期、解决争议、减少不确定性等。如果需要通过交流促进信任关系的形成，这种交流必须是经常性的和高质量的，或者说，这种交流必须是相关的、中肯的、及时的和可信赖的。积极的交流产生信任，信任又促进良好交流，从而形成一种良性循环。

非机会主义行为：非关联交易以机会主义行为为基础。建立在信任基础上的长期关系，要求参与方不能仅仅满足自我利益，还必须为增进双方长期的共同利益而行动，也就是要求不要采取机会主义行为。

2) 承诺

承诺是对关系重要性的一种信念，并承诺以最大的努力去维持这种关系。在关系形成过程中，承诺是非常重要的因素。

从总体上看，有两种不同类型的承诺：算计承诺(calculative commitment)和情感承诺

(affective commitment)。算计承诺基于成本和收益的计算结果进行承诺。算计承诺与信任是一种负相关关系，建立在成本和收益的计算之上，不利于建立一种成功的长期关系。情感承诺是建立在持续关系的基础之上，不仅仅是经济利益，同时也是关系参与方都会感觉到在情感上或心理上对另一方的负担。情感承诺与信任是正相关关系，有助于这种关系能够长时间地产生收益，减少机会主义，并且有助于双方以友好的方式解决利益冲突。

由于承诺具有易变性，因此关系参与方都会寻找与那些值得信任的伙伴建立关系。信任对于承诺来讲，是一个强有力的支持。类似地，对于关系参与方而言，沟通及信息共享能够形成一种积极的态度，也可以增强关系所产生的收益。

3) 满意

在关系的形成过程中，客户满意从整体上讲是一种客户感知。只要有可能，不满意的客户会更换供应商；一般情况下，满意的客户愿意维持这种关系。

关系的持久性取决于客户对这种关系价值所做的主观评价，这种评价基于先前的经验和感觉，并且需要进行持续不断的更新。客户总是倾向于将前一次经历中的满意度看得更为重要。

4) 不确定性和依赖性

环境中的不确定性程度和关系中双方的相互依赖程度是影响关系形成过程的两个关键变量。

建立在不确定性和(或)依赖性基础之上的合作关系，在双方都专注于现有状况时，关系的稳定性会降低。外部条件的改变、资源的可获得性以及环境的不确定性都会改变原有关系形成过程中的那些影响因素，造成在关系中不再有共同利益。另外，如果依赖性不是企业的战略需要，那么，关系参与方都会努力寻求建立一种能够使他们拥有更有利地位的关系。对于建立在依赖基础上的关系而言，要形成一种长期定位和市场优势，信任是必须的。

5) 公平

某种程度上对关系质量的评判是一种主要判断。通过信任、承诺和有效解决利益冲突的能力为基础来衡量关系质量，似乎是有道理的。这些方面的水平或程度越高，关系质量就越好。研究表明，关系中的公平状态和程度也同样会影响关系质量的提高。

市场上存在两种不同类型的公平：分配公平(distributive fairness)和程序公平(procedural fairness)。分配公平是建立在关系利益与关系责任或义务的基础之上，更关注关系的产出效应。程序公平是建立在所使用的程序和过程是否公平的基础之上，更多关注行为及结果的独立性。

程序公平对信任和承诺具有更强烈的影响，对形成有效的长期关系的作用更大。分配公平更多着眼于结果，当结果出现变化时，会导致关系不稳定的趋势。

6) 对称

对称反映出关系双方的平等程度。对称的关系相对于那些不对称的关系而言，更具稳定性。因为，不对称的关系会损害权力平衡，对称性能够有效地阻止利益冲突的发生和发展。

为了提高关系质量，关系中的双方应该想办法降低不对称程度，同时增加相互依赖性的程度。希望达到完美的对称是非常困难的，也是罕见的，减少不对称程度或者是在关系成员中改变其相对依赖性，是一种更容易达到的目标。

最后，如果关系中的弱势一方能够得到公正的对待和尊重，那么，在这个不对称的关系中也能形成信任与承诺。关系中强势的一方或许会强行采用对自己有利的程序和不公正的行动。如果能够避免这种行为的发生，就能够促进形成一种更加持久的关系，并使关系参与方都能够得到更多利益。

复习思考题

1. CRM经历了怎样的发展历程？
2. 哪些因素驱动CRM的发展？
3. 阐述客户及客户关系的概念？
4. CRM的定义及内涵是什么？
5. 请思考如何建立企业与客户或人与人之间的信任关系？

第 2 章　CRM 的相关理论

教学目标

- 掌握客户价值理论、客户生命周期理论、4Cs 营销理论。
- 熟悉关系营销理论、4Ps 营销理论、4Rs 营销理论。
- 了解需求创造、绿色营销、文化营销、整体营销等现代营销新观念。

2.1　关系营销理论

2.1.1　市场营销观念的演变

随着技术的进步和市场的发展，企业的营销观念也在不断发生变化。著名的营销学家菲利普·科特勒在其著作《市场营销学》中将营销观念分成五种，即生产观念、产品观念、推销观念、市场营销观念和社会营销观念。

1. 生产观念

生产观念盛行于 19 世纪末 20 世纪初，认为消费者喜欢那些可以随处买到和价格低廉的商品，企业应当组织和利用所有资源，集中一切力量提高生产效率和扩大分销范围，增加产量，降低成本。显然，生产观念是一种重生产、轻营销的指导思想，其典型表现就是“我们生产什么，就卖什么”。以生产观念指导营销活动的企业，称为生产导向型企业。

2. 产品观念

产品观念是与生产观念并存的一种市场营销观念，都是重生产轻营销。产品观念认为，消费者喜欢高质量、多功能和具有某些特色的产品。因此，企业管理的中心应该致力于生产优质产品，并不断精益求精，日趋完善。在这种观念的指导下，企业经理人常常迷恋自己的产品，以至于没有意识到产品可能并不迎合时尚，甚至市场正朝着不同的方向发展。他们在设计产品时只依赖工程技术人员而极少让消费者介入。以产品观念指导营销活动的企业，称为产品导向型企业。

3. 推销观念

推销观念产生于资本主义经济由“卖方市场”向“买方市场”的过渡阶段。盛行于 20 世纪三四十年代。推销观念认为，消费者通常有一种购买惰性或抗衡心理，若顺其自然，消费者就不会自觉地购买大量由本企业生产的产品，因此企业管理的中心任务应该是积极推销和大力促销，以诱导消费者购买产品。其具体表现是：“我卖什么，就设法让人们买什么”。在推销观念的指导下，企业相信产品是“卖出去的”，而不是“被买去的”。他们致力于产品推广和广告活动，以求说服，甚至强制消费者购买。他们收罗了大批推销专家，做大量广告，对消费者进行无孔不入的促销信息“轰炸”。如美国皮尔斯堡面粉公司的口号由原来的“本公司旨在制造面粉”改为“本公司旨在推销面粉”，并第一次在公司内部成立了市场调研部门，派出大量推销人员从事推销活动。执行推销观念的企业，称为推销导向型企业。

4. 市场营销观念

市场营销观念是指企业进行经营决策，组织管理市场营销活动的基本指导思想，它是一种“以客户需求为中心，以市场为出发点”的企业经营哲学，是一种观念，一种态度，或一种企业思维方式。市场营销观念认为，实现企业诸目标的关键在于正确确定目标市场的需求和欲望，一切以消费者为中心，并且比竞争对手更有效、更有利地传送目标市场所期望满足的东西。

市场营销观念形成于 20 世纪 50 年代，是市场营销哲学的一种质的飞跃和革命，它不仅改变了传统旧观念的逻辑思维方式，而且在经营策略和方法上也有很大突破。它要求企业营销管理贯彻“客户至上”的原则，将管理重心放在善于发现和了解目标客户的需要，并千方百计去满足它，从而实现企业目标。因此，企业在决定其生产经营时，必须进行市场调研，根据市场需求及企业自身条件选择目标市场，组织生产经营，最大限度地提高客户满意程度。

执行市场营销观念的企业被称为市场导向型企业。其具体表现是，“尽我们最大的努力，使客户的每一美元都能买到十足的价值和满意”。当时美国贝尔公司的高级情报部所做的一个广告，称得上是以满足客户需求为中心任务的最新、最好的一个典范，“现在，今天，我们的中心目标必须针对客户。我们将倾听他们的声音，了解他们所关心的事，我们重视他们的需要，并永远先于我们自己的需要，我们将赢得他们的尊重。我们与他们的长期合作关系，将建立在互相尊重、信赖和我们努力行动的基础上。客户是我们的命根子，是我们存在的全部理由。我们必须永远铭记，谁是我们的服务对象，随时了解客户需要什么、何时需要、何地需要、如何需要，这将是我们每一个人的责任。现在，让我们继续这样干下去吧，我们将遵守自己的诺言”。

从此，消费者至上的思潮为西方资本主义各个国家所普遍接受，保护消费者权益的法律纷纷出台，消费者保护组织在社会上日益强大。根据“消费者主权论”，市场营销观念相信，决定生产什么产品的主权不在于生产者，也不在于政府，而在于消费者。

5. 社会营销观念

社会营销观念是以社会长远利益为中心的市场营销观念，是对市场营销观念的补充和修正。从 20 世纪 70 年代起，随着全球环境破坏、资源短缺、人口爆炸、通货膨胀和忽视社会服务等问题日益严重，要求企业顾及消费者整体利益与长远利益的呼声越来越高。在西方市场营销学界提出了一系列新的理论及观念，如人类观念、理智消费观念、生态准则观念等。其共同点都是认为，企业生产经营不仅要考虑消费者的需要，而且要考虑消费者和整个社会的长远利益。这类观念统称为社会营销观念，它是以社会长远利益为中心的社会导向型观念。社会营销观念的基本核心是，以实现消费者满意以及消费者和社会公众的长期福利作为企业的根本目的与责任。理想的营销决策应同时考虑到，消费者的需求与愿望的满足，消费者和社会的长远利益，企业的营销效益。

生产观念、产品观念、推销观念一般称之为传统营销观念，是以企业为中心、以企业利益为根本取向和最高目标来处理营销问题的观念，采用的是由内向外的顺序。它从工厂出发，以企业产品为中心，通过大量推销和促销来获取利润。

市场营销观念与社会营销观念称之为新的营销观念，采用的是从外向内的顺序，从明确的市场出发，以客户需求为中心，协调所有影响客户的活动，并通过创造性地满足客户需求来获取利润。

2.1.2　关系营销的基本概念

随着全球经济一体化以及市场竞争加剧，以“生产观念、产品观念、推销观念”为代表的旧的营销观念受到严重挑战。西方一批营销专家和学者突破旧的营销观念(特别是在 20 世纪 80 年代之后)，积极研究并探索出适应现代企业竞争要求的新的营销理论——关系营销理论，并成为 21 世纪企业营销的指导思想。

1. 关系营销的定义

关系营销是指企业为实现其自身目标和增进社会福利，而与市场的相关方建立并维持互利合作的过程。关系营销将营销活动看成是一个企业与消费者、供应商、分销商、竞争者、政府机构及其他利益相关者发生互动作用的过程，其核心是建立和发展与这些利益相关者的良好关系。

关系营销为客户创造和传递的价值一般用“客户让渡价值”来衡量，企业从关系营销中所获得的价值，可以结合客户赢利能力、客户维系成本、客户流失成本、客户份额等指标进行衡量。

2. 关系营销的特征

关系营销的本质特征可以概括为以下四个方面。

(1) 双向沟通：在关系营销中，沟通应该是双向而非单向的。只有通过广泛的交流和信息共享，才可能使企业赢得各利益相关者的支持与合作。

(2) 长期协同：关系营销的目的之一就是要维持双方的长期合作关系，并通过相互学习、取长补短、协同实现对双方都有益的共同目标。这是一种长期合作协同的关系，是互利双赢的基础。

(3) 互利双赢：关系营销旨在通过合作增加关系各方的利益，而不是通过损害其中一方或多方的利益来增加其他各方的利益，互利双赢是关系稳定发展的基础。另外，关系能否稳定发展，情感因素也起着重要的作用。因此，不能只关注物质利益上的互惠，还必须尽可能让关系方从关系中获得情感满足。

(4) 反馈控制：关系营销要求设立专门的部门，用以跟踪消费者、分销商、供应商及营销系统中其他参与者的态度。由此了解关系的动态变化，及时采取措施消除关系中的不稳定因素和不利于关系各方利益共同增长因素。此外，通过有效的信息反馈，有利于企业及时改进产品/服务，更好地满足市场的需求。

3. 关系营销与传统营销

关系营销认为销售是长期商务关系的开始。传统营销观念是一种短期的观念，其核心是以实现交易为目的，更多地体现出一种交易营销的方式。在交易营销中，销售完成后，互动关系即告终止。关系营销和交易营销具体区别如表 2-1 所示。

表 2-1　关系营销和交易营销的比较

交易营销	关系营销
关注一次性交易	关注客户保持
较少强调客户服务	高度注重客户服务
有限的客户承诺	高度的客户承诺
适度的客户联系	高度的客户联系
质量是生产部门所关心的	质量是所有部门所关心的

2.1.3　关系营销的市场模型

1. 关系市场的分类

关系营销中的“关系”非常广泛，包括与客户、供应商、分销商、内部员工、竞争者以及其他利益相关者的关系。由此形成如图 2-1 所示的以下六大关系市场。

1) 客户市场

客户市场是六大关系市场的核心。客户是企业生存和发展的基础，市场竞争的实质是对客户的争夺。企业在争取新客户的同时，还必须重视留住老客户，培育和发展忠诚客户。企业客户通过数据库营销、实施客户忠诚计划等形式，更好地满足客户需求，增强客户信任，保持双方密切的关系。

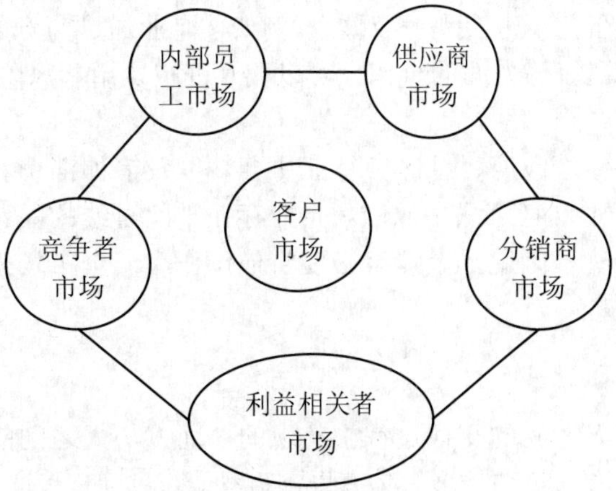

图 2-1　关系营销的六大市场

(资料来源：马刚，等. 客户关系管理. 大连：东北财经大学出版社，2008.)

2) 供应商市场

任何一个企业都不可能独自解决自己生产中所需的包括人、财、物、技术、信息等方面在内的所有资源。与供应商的关系决定了企业所能获得的资源数量、质量以及获取的速度。企业应与供应商建立紧密的合作网络关系，进行必要的资源交换。另外，企业的市场声望部分来自与供应商所形成的关系。

3) 分销商市场

销售渠道是企业的生命线，在分销商市场上，零售商和批发商的支持对于产品的成功至关重要。随着营销竞争的加剧，在某种程度上，掌握了销售通路就等于占领了市场。优秀的分销商是企业竞争优势的重要组成部分。通过与分销商的合作，利用他们的人力、物力、财力，企业可以用最小的成本实现市场的获取，完成产品的流通销售，并能够有效地阻止竞争者的产品进入。

4) 内部员工市场

内部营销源于将员工当成企业内部市场的观念。任何一家企业，若要想让外部客户满意，首先必须让内部员工满意。唯有工作满意的员工，才有可能以更高的工作效率为外部客户提供更优质的服务，并最终让外部客户满意得到更好的效益。内部市场不只是企业营销部门的营销人员和直接为外部客户提供服务的其他服务人员，它包括企业的所有员工。在为客户创造价值的生产过程中，任何一个环节的低效率或低质量都可能影响最终的客户价值。

5) 竞争者市场

在竞争者市场中，企业营销活动的主要目的是争取与竞争者的协作，实现知识转移、资源共享以及更有效地利用资源，共同做大市场规模。现代的竞争已经发展成一种竞争与合作的"竞合"关系，在竞争中实现"双赢"。例如，企业通过与竞争者在产品研发、原料采购、生产制造、渠道销售等方面的合作，可以相互分担费用和风险，增强经营能力。

6) 利益相关者市场

金融机构、新闻媒体、政府、社区、行业协会，以及诸如消费者权益保护组织、环保组织等各种社会团体与非政府组织，他们与企业存在千丝万缕的关系，对于企业的生存和发展都会产生重要的影响。因此，企业有必要将他们作为一个市场来对待，制定以公共关系为主要手段的营销策略。

2. 关系营销形态

关系营销是在人与人之间的交往过程中实现的，而人与人之间的关系错综复杂。上述六大市场中的关系营销形态归纳起来大体有以下五种。

1) 亲缘关系营销形态

亲缘关系营销是指依靠家庭血缘关系维系的市场营销，如父子、兄弟姐妹等亲缘为基础进行的营销活动。这种关系营销的各关系方盘根错节、根基深厚、关系稳定、时间长久，利益关系容易协调，但应用范围有一定的局限性。

2) 地缘关系营销形态

地缘关系营销是指以企业营销人员所处地域空间为界的维系的营销活动，如利用同省同县的老乡关系或同一地区企业关系进行的营销活动。这种关系营销在经济不发达，交通通讯落后，物流、商流、信息流不畅的地区作用较大。在我国社会主义初级阶段的市场经济发展中，这种关系营销形态不可忽视。

3) 业缘关系营销形态

业缘关系营销是指以同一职业或同一行业之间的关系为基础进行的营销活动。例如，同事、同行、同学之间的关系，由于接受相同的文化熏陶，彼此具有相同的志趣，在感情上容易紧密结合为一个"整体"，可以在较长时间内相互帮助，相互协作。

4) 文化习俗关系营销形态

文化习俗关系营销是指以企业、人员之间所具有的共同文化、信仰、风俗习俗为基础进行的营销活动。由于企业、人员之间有共同的理念、信仰和习惯，在营销活动的相互接触交往中易于心领神会，对产品/服务的品牌、包装、性能等有相似需求，容易建立长期的伙伴营销关系。

5) 偶发性关系营销形态

偶发性关系营销是指在特定的时间和空间条件下发生突然机遇而形成的一种关系营销。如营销人员在车上与同坐旅客闲谈中可能使某项产品成交。这种营销具有突发性、短暂性、不确定性的特点，往往与前几种形态相联系，但这种偶发性机遇又会成为企业扩大市场占有率、开发新产品的契机，如能抓住机遇，可能成为一个企业兴衰成败的关键。

2.1.4　关系营销的实施策略

1. 关系营销实施的基本原则

关系营销的实质是在市场营销中与各关系方建立长期稳定的相互依存的营销关系，以求彼此协调发展，因而必须遵循以下原则。

(1) 主动沟通：在关系营销中，各关系方都应主动与其他关系方接触和联系，相互沟通信息，了解情况，形成制度或以合同形式定期或不定期会面，相互交流各关系方需求变化情况，主动为关系方提供服务或为关系方解决困难和问题，增强伙伴合作关系。

(2) 承诺信任：在关系营销中，各关系方之间都应作出一系列书面或口头承诺，并以自己的行为履行诺言，才能赢得关系方的信任。承诺的实质是一种自信的表现，履行承诺就是将誓言变成行动，是维护和尊重关系方利益的体现，也是获得关系方信任的关键，是供企业保持与关系方融洽伙伴关系的基础。

(3) 互惠互利：利益上的互补是关系营销的基础，在与关系方交往的过程中必须做到相互满足关系方的经济利益，并通过在公平、公正、公开的条件下进行成熟、高质量的产品或价值交换，使关系方都能得到实惠。

2. 关系营销实施的基本思路

1) 增强客户忠诚

关系营销的核心是客户忠诚。在关系营销中，怎样才能获得客户忠诚，需要考虑以下三个方面。

(1) 客户需求：客户满意度的衡量标准之一是客户需求是否得到满足，因此企业应分析并准确把握客户需求。满意的客户会对企业带来有形的收益(如重复购买该企业产品)和无形的好处(如宣传企业形象)。

(2) 客户价值：期望和欲望与感知绩效的差异程度是产生满意感的来源，所以企业可采取多种方式获取客户满意，这些方式包括提供满意的产品/服务、提供附加利益、提供信息通道和购买便利等。

(3) 维系客户：市场竞争的实质是争夺客户资源。维系原有客户、减少客户流失，要比争取新客户更为有效。维系客户不仅需要维持客户满意度，还必须分析客户产生满意感的原因，有针对性地采取措施来维系客户。

2) 梯度推进营销

贝瑞和帕拉苏拉曼归纳了三种创造客户价值的关系营销层次，即一级关系营销、二级关系营销和三级关系营销。

(1) 一级关系营销：也称为财务层次营销，主要是运用财务方面的手段，使用价格来刺激目标公众以增加企业收益。在一级关系营销中，具有代表性的是频繁市场营销计划，它是指，对那些频繁购买以及按稳定数量进行购买的客户给予财务奖励的营销计划。总的来说，财务层次营销是一种低层次的营销，容易被竞争对手所模仿，一旦被仿效，所产生客户忠诚的作用将会消失。在一级关系营销的基础上，同客户建立二级和三级关系营销联系，才会增加客户转移成本，使客户忠诚于企业。

(2) 二级关系营销：也称为社交层次营销。与一级关系营销相比，这种方法在向目标客户提供财务利益的同时，也增加了他们的社会利益。在二级关系营销里，与客户建立良好的社交关系比向客户提供价格刺激更重要。二级关系营销的主要表现形式是建立客户组织，以某种方式将客户纳入到企业的特定组织中，使企业与客户之间保持更为紧密的联系，实现对客户的有效控制，包括无形的客户组织和有形的客户组织。无形的客户组织是企业利用数据库建立客户档案来与客户保持长久的联系；有形的客户组织是企业通过建立客户俱乐部来与客户保持长久的联系。

(3) 三级关系营销：也称为结构层次营销，是企业在向交易伙伴提供财务利益和社会利益的同时，与交易伙伴结成稳定结构纽带联系。结构性联系要求企业为交易伙伴提供这样的服务，即服务对交易伙伴有价值，但交易伙伴不能通过其他来源得到这种服务。企业与客户的结构性纽带是企业通过向客户提供独特的服务而建立起的结构性关系；企业与企业的结构性纽带是指两个企业结成紧密合作的伙伴关系，在开发、研究、供应、人员等方面互相协作，以促进双方的共同发展。

财务层次营销、社交层次营销、结构层次营销这三种与客户建立关系营销手段，在实际操作过程中应根据企业情况灵活运用。如果企业规模较小，可以只采取财务层次营销手段，也可以并用财务层次营销和社交层次营销手段；如果企业规模较大，可以综合运用这三种关系营销手段。

3) 增强营销作用力

企业不仅面临着同行业竞争对手的威胁，而且在外部环境中，还存在着潜在进入者和替代品的威胁，以及供应商和客户讨价还价的较量。企业营销的最终目标是使本企业在产业内部处于最佳状态，能够增强营销作用力。作用力是指决策的权利和行为的力量，营销活动双方的影响能力可用下列三个作用方程表示：“营销方的作用力”小于“被营销方的作用力”；“营销方的作用力”等于“被营销方的作用力”；“营销方的作用力”大于“被营销方的作用力”。引起作用力不等的原因是市场结构状态的不同和信息不对称。在竞争中，作用力强的一方起着主导作用，当双方力量势均力敌时，往往采取谈判方式来影响和改变关系双方作用力的大小，从而使交易得以顺利进行。

3. 实施关系营销的具体措施

1) 关系营销的组织设计

为了对内协调部门之间、员工之间的关系，对外向公众发布消息和处理意见等，通过有效的关系营销活动，使得企业目标能顺利实现，企业必须根据正规性原则、适应性原则、针对性原则、整体性原则、协调性原则和效益性原则建立企业关系管理机构。该机构除协调内外部关系外，还将担负收集信息资料、参与企业的决策预谋的责任。

2) 关系营销的资源配置

面对当代的客户、变革和外部竞争，企业的全体人员必须通过有效的资源配置和利用，同心协力地实现企业的经营目标。企业资源配置主要包括人力资源和信息资源。人力资源配置可以通过部门间的人员转化和内部提升来进行。信息资源共享方式主要是利用计算机网络、制定信息共享策略、建立“知识库”以及组建“虚拟小组”等。

3) 关系营销的利益分配

一方面，企业与外部企业建立合作关系，必然会与之分享某些利益，增强对手的实力；另一方面，企业各部门之间也存在着不同利益，这两方面形成了关系协调的障碍。具体的原因包括：利益不对称、担心失去自主权和控制权、片面的激励体系、担心损害分权。因此，建立关系营销中的合理利益分配机制是关系营销能否成功的关键因素之一。

2.2　客户价值理论

客户价值(Customer Value)是营销领域的一个很时髦的术语，然而对客户价值的看法却有很多种，甚至存在严重冲突，仍然难以有一个统一合理的定义。目前，在使用客户价值的概念时，主要有两个方向：一是企业为客户创造或提供的价值；二是客户为企业创造的价值。显然，这两个价值的内涵是截然相反的。向客户递送超凡的价值无疑可以成功地赢得客户，但必须同时考虑这种价值递送对企业来讲是否有利可图，如果一味地追求“所有客户 100%满意”，企业需要增加太多成本，效果可能会适得其反。这是这两个方向的价值存在矛盾的地方。但从另一个角度看，它们也存在统一性，即，为客户创造价值越多，客户满意度就越高，忠诚度也会提高，客户可以为企业创造更长期的价值。因此，企业为客户创造价值有利于增加客户为企业创造价值。

为了统一这两个方面的价值衡量，本书使用客户生命周期终身价值(customer lifetime value，CLV)来衡量客户为企业所创造的价值，用客户让渡价值(customer delivered value，CDV)来衡量企业为客户所创造的价值。这里“让渡”的英文词是“Deliver”，实际就是表示向客户“递送”价值的意思。

2.2.1　客户让渡价值的内涵

客户让渡价值是菲利普·科特勒在《营销管理》一书中提出来的，他认为，“客户让渡价值”是指客户总价值(total customer value，TCV)与客户总成本(total customer cost，TCC)之间的差额。客户总价值是指客户购买某一产品/服务所期望获得的一组利益，它包括产品价值、服务价值、人员价值和形象价值等，即客户总购买价值。客户总成本是指客户为购买某一种产品所耗费的时间、精神、体力以及所支付的货币资金等，即客户总购买成本。

由于客户在购买产品时，总希望把有关成本包括货币、时间、精神和体力等降到最低限度，同时又希望从中获得更多的实际利益，以使自己的需求得到最大限度的满足。因此，客户在选购产品时，往往从价值与成本两个方面进行比较分析，从中选择出价值最高、成本最低，即“客户让渡价值”最大的产品作为优先选购的对象。为了在竞争中战胜对手，吸引更多的潜在客户，企业就必须向客户提供比竞争对手具有更多“客户让渡价值”的产品，只有这样才能使自己的产品为消费者所注意，进而购买本企业的产品。为此，企业可从两个方面改进自己的工作：一是通过改进产品、服务、人员与形象，提高产品的总价值；二是通过降低生产与销售成本，减少客户购买产品的时间、精神与体力的耗费，从而降低货币与非货币成本。

影响客户让渡价值的因素很多，例如，企业的营销组合策略、企业所处的市场环境、科技水平的进步、客户的行为、意识等，它们之间的关系以及作用机制也非常复杂。

2.2.2 客户让渡价值的特点

客户让渡价值具有以下五个特点。

1. 客户让渡价值具有潜在性

在不同的环境因素下，客户追求不同层次需要的满足，其性质与程度都会随着时间与环境而变化，企业必须通过营销策划来争取将客户潜在的市场价值转化为企业的现实收益。

2. 客户让渡价值独立于企业

客户价值实质上是客户为满足其需求而进行消费所体现出的市场价值，而满足客户需求的方式与具体的产品形态是多种多样的。也就是说，客户价值的市场存在尽管对企业具有重要意义，但与具体的企业却没有必然联系。

3. 客户让渡价值受多因素的影响

客户价值受到客户收入水平、客户对自身需求的认知程度和客户的个人素质等因素影响，这些都是企业进行营销策划时需要考虑的因素。

4. 客户让渡价值决定客户的购买行为

理性的客户能够判断哪些产品将提供最高价值，并作出对自己有利的选择。在一定的搜寻成本、有限的知识、灵活性和收入等因素的限定下，客户是价值最大化追求者，他们形成一种价值期望，并根据它作出行动反应。他们会了解产品是否符合他们的价值期望，这种价值期望将影响客户的满意程度和再购买的可能性。总之，客户将从那些他们认为能够提供最高让渡价值的企业购买商品。

5. 客户让渡价值需要企业与客户共同创造

尽管企业在客户让渡价值的创造过程中处于主导地位，但企业为客户所带来的让渡价值并不一定完全由企业单独决定。在客户以特定方式参与到企业生产经营过程中之后，客户利益的大小除了取决于企业所提供的产品/服务之外，还取决于企业与客户之间的协作程度。在当今的互联网时代，企业与客户的沟通与协作会更加方便和有效。

2.2.3　客户总购买价值

使客户获得更大“让渡价值”的途径之一是改进产品服务、人员与形象，从而提高产品/服务的总价值。其中，每一项价值因素的变化都会对总价值产生影响，进而决定企业生产经营绩效。

1. 产品价值

产品价值是由产品的质量、功能、规格、式样等因素所产生的价值。产品价值是客户需求的核心内容之一，产品价值的高低也是客户选择商品或服务所考虑的首要因素。那么如何才能提高产品价值呢？要提高产品价值，就必须把产品创新放在企业经营工作的首位。企业在进行产品创新、创造产品价值的过程中应注意以下两个方面。

(1) 产品创新的目的是为了更好地满足市场需求，进而使企业获得更多的利润。因此，检验某些产品价值的唯一标准就是市场，即要求新产品能深受市场客户的欢迎，能为企业带来满意的经济效益，这才说明该产品的创新是有价值的。

(2) 产品价值的实现是服从于产品整体概念的，现代营销学认为产品包含三个层次的内容：核心产品(主要利益)、形式产品(包装、品牌、花色、式样)和附加产品(保证、安装、送货、维修)。与此相对应，产品的价值也包含三个层次：内在价值，即核心产品的价值；外在价值，即形式产品的价值；附加价值，即附加产品的价值。

现代的产品价值观念要求企业在经营中全面考虑产品的三层价值，既要抓好第一层次的价值，同时也不能忽视第二和第三层次的价值，做到以核心价值为重点，三层价值一起抓。

2. 服务价值

服务价值是指企业向客户提供满意所产生的价值。服务价值是构成客户总价值的重要因素之一。从服务竞争的基本形式看，可分为追加服务与核心服务两大类。追加服务是伴随产品实体的购买而发生的服务，其特点表现为服务仅仅是生产经营的追加要素。从追加服务的特点不难看出，虽然服务已被视为价值创造的一个重要内容，但它的出现和作用却是被动的，是技术和产品的附加物。显然，在高度发达的市场竞争中，服务价值的核心不能以这种被动的竞争形式存在。核心服务是消费者所要购买的对象，服务本身为购买者提供了其所寻求的效用。核心服务把服务内在的价值作为主要展示对象。服务是决定实体商品交换的前提和基础，实体商品流通所追求的利益最大化应首先服从客户满意的程度，这正是服务价值的本质。

3. 人员价值

人员价值是指企业员工的经营思想、知识水平、业务能力、工作效率与质量、经营作风以及应变能力等给客户带来的影响和价值。只有企业所有部门和员工协调一致，成功设计和实施价值让渡系统，营销部门才会变得卓有成效。因此，企业的全体员工是否就经营观念、质量意识、行为取向等方面形成共同信念和准则，是否具有良好的文化素质、市场及专业知识，以及能否在共同的价值观念基础上建立崇高的目标，并作为规范企业内部员工一切行为的最终准则，决定着企业为客户提供的产品/服务的质量，从而决定客户购买总价值的大小。由此可见，人员价值对企业与客户的影响作用是巨大的。

4. 形象价值

形象价值是指企业及其产品在社会公众中形成的总体形象所产生的价值。形象价值是企业各种内在要素质量的反映。任何一个内在要素的质量不佳都会使企业的整体形象遭受损害，进而影响社会公众对企业的评价，因此塑造企业形象价值是一项综合性的系统工程，涉及的内容非常广泛。显然，形象价值与产品价值、服务价值、人员价值密切相关，在很大程度上是上述三方面价值综合作用的反映和结果。所以形象价值是企业知名度的竞争，是产品附加值的部分，是服务高标准的竞争，说到底是企业"含金量"和形象力的竞争，它使企业营销从感性走向理性化的轨道。

2.2.4 客户总购买成本

要实现最大程度的客户让渡价值，仅仅创造价值还是远远不够的，与此同时，还应该设法降低客户购买的总成本。客户总成本不仅包括货币成本，而且还包括时间成本、精力成本等非货币成本。通常情况下，客户购买产品/服务首先要考虑货币成本的高低，因而货币成本是构成整体客户成本的主要和基本因素。除此之外，客户在购买产品/服务时所耗费的时间、精神和精力也将成为其购买决策的重要影响因素。因此，企业要想创造最大的让渡价值，使客户能充分满意，就必须解决如何帮助客户降低非货币成本的问题。

1. 货币成本

货币成本是客户在购买产品/服务过程中所要支付的最重要的成本，也是客户在消费过程中最为关心的基本要素。客户支付的货币成本越低，所获得的价值就越大。因此，通过技术创新、改进生产以及业务流程再造等方式，提高生产效率、降低产品/服务价格是企业降低客户购买的货币成本的根本途径。

2. 时间成本

时间成本是客户为得到所期望的产品/服务而必须处于等待状态的时间代价。时间成本是客户满意和价值的减函数，在客户价值和其他成本一定的情况下，时间成本越低，客户购买的总成本越小，“客户让渡价值”就越大。因此，为降低客户购买的时间成本，企业经营者必须对所提供的商品/服务有强烈的责任感和事前的准备，在经营网点的广泛度和密集度等方面均需做出周密的安排，同时努力提高工作效率，在保证商品和服务质量的前提下，尽可能减少客户为购买商品/服务所花费的时间支出，从而降低客户购买成本，为客户创造最大的“让渡价值”，增强企业产品的市场竞争力。

3. 精力和精神成本

精力和精神成本是指客户购买产品/服务时，在精力和精神方面的耗费与支出。在客户总价值与其他成本一定的情况下，精力与精神成本越小，客户为购买产品/服务所支出的总成本越低，“客户让渡价值”就越大。因此，企业如何采取有力的营销措施，从企业经营的各个方面和各个环节为客户提供便利，使客户以最小的成本耗费取得最大的实际价值，是每个企业需要深入研究的问题。

2.3　客户生命周期理论

2.3.1　客户生命周期的阶段划分

生命周期理论由卡曼(A. K. Karman)于 1966 年首先提出，后来赫塞(Hersey)与布兰查德(B1anchard)于 1976 年发展了这个理论。生命周期是一种非常有用的工具，经常被用于分析市场、行业、企业、产品的生命周期。典型的生命周期被划分为四个阶段，例如，将市场生命周期划分为发展期、成长期、成熟期和衰退期四个阶段，产品生命周期划分为引入期、成长期、成熟期和衰退期。根据研究对象的不同，四个阶段的表述存在某些差异，但其实质都是关于某一种事物的成长、消亡和循环的理论。

作为企业的重要资源，客户具有价值和生命周期。客户生命周期理论也称客户关系生命周期理论，是指从企业与客户建立业务关系到完全终止关系的全过程，是客户关系水平随时间变化的发展轨迹，它动态地描述了客户关系在不同阶段的总体特征。客户生命周期可分为考察期、形成期、稳定期和退化期四个阶段。考察期是客户关系的孕育期，形成期是客户关系的快速发展阶段，稳定期是客户关系的成熟期和理想阶段，退化期是客户关系水平发生逆转的阶段，如图 2-2 所示。

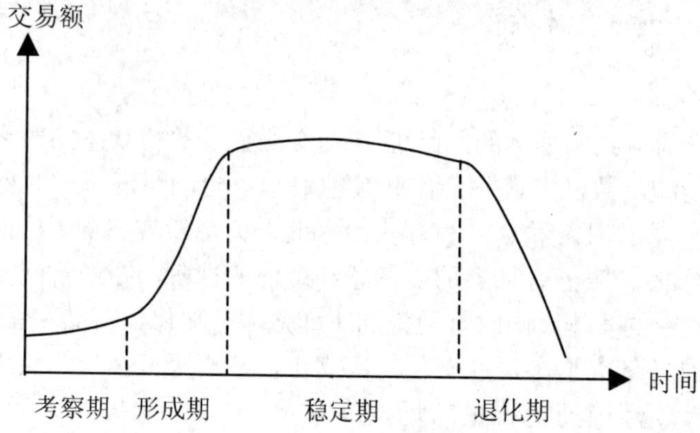

图 2-2　客户关系生命周期

1. 考察期

考察期是关系的探索和试验阶段。在这个阶段，双方考察和测试目标的相容性、对方的诚意、对方的绩效，考虑如果建立长期关系，双方潜在的职责、权利和义务何在。双方相互了解不足、不确定性是考察期的基本特征，评估对方的潜在价值和降低不确定性是这个阶段的中心目标。在这个阶段，客户需要了解企业，企业解答客户的相应问题；同时，企业需要对这些潜在的客户群体进行调研，以便确定出可开发的目标客户；客户会下一些尝试性的订单，企业与客户开始交流并建立联系。在此阶段，企业有客户关系投入成本，但客户尚未对企业作出大的贡献。

2. 形成期

形成期是关系的快速发展阶段。如果双方关系能进入这一阶段，表明在考察期双方都相互满意，并建立了一定的相互信任和相互依赖。双方从关系中获得的回报日趋增多，相互依赖的范围和深度也日益增加，逐渐认识到对方有能力提供令自己满意的价值(或利益)和履行其在关系中担负的职责，因此愿意承诺一种长期关系。随着双方了解和信任的不断加深，关系日趋成熟，双方的风险承受意愿增加，由此双方交易不断增加。当企业对目标客户开发成功后，客户与企业发生业务往来并逐步扩大，表明已进入客户成长期。企业的投入主要是发展投入，目的是进一步融洽与客户的关系，提高客户的满意度和忠诚度，进一步扩大交易量。此时客户已经开始为企业作贡献，企业从客户交易获得的收入已经大于投入，开始盈利。

3. 稳定期

稳定期是关系发展的最高阶段。在这个阶段，双方或含蓄或明确地对持续长期关系作了保证。这个阶段有三点明显特征：①双方对对方提供的价值高度满意；②为能长期维持稳定的关系，双方都有大量有形和无形的投入；③交易量大。因此，在这个时期，双方的相互依赖水平达到整个关系发展过程中的最高水平，双方关系都处于一种相对稳定的状态，客户忠诚度高，对价格不敏感，企业能够获得良好的直接和间接收益。

4. 退化期

退化期是关系发展过程中，关系水平逆转的阶段。引起关系退化的原因有很多，例如，一方或双方经历了一些不满意或需求发生变化等。退化期的主要特征：①交易量下降；②一方或双方正在考虑结束关系甚至物色候选的关系伙伴(供应商或客户)；③开始交流结束关系的意图等。当客户与企业的业务交易量逐渐下降或急剧下降，客户自身的总业务量并未下降时，说明客户关系已进入衰退期。

此时，企业有两种选择：一是加大对客户的投入，重新恢复与客户的关系，进行客户关系的二次开发；二是不再做过多的投入，渐渐放弃这些客户。当客户不再与企业发生业务关系，且双方债权债务关系已经理清时，则意味客户关系生命周期的完全终止。

2.3.2 客户生命周期各阶段的交易特征

客户生命周期各阶段所表现出的交易特征各不一样。下面从交易量、价格、成本、间接收益、交易额和利润这五个方面考察其变动规律。

1. 交易量

由于考察期的客户关系极其不确定，客户只是试探性地下少量订单，交易量很小。在形成期，随着双方相互信任的增加和客户承受风险能力的提高，交易量快速上升。稳定期双方交易量达到最大并可能维持一段较长的时间。退化期的双方关系出现问题，交易量回落。因此，考察期的交易量较小，形成期的交易量快速增加，稳定期最大，退化期回落。总之，交易量与客户关系水平成正比。

2. 价格

客户的支付意愿随着客户关系水平的提高而不断增高。随着企业与客户的沟通越来越充分，相互了解不断增进，企业对客户独特需求的理解愈加深刻，为客户提供的服务和信息更具个性化、更有价值，为此客户愿意支付更高的价格。另外，由于信任导致协调、监督等成本的降低也是客户支付意愿提高的一个重要原因。在退化期，由于客户往往对企业提供的价值不满意，客户的支付意愿因此而下降。

3. 成本

产品成本可以认为基本不变，营销成本、服务成本和交易成本随着客户关系的发展有明显下降趋势。营销成本下降的主要原因是因为客户维系成本低于客户开发成本。服务成本下降是因为随着对客户了解的加深和服务经验的积累，服务效率不断提高。交易成本下降是因为：①规模效应，即随着客户购买量的提高，运作成本降低；②随着交易过程的经常化、常规化，交易效率提高；③随着信任的增加，协调、监督成本，风险评估成本，谈判签约成本等降低；④随着关系的发展，沟通效率提高，沟通成本降低。总体来说，随着客户关系水平的提高，企业成本在下降。

4. 间接效益

忠诚的客户是企业的义务广告员，他们常常为企业推荐新客户和传递好的口碑，通过这种途径获得的新客户，为企业节约了大量的成本，企业也因此获得良好的间接效益，即所谓的“口碑效应”。在形成期后期和稳定期，随着客户忠诚的形成和发展，企业可望获得良好的间接效益。

5. 交易额和利润

设某客户在第 t 个时间单元内与企业的交易额、带给企业的利润分别为 $TV(t)$ 和 $P(t)$，则交易额随客户生命周期阶段发展而变化：考察期最小，形成期其次，稳定期最大，退化期快速降低。如图 2-3 所示，曲线 I 和 II 分别描述了 $TV(t)$ 和 $P(t)$ 的变化趋势。$TV(t)$ 和 $P(t)$ 具有类似的阶段特征：在考察期内总体很小且上升缓慢，形成期以较快速度增长，稳定期继续增长但增速减慢，退化期快速下降，两条曲线均呈倒“U”形。所以，往往只用一条曲线就可刻画出客户生命周期的特征，一般用 $TV(t)$ 曲线，它可看作是狭义的客户生命曲线。但是 $TV(t)$ 曲线和 $P(t)$ 曲线有两点不同：①交易额在形成期后期就接近最大值，稳定期在最大值附近保持，但利润在稳定期仍持续攀升，直到稳定期后期才达到最大值。这是由于在交易额达到最大时，价格提升、成本降低和间接效益对利润的贡献并没有达到最大，它们对利润的正效应一直要延续到稳定期后期，其中“口碑效应”甚至要延续到退化期；②在退化期利润回落的速度低于交易额的回落速度。原因是由于惯性，价格、成本和间接效益的变化有一定的滞后效应。

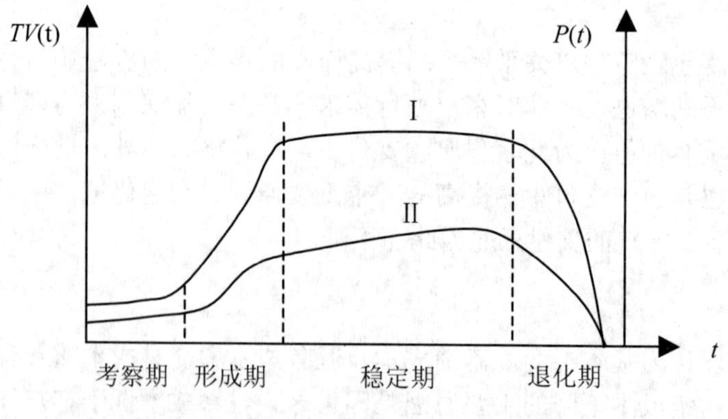

图 2-3　典型的客户关系生命周期曲线

总之，随着客户关系的发展，交易量不断增加，客户支付意愿不断提高，成本不断下降，间接效益不断扩大。交易额和利润地不断提高，到了退化期则快速下降。

2.3.3　客户生命周期的基本模式

图 2-3 描述的是一个具有完整四个阶段的理想的客户生命周期模式，考察期和形成期相对较短，稳定期持续时间较长。但是，客户关系并不总能按照所期望的这种轨迹发展，客户生命周期模式存在多种类型，不同的类型带给企业不同的利润，代表着不同的客户关系质量。如前所述，客户关系的退化可以发生在考察期、形成期和稳定期三个阶段的任一时点，根据客户关系退出所处的阶段不同，可将客户生命周期模式划分成四种类型(由于在稳定期前期退出和后期退出的生命周期模式有显著差异，故将从稳定期退出的模式分成两种)。图 2-4 给出了用客户终身价值曲线表示的四种客户生命周期模式。模式Ⅰ(早期流产型)、模式Ⅱ(中途夭折型)、模式Ⅲ(提前退出型)、模式Ⅳ(长久保持型)分别表示客户关系在考察期、形成期、稳定期前期、稳定期后期四个阶段退出。下面分析这四种客户生命周期模式的成因。

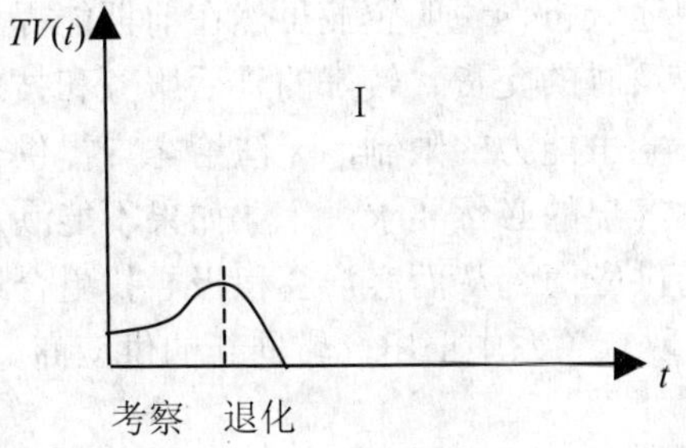

(a) 模式Ⅰ

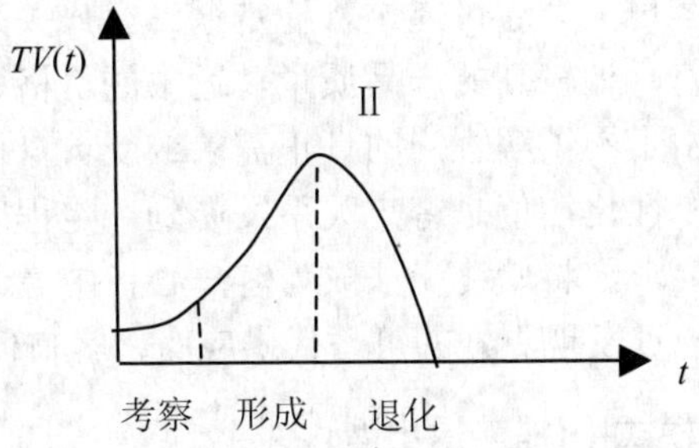

(b) 模式Ⅱ

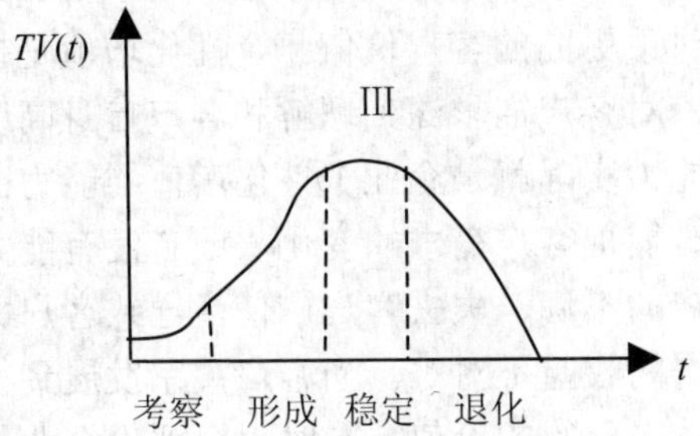

(c) 模式Ⅲ

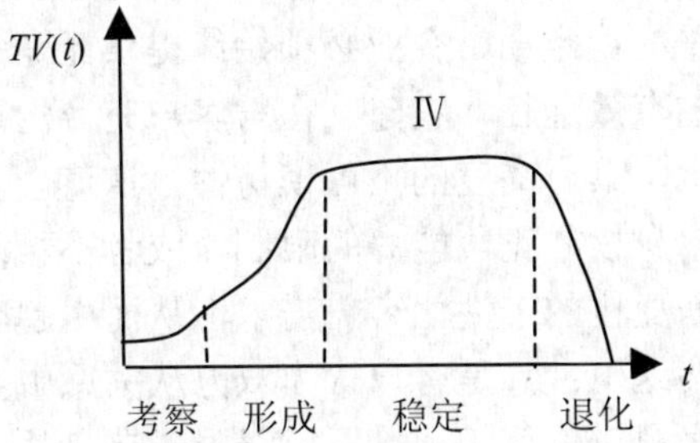

(d) 模式Ⅳ

图 2-4　客户生命周期模式类型

1. 模式Ⅰ(早期流产型)

客户关系没能越过考察期就流产了。原因主要有两个方面：一是企业提供的价值达不到客户的预期，客户认为供应商没有能力提供令其满意的价值。也许客户只是对有限次购买中的一次购买不满意，但这时客户对企业的基本信任尚未建立起来，也没有转移成本，客户关系非常脆弱，一旦不满意，客户很可能直接退出关系；二是企业认为客户没有多大的价值，不愿与其建立长期关系。模式Ⅰ代表的是一种非常多见的客户关系形态。因为在大量的企业与客户之间的多元关系网络中，经过双向价值评估和选择，能够进入二元关系的毕竟是少数。

2. 模式Ⅱ(中途夭折型)

客户关系越过了考察期，但没能进入标志着关系成熟的稳定期而在形成期中途夭折。客户关系能进入形成期，表明双方对此前关系的价值是满意的，曾经建立了一定的相互信任。中途夭折最可能的原因是企业不能满足客户不断提升的价值预期。生命周期不同阶段客户保持机理的研究表明，客户价值是客户保持的决定因素，而客户对价值的预期又是不断提升的，企业提供的价值必须不断满足客户的预期，并达到或超过最好可替代供应商的水平，客户关系才可能进入稳定期。客户关系中途夭折，说明企业虽然在前期能提供比较好的价值，如较高的产品质量、适中的价格、较及时的交货、较好的售后服务和技术支持等，但由于不了解客户的真正需求或受自身核心竞争能力的限制，无法给客户提供个性化增值。个性化增值是客户关系发展到一定程度时客户的必然要求，企业如果不能满足客户的这种要求，将始终无法成为客户心目中最好的供应商，从而客户会积极寻找更合适的供应商，一旦发现更好的可替代供应商，客户便从现有关系中退出，转向新的供应商。

3. 模式Ⅲ(提前退出型)

客户关系进入了稳定期但没能继续保持而在稳定期前期退出。造成客户关系不能继续保持的可能原因主要有两个方面：一是企业持续增值创新能力不够。客户关系要长久保持在高水平的稳定期，企业必须始终提供比竞争对手更高的客户价值。个性化增值是提高客户价值的有效途径，它建立在与客户充分沟通、对客户需求深刻理解和客户自身高度参与的基础上，具有高度的不可模仿性，增值创新能力实际就是企业个性化增值的能力。企业由于受自身核心竞争能力的限制，或者不能及时捕捉客户需求的变化，或者没有能力持续满足不断变化的个性化客户需求，从而引起客户的不满，失去客户信任，导致客户关系退化并最终退出；二是客户认为双方从关系中获得的收益不对等。当客户关系发展到很高水平时，客户对价值的评价不再局限于自身从关系中获得的价值，同时也会评价企业从关系中所获得的价值，如果发现自身获得的价值明显低于企业所获得的价值，客户将认为双方的关系是不公平的。对等双赢才是关系可持续发展的一个基础，因此一旦客户认识到关系不公平，客户关系就会动摇，甚至破裂。

4. 模式Ⅳ(长久保持型)

客户关系进入稳定期并在稳定期长久保持。客户关系能长久保持在稳定期，主要有三个方面的原因：一是企业提供的客户价值始终比竞争对手高，客户一直认为现有企业是他们最有价值的供应商；二是双方关系是对等双赢的，客户认为关系是公平的；三是客户有很高的经济和心理转移成本。转移成本是一种累积成本，客户关系发展到高水平的稳定期时，客户面临着多种很高的转移成本，如专有投资、风险成本、学习和被学习成本等。因此，即使企业提供的价值一时达不到客户的预期，客户也不会轻易退出，此时，转移成本成为阻止客户退出关系的关键因素。当客户关系出现问题时，转移成本的这种作用为企业提供了良好的客户关系修复机会。模式Ⅳ是企业期望实现的一种理想客户生命周期模式，这种客户关系能给供应商带来更多的利润。

客户是企业最重要的资产，谁拥有了高质量的客户谁就掌握了主动权。所以，客户群的质量决定了企业的竞争能力。而客户群的生命周期结构、全体客户生命周期模式类型的构成决定了客户群的质量。在一个企业的客户群中，如果大部分有价值的客户的生命周期模式属于“长久保持型”，那么该企业在市场竞争中必然处于优势地位；反之，则否。客户生命周期模式的分类为企业诊断客户群的质量提供了一个很好的分析工具，进而企业可以更有针对性地制定 CRM 的行动方案。

2.3.4 客户终身价值

1. 客户终身价值概念

客户终生价值(customer lifetime value，CLV)是指企业的所有客户在其生命周期内能够给企业创造收益的期望净现值的总和。可以用以下公式表述：

$$\mathrm{CLV}=\sum_{i=1}^{N}\sum_{t=0}^{T_i}\frac{(\pi_{it}-c_{it})}{(1+\gamma_t)^t} \tag{2-1}$$

式中：N 为企业所拥有的总客户数量；T_i 为第 i 个客户的生命周期长度；γ_t 为第 t 个时间段的贴现率；π_{it} 为第 i 个客户在第 t 个时间段为企业所创造的价值，c_{it} 为在第 t 阶段获取和维持客户 i 的关系成本。当 $t=0$ 时，π_{i0} 代表客户 i 已经累积给企业创造的历史价值，c_{i0} 表示企业建立并维持与客户 i 的关系过程中，已经付出的全部历史成本。

从上述公式可以看出，影响客户终身价值的因素主要有三个方面：客户关系长度、客户关系广度、客户关系深度。

1) 客户关系长度

企业与客户的关系长度实质就是客户的生命周期长度 T_i，即，客户从对企业进行了解或企业欲对某一客户进行开发开始，直到客户与企业的业务关系完全终止且与之相关的事宜完全处理完毕的这段时间。

2) 客户关系广度

客户关系的广度，即企业所拥有的总客户数量 N，包括新获取的客户、保留的老客户以及重新获得的已流失的客户数量。

3) 客户关系深度

客户关系深度代表企业与客户关系的质量，体现在客户为企业所创造的价值 π_{it}，客户为企业所创造的价值是多方面的，包括购买价值、口碑价值、信息价值、知识价值和交易价值等。

(1) 客户购买价值。

客户购买价值是指由于客户直接购买为企业提供的价值贡献的总和。客户购买价值受客户消费能力、客户钱包份额、单位边际利润影响。客户购买价值直接体现为客户的当前价值。

客户购买价值的计算公式为：

$$\text{PV}=\text{客户消费能力}\times\text{客户钱包份额}\times\text{单位边际利润} \tag{2-2}$$

客户钱包份额是指企业所提供的产品/服务占某个客户总消费支出的百分比。该比例越高，表明客户与企业的关系越深，反之亦然。

(2) 客户口碑价值。

客户口碑价值的大小与客户自身的影响力相关。客户影响力越大，在信息传达过程中的“可信度”越强，信息接收者学习与采取行动的倾向性越强。

客户影响力有正负两方面，正的客户影响力有利于企业树立良好形象，发展新客户，对企业有利。而负的客户影响力来自于客户对企业的抱怨，它会将企业的潜在客户甚至是企业的现有客户推向企业的竞争对手，企业若不及时处理，后患无穷。

此外，客户口碑价值还与影响范围相关，即客户口碑传播的范围越广，可能受到影响的人群越多。当然，客户口碑价值最终仍需体现在受影响人群为企业带来直接收入的大小上，因此受影响人群的购买价值的高低与客户口碑价值成正相关。

客户口碑价值的计算公式为：

$$\text{PPV}=\text{影响力}\times\text{影响范围}\times\text{影响人群的平均购买价值} \tag{2-3}$$

(3) 客户信息价值。

客户信息价值是客户为企业提供的基本信息的价值，这些基本信息包括两类：一是企业在建立客户档案时，由客户无偿提供的那部分信息；二是企业与客户进行双向互动的沟通过程中，由客户以各种方式(抱怨、建议、要求等)向企业提供的各类信息，包括客户需求信息、竞争对手信息、客户满意程度信息等。这些信息不仅为企业节省了信息收集费用，而且对企业制定营销策略提供了较为真实准确的一手资料。

(4) 客户知识价值。

客户知识有三个方面的含义：一是客户的知识(knowledge of customer)，如谁是企业的客户，他们需要什么；二是关于客户的知识(knowledge about customer)，如客户的特征、困难和观点、交易历史以及再次光顾本企业的可能性；三是有关客户环境的知识与观点以及客户的关系网。客户知识是绝大多数企业市场开拓和创新所需的最重要的知识，它最有可能为企业带来直接的经济回报。使自己区别于其他企业的一个潜在的关键因素，就是能不能充分收集和利用客户知识。如果企业能够同客户建立密切的知识交流与共享机制，及时了解客户的情况及客户所掌握的知识，无疑会使企业更紧密地贴近市场，大大提高企业决策的准确性和在市场上的竞争能力。

企业对客户知识的处理是有选择的，它取决于客户知识的可转化程度、转化成本、知识贡献率以及企业对客户知识的发掘能力。对客户知识价值的计量可通过对客户知识进行专项管理，对每一项客户知识转化后的收益由相关部门综合评估核定。

(5) 客户交易价值。

客户交易价值是企业在获得客户品牌信赖与忠诚的基础上，通过联合销售、提供市场准入、专卖等方式与其他市场合作获取的直接或间接收益。客户交易价值受产品关联度、品牌联想度、客户忠诚度、客户购买力以及交易双方讨价还价能力等因素的影响。对交易价值的计算，可依据会计的当期发生原则，将企业通过交易获取的收益平均分摊到有交易价值的客户上。

客户的口碑、信息、知识和交易价值等体现出客户的潜在价值。上述五种客户价值是衡量企业与客户关系深度的重要指标。图 2-5 是客户关系维度示意图。

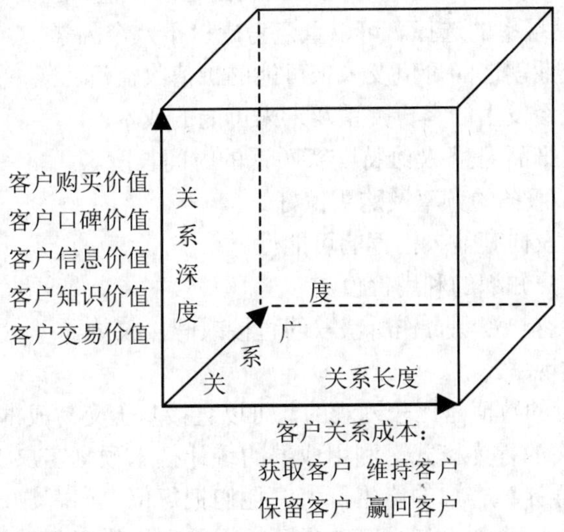

图 2-5 客户关系维度示意图

关系广度代表客户关系的数量(新客户、老客户以及赢返的流失客户)，即总的客户数 N，在其他因素不变的情况下，客户终身价值与关系广度为正相关关系。

关系深度直接影响客户关系的价值，包括客户购买、口碑、信息、知识和交易等价值，一般而言，客户终身价值与关系深度为正相关关系。

关系长度代表客户与企业保持交易关系的时间长度，一般而言，客户终身价值与关系长度为正相关关系。

关系成本代表企业与客户发生关系的所有成本，包括获取新客户的成本、建立关系之后的维持和保留成本，以及赢回流失客户的成本等。客户终身价值与关系成本成反方向变化。

2. 分析客户终生价值的主要步骤

客户终身价值的具体分析包括以下五个步骤。

1) 收集客户资料和数据

企业需要收集的基本数据包括：个人信息(年龄、婚姻、性别、收入、职业等)、住址信息(区号、房屋类型、拥有者等)、生活方式(爱好、产品使用情况等)、态度(对风险、产品/服务的态度，将来购买或推荐的可能)、地区(经济、气候、风俗、历史等)、客户行为方式(购买渠道、更新、交易等)、需求(未来产品/服务需求等)、关系(家庭、朋友等)。这些数据以及数据随着时间推移的变化都将直接影响终生价值的客户测算。

2) 定义和计算终生价值

正如上述所论，影响客户终生价值的因素主要包括客户关系的长度、深度和广度。具体体现在客户的生命周期长度、客户可能给企业创造的价值、企业建立和维持客户关系的成本等，另外还包括贴现率的选择。可以重点考虑以下八个因素。

(1) 客户已经为企业创造的价值及未来可能的价值收益流。

(2) 建立并维持已经发生的客户关系及未来可能的成本。

(3) 客户购买企业产品/服务及维持购买关系的时间长度。

(4) 客户购买产品/服务的频率及购买偏好。

(5) 客户的影响力及向其他人推荐的可能性。

(6) 客户信息和客户知识的利用价值。

(7) 与其他方进行客户资源合作所获取的直接或间接收益。

(8) 选择适当的贴现率。

但是计算这些变量的数值是比较困难的，可以直接基于交易成本或资金投入进行计算，或者根据过去类似客户的行为模式，利用成熟的统计技术预测客户将来的利润。例如，国外一些汽车行业是这样计算客户的终生价值：他们把每位上门客户一生所可能购买的汽车数乘上汽车的平均售价，再加上客户可能需要的零件和维修服务而得出这个数字，甚至更精确地计算出加上购车贷款所能给企业带来的利息收入。

3) 客户投资与利润分析

根据上一步骤的计算结果，通过对客户关系的投资和利润分析，发现最有价值的客户。

4) 客户细分

从第三个步骤中，企业可以看出如何在客户终生价值中赢得最大的利润，进而可以根据这些数据，将客户细分。通过细分清楚了解客户类型之后，找到最有价值的客户并具有针对性地实施客户保持策略，提高客户特别是最有价值客户的满意度和忠诚度。

目前业界对客户的分类管理已基本达成共识，只是如何对客户进行科学有效的分类还存在很大的争议。传统的基于客户价值的分类，大多根据客户以往的交易额或其为企业带来的利润额来评定客户等级，这种分类方法存在片面性。将客户终身价值作为客户细分的标准和依据是比较科学的，先按照客户终身价值大小排序，再根据客户的终身价值评价结果划分客户群。具体方法是用客户的当前价值(购买价值)和潜在价值(除购买价值以外的四种价值形式之和)作为客户细分的两个维度，每个维度分成高低两档，由此将整个客户群划分为四组，细分的结果用一个矩阵表示，称为客户价值矩阵(customer value matrix)，如图 2-6 所示。

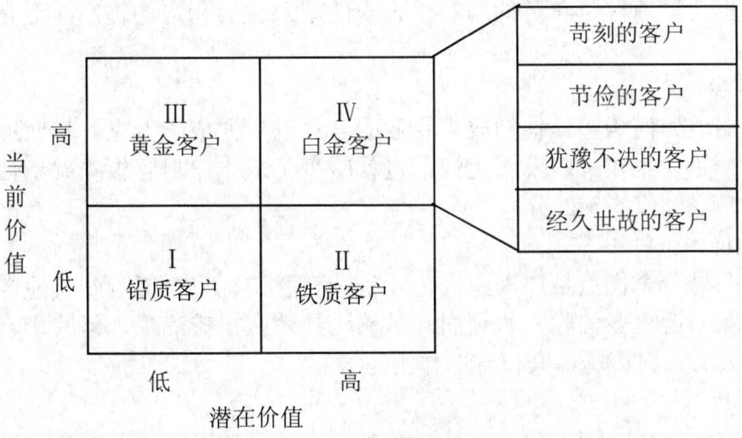

图 2-6　客户价值矩阵

上述四类客户中，Ⅳ类客户对企业最有价值，为企业创造的利润最多，称为“白金客户”，Ⅲ类客户对企业的利润次之，但也是企业的利润大户，称为“黄金客户”。根据 Pareto 原理，Ⅳ、Ⅲ两类客户在数额上不大，约占 20%，但为企业创造的利润却要占到企业总利润的 80%，常说的“最有价值的客户”指的就是这两类客户。Ⅱ类客户属于有潜力的客户，未来有可能转化为Ⅲ类或Ⅳ类客户，但就当前来说，带给企业的利润很薄，称为“铁质客户”。Ⅰ类客户对企业的价值最小，是企业的微利或无利客户，称为“铅质客户”，Ⅰ、Ⅱ两类客户在数量上占了绝大多数，约占客户总数的 80%，但他们为企业创造的利润大约只占企业总利润的 20%。

另外，我们还可以根据客户的不同行为模式，利用数据分析方法(如聚类分析法)对客户进行进一步分类。例如，将Ⅳ类客户划分成苛刻的客户、节俭的客户、犹豫不决的客户和久经世故的客户等。

5) 制定相应的营销策略

衡量客户终生价值的目的不仅在于识别客户和确定目标市场，而是要制定出相应的营销策略，提升销售，尽可能地将客户的潜力开发出来。

3. 分析客户终生价值的意义

1) 客户贡献率

维系客户的时间长度与客户的贡献率是成正比的，缩短时间长度会减少客户的终生价值。在考虑客户终生价值的时候，要考虑客户的购买周期，客户的终生价值就等于客户在整个生命周期内的价值。随着计算时间长度内周期数量的增加，更多的未来收入被考虑在内，因此，客户的终身价值会随之增大。

2) 收入增加

从长期的观点来看，客户的优点是他们对企业的贡献会随时间而增加。例如，旅行社的客户会随着年龄的增长可能会有更多次的旅行，这就提高了客户对旅行社的贡献率。对于家电行业，也会随着客户年龄的增加，客户的收入也会相应的提高，对企业的贡献率进而会增加。

3) 成本减少

长期客户知道如何购买，他们成为企业的客户以后便成了专家。相应地，这些客户无需太多的关心，错误也较少，购买更快，也就减少了成本。尽管很难确切估计这种效应，但它也是客户终生价值的一部分。

4) 口碑效应

长期客户的另一个优点是口碑的宣传效应。满意的客户会影响到其他客户的购买，间接地也会为企业创造更多的收入和利润。虽然这种效应很难测量，但其影响一般是比较大的，尤其在广大的农村市场，其口碑的作用更大。

5) 交叉销售

长期客户常常能附带购买其他产品。在多元化经营的家电企业中有眼光的企业已经开始向这些客户提供“解决方案”了。他们可以把所有与客户的交易都记录下来，根据他们对销售总收入、总成本和利润的贡献率来进行汇总，从而建立起企业的客户数据库，因为这些客户可能会带来附带的销售。

2.4 4Ps 营销理论①

2.4.1 4Ps 营销理论简介

4Ps 营销理论(the marketing theory of 4Ps)产生于 20 世纪 60 年代的美国，是随着营销组

① http://wiki.mbalib.com, 访问日期 2010-08-17.

合理论的提出而出现的。1953 年，尼尔·博登(Neil Borden)在美国市场营销学会的就职演说中创造了“市场营销组合”(marketing mix)这一术语，其意思是指市场需求或多或少的在某种程度上受到所谓“营销变量”或“营销要素”的影响，为了寻求一定的市场反应，企业要对这些要素进行有效的组合，从而满足市场需求，获得最大利润。营销组合实际上有几十个要素(博登提出的市场营销组合原本就包括 12 个要素)，杰罗姆·麦卡锡(McCarthy)于 1960 年在其《基础营销》(Basic Marketing)一书中将这些要素一般性地概括为 4 类：产品(product)、价格(price)、渠道(place)、促销(promotion)，即著名的 4Ps。1967 年，菲利普·科特勒在其畅销书《营销管理：分析、规划与控制》第一版进一步确认了以 4Ps 为核心的营销组合方法，有以下内容。

(1) 产品：注重开发的功能，要求产品具有独特的卖点，把产品的功能诉求放在第一位。

(2) 价格：根据不同的市场定位，制定不同的价格策略，产品的定价依据是企业的品牌战略，注重品牌的含金量。

(3) 渠道：企业并不直接面对消费者，而是注重经销商的培育和销售网络的建立，企业与消费者的联系是通过分销商来进行的。

(4) 促销：企业注重销售行为的改变来刺激消费者，以短期的行为(如，让利、买一送一、营销现场气氛等)促进消费的增长。

2.4.2 4Ps 营销理论的意义

4Ps 的提出奠定了管理营销的基础理论框架。该理论以单个企业作为分析单位，认为影响企业营销活动效果的因素有以下两种。

一是企业不能够控制的，如人口/经济、技术/自然、政治/法律、社会/文化等环境因素，称之为不可控因素，这也是企业所面临的外部环境。

二是企业可以控制的，如产品、价格、分销、促销等营销因素，称之为企业可控因素。企业营销活动的实质是一个利用内部可控因素适应外部环境的过程，即通过对产品、价格、分销、促销的计划和实施，对外部不可控因素做出积极动态的反应，从而促成交易的实现和满足个人与组织的目标，用科特勒的话说就是“如果企业生产出适当的产品，定出适当的价格，利用适当的分销渠道，并辅之以适当的促销活动，那么该企业就会获得成功”。所以市场营销活动的核心就在于制定并实施有效的市场营销组合。

图 2-7 为 4Ps 营销模型，此模型的优势是显而易见的，它把企业营销活动这个错综复杂的经济现象，概括为三个圆圈，把企业营销过程中可以利用的成千上万的因素概括成四个因素，即 4Ps 理论——产品、价格、渠道和促销，的确非常简明、易于把握。得益于这个优势，该模型很快成为营销界和营销实践者普遍接受的一个营销组合模型。

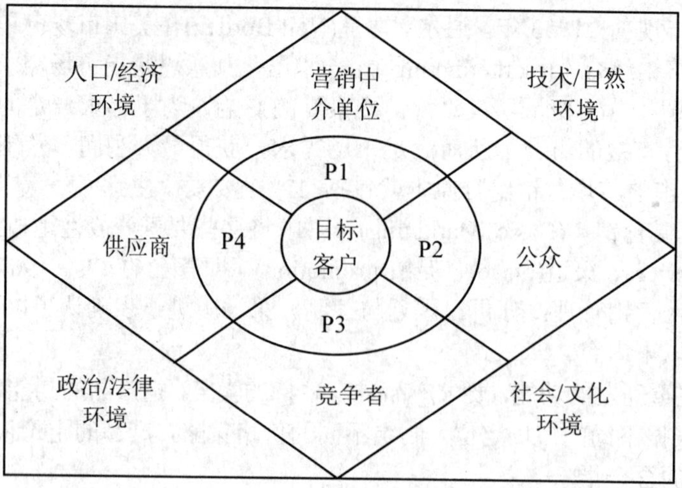

图 2-7 4Ps 营销模型

注：P1—product(产品)；P2—price (价格)；P3—place (渠道)；P4—promotion (促销)

2.4.3 4Ps 营销理论的评价

尽管营销组合概念和 4Ps 观点被迅速和广泛的传播开来，但同时在某些方面也受到了一些营销学者特别是欧洲学派的批评。这主要有以下五点。

(1) 营销要素只适合于微观问题，因为它只从交易的一方(卖方)来考虑问题，执著于营销者对消费者做什么，而不是从客户或整个社会利益来考虑，这实际上仍然是生产导向观念的反映，而没有体现市场导向或客户导向，而且它的重点是短期的和纯交易性的。

(2) 4Ps 理论是对博登提出的市场营销组合概念的过分简单化，是对现实生活不切实际的抽象。博登认为，提出市场营销组合的这个概念并不是要给市场营销下定义，而是为营销人员提供参考，营销人员应该将可能使用的各种因素或变量组合成一个统一的市场营销计划(Neil Borden，1964)。但在 4Ps 模式中没有明确包含协调整合的成分，没有包括任何相互作用的因素。而且，有关什么是主要的营销因素，它们是如何被营销经理感受到并采纳等这些经验研究也被忽视了，“对于结构的偏好远胜于对过程的关注”(Kent，1986)。同时，营销是交换关系的相互满足，而 4Ps 模型忽略了交换关系中大量因素的影响作用。

(3) 4Ps 主要关注的是生产和快速消费品的销售。绝大多数消费品是通过中间商(零售商和批发商)到达市场的，中间商越来越把自己看成是服务的提供者，消费品生产者进行产品定价时需要综合考虑最终消费者和中间商的因素。在这种情况下，4Ps 在消费品领域的作用会受到限制。

(4) 4Ps 观点将营销定义成了一种职能活动，从企业其他活动中分离出来，授权给一些专业人员，由他们负责分析、计划和实施。“企业设立营销或销售部具体承担市场营销职能，当然，有时也吸收一些企业外的专家从事某些活动，比如像市场分析专家和广告专家。结果是，组织的其他人员与营销脱钩，而市场营销人员也不参与产品设计、生产、交货、客户服务和意见处理及其他活动”(christion gronroos，1994)，因此导致了与其他职能部门的潜在矛盾。而且它缺乏对影响营销功能的组织内部任务的关注，“如向企业内部所有参与营销或受营销影响的人员传播信息的人力资源管理以及设计激励和控制系统”(van den bulte，1991)。

(5) 市场营销组合和 4Ps 理论缺乏牢固的理论基础。格隆罗斯认为，作为一种最基本的市场营销理论，在很大程度上是从实践经验中提炼出来的，在其发展过程中很可能受到微观经济学理论的影响，特别是 20 世纪 30 年代垄断理论的影响。然而，与微观经济学的联系很快被切断了，甚至完全被人们忘记了。因此，市场营销组合只剩下一些没有理论根基的 P 因素堆砌而成的躯壳。高斯达·米克维茨(Gosta Mickwitz)早在 1959 年就曾指出“当营销机制中基于经验性的工作表明企业采用了彼此之间大量的明显不同的参数时，市场中的企业行为理论如果只满足于处理其中的少数几个，这样的理论的现实性就很差了”。

针对这些批评，后来的学者们不断对 4Ps 模型进行充实，在每一个营销组合因素中又增加了许多子因素，从而分别形成产品组合、定价组合、分销组合、沟通和促销组合，这四个方面每一个因素的变化，都会要求其他因素响应变化。这样就形成了营销组合体系。根据实际的要求而产生的营销因素组合，变化无穷，推动着市场营销管理的发展和营销资源的优化配置。

营销因素组合的要求及目的就是用最适宜的产品，以最适宜的价格，用最适当的促销办法及销售网络，最好的满足目标市场的消费者的需求，以取得最佳的信誉及最好的经济效益。至今为止，4Ps 理论模型仍然是营销决策实践中的一个非常有效的指导理论。

2.5　4Cs 营销理论

随着市场竞争日趋激烈，媒介传播的速度越来越快，4Ps 理论越来越受到挑战。1990 年，美国学者罗伯特·劳特朋(Robert Lauterborn)提出了与传统营销的 4P 相对应的 4Cs 营销理论[①]。

2.5.1　4Cs 营销理论简介

4C 分别指客户(customer)、成本(cost)、便利(convenience)和沟通(communication)。

客户：主要指客户的需求。企业必须首先了解和研究客户，根据客户的需求提供产品/

---

① http://wiki.mbalib.com，访问日期 2010-08-17.

服务，更重要的是在产品/服务的提供过程中产生客户价值(customer value)。

成本：成本不单是企业的生产成本，或者说 4P 中的价格(price)，还包括客户的其他购买成本(时间、精力和体力的耗费及购买风险等)，同时也意味着理想的产品定价应该是既低于客户的心理价格，亦能够让企业有所赢利。

便利：企业应该尽可能地降低客户总购买成本(包括货币、时间、精力和体力成本等)，企业除努力降低客户购买的货币成本之外，应该尽可能地为客户提供便利。例如，努力提高工作效率，减少客户的时间支出，节约购买时间；通过多种渠道向客户提供详尽的信息、为客户提供良好的售后服务，减少客户的精力和体力耗费。

沟通：企业应通过与客户进行积极有效的双向沟通，建立基于共同利益的新型企业与客户的关系，不再是企业单向的促销和劝导客户，而是应该在双方的沟通中找到能同时实现各自目标的途径。

2.5.2　4Cs 营销理论的意义

4Cs 营销理论的核心是客户战略。而客户战略也是许多成功企业的基本战略原则，例如，沃尔玛“顾客永远是对的”的基本企业价值观。4Cs 的基本原则是以客户为中心进行企业营销活动规划设计，从产品到如何实现客户需求的满足，从价格到综合权衡客户购买所愿意支付的成本，从促销的单向信息传递到实现与客户的双向交流与沟通，从通路的产品流动到实现客户购买的便利性。

客户需求有显性需要和潜在需要之分。满足显性需要是迎合市场，满足潜在需要是引导市场。营销人员的首要功课是要研究客户需求，发现其真实需求，再来制定相应的战略，以影响企业的生产过程。由于市场竞争的加剧，客户对于同质化产品表现出消费疲惫，而适度创新则是引导和满足客户需求的竞争利器。

客户需求层次也是进行市场细分的依据之一。满足何种需求层次，直接决定了目标市场定位的抉择。根据马斯洛的需求层次理论，客户需求从基本的产品需求向更高的心理需求满足的层次发展。因此，企业不仅要做产品，还要做品牌、做生活，通过创建品牌核心价值，营造新型生活方式，实现客户在社会认同、生活品位等层次需求的满足。所以房地产也不再是建造一个单纯的栖身之所，更是在营造一种生活，在这里，客户不只是有了一个安身之处，更是为心灵找到了一个安心之港，身体的住所和心灵的港湾是两个不同的境界，也由此使产品本身的附加价值大相径庭。

客户成本是客户购买和使用产品时所发生的所有费用的总和。价格制定是单纯的产品导向，而客户成本则除了产品价格之外，还包括购买和熟练使用产品所发生的时间成本、学习成本、机会成本、使用转换成本、购买额外配件或相关产品的成本付出等的总和。对于这些成本的综合考虑，更有利于依据目标客户群的特征，进行相关的产品设计和满足客户的真实需求。

对于客户沟通，首先应明确企业传播推广策略是以客户为导向而非企业导向或竞争导向。现实的许多企业以竞争导向制定促销策略，结果陷入了恶性竞争的迷茫之中。客户导向才更能使企业实现竞争的差异性和培养企业的核心竞争能力。客户沟通也更强调客户在整个过程中的参与和互动，并在参与互动的过程中，实现信息的传递以及情感的联络。一方面，沟通要选择目标客户经常接触的媒介渠道；另一方面，由于社会信息爆炸，消费者每天所接触的信息来源非常广泛，因而单向的信息传递会由于消费者的信息接收过滤而造成传播效率低下。而沟通所强调的客户参与，则使客户在互动过程中对信息进行充分接收并产生记忆。当前的体验营销就是客户在体验的过程中，了解产品与自身需求的契合，发现产品的价值所在。在体验的过程中，客户的心声被企业所接纳，又成为下一次创新的方向。

客户便利的目标是通过缩短客户与产品的物理距离和心理距离，提升产品被选择的概率。可口可乐随处皆可买到，房地产的售楼专车，驾校提供上门接送服务，快餐店送餐上门……这些都是在通路设计上实现产品到达的便利性。

2.5.3　4Cs 营销理论的评价

4Cs 营销理论注重以客户需求为导向。与市场导向的 4Ps 相比，4Cs 营销理论有了很大的进步和发展。但从企业的营销实践和市场发展的趋势看，4Cs 营销理论依然存在以下五个方面的不足。

(1) 4Cs 营销理论是客户导向，然而企业在激烈竞争的市场经济中，也应该采取市场竞争导向的策略，客户导向与市场竞争导向是存在本质区别的：前者看到的是新的客户需求；后者不仅要看到需求，还应关注竞争对手，冷静分析自身在竞争中的优、劣势并采取相应的策略，在竞争中求发展。

(2) 在 4Cs 营销理论融入企业营销策略和行为之后，企业营销又会在新的层次上同一化。不同企业营销策略和行为最多是在程度上的差异，难以形成营销个性、特色和优势，进而难于保证企业客户份额的稳定性、积累性和发展性。

(3) 4Cs 营销理论强调以客户需求为导向，但需要审视客户的需求是否合理，存在哪些问题。客户总是希望质量好，价格越低越好，对价格的要求可能是无限度的。如果只强调满足客户需求，企业必然要付出更大的成本，久而久之，会影响企业的发展。所以从长远来看，企业经营要遵循双赢的原则，这是 4Cs 需要进一步解决的问题。

(4) 4Cs 营销理论仍然没有体现出既赢得客户，又能够长期拥有客户的关系营销思想，也没有解决满足客户需求的操作性问题，如提供集成解决方案、快速反应等。

(5) 4Cs 营销理论总体上是由 4Ps 转化和发展而来，被动迎合客户需求的色彩较浓。基于市场经济的发展，企业需要从更高层次，以更有效的方式，在企业与客户之间建立起新型的主动性关系，如互动关系、双赢关系、关联关系等。

4Cs 营销理论从其出现的那一天起就受到企业的普遍关注，创造了一个又一个营销奇迹。然而，由于 4Cs 营销理论过于强调客户的地位，加上客户需求存在多变性与个性化的明显趋势，导致企业不断调整产品结构、工艺流程，不断采购和增加设备，其中的许多设备专属性强，从而使专门性成本不断上升，利润空间大幅缩小。

2.5.4 4Cs 与 4Ps 的相互关系

众所周知，4Ps 与 4Cs 是互补的而非替代关系，即 customer，是指用“客户”取代“产品”，要先研究客户的需求与欲望，然后再去生产和销售客户确定想要买的产品/服务；cost，是指用“成本”取代“价格”，了解客户要满足其需要与欲求所愿意付出的成本，再去制定定价策略；convenience，是指用“便利”取代“渠道”，意味着制定分销策略时要尽可能让客户方便；communication，是指用“沟通”取代“促销”，“沟通”是双向的，“促销”无论是推动策略还是拉动战略，都是线性传播方式。4Cs 与 4Ps 二者之间的关系如表 2-2 所示。

表 2-2 4Ps 与 4Cs 的相互关系对照表

类别	4Ps		4Cs	
阐释	产品(product)	服务范围、项目，服务产品定位和服务品牌等	客户(customer)	研究客户需求欲望，并提供相应产品/服务
	价格(price)	基本价格，支付方式，佣金折扣等	成本(cost)	考虑客户愿意付出的成本、代价是多少
	渠道(place)	直接渠道和间接渠道	便利(convenience)	考虑让客户享受第三方物流带来的便利
	促销(promotion)	广告，人员推销，营业推广和公共关系等	沟通(communication)	积极主动与客户沟通，需找双赢的认同感
时间	20 世纪 60 年代中期(麦卡锡)		20 世纪 90 年代初期(劳特朋)	

4Cs 和 4Ps 存在着实质上的关联，从客户需求的角度思考如何设计和研发产品，从客户成本的角度考虑如何制定最合理的价格，此外，客户需求本身对于产品价格也有着直接的影响，从与客户如何实现沟通的角度思考促销和推广的方式，从客户购买的便利性的角度来确定企业通路的选择。作为营销的基本理论，4Cs 与 4Ps 的营销策略组合原则都在我们日常的营销实践中被有意无意地广泛应用着。

2.6 4Rs 营销理论

2.6.1 4Rs 营销理论简介

4Rs 营销理论[①](the marketing theory of 4Rs)以关系营销为核心，重在建立客户忠诚。它既从企业的利益出发又兼顾消费者的需求，是一个更为实际、有效的营销制胜术。2001 年，艾略特·艾登伯格(Elliott Ettenberg)在其《4R 营销》一书中提出 4R 营销理论，唐·舒尔茨(Don E. Schuhz)在 4Cs 营销理论的基础上提出了 4Rs 营销理论。

4Rs 理论的营销四要素有以下内容。

(1) 关联(relevancy)：认为企业与客户是一个命运共同体。建立并发展与客户之间的长期关系是企业经营的核心理念和最重要的内容。

(2) 反映(response)：在相互影响的市场中，对经营者来说最现实的问题不在于如何控制、制定和实施计划，而在于如何站在客户的角度及时地倾听，从“推测性”的商业模式转变成“高度回应需求”的商业模式。

(3) 关系(relation)：在企业与客户的关系发生本质性变化的市场环境中，抢占市场的关键已转变为与客户建立长期而稳固的关系。与此相适应产生了五个转向：从一次性交易转向强调建立长期友好合作关系；从着眼于短期利益转向重视长期利益；从客户被动适应的单一销售转向客户主动参与到生产过程中；从相互的利益冲突转向共同的和谐发展；从管理营销组合转向管理企业与客户的互动关系。

(4) 回报(return)：任何交易与合作关系的巩固和发展，都是经济利益问题。因此，一定的合理回报既是正确处理营销活动中各种矛盾的出发点，也是营销的落脚点。

2.6.2 4Rs 营销理论的意义

4Rs 营销理论的最大特点是以竞争为导向，在新的层次上概括了营销的新框架，根据市场不断地成熟和竞争日趋激烈的形势，着眼于企业与客户之间的互动与双赢，不仅积极地适应客户的需求，而且主动地创造需求。运用优化和系统性思维去整合营销，通过关联、反应、关系等形式与客户形成独特的关系，把企业与客户联系在一起，形成竞争优势。其反应机制为互动与双赢，建立关联提供基础和保证，同时也延伸和升华了便利性。“回报”兼容了成本和双赢两方面的内容，追求回报，企业必然实施低成本战略，充分考虑客户愿意付出的成本，实现成本的最小化，并在此基础上获得更多的市场份额，形成规模效益。这样，企业为客户提供价值和追求回报相辅相成，相互促进，客观上达到的是一种双赢的

① http://wiki.mbalib.com，访问日期 2010-08-17.

效果。

2.6.3 4Rs 营销理论的评价

4Rs 营销理论同任何理论一样，也有其不足和缺陷。如与客户建立关联、关系，需要实力基础或某些特殊条件，并不是任何企业都可以轻易做到的。但不管怎样，4Rs 营销理论提供了很好的思路，是经营者和营销人员应该了解和掌握的。

4Rs 营销理论的操作要点有以下内容。

1. 紧密联系客户

企业必须通过某些有效的方式在业务、需求等方面与客户建立关联，形成一种互助、互求、互需的关系，把客户与企业联系在一起，减少客户的流失，以此来提高客户的忠诚度，赢得长期而稳定的市场。

2. 提高对市场的反应速度

多数企业倾向于说给客户听，却往往忽略了倾听的重要性。在相互渗透、相互影响的市场中，对企业来说最现实的问题不在于如何制定、实施计划和控制，而在于如何及时地倾听客户的希望、渴望和需求，并及时做出反应来满足客户的需求。这样才利于市场的发展。

3. 重视与客户的互动关系

4Rs 营销理论认为，如今抢占市场的关键已转变为与客户建立长期而稳固的关系，把交易转变成一种责任，建立起和客户的互动关系。而沟通是建立这种互动关系的重要手段。

4. 回报是营销的源泉

由于营销目标必须注重产出，注重企业在营销活动中的回报，所以企业要满足客户需求，为客户提供价值，不能做无用的事情。一方面，回报是维持市场关系的必要条件；另一方面，追求回报是营销发展的动力，营销的最终价值在于其是否给企业带来短期或长期的收入能力。

2.7 其他营销新观念

现代市场营销观念的出发点是一切以客户为中心，通过创造与递送能有效满足客户需求，又能符合社会总体利益的产品/服务，实现企业经营目标。这种观念顺应社会进步并不断赋予了新的内涵。基于现代营销观念，企业把竞争优势建立在提供客户、企业、社会福利三者的优异价值的能力之上。

2.7.1　需求创造观念

现代市场营销观念的核心是以客户为中心，认为市场需求引起供给，每个企业必须依照客户的需要与愿望，组织商品的生产与销售。几十年以来，这种观念已被公认，在实际的营销活动中也备受企业家的青睐。然而，随着客户需求的多元性、多变性和求异性特征的出现，需求表现出了模糊不定的“无主流化”趋势，许多企业对市场需求及走向常常感到捉捕不准，适应需求难度加大。另外，完全强调按客户购买欲望与需求组织生产，在一定程度上会压制产品创新，而创新正是经营成功的关键所在。为此，在当今激烈的商战中，一些企业总结现代市场营销实践经验，提出了创造需求的新观念，其核心是指市场营销活动不仅限于适应、刺激需求，还在于能否创造出对产品/服务的需求。

日本索尼公司董事长盛田昭夫对此进行了表述：“我们的目标是以新产品领导消费大众，而不是问他们需要什么，要创造需要。”索尼公司的认识起码有三方面是新颖的：其一，生产需求比生产产品更重要，创造需求比创造产品更重要；其二，创造需求比适应需求更重要，现代企业不能只满足于适应需求，更应注重“以新产品领导消费大众”；其三，“创造需求”是营销手段，也是企业经营的指导思想，它是对近几十年以来一直强调“适应需求”的市场营销观念的发展。

2.7.2　绿色营销观念

绿色营销观念是在当今社会环境破坏、污染加剧、生态失衡、自然灾害威胁人类生存和发展的背景下提出来的新观念。20 世纪 80 年代以来，伴随着各国消费者环保意识的日益增强，在世界范围内掀起了一股绿色浪潮，绿色工程、绿色工厂、绿色商店、绿色商品、绿色消费等新概念应运而生。不少专家认为，“我们正走向绿色时代，21 世纪将是绿色世纪”。在这股浪潮冲击下，绿色营销观念也就自然而然地相应产生了。

绿色营销观念主要强调把消费者需求与企业利益和环保利益三者有机地统一起来，它最突出的特点就是充分顾及到资源利用与环境保护问题，要求企业从产品设计、生产、销售到使用，整个营销过程都要考虑到资源的节约利用和环保利益，做到安全、卫生、无公害等，其目标是实现人类的共同愿望和需求——资源的持续利用与生态环境的保护和改善。为此，开发绿色产品的生产与销售，发展绿色产业是绿色营销的基础，也是企业在绿色营销观念下从事营销活动成功的关键。

2.7.3　文化营销观念

文化营销观念是指企业成员共同默认并在行动上付诸实施，从而使企业营销活动形成文化氛围的一种营销观念，它反映的是现代企业营销活动中，经济与文化的不可分割性。

企业的营销活动不可避免地包含着文化因素，企业应善于运用文化因素来实现市场制胜。

在企业的整个营销活动过程中，文化渗透于其始终：一是商品中蕴涵着文化，商品不仅是有某种使用价值的物品，同时它还凝聚着审美价值、知识价值、社会价值等文化价值的内容。“孔府家酒”之所以能誉满海外，备受海外华人游子的青睐，不仅在于它的酒味香醇，更在于它满足了海外华人思乡恋祖的文化需求。日本学者本村尚三郎曾说过，“企业不能像过去那样，光是生产东西，而要出售生活的智慧和欢乐”，“现在是通过商品去出售智慧、欢乐和乡土生活方式的时代了”；二是经营中凝聚着文化。日本企业经营的成功得益于其企业内部全体职工共同信奉和遵从的价值观、思维方式和行为准则，即所谓的企业文化。营销活动中尊重人的价值、重视文化建设、重视管理哲学及求新、求变精神，已成为当今企业经营发展的趋势。美国 IBM 公司“尊重个人，客户至上，追求卓越”三位一体的价值观体系，日本松下公司“造物之前先造人”的理念，瑞士劳力士手表“仁心待人，严格待事”的座右铭等，充分说明了企业文化的因素是把企业各类人员凝集在一起的精神支柱，是企业在市场竞争中赢得优势的源泉和保证。

2.7.4 整体营销观念

1992 年美国市场营销学界的权威菲利普·科特勒提出了跨世纪的营销新观念——整体营销，其核心是从长远利益出发，企业的营销活动应囊括构成其内、外部环境的所有重要行为者，包括供应商、分销商、最终客户、职员、财务公司、政府、同盟者、竞争者、传媒和一般公众。前四者构成微观环境，后六者体现宏观环境。企业的营销活动就是要从这十个方面来进行。

(1) 供应商营销：对于供应商，传统的作法是选择若干数目的供应商并促使他们相互竞争。现在越来越多的企业开始倾向于把供应商看作合作伙伴，设法帮助他们提高供货质量及其及时性。为此，一是要确定严格的资格标准以选择优秀的供应商；二是积极争取那些成绩卓著的供应商使其成为自己的合作者。

(2) 分销商营销：由于销售空间有限，分销商的地位变得越来越重要。因此，开展分销商营销，以获取他们主动或被动的支持，成为制造商营销活动中的一项内容。具体来讲，一是进行“正面营销”，即与分销商开展直接交流与合作；二是进行“侧面营销”，即企业设法绕开分销商的主观偏好，而以密集广告和质量改进等手段建立并维持客户偏好，从而迫使分销商购买该品牌产品。

(3) 最终客户营销，这是传统意义上的营销，指企业通过市场调查，确认并服务于某一特定的目标客户群的活动过程。

(4) 职员营销：职员是企业形象的代表和服务的真实提供者。职员对企业是否满意，直接影响着他的工作积极性，影响客户满意，进而影响企业利润。为此，职员也应成为企业营销活动的一个重要内容。职员营销由于面对内部员工，因而也称“内部营销”。它一方面要求通过培训提高职员的服务水平，增强敏感性及与客户融洽相处的技巧；另一方面，要求强化与职员的沟通，理解并满足他们的需求，激励他们在工作中发挥最大潜能。

(5) 财务公司营销：财务公司提供一种关键性的资源——资金，因而对财务公司营销至关重要。企业的资金能力取决于它在财务公司及其他金融机构的资信。因此，企业需了解金融机构对它的资信评价，并通过年度报表、业务计划等工具影响其看法，这其中的技巧就构成了财务公司营销。

(6) 政府营销：所有企业的经济行为都必然受制于一系列由政府颁布的法律法规。为此，开展政府营销，以促使其制定于己有利的立法、政策等，已成为众多企业营销活动中的内容。

(7) 同盟者营销：因为市场在全球范围的扩展，寻求同盟者对企业来说日益重要。同盟者一般与企业组成松散的联盟，在设计、生产、营销等领域为企业的发展提供帮助，双方建立互惠互利的合作关系。如何识别、赢得并维持同盟者是同盟者营销需要解决的问题，须根据自身实际资源状况和经营目标加以选择，一旦确定，就设法吸引他们参加合作，并在合作的过程中不断加以激励，以取得最大的合作效益。

(8) 竞争者营销：通常的看法认为竞争者就是与自己争夺市场和赢利的对手。事实上，竞争者可以转变为合作者，只要“管理”得当，对这种对竞争者施以管理，以形成最佳竞争格局，取得最大竞争收益的过程就是“竞争者营销”。

(9) 传媒营销：大众传媒，如广播、报刊、电视等直接影响企业的大众形象和声誉，企业甚至会受它摆布。为此，传媒营销的目的就在于鼓励传媒作出有利的宣传，尽量淡化不利的宣传。这就要求一方面与记者建成良好的关系，另一方面则要尽量赢得传媒的信任和好感。

(10) 公众营销：企业的环境行为者中最后一项是公众，企业逐渐体会到公众的看法对其生存与发展具有至关重要的影响。为获得大众喜爱，企业必须广泛搜集公众意见，确定他们关注的新焦点，并有针对性地设计一些方案加强与公众的交流。如资助各种社会活动、与公众进行广泛接触、联系等。

案例分析：4Cs、4Rs 营销理论的应用[①]

4Cs 营销理论的应用——4Cs 物流营销的策略组合

物流营销具有一般产品市场营销的一些特征，然而，由于物流所具有的特点，要求物流营销组合与有形产品以及其他服务产品的营销有着不同的特点。

传统的 4Ps(产品、价格、渠道、促销)营销策略自 20 世纪 50 年代末提出以来，对市场营销理论和实践产生了深刻的影响，被营销经理们奉为营销理论中的经典。而且，如何在

① http://wiki.mbalib.com，访问日期 2010-08-17.

4Ps 理论的指导下实现营销组合，实际上也是企业市场营销的基本营运方法。因此物流营销不能脱离 4Ps 的理论框架基础。

然而随着市场竞争的变化，以及物流服务的特殊性，完全以 4Ps 理论来指导物流企业营销实践已经不能适应迅速发展的物流市场的要求，4Cs 营销理论更适合于目前的物流企业的营销组合策略。

1. 瞄准消费者需求(customer)。物流企业首先要了解、研究、分析消费者的需求与欲求，而不是先考虑企业能提供什么样的物流服务。现在有许多企业开始大规模兴建自己的物流中心、分拨中心等，然而一些较成功的物流企业却不愿意过多地把资金和精力放在物流设施的建设上，他们主要致力于对物流市场的分析和开发，争取做到有的放矢。

2. 消费者愿意支付的成本(cost)。这就是要求物流企业首先要了解物流需求主体满足物流需求而愿意付出多少钱(成本)，而不是先给自己的物流服务定价，即向消费者要多少钱。该策略指出物流的价格与客户的支付愿意密切相关，当客户对物流的支付愿意很低时，但某物流企业能够为其提供非常实惠但却高于这个支付愿意时，物流企业与客户之间的物流服务交易也将无法实现。因此只有在分析目标客户需求的基础上，为目标客户量体裁衣，实行一套个性化的物流方案才能为客户所接受。

3. 消费者的便利性(convenience)。此策略要求物流企业要始终从客户的角度出发，考虑为客户提供的物流服务能给客户带来什么样的效益。如时间的节约，资金占用减少，核心工作能力加强，市场竞争能力增强等。只有为物流需求者对物流的消费带来效益和便利，他们才会接受物流企业提供的服务。

4. 与消费者沟通(communication)。通过互动、沟通等方式，将物流企业的服务与客户的物流需求进行整合，从而把客户和物流企业双方的利益整合在一起，为用户提供一体化、系统化的物流解决方案，建立有机联系，形成互相需求、利益共享的关系，共同发展。在良好的客户服务基础上，物流企业就可以争取到更多的物流市场份额，从而形成一定的物流服务规模，取得规模效益。

从上所述的 4Cs 内容可以看出，4Cs 物流营销组合有着很强的优势。一是 4Cs 物流营销组合首先以客户对物流的需求为导向，与目前我国的物流供求现状相适应，提出了物流市场不断发展的特点，着眼于企业与客户之间的互动，达到物流企业、客户以及最终消费者都能获利的三赢局面。4Cs 物流营销组合能积极适应客户需求，运用优化和系统性思维去整合营销，通过与客户建立长期、稳定的合作关系，把企业与客户联系在一起，形成竞争优势。因此，该营销组合将会成为我国物流企业目前和今后很长一段时间内，主要运用的营销策论。二是 4Cs 物流营销组合考虑客户愿意付出的成本，实现成本的最小化。物流企业的利润是客户效益中的一部分，只有客户的效益提高了，才能促进物流的需求增加和质量的提高。反过来，物流企业服务质量的提高又会促进客户效益的提高，形成良性循环。

【案例评述】

4Cs 物流营销的策略组合对我国的物流企业具有较强的指导作用。首先，由于我国目前许多大型的物流企业是从原来的国有物资企业、运输企业、快递企业发展而来的。这些企业仍保持着“老大”思想惯性，一切都以自身为中心对他们的客户重视不够。4Cs 可引导这些企业关心客户的需求，关心客户关系的维护，并根据客户的行为来预测客户的物流需求，并为其设计物流服务。这样可使这些企业有可能获得长期、稳定的物流客户。其次，4Cs 营销策略告诉物流企业，物流业所产生的效益具有共享性，这种共享是在物流企业和客户之间实现的。在企业的物流营销过程中，必须时刻注意到如果客户不能从外包的物流业中获取效益，那么物流企业的所有努力都将是徒劳的。最后，物流企业在从事物流活动时，应该把本企业最擅长的一面(核心竞争能力)充分展示给客户，让他们充分相信物流企业的能力，能为其带来满意的效益，最终将物流业务交付给专业物流企业来完成。

4Rs 营销理论的应用——房产销售

如果将 4Rs 移植到现今的房地产销售行业，我们会发现房地产的营销将会进入一个前所未有的真正的双赢时代。

对于房地产行业而言，4Rs 是一个能够非常准确描述开发商与业主之间关系的一种营销策略，同时也符合当前人们对商业的普遍要求，也是把双赢的概念引入房地产的营销策略中去。4Rs 有利于建立楼盘品牌，进一步成就企业品牌。一个好的营销策略能产生一个成功的楼盘，一个成功的楼盘就能成就一个企业品牌。

现代企划的鼻祖史蒂芬金曾说过：“产品是工厂所生产的东西，品牌是消费者要购买的东西。产品是可以被竞争者模仿的东西，品牌却是独一无二的。产品极易过时落伍，但成功的品牌却能长久不衰。”开发商建立品牌的出发点是满足消费者的需求，而有些需求是感情化的，这就需要关系营销的力量。通过引入 4Rs 营销策略，可以给业主一个有情感“归属”感的房子，4Rs 策略通过将关系营销引入售卖过程来建立起开发商与业主之间情感沟通的桥梁，使业主与开发商能相互理解，相互支持，完全可以成就一个名牌楼盘，进一步成就一个名牌的企业。

事实上，很多名牌的企业都已在经营实践中运用着 4Rs 营销策略。京城经典的房地产营销案例——潘石屹的现代城，在整个的营销推广过程中，都能看到 4Rs 的影子，并且发挥了显著的影响力。首先从开发理念上看，潘石屹是第一个引进国外的 SOHU 观念的，针对大批的自由职业者“在家办公”的消费需求，抓住了消费者的需求变化，及时适应了一批消费者的房产需求变化，将 4Rs 的关联(relevancy)要素转变为销售核心价值，制造出有核心竞争力的产品。其次，在现代城的售卖过程中，随着消费者的需求变化，现代城的图纸也在建筑过程中不断地修改。最初现代城为解决顶层物业销售的难度，将顶层的户型设计成复式结构的，结果供不应求，所有的顶层复式的房子都卖完了，还是有客户不断地来问还有没有，潘石屹当机立断，将下面本来平层的房子改成复式的，以适应消费者变化的购房需求，就这样一层挨一层的从顶层往下改去。设计院说，怎么改个没完，潘石屹回答说，消费者的需求是最完美的设计，只要消费者有需求变化，设计就要改。这正是 4Rs 中的反应(response)要素。再次，现代城的营销中后期建立了业主沟通网站，所有业主的意见都可以在第一时间到达公司的最高领导那里，对所有业主的资料建立详细的资料库，加上无理由退房等有力的售后保障，开发商与消费者之间建立了长效稳固的关系，关系(Relation)要素把对业主的管理变成了责任，消费者从客户变成了品牌忠诚者，从管理营销组合变成了管理和客户的互动关系。最后，回报当然不只是现代城一个项目的成功，潘石屹和他的红石公司声名鹊起，其后开发的其他项目在企业品牌和客户关系的积累中无往不利，且营销费用也节省了不少，短期利润与长期回报双效回笼，大获全盛。

综上所述，4Rs 理论之于房地产营销的导入有以下四个可行性。

① 4Rs 营销理论适合于竞争日益激烈的房地产行业。4Rs 根据市场不断成熟和竞争日趋激烈的形势，关注企业与客户之间的互动与双赢，适用于房地产行业刚刚抬头的品牌建设趋势，能够建立起大批的忠诚消费者。

② 4Rs 体现并落实了关系营销的思想。通过关联、关系和反应，提出了如何建立关系、长期拥有客户、保证长期利益的具体操作方式，这是一个很大的进步。符合房地产公司的长效营销特点，房产消费的特点决定消费者消费的理智性。因此良好的口碑是拓宽客户资源最有效的方法。

③ 反应机制为互动与双赢、建立关联提供了基础和保证，同时也延伸和升华了便利性。在当前竞争激烈的房地产市场，客户具有动态性，客户忠诚度是变化的，要提高客户的忠诚度，赢得长期而稳定的市场，就需要与客户建立某种利益方面的关联。就像社区服务项目，可以给物业公司带来一定收益，形成一种互求、互需的关系。开发商的市场任务也不再是制定和实施计划，而是对客户的希望作及时的回复和反应，满足客户不断变化需求的同时，获得合理的利润回报，达到一个双赢的市场局面。

④ “回报”兼容了成本和双赢两方面的内容。追求回报，房地产企业必然实施低成本战略，充分考虑客户愿意付出的成本，实现成本的最小化，并在此基础上获得更多的客户份额，形成规模效益。这样，房地产企业为客户提供价值和追求回报则相辅相成，相互促进，客观上达到的是一种双赢的效果。对房地产企业来说，市场营销的真正价值在于其为企业带来短期或长期的收入和利润的能力。

【案例评述】

由于房地产产品消费环节的特殊性，一个好的营销策略就显得尤为必要和重要。也就是说，后期的物业管理开展的顺利与否，很大一部分决定于前期的销售策略。4Rs 策略既为生产者的利润着想，又同时关注消费者的希望和需求，确实更为全面、完善，也更为实际。我国房地产经过二十多年的发展，已从价格竞争、质量竞争逐步走向品牌竞争，也从集团购买转为个人消费。4Rs 有利于促进房地产业的规范化发展。因为引入 4Rs 营销策略，整个社会对购房居住的看法和观点就可能会发生变化。开发商认识到与业主互动的重要，业主也认识到与开发商双赢的重要，谁也不会只顾自己利益。物业管理费可能不再难收，欺诈行为可能不仅是业主憎恨，连开发商也深恶痛绝，房地产企业导入 4Rs 营销策略，整个行业将会沿着一个良性循环的轨道发展。

复习思考题

1. 阐述市场营销观念的演变。
2. 简述客户总购买价值和总购买成本。
3. 描述客户生命周期各阶段的交易特征。
4. 如何计算客户终身价值?
5. 你认为应用客户终身价值细分客户群体存在哪些困难?有什么更好的方法?
6. 简述 4Ps、4Cs、4Rs 营销理论。
7. 如何在电子商务企业的运作管理中应用现代营销新观念?

第 3 章　CRM 的战略制定

教学目标

- 了解企业战略管理的基本概念和一般过程。
- 掌握 CRM 战略的内涵、一般过程、内外部环境分析、实施与评价。
- 熟悉 CRM 战略的核心活动。

3.1　企业战略管理

每个成功的企业都有自己的战略，战略是一个企业生存所必需的并为此依靠的灵魂，它直接左右企业能否持续发展和赢利。

3.1.1　企业战略管理的概述

1. 企业战略管理的定义

企业战略管理是指企业确定其使命，根据组织外部环境和内部条件来设定企业的战略目标。为保证目标的正确落实和实现进行谋划，并依靠企业内部能力，将这种谋划和决策付诸实施，以及在实施过程中进行控制的一个动态管理过程。

2. 企业战略管理的特点

企业战略管理具有以下五个特点。

1) 战略管理具有全局性

企业的战略管理是以企业的全局为对象，根据企业总体发展的需要而实施的管理活动。它所管理的是企业的总体活动，所追求的是企业的总体效果。虽然这种管理也包括企业的局部活动，但是这些局部活动是作为总体活动的有机组成在战略管理中出现的。具体地说，战略管理不是强调企业某一事业部或某一职能部门的重要性，而是通过制定企业的使命、目标和战略来协调企业各部门的表现。这就使企业战略管理具有综合性和系统性的特点。

2) 战略管理的主体是企业的高层管理人员

由于战略决策涉及一个企业活动的各个方面，虽然它也需要企业上下层管理者和全体员工的参与和支持，但企业最高层管理人员介入战略管理是非常重要的。这不仅是由于他们能够统观企业全局，了解企业的全面情况，而且更重要的是他们具有对战略实施所需资源进行分配的权力。

3) 战略管理涉及企业大量资源的配置问题

企业资源包括人力资源、实体财产和资金等，这些资源或者在企业内部进行调整，或者从企业外部筹集。在任何一种情况下，战略管理需要在相当长的一段时间内致力于一系列活动，而实施这些活动则需要有大量的资源作为保证。因此，这就需要为保证战略目标的实现，对企业资源进行统筹规划，合理配置。

4) 战略管理从时间上来说具有长远性

战略管理中的战略决策是就企业未来较长时期(5 年以上)内如何生存和发展等进行的统筹规划。虽然这种决策以企业外部环境和内部条件的当前情况为出发点，并且对企业当前的生产经营活动有指导、限制作用，但是这一切是为了更长远的发展，是长期发展的起步。从这一点上来说，战略管理也是面向未来的管理，战略决策要以管理人员所期望或预测将要发生的情况为基础。在迅速变化和竞争性的环境中，企业要取得成功，必须对未来的变化采取预应性的态势，这就需要企业做出长期性的战略计划。

5) 战略管理需要考虑企业外部环境中的诸多因素

当今的企业都存在于一个开放的系统中，它们影响着这些因素，但企业通常是受这些不能由自身控制的因素所影响。因此，在未来竞争的环境中，企业要使自己占据有利地位并取得竞争优势，就必须考虑与其相关的因素，包括竞争者、客户、资金供给者、政府等外部因素，以使企业行为适应不断变化的外部力量，使企业能够继续生存下去。

3. 企业战略管理的作用

企业战略管理能够起到以下四个方面的作用。

1) 重视对经营环境的研究

由于战略管理将企业的成长和发展纳入了变化的环境之中，管理工作要以未来的环境变化趋势作为决策的基础，这就使企业管理者们重视对经营环境的研究，正确地确定企业的发展方向。选择企业合适的经营领域或“产品——市场”领域，从而能更好地把握外部环境所提供的机会，增强企业经营活动对外部环境的适应性，进而使二者达到最佳结合。

2) 重视战略的实施

由于战略管理不只是停留在战略分析及战略制定上，而是将战略的实施作为其管理的一部分，这就使企业在日常生产经营活动中，需要根据环境的变化对战略进行不断地评价和修正，使企业战略与战略管理本身得到不断地完善。这种循环往复的过程更加突出了战略在管理实践中的指导作用。

3) 日常经营与计划控制，近期目标与长远目标相结合

由于战略管理需要将规划好的战略付诸实施，而战略实施又同日常经营计划控制相联系，这就需要将近期目标(或作业性目标)与长远目标(战略性目标)相结合，将总体战略目标同局部战术目标相统一，从而可以调动各级管理人员参与战略管理的积极性，有利于充分利用企业的各种资源并提高协同效果。

4) 重视战略评价与更新

由于战略管理不只是计划“我们正走向何处”，而且也在计划着如何淘汰陈旧过时的东西。以“计划是否继续有效”为指导，重视战略的评价与更新，这就使企业管理者能不断地在新的起点上对外界环境和企业战略进行连续性探索，增强创新意识。

3.1.2 战略管理的一般过程

企业战略管理过程一般包括九个步骤，如图 3-1 所示。

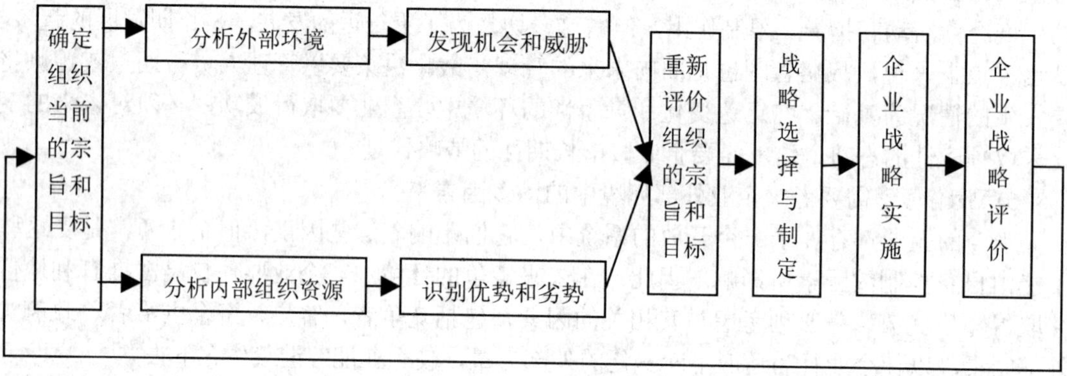

图 3-1 企业战略过程

1. 确定组织当前的宗旨和目标

定义企业的宗旨旨在促使管理当局仔细确定企业的产品/服务范围。对“我们到底从事的是什么事业”的理解关系到企业的指导方针。当然，管理层还必须搞清楚组织的目标以及当前所实施的战略的性质，并对其进行全面而客观的评估。

2. 分析外部环境

环境分析是战略管理过程的关键环节和要素。组织环境在很大程度上限定了管理层可能的战略选择。成功的战略大多是那些与环境相适应的战略，管理层应当很好地分析企业所处的环境，了解市场竞争的焦点和政府法律法规对组织可能产生的影响，以及企业所在地的劳动供给状况等。其中，环境分析的重点是把握环境的变化和发展趋势。关于环境的信息可以通过各种各样的外部资源来获取。

3. 发现机会和威胁

分析了环境之后，管理层需要评估环境中哪些机会可以利用，以及组织可能面临的威胁。机会和威胁都是环境的特征。威胁会阻碍组织目标的实现，而机会则相反。

在分析机会与威胁时，以下因素是关键的：竞争者行为、消费者行为、供应商行为和劳动力供应。技术进步、经济因素、法律政治因素以及社会变迁等一般环境因素，虽不对组织构成直接威胁，但作为一种长期计划，管理者在制定战略时也必须慎重考虑。分析机会和威胁还必须考虑压力集团、利益集团、债权人、自然资源以及有潜力的竞争领域。

4. 分析内部组织资源

这一分析将视角转移到组织内部：组织雇员拥有什么样的技巧和能力？组织的现金状况怎样？在开发新产品方面一直很成功吗？公众对组织及其产品/服务的质量的评价怎样？这一环节的分析能使管理层认识到，无论多么强大的组织，都在资源和能力方面受到某种限制。

5. 识别优势和劣势

优势是组织可开发利用以实现组织目标的积极的内部特征，是组织与众不同的能力，即决定作为组织竞争武器的特殊技能和资源；劣势则是抑制或约束组织目标实现的内部特征。应从市场、财务、产品、研究与发展这些因素方面来评价组织的优势和劣势。内部分析同样也要考虑组织的结构、管理能力和管理质量，以及人力资源、组织文化的特征。管理层可以通过各种各样的报告来获得有关企业内部优势和劣势的信息。

6. 重新评价组织的宗旨和目标

按照 SWOT(strengths-weaknesses-opportunities-threats)分析和识别组织机会的要求，管理层应重新评价企业的宗旨和目标。

7. 战略选择与制定

战略选择与制定就是要回答“企业走向何处”的问题，在进行企业战略选择与制定时，可以考虑以下三个步骤。

第一，需要制定战略选择方案。在制定战略过程中，当然是可供选择的方案越多越好。企业可以从对企业整体目标的保障、对中下层管理人员积极性的发挥以及企业各部门战略方案的协调等多个角度考虑，选择自上而下的方法、自下而上的方法或上下结合的方法来制定战略方案。

第二，评估战略备选方案。评估备选方案通常使用两个标准：一是考虑选择的战略是否发挥了企业的优势，克服劣势，是否利用了机会将威胁削弱到最低程度；二是考虑选择的战略能否被企业利益相关者所接受。需要指出的是，实际上并不存在最佳的选择标准，管理层和利益相关团体的价值观和期望在很大程度上影响着战略的选择。此外，对战略的评估最终还要落实到战略收益、风险和可行性分析的财务指标上。

第三，选择战略。即最终的战略决策，确定准备实施的战略。如果由于用多个指标对多个战略方案的评价产生不一致时，最终的战略选择可以考虑下面三种方法。

(1) 根据企业目标选择战略。企业目标是企业使命的具体体现，因而，选择对实现企业目标最有利的战略方案。

(2) 聘请外部机构。聘请外部咨询专家进行战略选择工作，利用各位专家渊博和丰富的经验提供较客观的看法。

(3) 提交上级管理部门审批。对于中下层机构的战略方案，提交上级管理部门能够使最终选择方案更加符合企业整体战略目标。

第四，战略政策和计划。制定有关研究与开发、资本需求和人力资源方面的政策和计划。

8. 企业战略实施

战略实施就是将战略转化为行动。无论战略制定得多么有效，如果不能恰当地实施仍不可能保证组织的成功。战略实施主要涉及以下一些问题：如何在企业内部各部门和各层次间分配及使用现有的资源；为了实现企业目标，还需要获得哪些外部资源以及如何使用；为了实现既定的战略目标，需要对组织结构做哪些调整；如何处理可能出现的利益再分配与企业文化的适应问题；如何进行企业文化管理，以保证企业战略的成功实施等。

另外，在战略实施过程中，最高管理者的领导能力固然重要，但中层和基层管理者执行计划的主动性也同样重要。管理当局需要通过招聘、选拔、处罚、调换、提升乃至解雇职员以确保组织战略目标的实现。

9. 企业战略评价

战略评价就是通过评价企业的经营业绩，审视战略的科学性和有效性，包括战略的效果如何？需要做哪些调整？涉及战略控制过程。

战略调整就是根据企业情况的发展变化，即参照实际的经营事实、变化的经营环境、新的思维和新的机会，及时对所制定的战略进行调整，以保证战略对企业经营管理进行指导的有效性。战略调整包括调整企业的长期发展方向、企业的目标体系、企业的战略及其执行等内容。

企业战略管理的实践表明，战略制定固然重要，战略实施同样重要。一个良好的战略仅是战略成功的前提，有效的企业战略实施才是企业战略目标顺利实现的保证。另外，如果企业没有能完善地制定出合适的战略，但是在战略实施中，能够克服原有战略的不足之处，那也有可能最终会使战略完善与成功的。当然，如果对于一个不完善的战略选择，在实施中又不能将其扭转到正确的轨道上，就只有失败的结果。

3.2 CRM 战略

企业要想成功地实施 CRM，就必须将 CRM 的实施上升到战略高度，制定战略规划。CRM 战略直接影响企业怎么认识客户和怎样对待客户，也就是直接影响着企业的生存与发展大计。CRM 战略应与企业战略相适应，是企业发展战略的组成部分，并将其融入企业文化，成为企业内部共同认可的远景。

3.2.1　CRM 战略的内涵

CRM 战略是指企业从战略管理上明确 CRM 的发展方向和目标，确定 CRM 对组织、技术、流程和业务模式等方面的要求，从而为 CRM 的实施制定长远规划和目标。

一个完整有效的 CRM 战略必须包括以下五个方面的内容，如图 3-2[①]所示。

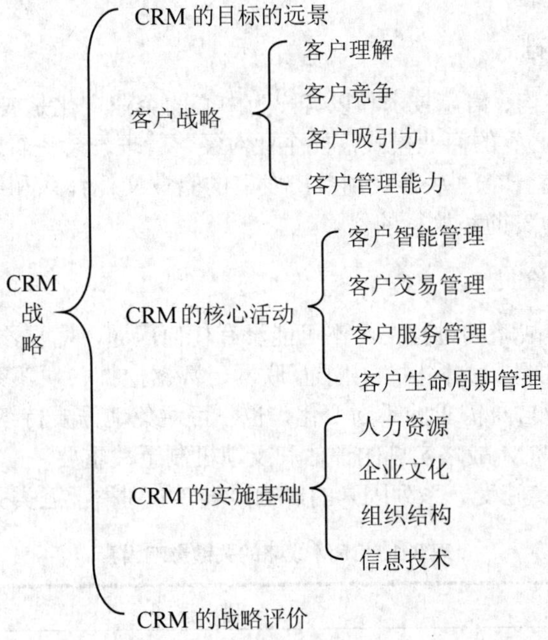

图 3-2　CRM 战略的内容

1. CRM 的目标和远景

CRM 的远景和目标明确了企业对 CRM 的基本理解。这是制定和实施 CRM 战略的前提，它可以帮助企业明确"以客户为中心"的价值观念，帮助企业理解目前所处环境和未来的发展前景。

2. 客户战略

客户战略可以帮助企业明确"客户是谁"、"客户想要什么"、"我们能为客户做什么"等问题。这些问题有助于确保有效地管理客户关系，而不是简单地将客户视为营销活动的对象。一项客户战略至少应该包括客户理解、客户竞争、客户吸引力和客户管理能力四个

---

① 马刚，李洪心，杨兴凯. 客户关系管理. 大连：东北财经大学出版社，2008.

核心要素。

3. CRM 的核心活动

CRM 的核心活动包括客户智能管理、客户交易管理、客户服务管理和客户生命周期管理。客户智能管理可以帮助企业更好地利用客户资料并深入理解客户需求，客户交易管理为企业提供多种与客户交易的渠道，客户服务管理为客户提供多种服务，客户生命周期管理旨在发展与客户的长期关系。在客户战略的基础上，可以实现这四种核心活动的相互融合。

4. CRM 的实施基础

人力资源、组织结构、信息技术和以客户为中心的企业文化是成功实施 CRM 战略的必要条件。"以客户为中心"的商业模式需要企业对经营管理理念进行革命式的再造，从根本上改变企业体制，构造一个"从客户利益出发"的企业文化体系和组织架构，以相关的人力资源和信息技术作为贯彻和执行的保障。

5. CRM 的战略评价

企业在实施 CRM 战略的过程中，不可能没有任何问题，需要不断地调整和改进 CRM 战略，才能实现预期的目标。同时，由于互联网、数据挖掘、决策系统、专家系统等技术的不断发展，以及企业自身需求的不断变化，也不可避免地需要持续性地改进或增加 CRM 的功能。因此，建立 CRM 战略实施的评估和反馈机制至关重要。

CRM 战略的成功实施受一系列因素的影响，表 3-1 列举了五类关键影响因素。

表 3-1 CRM 战略的关键影响因素

关键因素	描　述
业务流程	所有企业的主要流程都必须从客户战略的角度重新定位和再造，流程要能够确定是否能够及如何满足客户需求的基本问题
组织结构	组织结构变革(包括文化转变)是绝大多数建立客户战略的企业所不可避免的。影响客户对企业评价好坏的主要因素依然是人际互动，而不完全是技术能力
资源技术	在一个 CRM 项目中，新的硬件设备、操作系统和操作人员是决定物质资源和人力资源投入的重要因素。因此，在具体制定 CRM 战略时，企业必须要仔细考虑技术设计，包括硬件、软件和人员
数据流	对于 CRM 战略而言，需要收集大量的数据，对数据进行加工和处理，让企业员工和客户在不同程度上共享这些数据和信息
硬件设施	客户所访问的部门(如分店)的位置对客户感知有着深远的影响，客户接触中心的设施和网站也会对客户产生影响

(资料来源：王永贵. 客户关系管理. 北京：清华大学出版社，北京交通大学出版社，2007.)

3.2.2 CRM 战略选择的思考

每一种战略的制定，只有与战略实施主体的具体情况相适应，才能在真正意义上取得预期的战略成果。任何企业在导入 CRM 之前，都必须首先识别和思考本企业的核心业务、企业未来的发展方向以及 CRM 在企业整体战略中的作用等。企业在设计与选择 CRM 战略之前，必须明确下面的一系列问题[①]。

1. 产业方面

(1) 企业处于什么行业？
(2) 产业结构的现状及未来可能的变化趋势？
(3) 产业标杆和基准是怎样的？
(4) 在产业的内外部是否存在足以瓦解现有产业结构的战略性力量？

2. 企业方面

(1) 企业的使命、愿景和战略意图是什么？
(2) 企业战略与客户价值是否相容？
(3) 企业的资源和能力优势何在？
(4) 企业的文化是否“以客户为中心”？
(5) 是否将客户资源作为企业的战略性资源？
(6) 是否有能力评估客户持续价值？
(7) 企业的人力资源和业务流程是否能够满足客户期望？
(8) 企业组织架构是否能够支持客户关系管理的核心流程？
(9) 企业是否支持跨部门或跨分支机构的合作？

3. 竞争方面

(1) 竞争者具有怎样的行为和特征？
(2) 竞争者的竞争策略如何？
(3) 新竞争者的进入障碍及未来的发展前景？
(4) 新竞争者是否具有某些后发优势，他们是否可以不受现有产业结构的束缚？

4. 渠道方面

(1) 不同分销渠道在当前和未来的作用如何？
(2) 新的分销渠道存在哪些机会？
(3) 企业产品/服务如何销售出去？
(4) 企业产品/服务对客户的重要性如何？

---

① 王永贵. 客户关系管理. 北京：清华大学出版社，北京交通大学出版社，2007.

5. 客户方面

(1) 谁是企业当前或潜在的客户？企业的细分市场主要有哪些？

(2) 是否存在市场细分、一对一营销和大规模定制化的机会？

(3) 企业与客户业已存在或准备建立的关系是什么？

(4) 如何将客户沟通的结果反馈到企业经营中，并据此作出相应调整？

(5) 企业准备采用何种信息技术平台以满足客户现有和潜在的需求？

通过对上述所列问题的回答，企业对自身状况会有一个较清晰的认识，有助于制定正确企业的 CRM 战略。

3.2.3 CRM 战略的一般过程

CRM 战略的生成是一个逐步完善和改进的循环过程。企业基于对内外部环境的认识，形成企业的使命和远景，进而确定 CRM 的战略目标和远景，确立企业在一定时期内的整体发展目标；同时，企业必须能够正确理解客户，以客户为导向，建立企业与客户的多种联系渠道，以便随时把握客户的期望和需求；进而去分析战略制定和实施的内外部环境，评价分析影响企业行动的各种因素，在企业能力和最大限度保证客户满意与忠诚之间建立平衡，并重新评价 CRM 的战略目标和远景。在此基础上，进行 CRM 战略设计并根据多方面评价的结果对战略作出选择；在形成 CRM 的战略之后，进行具体细节的设计并加以实施，然后，根据 CRM 战略的实施效果与反馈，对企业所实施的 CRM 战略进行调整和改进。CRM 战略的一般过程模型如图 3-3 所示。

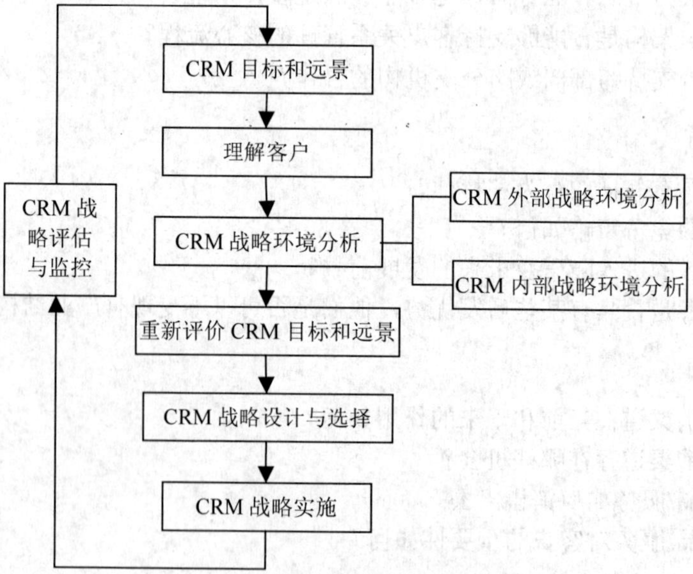

图 3-3 CRM 战略的一般过程模型

3.3 CRM的战略环境与目标

随着经济社会的飞速发展，特别是以互联网为代表的网络技术的迅猛发展，技术创新速度不断加快，客户需求不断变化，产品生命周期不断缩短，经济全球化步伐加快、市场竞争日趋激烈，企业的生产经营活动日益受到内外部环境的影响。因此，制定并实施CRM战略，首先必须全面、系统、客观地分析和把握内外部环境的变化，在此基础上制定CRM的战略目标和具体的实施策略与步骤。

3.3.1 CRM战略的外部环境分析

外部环境分析是针对那些企业不能控制，而又足以影响企业成败的外部因素或力量。可以围绕CRM的三个主要功能模块，即营销、销售和服务，来深入分析CRM的外部环境。

1. 营销环境分析

"客户购买产品时，他们的实际需求是什么？想得到什么利益？"，这些问题都需要通过市场营销加以解决。现代市场营销的新观念是快速满足客户个性化的需求，建立起以客户为导向的市场营销体系，企业和客户进行双向沟通，准确把握客户需求，生产那些能够卖出去的产品/服务。"生产什么产品"是现代市场营销的一个重要问题。因此，以客户为导向的市场营销，就是通过把握客户真实需求并快速响应，使产品/服务具有吸引力，让客户感到满意。现代市场营销的重心体现在全力以赴地保住现有客户和建立持久的客户关系。现代市场营销与传统市场营销相比，它们的主要区别如表3-2所示。

表3-2 现代市场营销与传统市场营销的比较

传统市场营销	现代市场营销
以产品/服务为中心	以客户为中心
不注重客户需求的细分	细分客户需求、强调客户价值
没有足够能力满足个性化客户需求	能够快速响应个性化客户需求
忽视许多真实的客户需求	有效管理客户资源、准确把握客户需求
关注一次性交易，不重视与客户的长期关系	重视与客户保持长期、稳定的关系
不重视客户服务	重视客户服务、强调客户满意、培育客户忠诚

当今的营销环境正在发生着深刻地变化。一方面，产能过剩和产品同质化让客户有更多选择，也给客户带来更多的选择困惑，同时，信息的透明化和客户注意力分散导致企业与客户的沟通更加困难，企业面临着相当大的营销压力；另一方面，领先企业和专业营销

机构基于 CRM 的理念，利用以互联网为代表的信息网络技术，进行卓有成效的营销创新，建立了体现现代市场营销新观念的营销方法体系，拓宽了许多新的营销渠道。例如，当 Web2.0、P2P、宽带、流媒体、无线通信等一系列技术日趋成熟并相互融合之时，博客、RSS、即时通讯、手机电视、移动电视、楼宇电视、列车电视等一系列新媒体也纷纷出现，并构成了全新的营销平台，体现了一种“新技术→新媒体→新营销”的发展趋势。因此，企业在制定 CRM 战略时，应充分考察并研究当今营销环境的变化，特别是新的营销手段的出现。

2. 销售环境分析

厂家→总经销商→二级批发商→三级批发商→零售店→消费者，此种渠道层级是传统销售渠道的经典模式。然而，在经济全球化与信息技术飞速发展的今天，这种传统销售方式已经不足以支撑企业的发展，企业的销售网络已经进入多元化的发展阶段。即使是采用传统销售方式，也会在渠道的长度结构、宽度结构和广度结构方面出现新的变化。例如，渠道的金字塔结构会向扁平化的方向发展，渠道成员的关系也会由交易型的关系向伙伴型的关系发展。在进行销售环境分析时，还要充分考虑销售渠道创新应用的情况。例如，通过对传统和创新渠道的整合，建立销售资源共享平台，实现网络销售、电话销售、门店销售、客户服务中心销售以及各种消费自动化工具的销售。同时，还应该分析新销售渠道与传统销售渠道的冲突问题，例如，网上网下的销售渠道的冲突和整合问题。另外，销售队伍建设模式也出现许多创新，例如，根据客户市场细分建立销售队伍，与其他企业合作销售等。

未来的销售将趋向多样化、自动化和知识化的特点。需要根据不同的渠道采取不同的客户管理策略，借助一些销售自动化工具，包括一些通信设备(如 PDA、掌上电脑、手机等)、网络(如 Internet、Intranet 等)和管理软件(如 SFA 等)，来实现销售的统一协调管理；通过知识库，创建、编辑、管理包括产品、竞争厂商、样板客户、应用方案等与销售相关的业务经验和知识，并供销售人员查询和引用。因此，在进行销售环境分析时，应关注多种销售渠道的建立情况、销售自动化工具的应用情况、销售经验与知识的积累和使用情况等。

实际上，在 CRM 使用前后，企业的销售模式已经发生根本性的变化，如表 3-3 所示。

CRM 正在铸就着销售业绩提升之路，将在销售管理中起重大作用。CRM 作为企业新的营销和销售手段，已是全球趋势，但不同业务形态、不同行业的企业的 CRM 应用模式和应用层次存在很大的差异。

3. 服务环境分析

在市场经济这个大环境下，竞争无处不在，服务已经成为企业发展的关键。服务竞争是多层次和多方位的，它是价格战后的唯一选择，是对传统竞争模式的变革；服务是留住客户的有效办法，能带来巨大收益；服务竞争是企业综合实力的较量，是企业参与市场竞争的重要方面。

表3-3 CRM使用前后销售模式的变化

销售模式	20世纪50~70年代 (CRM使用前)	20世纪90年代之后 (CRM使用后)
销售实现途径	直销人员	直销 电话销售 网上销售 批发商销售 销售代理 交叉销售 团队销售
销售工作类型	区域销售代表 区域经理	区域销售代表 大客户销售代表 各区客户经理 销售支持人员 电话销售人员 行政人员 销售培训人员 行业销售专家
执行销售目标	销售量的全面增长 最低限度的销售支出	提高客户满意度 提高客户忠诚度 提高产品销售量 提高边际收入 降低销售成本

在分析服务环境时，应注意市场细分、目标市场定位和服务递送系统设计三个方面的问题。

(1) 市场细分：不同客户有不同需求和期望，需要对客户市场进行细分，在每个细分市场中，还可以根据不同的客户需求层次，再细分出若干子市场，并给予区别对待。

(2) 目标市场定位：每个细分市场中的客户需求都存在明显的不同，企业在提供服务时也要作相应的变动，尽量为客户量身定做。

(3) 创新服务递送系统：由于客户需求的变化性，因此需要进行服务递送系统的创新设计，按照各个细分市场中的不同客户需要或期望来设计服务，保持服务递送系统中不同组成要素之间和时间上的连贯性。否则，难于确保快速响应客户需求。

另外，在分析服务环境时，应该贯彻以下两种理念。

1) 大服务理念

大服务理念是一种为客户提供全方位服务的理念。一是服务提供应贯穿整个产品生命周期。对客户的服务应该从产品的创意开始，涵盖可行性研制、生产制造、产品检测、销售和售后服务与支持等各个阶段。任何阶段的服务问题都会给客户体验带来负面影响，而且越是在产品生命周期的早期出现服务问题，就越容易导致产品/服务的结构性缺陷。二是技术与管理能力是提供服务的基础。大服务理念要求企业必须积累足够的技术和管理能力用于支撑客户服务，并根据服务反馈的信息，迅速实现技术和管理的改进与创新。

2) 服务利润链

服务创造价值已成为公理。服务究竟如何创造价值，服务利润链的思想认为，利润增长、客户忠诚度、客户满意度、客户获得的产品及服务价值、员工的能力、员工的满意度、员工的忠诚度、员工的劳动生产率之间存在着直接且牢固的关系。图 3-4 显示了服务利润链的要素关系。

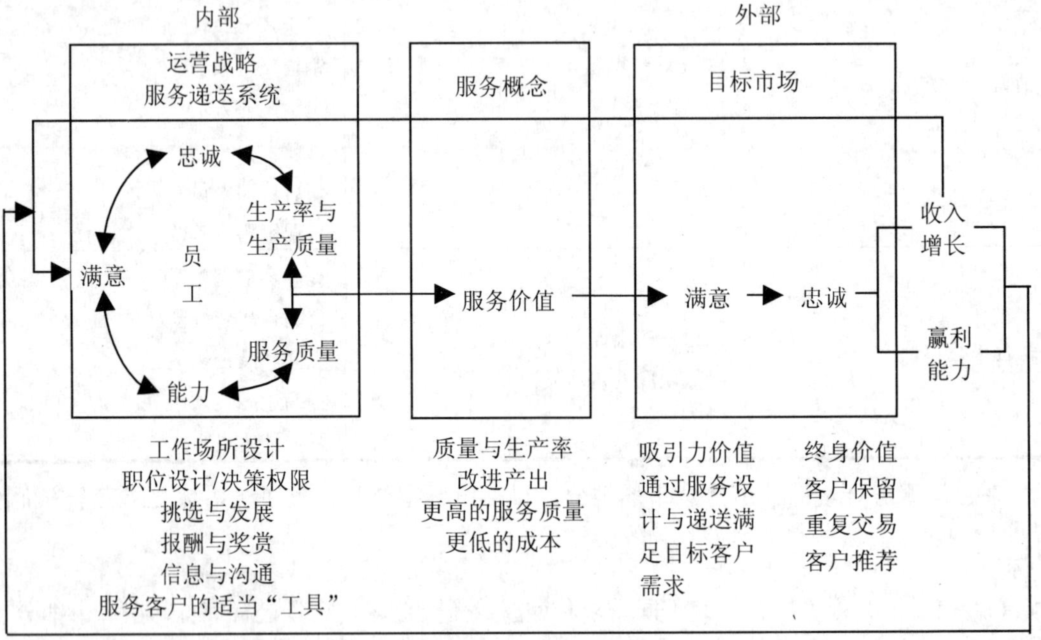

图 3-4 服务利润链模型

服务利润链由以下几个循环构成，它们分别是：员工能力循环，员工满意度循环，客户忠诚度循环，企业赢利循环。以企业赢利循环为主线，四个循环之间又相互作用，可以找到以下逻辑：内部高质量的服务，可以产生满意、忠诚的员工，员工通过对外提供高质量的服务，为客户提供了较大的服务价值，接受服务的客户由于满意而保持忠诚，忠诚的客户带来了健康的服务利润。服务利润链模型的评价工具往往是采用平衡计分卡，对每个元素进行记录和评价，再形成一个整体的评价，注意的是局部和整体的控制和协调。

另外，在进行外部环境分析时，应考虑电子商务应用给营销、销售和服务环境所带来的变化。例如，电子商务使渠道扁平化成为可能，产生了虚拟渠道，虚拟渠道与现实渠道一起促生了渠道模式的创新，同时电子商务促进产业内相关企业渠道链的资源优化整合，有助于形成稳定、紧密的渠道关系。

3.3.2　CRM 战略的内部环境分析

制定和实施 CRM 战略，不仅要分析企业的外部环境，也必须对企业的内部环境因素加以深入地剖析。企业的内部环境是指企业能够识别和控制的内部因素，主要包括企业战略、组织文化、流程与组织结构、人力资源、信息环境、知识储备与研发能力、绩效管理体系、财务管理能力、采购体系、营销与销售能力等。

1. 企业战略

作为企业总体战略的一部分，CRM 战略必须同其他相关战略协调一致。为了 CRM 战略实施的成功，企业应该在组织内部有效地沟通各种战略意图，确保组织战略意图得到绝大多数员工的理解和认同。要实现战略过程的协调一致，必须强调各部门业务活动之间的相互配合，共同服从于组织整体的客户关系战略。

2. 组织文化

组织文化是影响 CRM 成败的重要因素，总体来讲，有三个方面的文化因素影响 CRM 战略的实施。一是“以客户为中心”的企业文化，体现在企业是否能够接受 CRM 的核心理念；二是企业实施重大变革的勇气和能力，CRM 的战略实施是企业对传统经营模式的重大变革；三是企业内各部门间的协作意识，包括是否愿意合作、是否遵守承诺、是否服从共同战略等。因此，在实施 CRM 战略时，应分析企业当前文化的优势与劣势。

3. 流程与组织结构

现有的流程与组织结构是否支持从“交易管理”到“关系管理”的转变。企业应该在流程与组织结构上进行哪些方面的调整，促进部门间的协作，以适应“关系管理”的需要。在流程和组织结构上的一个关键问题是如何在集权与分权之间进行权衡，过于分权可能导致难以为客户提供协调一致的服务，影响服务质量；过于集权则不利于发挥各部门或员工的积极性，难以创造性地为客户提供服务。

4. 人力资源

CRM 战略实施对人员，特别是对销售人员的技能和能力提出更高要求。销售人员在与客户的沟通交流上应该是双向的，而非单向地介绍自己的产品，不仅要了解本企业的产品、服务及发展状况等相关信息，还要了解客户的有关情况，努力与客户建立互信，成为客户的长期盟友，创造双赢局面。当今客户所需要的不仅仅是产品本身，而往往需要企业为其提供“产品+服务”的个性化的整体解决方案，满足这样的客户需求，需要团队协作和高素质的人员。因此，对员工素质、团队建设和组织协调提出更高地要求。另外，企业内部员工的满意度和忠诚度也是影响 CRM 战略成败的关键，在某种意义上，员工满意度决定了客户满意度。

5. 信息环境

信息环境主要是指企业的信息化基础，CRM 战略的实施始终离不开信息技术的支撑。企业是否具有良好的信息化基础，是否能够建立一个集成化的信息环境，用于支持与客户多渠道的接触和信息交换，支持对客户提供一致性的高质量的服务，并实现对各种数据的有效收集和挖掘。CRM 是一种基于数据的管理，没有完善的客户数据和信息，就不可能有真正意义的 CRM。

6. 其他因素

影响企业 CRM 战略实施的内部因素还有许多，包括高层领导的支持、绩效管理体系、财务管理能力、采购体系、营销与销售能力、知识储备与研发能力等。例如，没有高层领导的支持，几乎不可能实现跨部门的协作，不可能营造有利于 CRM 的组织结构与文化，也不可能投入巨资建立集成的 CRM 信息技术系统。又如，企业是否能够建立有效的绩效管理体系，为员工创造良好的工作环境，激励员工为客户提供满意服务。

3.3.3 CRM 战略的远景和目标

1. CRM 战略的远景

CRM 战略远景的形成过程并非只有自上而下，也并非是一成不变的。企业可以通过理念培训、会议、访谈交流和文化造势等方式形成前期的远景基础，但在形成远景之前，企业需要理解客户，研究客户需求和经营环境。所制定的远景必须与企业总体战略和各种资源相互适应与协调。远景本身必须清晰、明确、现实，使企业的所有部门和员工都知道企业的努力方向、自己的角色和贡献，并愿意共同为 CRM 战略远景的实现而努力。

CRM 战略的远景说明了企业对 CRM 的基本理解，为 CRM 项目的具体实施指明了方向。CRM 是一项系统工程，牵扯到企业内部各个不同部门和分散在不同部门的人，没有共同的远景，人心不齐，则无法达到预期的目标。企业可以通过多种方式来界定 CRM 的远景，总体而言，企业 CRM 远景涉及的要素和关键问题如表 3-4 所示。

表 3-4　企业 CRM 远景的要素与关键问题

要　素	关键问题
企业远景	什么是企业最重要的目标和理想的未来状态 企业对生存、成长和赢利性的投入水平如何 企业从事经营的目的是什么？企业正在从事什么业务 应该专注于一个产业，还是多样化 如果选择多样化，应该是相关多样化吗
目标客户与市场	企业想要确定的目标市场是什么 谁应该是企业的客户？企业希望满足其什么需求
地理范围	企业应该服务于哪些地理区域 企业应该在地区、国家，还是国际、全球的范围内开展经营活动
主要产品/服务	企业提供的产品/服务的范围是什么
核心技术	企业希望拥有什么类型的技术
竞争优势的基础	企业应该保持哪些独特能力 客户在购买产品/服务时，可以获得哪些价值
价值观	企业拥有的价值观和信念是什么

(资料来源：马刚，李洪心，杨兴凯. 客户关系管理. 大连：东北财经大学出版社，2008.)

2. CRM 战略的目标

企业在正确理解客户、战略环境分析以及确定 CRM 战略远景之后，应确定 CRM 的战略目标。CRM 战略制定与实施的主要目的在于向客户提供超越竞争对手和客户期望的客户价值，实现较高的客户满意度，与客户维持长期的合作关系并设法提高客户满意度，如图 3-5 所示。

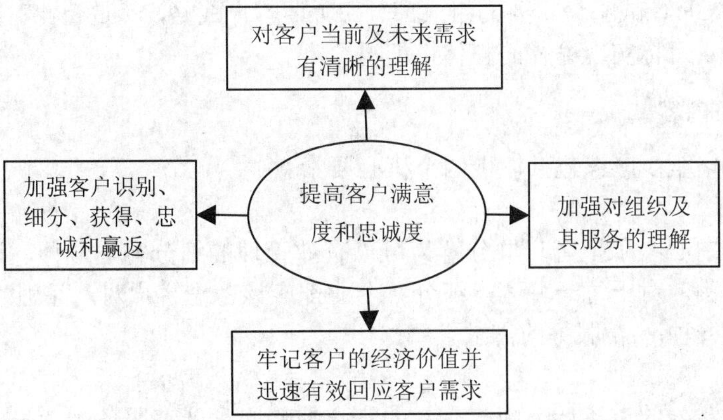

图 3-5　CRM 战略的目标

(资料来源：马刚，李洪心，杨兴凯. 客户关系管理. 大连：东北财经大学出版社，2008.)

企业的着眼点应该放在优化客户体验、提升客户满意度上，以增加竞争优势和企业利润的最大化。在控制成本的基础上，加强对客户的识别和细分，不断挖掘具有价值潜力的新客户，提高现有客户的满意度，赢得客户忠诚，实现较高的客户挽留率；客户及其需求是企业所有业务的关注点，应牢记客户的经济价值并迅速有效地回应客户需求；为寻求新的差异化竞争优势，必须对当前及未来的客户需求形成清晰的理解；转变经营观念，实现从产品中心观向服务中心观的转变，对产品/服务的个性化给予前所未有的战略关注。越来越多的实践表明，企业成功的关键在于能够针对不同的客户关系和个性化客户需求，提供差异化、有价值的产品/服务，并在最大化客户满意度的同时，实现企业利润的持续稳定增长。

在制定 CRM 战略目标时，应综合考虑多方面因素。CRM 战略目标必须在方向上与企业总体战略目标保持一致；必须考虑企业未来中长期发展战略与规划，杜绝“贪大求全”的思想，遵循“总体规划、分步实施、分步受益”的原则，根据企业未来的发展方向和时间进度决定企业实施 CRM 相关功能模块的优先次序。

在制定 CRM 战略目标时，还应该遵循“技术服务于经营管理”的宗旨。未来的 CRM 系统实施是为企业经营管理服务的，必须考虑企业未来业务发展的战略部署，做到管理软件能够与企业发展趋势相适应，具备一定的可扩展性和灵活性。应该认识到，技术只是使能因素，而不是解决方案。

3.4 CRM 战略的实施与评价

3.4.1 CRM 的客户战略

客户战略是 CRM 战略最重要的组成部分。所谓客户战略，就是企业对如何建立和管理客户关系的目标及目标实现途径的整体性把握。

1. 客户战略内容

一项客户战略至少应该包括以下四个核心要素。

1) 客户理解

客户战略的中心在于把客户群分解为可以有效管理的细分客户群体，进而形成合理的客户关系组合结构。对于每一种客户细分，企业都应该考虑客户对产品/服务需求的共性，再细分为对于每一种产品/服务的需求。

2) 客户竞争

在一个竞争激烈的市场环境中，有效的客户战略必须能够服务于竞争。企业竞争力应该体现在既能保持原有的客户份额，又可以获得一些新客户，同时能够对客户的结构构成进行优化，淘汰不合格的劣质客户群，赢得和挽留优质客户群。

3) 客户吸引力

培育客户忠诚和建立牢固的情感纽带，形成直接吸引力，同时形成口碑式的间接吸引力。客户吸引力是影响企业能否通过交叉销售和升级销售来保持和获取更大客户价值的重要因素之一，也是能否尽可能发掘优质客户和吸引有利可图的其他企业优质客户的重要影响因素。

4) 客户管理能力

企业的每一位员工都应该积极地为客户提供服务，而不是仅仅将其归为客户服务部门的责任对象。企业作为一个有机的整体，必须构建强大的全面的客户服务和管理体系。

根据客户战略的核心要素及其要求，企业可以制定不同客户战略形式，以下给出一种CRM 战略矩阵以及一个用客户增长矩阵表示的客户战略形式。

2. CRM 战略矩阵

佩尼基于“客户信息的完整程度”和“客户服务的个性化程度”这两个维度，给出四种 CRM 战略定位及其转化途径：产品营销战略、客户营销战略、服务支持战略和个性化关系营销战略，如图 3-6 所示。每种战略分别适应于特定的商业环境，有各自的特征。随着战略定位从左下方向右上方的方向调整，CRM 的战略形式越来越复杂。个性化关系营销战略最为复杂，它不仅要求企业收集和分析大量的客户信息，还必须具有为客户提供个性化服务的愿望和能力。

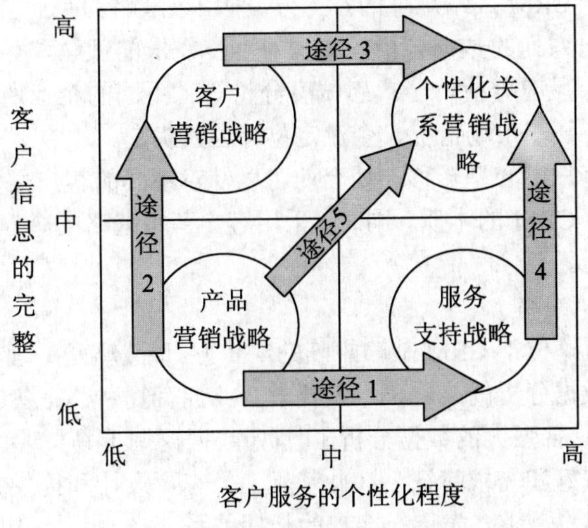

图 3-6　CRM 战略的分类矩阵及转换途径

(资料来源 Adrian Payne. Customer Relationship Management: Choosing the Appropriate strategy and data warehousing technology to win and retain customers in SCN Education B. V. (eds). Customer Relationship Management – The Ultimate Guide to the Efficient Use of CRM，2001.)

1) 产品营销战略

产品营销战略位于CRM战略矩阵的左下方，该战略基本上沿袭传统的以产品为中心的经营理念，从严格意义上讲，它并不是一种CRM战略。但是，佩尼的CRM战略矩阵的真正意义在于为CRM提供一种战略思想和进化方向，对于那些仍然以产品营销为战略，又希望引入真正意义上的CRM战略的企业而言，该矩阵无疑可以为其提供一个努力的方向。

产品营销战略对客户信息的要求较低，为客户提供的服务也趋于大众化。定位于该战略的企业可能拥有一些客户的基本数据和交易数据，也希望为诸如产品销售趋势、销售成本、渠道效率等指标做一些简单分析，但由于单个客户信息的缺乏，因而无法进一步分析客户个性化的需求特征和偏好。

2) 服务支持战略

服务支持战略位于CRM战略矩阵的右下方。对于采用产品营销战略的企业而言，服务支持战略是企业迈向真正意义上的CRM战略的第一步。采用该战略的企业，往往需要在所有的客户中，努力识别出那些值得挽留的目标客户，并将资源和能力投入到这些重要的客户中。

本质上，服务支持战略是将客户服务应用到销售中。企业希望通过提高服务支持水平，改善客户关系。这种形式的CRM战略主要强调与客户之间的一对一或个性化的沟通，并不需要太多、太复杂的客户信息支持。

3) 客户营销战略

客户营销战略位于CRM战略矩阵的左上方。采用该战略的企业会逐渐将重心从产品转向客户，并试图通过一系列的数据分析，加深对客户需求的理解，如客户价值分析、客户赢利性分析、竞争对手反应分析、客户忠诚度分析等。不同的企业所采用的分析方法会有所不同，具体由产业特征、市场情况、企业定位等因素决定。

从产品中心型向客户中心型转移，使企业可以针对不同的客户需求提供不同的产品/服务，这一点已经触及了CRM的本质。同时，采用客户营销战略的企业可以进一步识别交叉销售和扩展销售的机会。

4) 个性化关系营销战略

个性化关系营销战略位于CRM战略矩阵的右上方。该战略是最理想的CRM战略形态，它基本上是一种基于数据分析的战略，不仅要求企业拥有复杂、完备的数据平台(如数据仓库系统)，而且还必须具备强大的数据分析工具(如数据挖掘工具)。通过对客户数据的收集和分析，识别客户的偏好和需求特征，在此基础上为客户设计和提供完全个性化的产品/服务，最大限度地满足客户需求，发展与客户的长期关系。

个性化关系营销战略体现了CRM的精髓，采用该战略不仅可以为客户创造最大价值，而且通过对客户数据的分析，还可以留住那些具有很高赢利性的客户，从而最大化企业收益。

在迈向完全意义上的CRM的过程中，不同的企业可能处于不同的战略起点，因此实现目标的途径也可能各不相同。图 3-6 还描述了从初级 CRM 战略迈向完全意义上的 CRM 战略的各种途径。例如，假设企业当前所采用的战略是产品营销战略，那么就应该积极地评估当前的各项活动和策略，将所有已经实施的、面向客户的措施进行有效整合，以寻求战略突破，追求更高形式的 CRM 战略。采用产品营销战略的企业可以采用“途径 1”，通过建立呼叫中心或自动应答系统等服务支持手段，加深与客户之间的关系；或者采用“途径 2”，通过构建更为完整的数据库，有效地寻找目标客户，提供营销的针对性。一般来说，由于自身意愿和能力约束，采用产品营销战略的企业很少采用“途径 5”直接转向个性化关系营销战略，这些企业大多采用循序渐进的方式，先从产品营销型转向客户营销型或服务支持型战略，先采用“途径 3”或“途径 4”，最终迈向个性化关系营销战略。

3. 客户增长矩阵

客户增长矩阵[①]用图解的方式说明不同的客户战略，如图 3-7 所示，企业采用这些战略用于发展并建立与客户的特殊关系。

客户 ＼ 产品/服务	现有的	新的
现有的	客户忠诚	客户扩充
新的	客户获得	客户多样化

图 3-7　客户增长矩阵

1) 客户忠诚战略

随着客户忠诚度的逐步增强，企业能够从忠诚客户中获取多方面的利益。忠诚客户倾向于用大量时间关注企业，与企业保持稳定关系，并能向其他人推荐企业及其产品/服务，为企业带来新的客户。企业为忠诚客户服务的成本要比获取一个新客户的成本低得多，企业应在战略上关注客户忠诚度。

2) 客户扩充战略

客户扩充战略通过向现有客户提供新的产品/服务，以期获得更大回报。客户扩充战略常与客户忠诚战略相结合，这两个战略都涉及一个问题，就是要维持企业与客户已经建立起来的关系。

3) 客户获得战略

对潜在客户进行需求分析，在有客户需求的地方应用客户获得战略，重点在于获得新

① 马刚，李洪心，杨兴凯. 客户关系管理. 大连：东北财经大学出版社，2008.

客户，新客户对企业产品/服务的需求类似于现有客户，因此现有客户的行为模式对企业获得新客户有指导作用。企业可以通过现有企业口碑相传和推荐，低成本地获得新客户。

4) 客户多样化战略

客户多样化战略的风险最高，它涉及企业谋求使用新产品/服务与新客户建立交易关系的情况。除非经过精心策划，制定切实可行的战略方案，否则客户多样化战略是很不可靠的。例如，企业开发出新的产品/服务，却找不到合适的客户，造成大量的产品积压。不成熟的客户多样化战略，可能导致企业在面对和以往完全不同的客户以及新产品可能出现的技术问题方面出现问题。

5) 不同的客户战略组合

企业首先必须实施好“客户忠诚”战略，通过向忠诚客户提供新的产品/服务，以及通过忠诚客户向新客户推荐，实现“客户忠诚”战略与“客户扩充”和“客户获得”战略的结合，如图 3-8 所示。这样的战略组合有助于提高现有客户的忠诚度，不断获取新客户。“客户忠诚”战略是客户战略的基础，也是 CRM 战略的基本出发点。

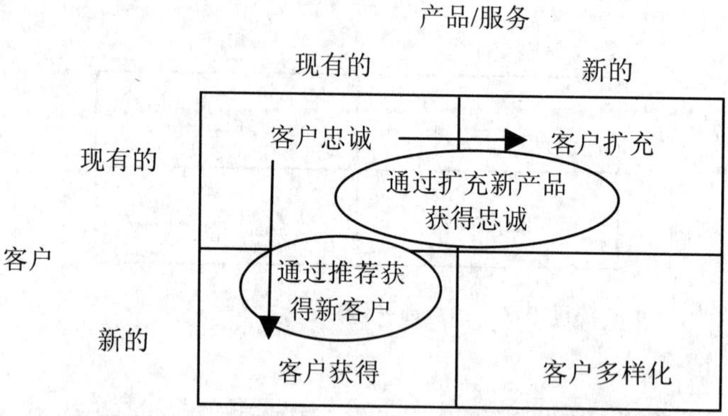

图 3-8 客户增长矩阵的要素组合

3.4.2 CRM 战略的实施

CRM 战略的实施过程也是企业对组织总体方向和总体目标实现方式的调整过程，是形成或改变企业业务方式的过程。也就意味着会在企业产生一系列的变革甚至动荡，导致企业的不确定性，这种不确定性可能会对企业的生存与发展产生致命的影响。因此，企业在实施 CRM 战略时，必须谨慎地意识到可能存在的陷阱，应当遵循整体规划、分布实施的原则，遵循由点及面的波及效应原则，做到有序、有效和平稳。图 3-9 给出了一个 CRM 战略实施的流程图，CRM 的详细实施内容将在第 5 章中详细阐述。

实质上，CRM 战略的形成、导入和应用是一个不断自我更新的循环过程，包括知识发现、CRM 战略计划、客户互动、分析与改进等。在日趋激烈的市场竞争、多元化和复杂的市场环境因素的作用下，企业必须基于对环境的认识、对自身的审视、对战略的实践检验，不断地调整和改进企业的 CRM 战略。企业 CRM 战略的实施不是一件一蹴而就的事情，而是一种循环反馈的过程。

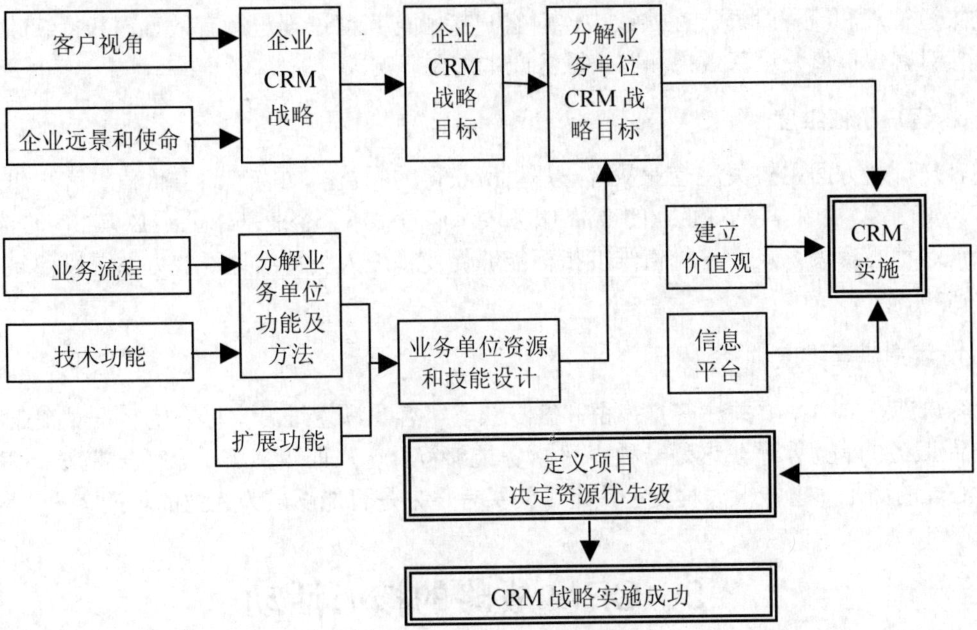

图 3-9　CRM 战略实施流程

(资料来源：王永贵. 客户关系管理. 北京：清华大学出版社，北京交通大学出版社，2007.)

3.4.3　CRM 战略实施的评价

评价是 CRM 战略实施流程中不可或缺的重要环节和实施保证，建立有效的评价和控制体系对 CRM 战略的成功实施意义重大，有助于把握 CRM 战略实施的方向，保证战略实施的持续改进和战略目标的最终实现。

CRM 战略实施的评价体系应该是多方位的，这里只简要叙述客户知识、客户互动、客户价值和客户满意四个维度的评价指标①。有关 CRM 的绩效评价将在第 11 章中详细阐述。

1. 客户知识维度

客户知识方面主要是针对客户特征及行为，包括客户细分群体的层次以及对客户数据的管理。它关注技术改进、客户需求理解以及客户特征数据库等，这些指标会影响与客户

① 马刚，李洪心，杨兴凯. 客户关系管理. 大连：东北财经大学出版社，2008.

的互动过程，进而对客户价值和客户满意度产生重要影响。

2. 客户互动维度

客户互动方面主要是针对客户互动渠道管理和优化，包括卓越的运营能力、客户服务互动渠道管理和流程管理。在实践中，对客户接触与互动过程进行有效管理和持续改进，会直接对客户价值、运营效果和客户服务产生重要影响。

3. 客户价值维度

客户价值方面主要关注企业从客户那里所获得的利益，如客户终身价值、客户忠诚度或客户资产等。如果客户对企业的产品/服务表示满意，那么企业基本上不必担心客户流失。为保证这种互惠关系，客户价值维度指标能够促使管理人员持续地寻找方法，以便赢得客户承诺和客户忠诚。

4. 客户满意维度

客户满意方面主要关注客户挽留和客户获取。客户满意维度指标表明客户对企业所提供产品/服务的满意水平，这是一种产品/服务能够符合客户期望，从而给客户带来一种心理或非心理的满足，它在很大程度上决定了购买者将来是否能够成为企业的长期客户。

3.5 CRM 战略的核心活动

CRM 战略的核心活动[①]主要包括三个方面：客户智能管理、客户交易管理和客户服务管理。

3.5.1 客户智能管理

客户智能管理是创新和使用客户知识，帮助企业提高优化客户关系的决策能力和整体运营能力的概念、方法、过程以及软件的集合。客户知识是客户知识管理的核心概念，客户知识是企业与客户在共同的智力劳动中所发现和创造的，并进入企业产品创新的知识。

客户智能可以从以下五个层面进行理解，如图 3-10 所示。

1. 理论基础层面

客户智能管理的理论基础是企业对客户采取决策的指导依据，既包括企业分析和对待客户的理论和方法，也包括分别从客户和企业角度进行的价值分析。通过客户分类、客户行为分析、市场预测分析等诸如此类指标的测评与衡量，达到决策科学化、合理化的目的。

① 马刚，李洪心，杨兴凯. 客户关系管理. 大连：东北财经大学出版社，2008.

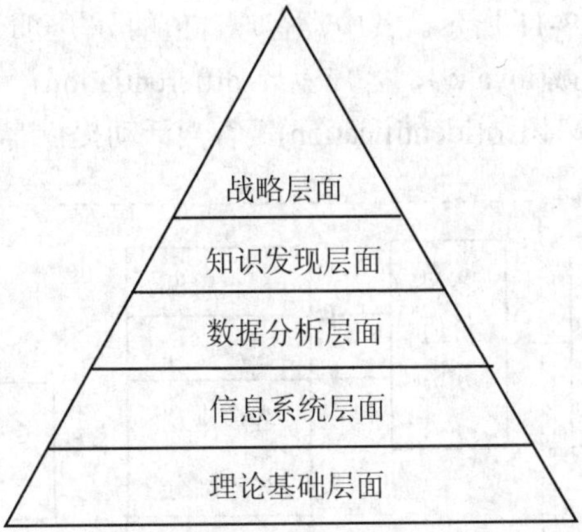

图 3-10　客户智能体系框架

2. 信息系统层面

信息系统层面又称为客户智能系统(CI system)，是客户智能管理的物理基础，表现为具有强大决策分析功能的软件工具和面向特定应用领域的信息系统平台，如 CRM、ERP、商业活动管理等。与事务型的 MIS 不同，客户智能系统能够提供分析、趋势预测等决策分析功能。

3. 数据分析层面

数据分析层面使用一系列算法、工具或模型。首先获取与所关心主题有关的高质量的数据或信息，然后自动(或人工参与)使用具有分析功能的算法、工具或模型，帮助企业分析信息、得出结论、形成假设、验证假设。

4. 知识发现层面

知识发现层面与数据分析层面一样，也使用一系列算法、工具或模型。将数据转变成信息，而后通过知识发现，将信息转变成知识。

5. 战略层面

将信息或知识应用于提高决策能力、运营能力以及企业建模等客户智能的战略层面。客户智能的战略层面是利用多个数据源的信息以及应用经验和假设来提高企业决策能力的一组概念、方法和过程的集合。它通过对数据的获取、管理和分析，为贯穿企业组织的各种人员提供知识，以提高企业的战略决策和战术决策能力。

总之，客户智能的目标是将企业所掌握的信息转换成竞争优势，提高企业的决策能力、决策效率和决策准确性。为完成这一目标，客户智能必须具有实现数据分析到知识发现的算法、模型和过程。

客户智能体系也可以简单用客户智能理论基础和基于客户智能理论基础的客户智能系

统两个层面来表示，如图 3-11 所示。其中，客户价值的分析可以对与客户有关的活动提供有效支持，包括对客户忠诚(loyalty)、客户差异(differentiation)、客户满意(satisfaction)、客户细分(segmentation)、客户识别(identification)等客户活动提供客户价值分析支持。

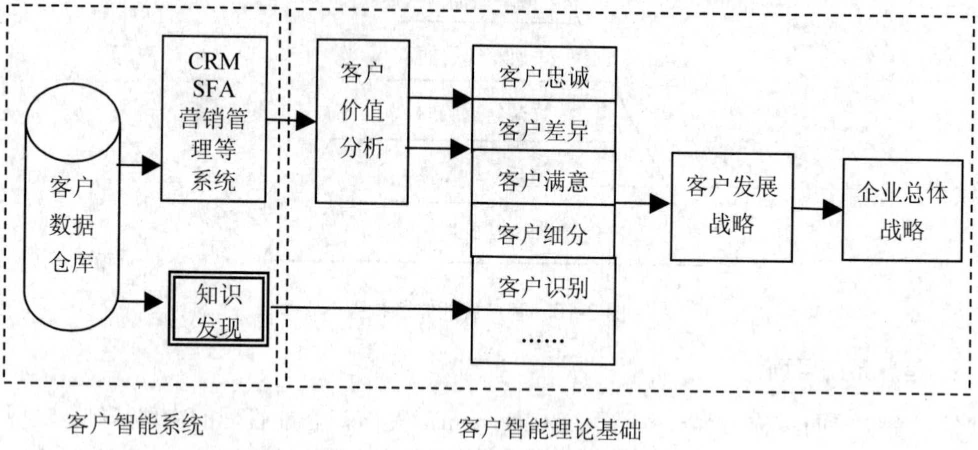

图 3-11　展开的客户智能体系

3.5.2　客户交易管理

客户交易管理涉及很多方面，从交易机会获得的角度，应重点关注以下两个方面。

1. 客户接触点管理

客户接触点管理是指企业决定在什么时间(when)、什么地点(where)、如何接触(how，包括采取什么接触点、何种方式)与客户或潜在客户进行接触，并达成预期沟通目标，以及围绕客户接触过程与接触结果处理所展开的管理工作。客户接触点管理的核心是企业如何在正确的接触点以正确的方式向正确的客户提供正确的产品/服务。

客户接触点管理体系的规划包括：客户视角的接触点研究、客户接触点需求与客户接触转变研究、多渠道客户接触点规划与体验设计、多渠道接触点建设与投资策略、多渠道客户接触点信息整合管理、客户接触成本评估与渠道接触优化、多渠道客户接触点体验测量与绩效优化等。

在进行客户接触点管理时，还应该注意以下三方面问题。

1) 统一体验主题

接触点管理的目的在于引导客户评价，增加客户对产品的体验，提升客户满意度和忠诚度。统一体验主题有利于给客户留下深刻而持久的印象，它符合整合营销传播的思想。体验主题的统一不仅表现在广告中，更表现在与客户的每一次接触中。

2) 整合各种接触途径

各种不同的接触途径都有其自身的优劣势，企业应根据各种接触途径的特点以及市场的具体情况，对这些接触途径进行整合，以获取一种协同优势，创造“单一客户接口”，以便最有效地触及目标客户。

3) 瞄准适当的目标客户群

传播无效的一个关键原因就是没有瞄准适当的目标受众群。企业应该认真分析目标客户群的特征和行为方式，开发接触媒介，通过不同的接触途径，进行有针对性的接触与沟通，才能实现产品、服务以及企业品牌的有效传播。

另外，为了确保交易管理的有效性，应有相应的组织结构提供保障，形成一种超越部门分割，能够进行统一协调的完善的客户接触网络。

2. 客户投诉管理

客户投诉管理也是客户交易管理的基本组成部分。客户投诉是企业面临的挑战，同时也是机遇。研究表明，遇到问题不投诉的客户再次交易的意向很低，只有 9%；投诉了，即便问题没有得到解决，客户再次交易的意向也会提高到 19%；通过投诉后，其主要问题获得解决的客户再次交易的概率是 54%；投诉之后，其主要问题马上得到解决的客户再次购买的概率提高到 82%[①]。

客户投诉管理具有以下三个方面的作用。

1) 明确产品/服务问题

一般而言，客户向企业有关部门投诉，都是因为产品质量，或者有关人员的服务存在问题，这是企业改进产品生产和服务管理的基本依据。

2) 发现客户的潜在需求

客户投诉信息除了反应产品/服务存在的问题之外，还隐含着客户对现有产品的不满以及对更为理想的产品的期望，这是企业了解市场，了解客户需求的有效途径。

3) 促进长期的客户关系

投诉让企业再次获得了满足客户需求的机会，企业可以通过妥善处理客户投诉，再次赢得客户的信赖，促进与客户建立长期关系，同时还能够间接赢得与其相关的更多潜在客户。

客户投诉是客户向企业表达不满的行为，快速、有效地解决客户投诉，关系到企业能否赢得客户的满意和忠诚。

3.5.3 客户服务管理

客户服务管理的目的在于提高服务质量。服务质量不同于产品质量，更难把握。从企

① http://wiki.mbalib.com/wiki，访问日期 2010-07-21.

业的角度看，服务质量是企业为使目标客户满意而提供的最低服务水平，也是企业保持这个预定服务水平的连贯性程度；从客户的角度看，服务质量的好坏由客户的意见决定，客户对服务质量的理解也是基于他对服务质量的感知，同一项服务，由于客户不同，也会产生不同的感知服务质量。

全面服务质量管理是指由企业所有部门和人员参加的，以服务质量为核心，以客户忠诚为导向，从客户服务的思想出发，综合应用现代管理手段和方法，建立完整的质量体系，通过全程化的优质服务，全面满足客户需求的质量管理活动。

企业在实施服务质量管理的过程中，应遵循以下原则，以客户为关注焦点、重视领导的作用、全员参与、持续改进、服务个性化、及时沟通和响应。

3.5.4 客户生命周期管理

客户生命周期理论是一个十分有用的工具，将其引入客户关系研究可以清晰地洞察客户关系发展的动态特征。不同阶段驱动客户关系发展的因素是不同的，同一个因素在不同阶段的内涵也可能不同。客户关系的发展是分阶段的，不同阶段客户的行为特征及其为企业所创造的利润也不同。因此，客户生命周期理论是从动态角度研究客户关系的基础。有关客户生命周期理论已在第 2 章详细阐述。

案例分析：上海金丰易居客户关系管理

上海金丰易居客户关系管理[①]

金丰易居为 A 股上市企业金丰投资(证券代码 600606)旗下专业从事房地产策划与销售代理的企业。它是集租赁、销售、装潢、物业管理于一身的房地产集团。由于房地产领域竞争日趋激烈，花一大笔钱在展会上建个样板间来招揽客户的做法已经很难起到好的效果，在电子商务之潮席卷而来时，很多房地产企业都在考虑用新的方式来吸引客户。

金丰易居在上海有 250 多家连锁门店的有形网点。以前如果客户有购房、租房的需求，都是通过电话、传真等原始的手段与之联系。由于没有统一的客服中心，服务人员的水平参差不齐，导致用户常常要多次交涉才能找到适合解答他们关心问题的部门。同时，由于各个部门信息共享程度很低，用户从不同部门得到的回复有很大的差别，由此给用户留下很不好的印象，很多客户因此干脆就弃之而去。更让金丰易居一筹莫展的是，尽管以前积累了大量的客户资料和信息，但由于缺乏对客户潜在需求的分析和分类，导致这些很有价值的资料利用率很低。

金丰易居的管理层意识到，在互联网时代，如果再不去了解客户的真正需求，主动出击，肯定会在竞争中被淘汰。1999 年 5 月，金丰易居与美国艾克公司接触后，决定采用该

---

① http://wiki.mbalib.com/wiki/，访问日期 2010-08-11.

公司的 eCRM 产品。

1. 寻找突破口

经过双方人员充分沟通之后，艾克公司认为金丰易居的条件很适合实施 CRM 系统，由于金丰易居有很丰富的客户资料，只要把各个分支的资料放在一个统一的数据库中，就可以作为 eCRM 的资料源；另外，金丰易居有自己的电子商务平台，可以作为 eCRM 与客户交流的接口。

但是金丰易居还是有不少顾虑，因为 CRM 系统在国内还没有多少成功的案例。另外，传统的 CRM 系统需要具备庞大的客户数据样本库，并且建设的周期长，投资大，不是一般的企业可以承受的。最后，eCRM 系统的特色打消了金丰易居的顾虑。eCRM 系统与传统的 CRM 有很大的不同，它是模块化的结构，用户可以各取所需。用户选定模块后，厂商只需做一些定制化的工作就可以运行起来，实施的周期也很短，很适合中小企业使用。经过充分沟通以后，为了尽量减少风险，双方都认为先从需求最迫切的地方入手，根据实施的效果，然后再决定下一步的实施。

通过对金丰易居情况的分析，双方人员最后决定先从以下五个部分开始实施。

(1) 金丰易居有营销中心、网上查询等服务，因此需要设立多媒体、多渠道的即时客服中心，提高整体服务质量，节省管理成本。

(2) 实现一对一的客户需求回应，通过对客户爱好、需求分析，实现个性化服务。

(3) 有效利用已积累的客户资料，挖掘客户的潜在价值。

(4) 充分利用数据库信息，挖掘潜在客户，并通过电话主动拜访客户和向客户推荐满足客户要求的房型，以达到充分了解客户，提高销售机会。

(5) 实时数据库资源共享使金丰易居的网站技术中心、服务中心与实体业务有效结合，降低销售和管理成本。

根据这些需求，艾克公司提供了有针对性的解决方案，主要用到艾克 eCRM 产品 Enterprise Ⅰ。该产品结合了网页、电话、电子邮件、传真等渠道，与客户进行交流，并提供客户消费行为追踪、客户行销数据分析功能，实现一对一行销。另外，结合艾克的电子商务平台 eACP，与金丰易居现有的系统有效整合。

2. 解决方案

艾克公司为金丰易居提供的 CRM 平台包括前端的“综合客户服务中心 UCC”以及后端的数据分析模块。前端采用艾克 UCC3.20，该产品整合了电话、Web、传真等，采用多渠道、多媒介传播及多方式分析系统的综合应用平台。在前端与后端之间是数据库，如同信息蓄水池，可以把从各个渠道接收的信息分类，如客户基本信息、交易信息和行为记录等。后台采用艾克 OTO2.0 用于数据分析，找出产品与产品之间的关系，根据不同的目的，从中间的数据库中抽取相应的数据，并得出结果，然后返回数据库。于是，从前端就可以看到行销建议或者市场指导计划，由此构成了从前到后的实时的一对一行销平台。通过这个平台，解决了金丰易居的大部分需求。

在前端，UCC系统整合电话、Web、传真等多种服务，客服人员在为客户提供多媒体交流的同时，还可以服务于来自电话、Web、传真等媒介的需求。管理人员可以实时监控、管理客服人员的服务状况，实现统一管理。这个统一的服务中心设立统一标准问题集及统一客服号，利用问题分组及话务分配随时让客户找到适合回答问题的服务人员，得到满意的答复。该系统中的UCC-Approach模块可以有效挖掘客户潜在的价值。

3. 实施计划

金丰易居与艾克认为，实施的原则是：必须以金丰易居的现有系统和业务不做大的改动为前提，充分利用现有的硬件、软件和网络环境，并且与以前的系统有效地整合在一起。

1) 建立多渠道客户沟通方式

这个步骤包括三个部分，即UCC-Web、UCC-Ware和UCC-Approach。

UCC-Web客户通过Web进来时，客户的基本信息与以往交易记录一并显示于服务界面上，客服人员可给予客户个性化服务，并根据后端分析结果做出连带的销售建议。

UCC-Ware客户租房、买房等咨询电话经话务分配后到达专门的服务人员，同时自动调用后台客户数据显示于客服界面供客服人员参考，而一些标准问题可以利用IVR系统做自动语音、传真回复，节省人力。

UCC-Approach根据CRM系统分析出数据所制定的服务和行销计划，对目标客户发送电话呼叫，将接通的电话自动转到适当的坐席，为客户提供产品售后回访或者新产品行销服务。

2) 实现OTO分析与前端互动功能的整合

利用OTO分析结果，作为建议事项及外拨行销的依据，直接进入UCC的Planer数据库。目前金丰易居有四项主营业务，已积累了大量的客户资料。该部分用于检测客户资料，剔除无效信息，对有效信息按照业务需求类型分组，再对分组数据做PTP分析，找出相关性最强的两种产品，据此可以做交叉销售建议。同时，分析目标客户贡献度，找到在一定时效内对产品有购买能力与贡献度最大的客户，其余客户可按照时效及重要程度，进行力度和方式不同的跟踪处理。

另外，金丰易居以往的销售系统、楼盘管理系统、购房中心系统和业务办公系统，现都通过艾克产品所提供的接口，整合到客户关系系统内。该项目的实施总共只花了3个星期，由于前期的工作做得很充分，所以项目实施很顺利，并且很快就运行起来。

应用艾克的CRM系统之后，金丰易居很快就取得了很好的效果。统一的服务平台不仅提高了企业的服务形象，还节省了人力物力。通过挖掘客户的潜在价值，金丰易居制定了更具特色的服务方法，提高了业务量。另外，由于CRM系统整合了内部的管理资源，从而降低了管理成本。

4. 分步实施

为了防止系统在实施过程中发生意外，艾克和金丰易居在实施之前签订了一个协议，明确规定什么时候完成什么事情，完成到什么程度，达到什么样的效果，由谁来负责，然后在实施过程中按照这个步骤执行，有效保证了系统的顺利实施。

【案例评述】

艾克成功实施金丰易居 CRM 项目主要原因是能够了解金丰易居的特殊需求，能够从最简单的地方入手，而不是一上来就把系统所有的功能推给用户。先实施一部分功能，然后根据客户的反馈意见做一些改动，直到稳定之后，接着继续实施其他的功能。

复习思考题

1. 简述企业战略管理的含义及其一般过程。
2. 简述 CRM 战略的内涵及其一般过程。
3. 什么是“大服务”的理念及“服务利润链”的思想？
4. 简述 CRM 战略矩阵和客户增长矩阵。
5. 从事电子商务的 B2C 企业如何制定其 CRM 战略？

第 4 章　CRM 的关键环节

教学目标

- 熟悉客户细分、客户互动、客户满意、客户忠诚、客户流失等概念及其内涵。
- 掌握客户细分的基本方法，掌握客户互动、客户满意、客户忠诚、客户流失管理的基本流程和方法。

4.1　客户细分方法

客户天生存在差异，通过有效的客户细分，寻找到哪些客户能为企业带来赢利，哪些客户不能，并锁定那些高价值客户。只有这样企业才能保证在客户服务过程中所投入的资源能够得到回报，企业的长期利润和持续发展才能得到保证。

4.1.1　客户细分的概念

客户细分是 20 世纪 50 年代中期由美国学者温德尔·史密斯提出的，其理论依据主要有以下两点。

1. 客户需求的异质性

并不是所有客户的需求都相同，只要存在两个以上的客户，需求就会不同。由于客户需求、欲望及购买行为的多元性，客户需求的满足呈现差异性。

2. 有限的企业资源和有效的市场竞争

任何一个企业都不能单凭自己的人力、财力和物力来满足整个市场的所有需求，这不仅是缘于企业自身条件的限制，而且从经济效益方面看，也是不足取的。因此企业应该分辨出能有效为之服务的最具吸引力的细分市场，集中企业资源，制定科学的竞争策略，以取得和增强竞争优势。

客户细分是指根据客户属性划分的客户集合。它既是 CRM 的重要理论组成部分，又是其重要管理工具。它是分门别类研究客户、进行有效客户评估、合理分配服务资源、成功实施客户策略的基本原则之一，并为企业充分获取客户价值提供理论和方法指导。为有效地进行客户细分，企业应做好以下工作。

(1) 确定应该收集的数据，以及收集这些数据的方法。

(2) 将通常保存在分立信息系统中的数据整合在一起。

(3) 开发统计算法或模型，分析数据，将分析结果作为对客户细分的基础。

(4) 建立协作关系，使营销和客户服务部门能够与 IT 部门合作，保证所有人都能明确细分的目的以及完成细分的技术要求和限制。

(5) 实施强有力的网络基础设施，用于汇聚、保存、处理和分发数据分析结果。

(6) 虽然高级数据库、营销自动化工具和细分模型对客户细分工作很重要，但还必须拥有精通客户细分的人才，只有这样才能准确分析模型，最终制定出有效的营销和服务策略。

客户细分是指将一个大的消费群体划分成为一个个细分群体的工作。同属一个细分群的消费者彼此相似，属于不同细分群体的消费者被视为不同的消费群。客户细分的目的是将有限的资源优化利用，提高企业的竞争优势。细分不是目的，而是要通过细分来认清客户的类型，找到最有价值的客户并有针对性地实施客户保持策略，提高客户特别是最有价值客户满意度和忠诚度才是真正的目的。

4.1.2　客户细分的基本方法

可以将客户细分的方法分成两类：一是基于客户属性的分类，二是基于客户价值的分类。

1. 基于客户属性的分类

基于客户属性的分类可以从以下三个角度来进行。

1) 外在属性

外在属性是指客户的外在环境和特点。如客户的地域分布、客户的产品拥有、客户的组织归属(如企业用户、个人用户、政府用户)等。这种方式的数据容易得到，但比较笼统，不易明晰客户层面谁是“好”客户，谁是“差”客户。可能清楚的只是某一类客户(如大企业客户)较之另一类客户(政府客户)的消费能力可能更强。

2) 内在属性

内在属性是指客户的内在因素所决定的属性，如性别、年龄、信仰、爱好、收入、家庭成员、信用度、性格、价值取向等。通过客户的内在属性亦可将客户定位，如 VIP 客户等。

3) 消费属性

消费属性即所谓的 RFM：新近消费(recency)、消费频率(frequency)、消费金额(monetary)。在 RFM 模式中，R 表示客户最近一次购买的时间有多远，F 表示客户在最近一段时间内购买的次数，M 表示客户在最近一段时间内购买的金额。RFM 强调以客户的行为来区分客户。

RFM 模型较为动态地展示了一个客户的轮廓，为个性化的沟通和服务提供了依据。同时，如果与该客户打交道的时间足够长，也能够较为精确地判断该客户的长期价值甚至是终身价值，通过改善三项指标的状况，为更多的营销决策提供支持。

RFM 非常适用于生产多种商品的企业，而且这些商品单价相对不高，如消费品、化妆品、小家电、录像带店、超市等。它也适合在一个企业内只有少数耐久商品，但是该商品中有一部分属于消耗品，如复印机、打印机、汽车维修等消耗品。RFM 对于加油站、旅行保险、运输、快递、快餐店、KTV、移动电话、信用卡、证券公司等也很适合。

2. 基于客户价值的分类

对客户价值的认识主要有两种观点：一是利润学说，二是价值说。

利润学说认为客户对企业的贡献体现在客户为企业带来的利润，因此可以用客户利润贡献来判别客户为企业所创造价值的大小，较有代表性的观点用客户生命周期利润(customer lifetime profit，CLP)评定客户价值。广义的客户生命周期利润指的是企业在与某客户保持买卖关系的全过程中，从该客户处所获得的全部利润的折现值。对现有客户来说，其 CLP 可分为两部分：一是历史利润，即到目前为止客户为企业所创造的利润总现值；二是未来利润，即客户在将来可能为企业带来利润流的总现值。企业真正关心的是客户未来利润，因此狭义的 CLP 仅指客户未来利润。

采用客户全生命周期利润作为客户细分的标准简单且程式化，可操作性强。但是，仅用客户为企业创造的利润来衡量客户对企业的价值是不全面的，其实客户对企业的价值贡献是多方面、多种形式的，除了由客户购买行为所带来的购买价值(利润)外，还包括客户的口碑价值、客户的信息价值、客户的知识价值和客户的交易价值，客户对企业的价值应该是上述五种价值的累加，即客户生命周期价值(customer lifetime value，CLV)，或称之为客户终生价值。用客户终生价值作为客户细分的标准更加科学、公正，对企业的指导作用更强。有关基于客户终身价值理论已在第 2 章详细阐述。

4.1.3 客户细分的策略建议

研究表明，对客户定位的结果没有必要让客户本人知道，特别是对于低端客户，知道有别人比他接受更高层次的服务会导致负面反应。如果要让客户知晓，则必定给出客户自己能掌控的方向与路径，比如根据某个积分计划而设立的奖励或根据事先选定的产品级别而提供的相应待遇。

然而，在国内更多的高端客户喜欢显示自己的独特与不同，所以不少企业倾向于帮助高端客户增强这类“显性”价值。例如，在不少营业厅开辟特设的大客户室，在机场等地设金卡客户柜台特别通道与休息室，给大客户设计有特殊标识的日常高档用品等，是中国企业采用越来越多的方法。但有一个关键的问题需要把握，就是应该让“大客户”们清楚他们何时成为了“大客户”，同时让“小客户”们明白他们需要通过哪些努力才可以成为“大客户”。

总体而言，如果你的客户细分定位是为营销策略而设，那就没有必要告诉客户；如果你的客户细分定位是为客户服务而设，而细分的标准又是纯粹按照客户贡献的绝对金额数来计算，则应当大力宣传高端客户的优惠待遇。同时，明晰游戏规则，且规则设计应当简洁明了，促使低端客户“学有榜样，赶有方向”。

另外，在客户细分过程中，还应该关注以下七点问题。

(1) 每个客户只能归入一个类别。否则，客户可能因此陷入多种相互矛盾的产品信息而无所适从。

(2) 不要有渠道差异。客户从不同渠道获得的产品信息都应该是相同的。每个直接接触客户的员工都能够随时知道产品推荐信息并传递给客户。

(3) 提供给直接接触客户的员工有针对性的、可执行的对策。不要把仍需解释的信息提供给他们，应准确地告诉他们对客户来说哪种产品是最适合的。

(4) 在客户细分之初，应给销售人员提供最佳名单，确保较高成功率。不断抓住机会扩大消费者名单，并给出每个消费者的“购买可能性”评分，以帮助销售人员了解客户可能接受的程度。

(5) 每一种细分类别由一位高级经理负责盈亏平衡。这样做的目的是确保细分战略的最大收益。

(6) 由高级管理人员负责推动客户细分。若企业仅仅在一个产品线推行细分，就有可能忽略部分客户的感受；若由总公司而不是某一部门负责，客户细分就有可能不太受预算的制约。

(7) 从小处着手，再不断扩大。开始把客户粗略地分成几个大类，然后再逐渐进行更细致、更准确地划分。

4.2　客户互动管理

为了能够向客户提供个性化、高价值的产品/服务，企业需要充分利用信息的潜在内涵和各种互动技巧，努力在客户的购买流程中发展与客户的合作关系。在实践中，除了向客户提供定制化的产品/服务以外，“以客户为中心”的观念还应包括与客户互动的类型和风格。通过互动和对话来增强与客户间的相互了解和信任。

客户互动的概念十分广泛，企业与客户之间的任何接触，都可以视为互动。例如，产品/服务的交换、信息的交流和业务流程的了解等都包含在其中。互动并非是当前网络经济时代的产物，在社会学领域中，互动是指人类特有的一种有意识的过程。例如，可以把互动细分成交换、竞争、合作、冲突和强制。互动一般都具有双向沟通和共同利益的特征。

4.2.1　客户互动管理的概念

客户互动管理的概念模型如图 4-1 所示。

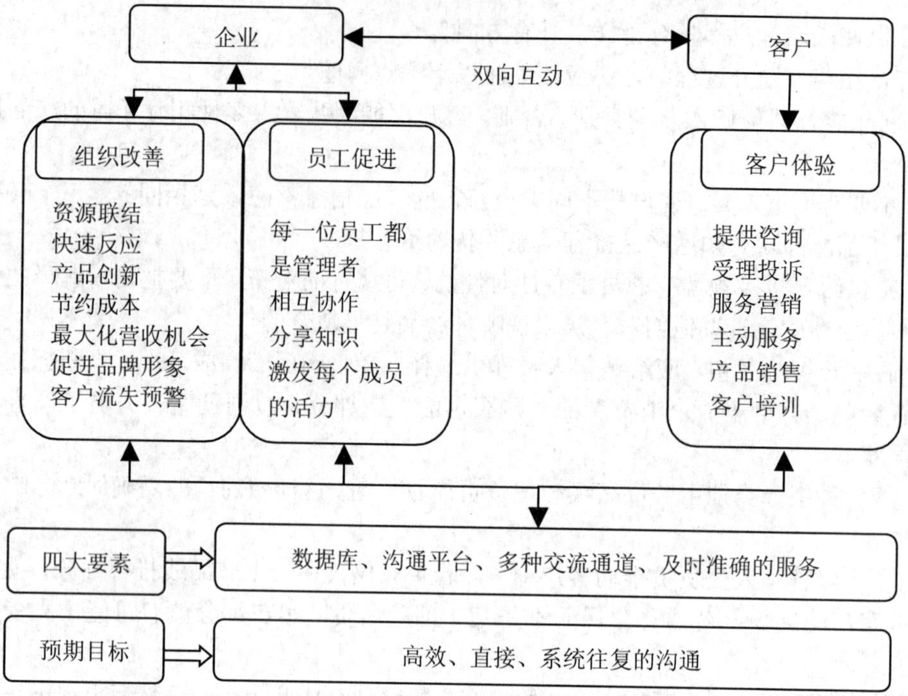

图 4-1 客户互动管理的概念模型

(资料来源：http://www.ccmw.net/article/62416，访问日期 2010-05-15.)

1. 客户互动管理的内涵

客户互动管理有以下四个主要内涵。

(1) 双向互动：互动管理相对于传统的单向管理而言，是一种全新的双向管理。不是与客户仅一次交流就结束，而是循序渐进地反复多次的交流。

(2) 客户体验：客户体验流程是从客户注意到企业的那一瞬间就开始产生，并随着多种不同的互动逐步深化。开始是提供咨询、受理投诉，后来就是产品销售、主动服务、服务营销、客户培训等。

(3) 员工促进：每一位员工都是企业的管理者，相互协作、分享知识，激发每一个员工的活力。

(4) 组织改善：包括资源联结、快速反应、产品创新、节约成本、最大化营收机会、促进品牌形象、客户流失预警。

2. 客户互动管理的要素

客户互动管理有以下四大要素。

(1) 数据库支持：以电话销售为例，需要数据库支持的主要包括电话营销呼出管理、主动营销列表管理、监听监视管理、智能脚本支撑、销售记录管理、客户接触记录管理。

(2) 统一的沟通平台：企业沟通平台一般包括领导答疑、投诉信箱、呼叫中心等，现在常用的就是呼叫中心。

(3) 多种沟通渠道：互动管理的核心就是通过先进的网站、博客、E-mail、介绍文章、行业事件、产品宣传册、广告、样品、白皮书、产品展示、销售演示、会议，直到交货、售后服务，以及后续的客户忠诚计划等一系列活动、流程和途径，增强与客户的互动，并实施有效的管理。呼叫中心也需要采用多媒体技术，丰富沟通方式。

(4) 及时准确的服务：在前面三项都满足要求的前提下，企业通过互动管理软件和服务人员的轮班来实现客户随时随地的服务需求，并帮助客户解决问题，使客户满意。

客户互动管理的预期目标是高效、直接、系统往复的沟通。

4.2.2　客户互动的有效性管理

客户与企业的互动并不只是简单的信息交换，成功的客户互动管理可以使企业获得更大的客户份额和更多的营业收入。如何进行有效的客户互动，除关注上述所列的四个基本要素之外，应做好以下的三个方面的有效性管理。

1. 员工的有效性

企业的员工管理对客户互动的效果有重要的影响。具体而言，不论员工是否被授权实时地解决客户问题，员工管理都直接影响着员工对客户互动技术和流程的了解程度。

有效员工的衡量标准中的一个重要因素就是给企业的客户服务代表(customer service representative，CSR)授权，这有助于员工在工作中掌握客户互动的自由度。没有被传给专家或者高级管理人员的客户互动所占的比例越高，说明对 CSR 的授权水平就越高。CSR 的辞职会导致企业增加重新雇佣和培训的成本。此外，非接触时间也是一个有效员工需要考虑的要素，它是指一个 CSR 在不与客户进行互动时，在文件处理和培训上所花费的时间。

2. 流程的有效性

企业的内部流程对客户互动质量也有强烈的影响。流程的设计与实施，应该可以最有效地利用互动过程中的每一个要素。例如，如果流程设计具有感应客户态度、需求、认知变化的能力，那么企业就可以对这些改变做出反应，从而获得竞争优势。类似地，企业对变化做出反应的速度会反映出流程的柔性。

3. 信息技术的有效性

信息技术具有能够给企业带来竞争优势的潜力。这些技术可以让企业调整行为，使之适用于客户的需求，还可以显著改变企业的流程和人事。正确使用信息技术，可以让流程和人事制度更富有柔性，更加快捷和有效。

有效的信息技术的衡量标准通常需要考虑以下因素：信息技术的复杂性，包括信息技术使用和学习的难度；信息技术是否以客户为中心，即能用信息技术完全掌握的客户接触在整个客户接触中所占的百分比，这个比例越高，说明技术设计越能满足客户的需求。此外，企业在信息技术上投资越多，那么系统的复杂性可能就会越高；信息系统的复杂性越高，客户与企业接触时遇到的阻碍可能就越大，从而降低了客户与企业互动的驱动力，因此，管理者必须在是否进行大量投资之前做出权衡。

企业之所以要对员工、流程、信息技术等进行有效的管理和改进，其最终目的就是通过这种管理和改进来提升其效率，并促使它们相互之间产生积极的作用，最终对客户互动效果产生积极的影响。

4.2.3 客户互动营销能力

图 4-2 为客户互动营销能力的发展所致，大体可以分为以下三个阶段。

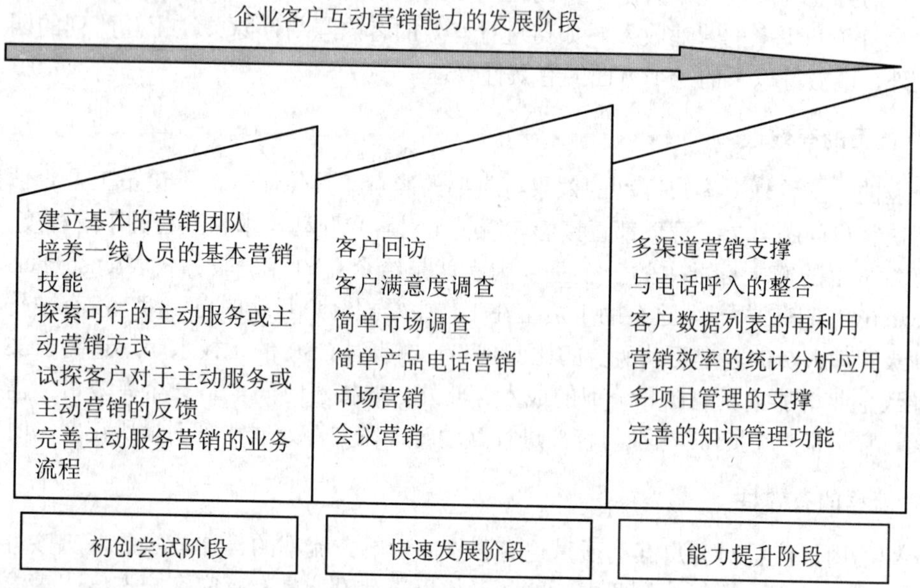

图 4-2 客户互动营销能力的发展阶段

(资料来源：http://www.ccmw.net/article/62416，访问日期 2010-05-15.)

1. 初创尝试阶段

企业最初的主动服务营销过程，往往是先将生产的产品/服务提供给市场上的客户，同时向客户提供包括产品咨询、客户投诉等基本的服务支撑功能，随着产品竞争的加剧与客户管理的要求，才逐步开始尝试主动服务营销的方式。

在最初主动服务或主动营销的尝试阶段，营销管理的负责人员往往缺乏相应的营销运营管理经验，一线的营销执行团队都是新组建并且缺乏基本的主动服务营销技能，大多都处于业务摸索和尝试的状态。企业在这个阶段重点关注的方面是：建立基本的营销团队；培养一线人员的基本营销技能；探索可行的主动服务或主动营销方式；试探客户对于主动服务或主动营销的反馈；完善主动服务营销的业务流程。

2. 快速发展阶段

这个阶段的企业在一些基本的电话营销业务上已经积累了一定的经验，主动营销团队如电话营销团队的规模逐渐扩大，营销业务也逐渐稳定，这时企业在主动服务营销中最关注的是希望通过营销支撑工具的改进，提升营销人员的运营效率。管理的重点主要是利用销售中心开展一些基本的市场营销活动和客户主动关怀活动，主要的业务类型包括：客户回访；客户满意度调查；简单市场调查；简单产品电话营销；市场营销；会议营销。

3. 能力提升阶段

当企业经过一定时间的快速发展阶段后，企业业务部门的业务流程和业务支持进行了相对完善的流程整合和信息共享，逐步成为企业主动营销运营中的核心环节，这时就进入了客户互动营销的成熟阶段，即互动营销能力提升阶段。

处于主动营销能力提升阶段的企业更加关注客户销售线索和客户接触记录的管理，对于客户营销支撑系统的信息整合要求也更加明确和具体，包括以下六个方面。

1) 多渠道营销支撑

多渠道营销工具的支撑和应用通常是企业在客户互动营销进入成熟阶段的典型特征。单一渠道，如电话、直邮、电子邮件、互联网、短信、IVR 等，已经不能满足对客户营销覆盖的需求。企业需要建立以电话营销中心为核心的，整合直邮、电子邮件营销、网络营销等多渠道营销手段，以增加对于终端客户的营销覆盖与销售渗透。电信公司、金融机构、保险企业、高端消费品企业等是多渠道营销应用的典型代表。

2) 与电话呼入的整合

企业在客户互动营销成熟阶段后往往需要能够有效地建立起主动服务营销的品牌认知，并且与电话呼入进行有机的整合，有效支撑整合营销触发的呼入营销。

3) 客户数据列表的再利用

这个阶段的企业通常需要针对目标客户群体进行多次营销，并且根据营销业务的特点，一些营销活动通常需要重复利用营销客户的数据，这就需要营销支撑系统能够有效地支撑客户数据的管理和客户数据列表的再利用。

4) 营销效率的统计分析应用

除了基本的营销运营报表之外，需要结合营销项目的特点，提供反映营销效率的统计报表与分析应用，以更好地将营销结果与营销效率指标相结合，并且为持续改进营销效率提供支撑。

5) 多项目管理的支撑

企业在主动营销能力提升阶段，通常需要建立起同时进行不同类型多个项目的营销管理能力，相应的也对营销支撑系统提出了多项目管理的支撑需求。

6) 完善的知识管理功能

在多项目营销与整合营销的过程中，需要在销售中心建立起相对完善的产品知识库与营销项目知识库，以更加方便地支撑营销团队的营销效率提升，并且也对新项目的策划与管理提供知识积累与支撑。

处于这一阶段的企业往往客户群数量比较庞大，或是产品线比较复杂，往往需要对营销支撑系统进行系统的功能规划与投资建设规划。

经过这样三个阶段的发展，企业就逐步实现了与客户的有效互动。

4.2.4 客户抱怨与服务补救

完美的客户互动管理是不可能达到的，在服务客户的过程中，失误是再所难免的。因此，如何恰当地处理服务失误和客户抱怨是客户互动管理的一大挑战，也是企业提高服务质量的重要契机①。

1. 客户抱怨

客户抱怨体现在客户对产品/服务的不满和责难。客户对产品/服务的抱怨意味着企业提供的产品/服务没有达到他们的期望、满足他们的需求。但是，从另一个角度来看，客户抱怨也表示客户仍旧对企业具有期待，希望企业能改进产品质量、改善服务水平。

1) 客户抱怨的意义

对于客户的不满与抱怨，企业应采取积极的态度对产品/服务或者沟通等原因所带来的失误进行及时补救。从某种角度来看，客户的抱怨实际上是企业改进工作的机会，正确处理客户抱怨能够帮助企业重新建立信誉，提高客户满意度，维持客户的忠诚度。

(1) 提高企业美誉度。

客户抱怨发生后，尤其是公开的抱怨行为，企业的知名度可能会有很大提高，企业社会影响的广度、深度也会不同程度地扩展。但不同的处理方式，直接影响着企业的形象和美誉度的发展趋势。在积极的引导下，企业美誉度通常会经过一段时间下降后反而能迅速提高，有的甚至直线上升；而消极的态度，听之任之，予以隐瞒，与公众不合作，企业美誉度会随知名度的扩大而迅速下降。

(2) 提高客户忠诚度。

有研究发现，提出抱怨的客户，如果问题得到圆满解决，其忠诚度甚至会比从来没遇到问题的客户更高。因此，客户的抱怨并不可怕，可怕的是不能有效地化解抱怨，最终导

---

① http://wiki.mbalib.com/wiki，访问日期 2010-08-24.

致客户流失。反而，若没有客户的抱怨，倒是有些不对劲。哈佛大学的李维特教授曾说过："与客户之间的关系走下坡路的一个信号就是客户不抱怨了。"

(3) 客户抱怨是企业的"治病良药"。

企业成功需要客户的抱怨。表面上，客户抱怨让企业及其员工"难堪"，实际上是给企业的经营敲响警钟，企业在经营管理的某个环节上可能存在隐患，及时解除隐患便能赢得更多的客户，维持客户忠诚。如果企业把客户抱怨当作是一份礼物，那么企业就能充分利用客户的抱怨所传达的信息，实现持续性的改进与创新。成功的企业一定是真诚地欢迎并鼓励客户提出宝贵的意见和建议。

2) 客户抱怨的处理

(1) 以良好的态度应对客户抱怨。

处理客户抱怨首先要有良好的态度，保持良好的态度是处理客户抱怨的前提。这就要求企业员工不但要有坚强的意志，还要有牺牲自我的精神去迎合对方，只有这样才能更好地平息客户抱怨。

(2) 了解客户抱怨的背后希望。

应对客户抱怨需要准确了解抱怨的真正原因及其背后的希望是什么，这样有助于根据客户的希望处理抱怨，这是解决客户抱怨的根本。这就要求企业员工既要有换位思考的能力，又要有聆听客户诉求的技巧。

(3) 用行动化解客户的抱怨情绪。

客户抱怨的目的主要是让企业用实际行动及时解决问题，而绝非口头上的承诺。如果客户知道企业会有所行动，自然就会放心。关键是行动要快，一来可以让客户感觉到尊重，二来表示企业解决问题的诚意，三来可以防止客户的负面宣传对企业造成的损失。

(4) 及时反馈客户抱怨与解决情况。

企业应鼓励员工将客户抱怨及解决情况及时反映给相关部门经理或企业高层领导，并做好详细记录进行总结。对于在处理客户抱怨中发现的问题，应及时反馈给企业的相关部门，并做出调整和改进。

(5) 跟踪调查客户对抱怨处理的反应。

在处理完客户抱怨之后，企业还应该积极与客户沟通，了解客户对企业处理抱怨的态度和意见，鼓励客户继续对企业提出批评和建议。这是加强企业与客户沟通的良好契机，以便提升客户对企业的满意度和忠诚度。

(6) 建立客户抱怨的处理体系。

客户抱怨管理是一项复杂的系统工程，企业必须建立客户抱怨的处理体系，包括制定实施欢迎客户提出抱怨的方针，在企业内部协调统一处理客户抱怨的政策，授权一线员工及时处理客户抱怨的相关权限等。

2. 服务补救

服务补救是指企业在对客户提供服务出现失败和错误的情况下，对客户的不满和抱怨当即做出的补救性反应。其目的是通过这种反应，重新建立客户满意度和忠诚度。

1) 服务补救的策略

服务补救直接关系到客户满意度和忠诚度，当出现客户不满或抱怨时，企业必须做出及时的服务补救，望期重建客户满意度和忠诚度。

(1) 跟踪并预期补救良机。

企业需要建立一个跟踪并识别服务失误的系统，使其成为挽救和保持企业与客户关系的良机。有效的服务补救策略需要企业通过听取客户意见来确定企业服务失误之所在。不仅要被动地听取客户抱怨，还要主动地查找那些潜在的服务失误。市场调查是一个有效的方法，诸如收集客户批评、监听客户抱怨、开通投诉热线以听取客户投诉。有效的服务担保和意见箱也可以使企业发现不易觉察的问题。

(2) 重视客户问题。

客户往往会认为，最有效的补救就是企业一线服务人员能主动地出现在现场，承认问题存在，向客户道歉(在恰当的时候可加以解释)，并当面解决问题。解决的方法有很多，可以无条件退款、退货，也可以服务升级等。

(3) 尽快解决问题。

一旦发现服务失误，服务人员必须在失误发生的同时迅速解决失误。否则，没有得到妥善解决的服务失误会很快扩大并升级。在某些情形下，还需要员工能在问题出现之前预见到问题即将发生而予以杜绝。

(4) 授予一线员工解决问题的权力。

一线员工被恰当的授权是尽快解决问题的关键之一。在一定的权限范围内，企业应鼓励员工大胆使用服务补救的权力，用于解决各种意外情况。另外，一线员工需要特别的服务补救训练，以掌握服务补救的技巧和随机应变的能力。

(5) 从补救中汲取经验教训。

服务补救不只是用于弥补服务缺陷，企业还可以根据服务及其补救过程中所出现的问题，帮助企业改进经营管理，提高服务质量。通过对服务补救整个过程的跟踪，管理者可发现服务系统中一系列亟待解决的问题，并及时修正服务系统中的某些环节，进而使“服务补救”现象不再发生。

2) 服务补救与客户抱怨管理的区别

首先，服务补救具有实时性特点。这是服务补救与客户抱怨管理的一个非常重要的区别。客户抱怨管理一般必须要等到一个服务过程结束之后，而服务补救则必须是在服务失误出现的现场。如果等到一个服务过程结束，那么服务补救的成本会急剧的上升，补救的效果也会大打折扣。

其次，服务补救具有主动性的特点。客户抱怨管理有一个非常明显的特点，即只有当客户进行抱怨时，企业才会采取相应的措施，安抚客户，使客户满意。但据华盛顿一家名为 TRAP 的调查机构所进行的一项调查显示：有问题的客户中，只有 4%向企业有关部门进行抱怨或投诉，而另外 96%的客户不会抱怨，但他们会向 9 到 10 人来倾诉自己的不满(坏口碑)。客户抱怨管理这种“不抱怨不处理”的原则，将严重影响客户感知服务质量和客户满意度，从而影响客户忠诚度，使企业在竞争中处于不利的境界。但服务补救则不同，它要求服务提供者主动地去发现服务失误并及时地采取措施解决失误，这种前瞻性的管理模式，无疑更有利于提高客户满意度和忠诚度的水平。

再次，服务补救是一项全过程的、全员性质的管理工作，而客户抱怨管理则是由专门的部门负责的，阶段性的管理工作。一般来说，服务补救具有鲜明的现场性，服务企业授权一线员工在服务失误发生的现场及时采取补救措施，而不是等专门的人员来处理客户的抱怨。

4.3　客户满意管理

客户满意(customer satisfaction)是 20 世纪 80 年代中后期出现的一种经营思想，其主要内容可表述为：企业的经营活动要以客户满意度为指针，从客户的角度、用客户的观点而不是企业自身的利益和观点出发分析客户需求，尽可能全面尊重和维护客户利益。其主要特征是“以客户为关注焦点”。

4.3.1　客户满意的概念

客户满意是指客户对一个产品可感知的效果(或结果)与期望值相比较后，客户形成的愉悦或失望的感觉状态。

当前市场的竞争主要表现在对客户的全面争夺，而是否拥有客户取决于企业与客户之间的关系，取决于客户对企业产品/服务的满意程度。客户满意程度越高，企业竞争力越强，市场占有率就越大，企业效益就会越好。“客户是上帝”、“组织依存于客户”已成为企业界的共识，让“客户满意”也成为企业的营销战略。

ISO 9001:2000 的 8.2.1 条中指出：“组织应监控客户满意/不满意的信息，作为对质量管理体系业绩的一种测量”。并在 ISO 9004:2000 的 8.2.1.2 条中对客户满意程度的测量和监控方法以及如何收集客户的信息提出了具体的要求。因此，凡已获得认证的企业或潜在的将要贯彻 ISO 9001:2000 标准的企业，都应积极开展客户对产品/服务满意与不满意因素的研究，确定客户满意程度的定量指标/定性描述，划分好客户满意级度，并对客户满意程度进行测量和分析，改进质量管理体系。

菲利普·科特勒认为，客户满意是指一个人通过对一种产品的可感知的效果与其期望值相比较后，所形成的愉悦或失望的感觉状态。Barky 等认为客户满意是指客户使用前的预期与使用后所感知的效果相比较的结果。而客户满意度是客户满意水平的量化。如果可感知的效果低于期望，客户就不会满意；可感知的效果与期望值相匹配，客户就会满意；若感知的效果超过期望值，客户就会高度满意或欣喜。因此，满意水平是可感知的效果与期望值之间的差异函数，即，客户满意水平=f(事前预期，感知效果)。

理查德·奥利弗认为满意是一种影响态度的情感反应。针对某种产品/服务的消费，他提出了一个具有扩展性的客户满意定义客户：满意是客户对于自己愿望的兑现程度的一种反应，是一种判断方式。这种判断方式的对象是一种产品/服务的特性以及这种产品/服务本身，判断的标准是看这种产品/服务满足客户需求的程度，包括低于或高于的预期。该定义包含了三种满意情况：未达到客户要求、达到客户要求和超出客户要求。未达到客户要求的客户就会不满，达到客户要求就会使客户勉强满意。

综上所述，客户满意的基础理论是心理学上的差距理论，即客户感知价值与客户预期的差距决定了客户满意程度。客户满意一般包括以下五个方面的内容。

(1) 理念满意：这是企业经营理念带给客户的满足状态。

(2) 行为满意：这是指企业全部运行状态带给客户的满足状态。

(3) 视听满意：这是企业可视性和可听性外在形象带给客户的满足状态。

(4) 产品满意：这是企业产品带给客户的满足状态。

(5) 服务满意：这是企业的服务带给客户的满意状态。

4.3.2 客户满意的影响因素

1. 卡诺模型

影响客户满意的因素很多，许多学者从不同的角度对此进行了研究，这里介绍著名的卡诺模型理论。卡诺模型(Kano)是由日本的卡诺博士(Noriaki Kano)提出的，Kano 认为产品/服务质量应分为三类：当然质量、期望质量和迷人质量，如图 4-3 所示。

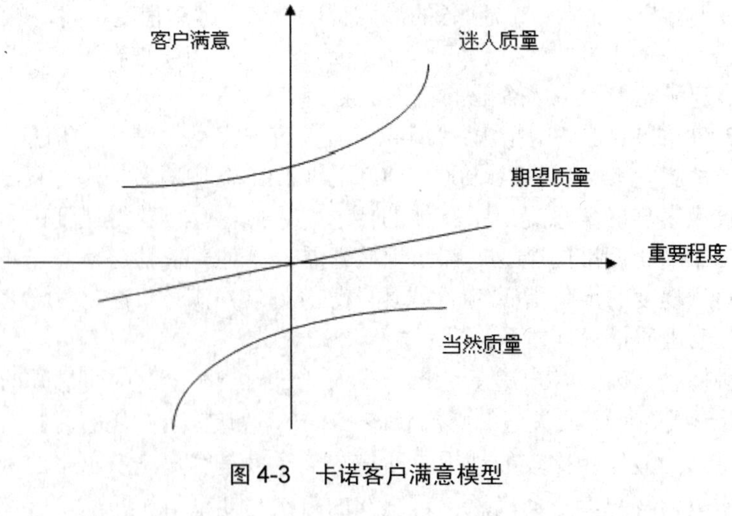

图 4-3 卡诺客户满意模型

1) 当然质量

当然质量是指产品/服务应当具备的质量，客户不对这类质量做任何表述，因为客户假定这是产品/服务所必须提供的，如电视机的清晰度、汽车的安全性等。客户认为这类质量特性的重要程度很高，如果在这类质量特性上企业的业绩很好，并不会显著增加客户的满意度。反之，即使重要程度不高，如果企业在这类质量特性上的业绩不好，也会导致客户的极度不满。当然质量和客户满意度为非线性相关。

2) 期望质量

期望质量是指客户对产品/服务有具体要求的质量特性，汽车的省油、服务的快捷性、产品的可靠性，这类质量特性上的重要程度与客户的满意度同步增长。客户对产品/服务这种质量特性的期望，以及企业在这种质量特性上的业绩都容易度量，这种质量与客户满意线性相关。

3) 迷人质量

迷人质量是指产品/服务所具备的超越了客户期望的、客户没有想到的质量特性，这类质量特征(即重要程度不高)能激起客户的购买欲望，并导致客户十分满意。如 3M 公司的"方便贴"，索尼公司的随身听等皆是典型的例子。此类质量与当然质量一样，与客户满意成非线性相关。

上述三种产品/服务的质量属性，从不同角度对满意度的影响因素进行定性分析。对企业而言，它们所提供的产品/服务必须保证当然质量、不断改进期望质量、积极开发迷人质量。需要指出的是，这三种质量可能是动态变化的。例如，随着科技进步、生产发展、客户需求变化等，期望质量可能转变成当然质量，迷人质量则可能转变为期望质量甚至当然质量。

2. 客户满意影响因素的分析途径

客户满意是指客户的一种心理感受，是一个复杂的心理过程，不同的客户其心理过程皆不一样，即使是同一个客户在不同的情景下消费同一种产品/服务，其满意度也会不一样。而且根据客户满意度的定义，客户满意度是客户期望与客户感知效果的比较结果，客户期望是属于客户心理范畴的概念，而感知效果既取决于企业提供的产品/服务实绩，又取决于客户的感知水平(感受性)，还取决于当时双方关系的情景。因此，分析客户满意影响因素应从客户期望与企业表现两个角度去衡量。

1) 客户期望

客户期望是指市场上的客户从各种渠道获得企业及其产品、价格、服务等信息后，在内心对企业及产品服务等形成一种标准，进而会对企业的行为形成一种期盼。客户获得这些信息的渠道包括客户过去的购买经验、周边人们的言论、该企业发布的广告以及企业对产品的许诺等。由于客户对其产品/服务形成的标准高低不一，因而其期望的等级也不一样。

期望的满足程度影响着客户的满意度，从而影响企业的销售和收入。根据客户满意的定义，当客户感知的实际效果一定时，客户期望与客户满意成反方向变化，即降低客户期望有望提高客户满意度，但是愿意前来尝试的客户很少。即使客户满意，但由于其基数较小，从而销售量就少。相反，提高客户期望有利于吸引客户购买，但客户满意度低，从而将来愿意重复购买率就低。两者之间的关系如图 4-4 所示。

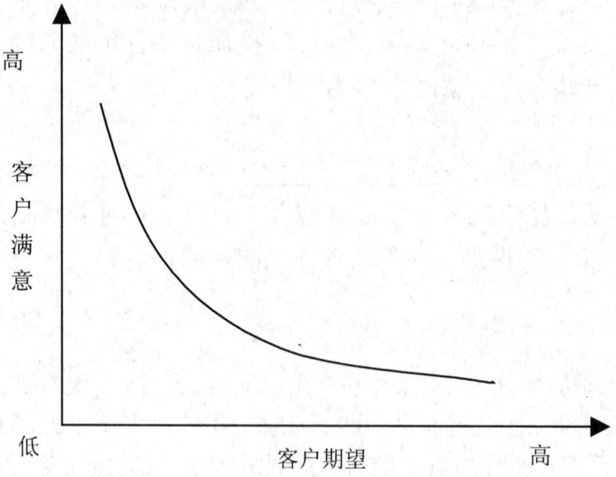

图 4-4　客户满意与客户期望之间的关系

企业可以从“渴求的产品/服务”、“容忍的范围”、“必要的产品/服务”等方面收集影响客户期望的产品/服务信息。同时，产品/服务属性对客户的重要程度也影响客户期望。对客户越是重要的产品/服务属性，客户的期望就越高；反之，客户认为对其不太重要的属性，期望也就越小。两者之间的关系如图 4-5 所示。

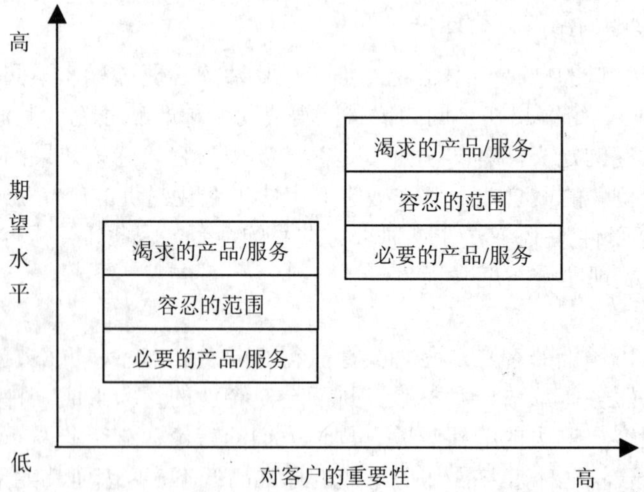

图 4-5　客户期望与产品/服务属性及其对客户的重要性之间的关系

2) 企业表现

让客户满意的关键之一就是要理解哪些因素对客户重要，要尽力满足他们的哪些期望，这些需求不仅是相关的产品/服务，许多核心产品之外的因素也会影响到满意度。

从企业的产品/服务的构成来看，影响客户满意的因素分为五个层次。

(1) 核心产品：优秀的核心产品是赢得客户满意的基础，但仅有这一点是不够的，由于技术进步与扩散、市场的激烈竞争等因素，产品越来越同质化，因此向客户证明企业的产品优于其他企业产品往往是困难的。

(2) 服务支持：包括外围支持性的服务，这些服务有助于核心产品的提供。如运输和记账系统、定价政策、实用性和便利性、服务时间、员工的水平、信息沟通、存储系统、维修和技术支持、求助热线以及其他支持着核心的计划。

(3) 计划表现：如坚持标准、按时供应、信守承诺、降低产品和流程失误等。

(4) 客户互动：如员工服务的水平、注意力、服务的速度、接触的一般质量、人们如何被接待和服务等。

(5) 情感因素：指服务的感性因素。感觉和情感的沟通本质上是企业给客户的感受，这是建立客户关系进行价值创造的重要组成部分。没有客户的这种情感，就没有真正的客户关系，而只有一系列的交易。很多企业没有意识到他们的工作所产生的负面情感，丧失了很多业务机会，也没有抓住能够创造正面情感的那些重要机会。

4.3.3 客户满意度的评价方法

及时正确地评价客户满意度、对客户满意度进行测量监控和分析是客户满意度管理的重要组成部分。

1. 客户满意级度

客户满意级度是指客户在消费相应的产品/服务之后，所产生的满足状态等级。

客户满意度是一种心理状态，是一种自我体验。对这种心理状态也要进行界定，否则就无法对客户满意度进行评价。心理学家认为情感体验可以按梯级理论划分若干层次，相应地可以把客户满意程度分成七个级度或五个级度。

七个级度：很不满意、不满意、不太满意、一般、较满意、满意和很满意。

五个级度：很不满意、不满意、一般、满意和很满意。

管理专家根据心理学的梯级理论对七梯级给出了如下参考指标。

1) 很不满意

特征：愤慨、恼怒、投诉、反宣传。

很不满意状态是指客户在消费了某种产品/服务之后感到愤慨、恼羞成怒、难以容忍，不仅企图找机会投诉，而且还会利用一切机会进行反宣传，以发泄心中的不满。

2) 不满意

特征：气愤、烦恼。

不满意状态是指客户在购买或消费某种产品/服务之后所产生的气愤、烦恼的状态。在这种状态下，客户尚可勉强忍受，希望通过一定方式进行弥补，在适当的时候，也会进行反宣传，提醒自己的亲朋不要去购买同样的产品/服务。

3) 不太满意

特征：抱怨、遗憾。

不太满意状态是指客户在购买或消费某种产品/服务之后所产生的抱怨、遗憾的状态。在这种状态下，客户虽心存不满，但想到现实就是如此，不能要求过高，于是便自认倒霉。

4) 一般

特征：无明显正负情绪。

一般状态是指客户在消费某种产品/服务的过程中所形成的没有明显情绪的状态。也就是对此既说不上好，也说不上差，还算过得去。

5) 较满意

特征：好感、肯定、赞许。

较满意状态是指客户在消费某种产品/服务时所形成的好感、肯定和赞许的状态。在这种状态下，客户内心还算满意，但按更高要求还差之甚远，而与一些更差的情况相比，又令人安慰。

6) 满意

特征：称心、赞扬、愉快。

满意状态是指客户在消费了某种产品/服务时产生的称心、赞扬和愉快的状态。在这种状态下，客户不仅对自己的选择予以肯定，还会乐于向亲朋好友推荐，自己的期望与现实基本相符，找不出大的遗憾所在。

7) 很满意

特征：激动、满足、感谢。

很满意状态是指客户在消费某种产品/服务之后形成的激动、满足、感谢的状态。在这种状态下，客户的期望不仅完全达到，没有任何遗憾，而且可能还大大超出了自己的期望。这时客户不仅为自己的选择而改善，还会利用一切机会向亲朋宣传、介绍推荐，希望他人都来消费。

客户满意级度的界定是相对的，因为满意虽有层次之分，但毕竟界限模糊，从一个层次到另一个层次并没有明显的界限。之所以进行客户满意级度的划分，目的是供企业进行客户满意程度的评价之用，如图 4-6 所示。

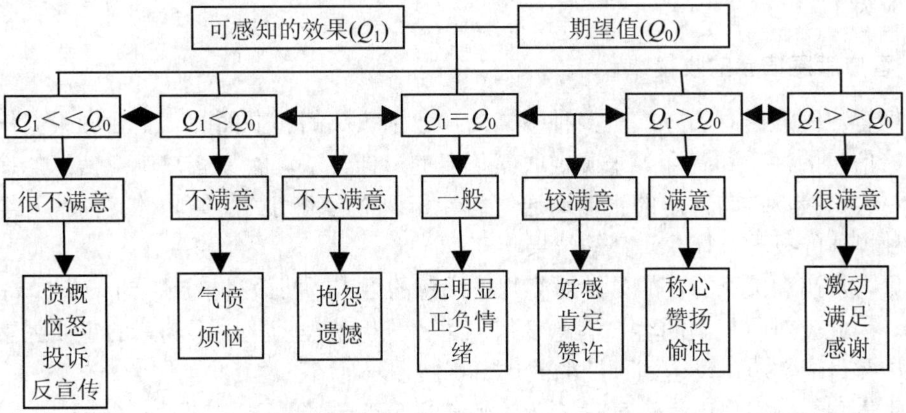

图 4-6　客户满意级度

2. 客户满意度的分值与加权

为了能定量地进行评价客户满意程度，可对客户满意七个级度给出每个级度的分值，并根据每项指标对客户满意度影响的重要程度确定不同的加权值，通过一定的评价方法(如层次分析法)，对客户满意度进行综合的评价。

例如，某企业对其产品的质量、功能、价格、服务、包装、品位进行客户满意度调查，按七个级度，从很不满意到很满意的分值分配表如表 4-1 所示。

表 4-1　客户满意度分值

级值	很不满意	不满意	不太满意	一般	较满意	满意	很满意
分值	−5	−3	−1	0	1	3	5

最高分是 5 分，最低分是−5 分(具体的分值可以根据不同情况调整，如用百分制)。调查结果如表 4-2 所示。

表 4-2　满意度加权综合评分计算

i	1	2	3	4	5	6
产品属性	质量	功能	价格	服务	包装	品位
满意级别	很满意	较满意	满意	很不满意	不太满意	一般
分值(x_i)	5	1	3	−5	−1	0
权重(k_i)	0.3	0.3	0.05	0.2	0.05	0.1
综合评分	满意度综合评分$=\sum_{i=1}^{n} k_i x_i = 0.9$，$n=6$，评价结果为接近比较满意					

每个产品属性的权重值可以根据经验、专家评定或调查等方法进行确定，所有属性的

权重和应为 1。

3. 客户满意信息的收集

收集客户满意信息的方式是多种多样的，包括口头的和书面的。企业应根据信息收集的目的、信息的性质和资金等来确定收集信息的最佳方法。收集客户满意信息的途径主要有七种：客户投诉；与客户的直接沟通；问卷和调查；密切关注的团体；消费者组织的报告；各种媒体的报告；行业研究的结果。

收集客户满意信息的目的是针对客户不满意的因素寻找改进措施，进一步提高产品/服务质量。因此，对收集到的客户满意度信息进行分析整理，找出不满意的主要因素，确定纠正措施并付诸实施，以达到预期的改进目标。

在收集和分析客户满意信息时，必须注意以下两点。

(1) 客户有时是根据自己在消费产品/服务之后所产生的主观感觉来评定满意或不满意。因此，通常会由于某种偏见、情绪障碍和关系障碍，对于客户心中完全满意的产品/服务，他们也有可能说很不满意，此时的判定也不能仅靠客户主观感觉的报告，同时也应考虑是否符合客观标准的评价。

(2) 客户在消费产品/服务后，即使遇到不满意，也不一定都会提出投诉或意见。因此，企业应针对这一部分客户的心理状态，利用更亲情的方法，以获取这部分客户的意见。

4.3.4 提高客户满意度的途径

影响客户满意度的因素有客户的期望值和客户感知价值，客户感知价值又取决于客户感知所得与客户感知所失的差值大小。因此，提高客户满意度的基本逻辑应该是：管理客户期望，增加客户感知所得，减少客户感知所失。

管理客户期望应考虑：提高期望值有利于吸引客户购买；期望值定得太低，客户满意度高，但销售量小；期望值定得太高，客户满意度低，客户重复购买的少。增加客户感知价值的途径有：增加客户感知所得；减少客户感知所失；既增加客户感知所得，又减少客户感知所失。

其实影响客户感知价值的因素有很多，但这些因素对企业客户满意度的影响大小取决于其重要程度，因此分析提高客户满意度途径时应考虑满意度重要性矩阵。也就是在满意度调查收集的信息中，考虑两个维度：一是产品/服务的各主要因素对客户的重要程度；二是对各主要因素的满意度评价。这两个维度构成满意度重要性矩阵，如图 4-7 所示。

(1) 急需改进区(劣势)：这些因素在决定整体客户满意度方面非常重要，企业在这些方面的表现比较差，需要重点修补、改进。

(2) 竞争优势区：这些因素在决定整体客户满意度方面非常重要，企业在这些方面的表现比较有优势，有一定的竞争力。

(3) 次要改进区(机会)：这些因素在决定整体客户满意度方面的重要程度低，企业在这些方面的表现比较差，但客户和企业都容易忽略。可挖掘出提升满意度的机会点。

(4) 锦上添花区：这些因素在决定整体客户满意度方面的重要程度低，企业在这些方面的表现也比较好，但对企业的实际意义不大，不需要花太大的精力。

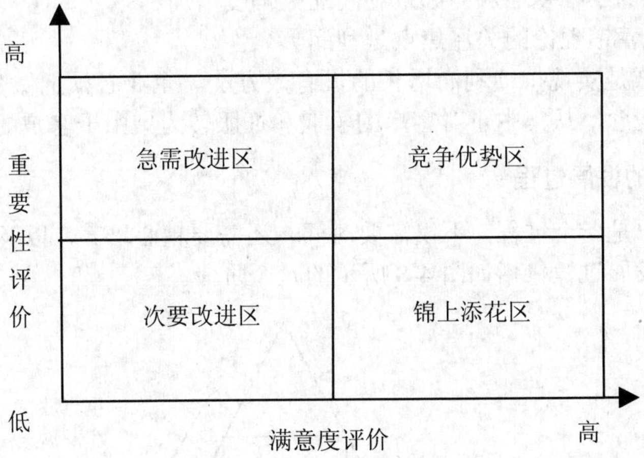

图 4-7　满意度重要性矩阵

4.4　客户忠诚管理

客户忠诚营销理论(customer loyal，CL)是在流行于 20 世纪 70 年代的企业形象设计理论(corporate identity，CI)和 80 年代的客户满意理论(customer satisfaction，CS)的基础上发展而来的。其主要内容可表述为：企业应以满足客户的需求和期望为目标，有效地消除和预防客户的抱怨和投诉、不断提高客户满意度，促使客户的忠诚，在企业与客户之间建立起一种相互信任、相互依赖的“质量价值链”。

4.4.1　客户忠诚的概念

1. 客户忠诚的内涵

客户忠诚是指客户对企业的产品/服务的依恋或爱慕的感情，它主要通过客户的情感忠诚、行为忠诚和意识忠诚表现出来。其中：情感忠诚表现为客户对企业的理念、行为和视觉形象的高度认同和满意；行为忠诚表现为客户再次消费时对企业的产品/服务的重复购买行为；意识忠诚则表现为客户做出的对企业的产品/服务的未来消费意向。这样，由情感、行为和意识三个方面组成的客户忠诚营销理论，着重于对客户行为趋向的评价，通过这种评价活动的开展，反映企业在未来经营活动中的竞争优势。具体来说，表现为下列四点内容。

(1) 客户忠诚是指消费者在进行购买决策时，多次表现出来的对某个企业产品和品牌有偏向性购买行为。

(2) 忠诚的客户是企业最有价值的客户。

(3) 客户忠诚的小幅度增加会导致利润的大幅度增加。

(4) 客户忠诚营销理论的关注焦点是利润。

建立客户忠诚是实现持续利润增长的最有效方法。企业必须把做交易的观念转化为与客户建立关系的观念，从集中于对客户的争取和征服转为集中于客户的忠诚与持久。

2. 客户忠诚的发展过程

培养忠诚客户是一个过程，不仅需要时间，还需要精心培养，以及对每个环节的关注。一个客户的忠诚发展过程包括如图 4-8 所示的八个阶段。

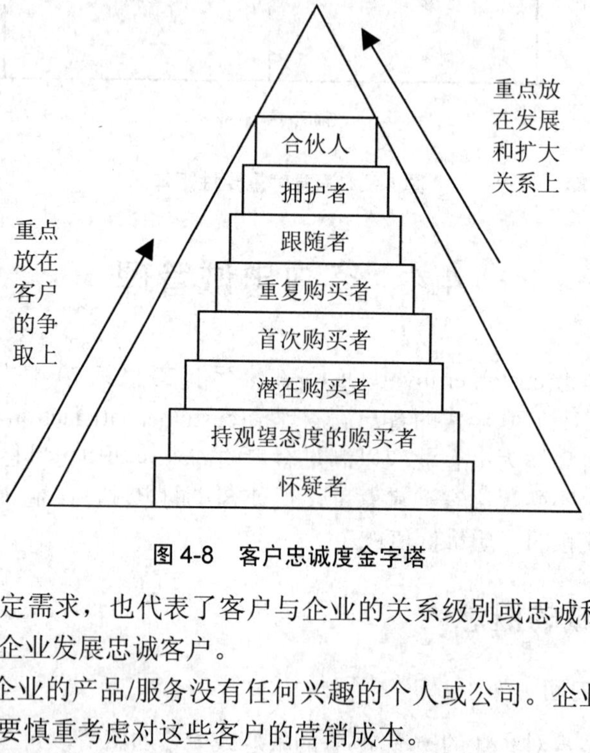

图 4-8 客户忠诚度金字塔

每个阶段对应特定需求，也代表了客户与企业的关系级别或忠诚程度，理解客户忠诚的发展过程，有助于企业发展忠诚客户。

(1) 怀疑者：对企业的产品/服务没有任何兴趣的个人或公司。企业不可能从这个群体中赚到一分钱，所以要慎重考虑对这些客户的营销成本。

(2) 持观望态度的购买者：企业的产品/服务能够满足这些客户的需求，只不过目前还没有与这类客户建立任何联系。企业应与这些客户建立联系，将他们发展成为潜在客户，甚至是活跃客户。

(3) 潜在购买者：企业与这些客户有某些联系，但他们还未曾购买公司的产品/服务。企业应将此类客户发展成为活跃客户。

(4) 首次购买者：对企业的产品/服务进行过首次购买的人或组织。

(5) 重复购买者：对企业的产品/服务进行过多次购买的人或组织。

(6) 跟随者：对企业有肯定的归属感的重复购买者，但他们除了购买以外，对企业的支持不够主动。

(7) 拥护者：那些通过把企业推荐给别人来主动支持企业的客户。

(8) 合伙人：最强的"客户——供应商"关系模式，这种模式是互利双赢的，而且能够长期进行下去。

从客户忠诚的发展过程来看，上海交通大学的周洁如教授在《现代客户关系管理》一书中提出以下三方面观点。

(1) 对于企业而言，拥护者和合伙人有极大的价值。

(2) 对于任何一家企业而言，首先要区分可疑者与持观望态度的购买者，然后努力将持观望态度的购买者发展成为新的客户。这是市场营销中最具有挑战性的，也是投资成本最高的一部分。

(3) 在关系的发展中，从可能性客户到一次性购买者，企业的重点应放在如何吸引新客户，即客户的争取上；从一次性购买者到合伙人，企业的重点应放在如何维持和发展客户的关系，即客户的保留上。

4.4.2 客户忠诚度的度量方法

1. 客户忠诚度指标

客户忠诚度是客户对企业产品/服务态度的倾向性或行为重复性的程度。没有一个指标能精确地衡量它，但以下指标都与客户忠诚度相关。一般而言，其关系呈现一定的规律性。

(1) 重复购买的次数：一段时间内，客户对某一种产品/服务重复购买的次数越多，说明他对这种产品/服务的忠诚度可能越高，反之，则可能越低。对于产品多元化的企业而言，客户重复性地购买同一个企业品牌的不同产品，也是一种忠诚度高的表现。

(2) 交叉销售的数量：交叉销售是指向一位客户销售多种相关产品/服务。这个客户必须是企业能够追踪并了解的客户，相关因素可能是多样化的，例如，与销售场地、品牌、服务提供商等相关。交叉销售是建立在双赢原则的基础之上的，也就是对企业和客户都有好处，客户因得到更加符合需求的产品/服务而获益，企业也因销售增长而获益。

(3) 增加销售的数量：与交叉销售不同，增加销售是指向客户销售某一特定产品/服务的升级品、附加品，或者其他用以加强其原有功能与用途的产品/服务。这里的特定产品/服务必须具有可延展性，追加的销售标准与原产品/服务相关甚至相同，有补充、加强或者升级的作用。

(4) 购买时挑选商品的时间：客户在购买产品/服务时挑选的时间越短，忠诚度可能越高，反之，则可能越低。

(5) 对待竞争产品/服务的态度：如果客户对竞争者的产品/服务表现出越来越多的偏好，

则表明客户对企业的忠诚度下降。

(6) 对产品/服务价格的敏感程度：客户对产品/服务价格的敏感程度也可用来衡量其忠诚度的高低。敏感程度越低，其忠诚度可能越高，反之，则可能越低。

(7) 对产品/服务质量事故的宽容度：客户对产品/服务或品牌的忠诚度越高，对出现的质量事故也可能就越宽容，反之，则越不宽容。

(8) 客户生命周期：客户生命周期越长，表明客户满意度越高，与企业保持业务关系的时间会长，忠诚度也会相应提高。

(9) 客户满意度：虽然客户满意度与客户忠诚度是两个不同的概念，而且满意度与忠诚度的关系依行业的不同而有所不同，但在正常情况下(如非垄断行业)，两者呈正相关关系是毫无疑问的。CRM 利润链揭示出企业收入和利润的增长来自于忠诚的客户，而客户的忠诚度源于客户的满意度。客户的满意度越高，越容易产生忠诚，从而为企业带来的收入和利润就越多。

(10) 客户向其他客户推荐和介绍企业产品/服务：忠诚的客户会对企业进行正面的口头宣传，会对其朋友或家人推荐企业的产品/服务。因此，客户忠诚度与客户向其他客户推荐和介绍的力度成正相关关系，这是客户的口碑价值。口碑越好的企业，其客户忠诚度可能会越高。

(11) 客户保持率：是指在一定时期企业客户的保持程度。一般而言，客户保持率与忠诚度成正相关关系，即保持率越高，其忠诚度可能越高，保持率越低，表明其忠诚度也越低。

(12) 客户流失率：这是与客户保持率相对应的指标。一般而言，客户流失率越高，表明客户的忠诚度越低，客户流失率越低，其忠诚度有可能越高。

衡量客户忠诚度的关键指标是：重复购买倾向、交叉购买倾向、转向竞争对手的倾向和将企业品牌向其他消费者推荐的倾向。

实践中，客户忠诚度可以使用客户调查、客户资源反馈、正式市场研究、服务一线员工报告、客户实际参与及服务组织的特定活动等方式进行测量。

2. 客户满意度与忠诚度的关系

大量的研究表明，客户满意度和忠诚度之间存在如图 4-9 所示的关系。从图 4-9 中可以看出，关系曲线“*O-A-B*”段表明，客户忠诚度的获得必须有一个最低的客户满意度水平，在这个满意度以下，忠诚度将明显下降直至零忠诚；“*B-C*”段较为平缓，表示客户满意度提高并没有使忠诚度得到相应的提高；从“*C*”点之后的曲线表明客户满意度达到一定水平后，客户忠诚度会随着客户满意度的提高而大幅提升。造成这个现象的原因是：将客户期望分成基本期望和潜在期望，当客户基本期望的满意度达到一定程度(*A* 所处的满意度)时，客户忠诚度则会随着满意度的提高而提高。但是这种对满意度和忠诚度的边际效用是递减的，尤其是客户忠诚度上升到行业平均忠诚度附近时，不管企业如何提高客户满意度，客户忠诚度的变化都不大。因为基本期望是层次较低的需求，而且其他供应商也提供类似的价值，因此客户很难做出不满意的评价，同时也缺乏再次购买的热情。当客户获得意想不到的价值(包括物质、心理和精神方面的价值)，满足潜在期望时，客户会感到高度满意，为再次体验这种满足，很有可能重复购买，并逐渐形成一种长期的忠诚。

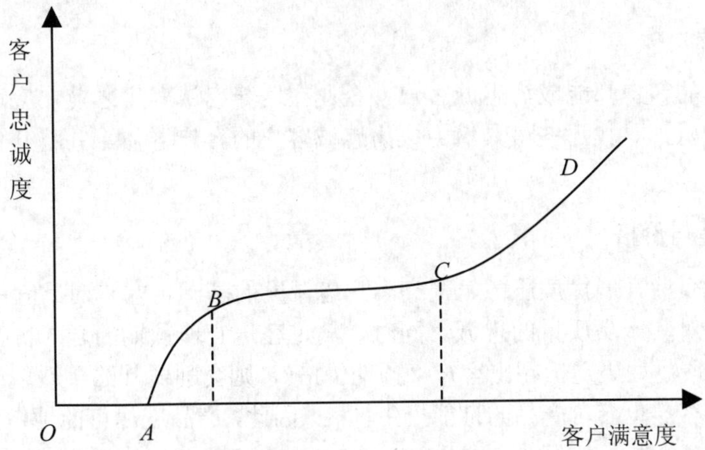

图 4-9　客户满意度与客户忠诚度之间的关系曲线

另外，客户满意度和忠诚度之间的关系会受到不同市场类型的影响。在竞争激励的行业，只有在“高”满意度区域才会产生较强的忠诚度，而“低”满意度区域，满意度的提高并不能明显提升忠诚度。在低度竞争领域，客户满意度和忠诚度之间的相关性相对较弱，也就是高度忠诚并不需要高度满意的支持，低度满意也不会对忠诚度产生太大影响。在完全垄断的行业中(如水、电、气等)，即使不满意，客户也会很“忠诚”。这种关系如图 4-10 所示。

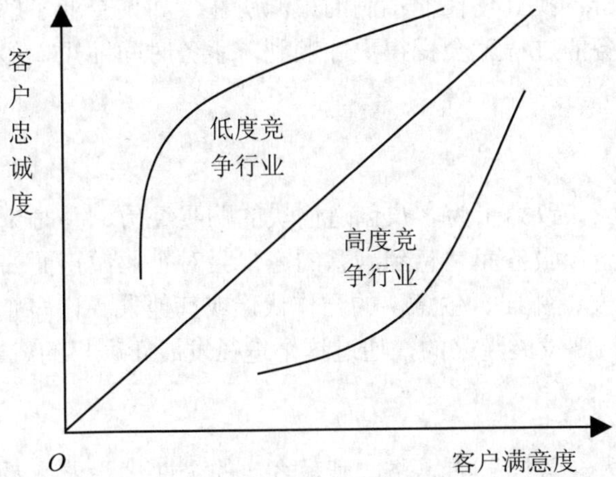

图 4-10　不同市场类型中的客户满意度与忠诚度之间的关系

4.4.3 提高客户忠诚度的要点

提高客户忠诚度并不是一件容易的事，以下十点是企业应该把握的基本内容。

1. 选择培养目标

并不是所有的客户都能成为忠诚客户。企业在培养忠诚客户之前，应通过对客户资料和相关情况的分析，寻找那些最具潜力成为忠诚客户的客户群体，并将其作为企业忠诚客户的培养目标。

2. 控制质量与价格

产品质量是企业开展优质服务、提高客户忠诚度的基础，客户对品牌的忠诚在一定意义上也可以说是对其产品质量的忠诚。同时，满足客户心理预期的合理价格也是提高客户忠诚度的重要手段。如果定价超出客户“预期价格”，则会削弱其购买欲望；如果定价达不到“预期价格”，客户也会对产品的性能产生怀疑。因此，产品应尽可能地做到按客户的“预期价格”定价。

3. 了解企业的产品

企业必须要让服务人员充分地了解企业的产品，传授有关产品的知识和提供相关的服务，从而赢得客户的信赖。服务人员也应该主动地了解企业的产品、服务和所有折扣信息，尽量预测到客户可能会提出的问题。

4. 加强与客户沟通

企业应该尽可能地了解客户，以便提供最符合他们需求和消费习惯的产品/服务。通过沟通，倾听他们的声音，找到使他们不满的根源所在。如果企业了解客户的服务预期和接受服务的方式等，服务的过程就会变得更加顺利，服务时间缩短，服务失误率下降，服务成本也会相应的下降。

5. 提高服务质量

每位企业员工都应该致力于为客户创造愉快的购买经历，并时刻努力做得更好，超越客户期望。经常接受企业服务而且感到满意的客户会对企业做正面的宣传，而且会将企业的产品/服务推荐给朋友、邻居、生意上的合作伙伴或其他人。许多企业，特别是一些小型企业，就是靠客户的口碑发展起来的，通过这个途径发展新客户的成本是很低的。

6. 满足个性化需求

企业必须改变“大众营销”的思路，满足客户的个性化要求。要做到这一点就必须尽量拥有客户知识，利用各种可以利用的机会来获得更全面的客户情况，包括分析客户的语言和行为。如果企业不是持续地了解客户，或者未能将客户知识融入具体行动，就不可能利用客户知识创造引人注目的产品/服务。

7. 超越客户预期

客户忠诚往往是建立在非常满意的基础之上，因此企业除了满足客户基本和可预见的期望之外，还应力求在行业“常规”之外给予超出“正常需要”的特色服务或更多选择，向客户提供其渴望的甚至是意外惊喜的服务，能够使客户提高满意度，从而提高客户的忠诚度。

8. 妥善处理客户抱怨

客户抱怨会对企业产生负面影响，但抱怨总是难免的。在发生客户抱怨时，企业应该认真听取、真诚接受，并全力帮助客户解决问题。实践经验表明，客户的抱怨如果能够得到妥善处理，反而更容易让他成为企业的忠诚客户。企业应将妥善处理客户抱怨作为建立客户忠诚的重要途径之一。

9. 服务内部客户

每位员工或者员工群体都构成了对外部客户供给循环的一部分。如果内部客户没有得到适宜的服务水平，他们的工作效率和对外部客户的服务就会受到影响，进而引起外部客户的不满甚至流失。如果企业对这个问题不给予足够的重视，势必会导致较低的客户忠诚度和较高的客户流失率，最终导致企业赢利能力降低。

10. 提高客户转移成本

转移成本又称为客户的跳槽成本或者是客户离开本企业转向选用竞争对手的产品/服务所需付出的代价。转移成本的内涵丰富，包括适应新产品的学习成本，解除与原有协议的成本，丧失原有企业品牌与文化的支持、优质的产品/服务、交叉购买的机会、个性化服务以及丧失体现在原有企业客户忠诚计划中的利益等。因此，提高转移成本是客户关系管理工作的核心内容，如果客户面临的转移成本越高，越有可能被锁定在原来购买的品牌产品之上，成为企业的忠诚客户。

4.4.4　客户忠诚计划

客户忠诚计划是提高客户转移成本、增强客户忠诚度的有效手段。

1. 客户忠诚计划的类型

客户忠诚计划主要有两大类：一是开放型；二是限制型。

1) 开放型忠诚计划

开放型忠诚计划是允许任何人加入的，通常没有正式的申请过程。因为开放型忠诚计划不需要交纳入会费或年费，在某些情况下甚至无需填写申请表(购买产品即自动成为会员)。因此，开放型忠诚计划可以吸引大量的会员，可以建立起一个更广泛的会员基础。

开放型忠诚计划可以吸引潜在客户和使用其他品牌的客户的注意，让他们有更多的机会接触公司的产品和品牌，同时也使企业有机会与他们进行对话交流。但因为开放型忠诚计划的会员资格太容易获得，所以会降低会员资格的价值感。

开放型忠诚计划具有以下五个方面的优点。

(1) 可以接触到更多、更广泛的客户。

(2) 便于建立更完善齐全的数据库。

(3) 更容易接触到潜在客户和竞争者的客户。

(4) 在数据分析的基础上，进一步细分客户群体并确定沟通方式。

(5) 人数众多的会员有利于忠诚计划达到规模效益。

2) 限制型忠诚计划

限制型忠诚计划是指对会员资格有所限制，不是任何人都能加入的。客户只有经过正式程序，如办理了填写申请表、交纳入会费等相关手续，才能获得会员资格。在某些情况下，客户必须符合一些规定的标准才能成为会员，如购买一定数量的产品、一定的年龄要求等。

企业通过设定一些入会条件，达到有效过滤那些不符合要求的客户，从而保证加入忠诚计划的会员都属于主要的目标客户群。另外，限制型忠诚计划也能够有效地控制财务投入和风险，并通过更有效的沟通来提高效率。在很多情况下，采用限制型忠诚计划对企业或许更有利。事实也表明人们更愿意选择加入限制型忠诚计划。

限制型忠诚计划具有以下六个方面的优点。

(1) 入会费收入能帮助企业收回成本。

(2) 入会的先决条件有助于锁定目标客户群。

(3) 入会限制条件会让会员资格更有价值。

(4) 清晰确定会员结构，使沟通变得更有效。

(5) 入会条件的限制有效控制了会员的人数，从而降低了成本。

(6) 交纳入会费提高了会员的期望，从而迫使企业管理层不断提高所提供的价值。

2. 客户忠诚计划的四种模式

客户忠诚计划由以积分为主要形式向纵深发展，包括独立积分计划、积分计划联盟模式、联名卡和认同卡模式以及会员俱乐部模式等。

1) 独立积分计划

独立积分计划是指某个企业仅为客户对自己的产品/服务的消费行为和推荐行为提供积分，并在一定时间段内，根据客户的积分额度，提供不同级别的奖励。这种模式比较适合容易引起多次重复购买和延伸服务的企业。在积分计划中，是否能够建立一个丰厚的、适合目标消费群体的奖励平台，成为计划成败的关键因素之一。很多超市和百货商店发放给客户的各种优惠卡、折扣卡都属于这种独立积分计划。

独立积分计划对于那些产品价值不高、利润并不丰厚的企业来讲，有很多无法克服的弊端，最为重要的难点是成本问题。自行开发软件，进行数据收集和分析，这些都需要相当大的成本和人工。

很多积分计划的进入门槛较高，能够得到令人心动的奖励积分的额度过高，而且对积分有一定的时效要求。这样做虽然符合 80/20 原则，将更多的优惠提供给高价值的客户，也有助于培养出一批长期忠实的客户，但这样做也流失了许多消费水平没有达到标准的高价值客户。

另外，随着积分项目被越来越多的商家广泛使用，手里持有多张积分卡的客户会越来越多。这些客户在不同的商家那里出示不同的会员卡，享受相应的折扣或者积分优惠，却对每一家都谈不上忠诚。

2) 积分计划联盟模式

联盟积分是指众多的合作伙伴使用同一个积分系统，这样客户凭一张卡就可以在不同企业(商家)积分，并尽快获得奖励。与企业自己设立的积分计划相比较，联盟积分更有效、更经济、更具有吸引力。

目前世界上最成功的联盟积分项目是由英国的 NECTAR 这个专门的组织机构所设立的，NECTAR 机构本身并没有产品，只靠收取手续费赢利。项目吸引了包括 Barclay 银行、Sains Bury 超市、Debenham 商场和 BP 加油站等很多企业加入。除此之外，航空业也普遍采取这种联盟形式。目前，更是出现了航空业、酒店业、租赁业等跨行业的联盟。

这种联盟的最大问题是联盟中企业(商家)实力不对等。例如，我国航空公司与国外战略伙伴在国际航线上的竞争力通常不对等。如果大量旅客在别人的国际航线上积累里程，而到我们的国内市场兑换免费机票，将对我国航空公司造成冲击。因此，在谈判联盟协议时，对这些问题要加以考虑。

企业是选择单独推出积分计划还是选择加入联盟网络，是由企业的产品特性和企业特征决定的。如果企业的目标客户基数并不是很大，主要通过提高客户的“钱包占有率”、最大限度地发掘客户的购买潜力来提高企业的利润，则推出独立积分卡较为合适；联盟积分卡可以通过互相提供物流、产品、客户资料方面的支持，来降低企业的各种压力，使企业能获得更多新的客户资源。

3) 联名卡和认同卡

联名卡是非金融界的营利性企业与银行合作发行的信用卡，其主要目的是增加企业传统的销售业务量。认同卡是非营利性团体与银行合作发行的信用卡，持卡人主要为该团体成员或有共同利益的群体，这类关联团体包括各类专业人员。持卡人用此卡消费时，发卡行从收入中提出一定的百分比给该团体作为经费。

与前述积分计划联盟模式的不同点在于，联名卡和认同卡首先是信用卡，发卡行对联名卡和认同卡的信贷批准方式与一般的普通信用卡很接近，它们的运营和风险管理也有许多相同之处。在管理方式上，银行需要与合作的营利企业或非营利团体签有详细的利润分成合同。

4) 会员俱乐部

有些企业的客户群非常集中，单个客户创造的利润非常高，而且与客户保持密切的联系，非常有利于企业业务的扩展。这些企业通常会采取俱乐部计划和客户进行更加深入地交流，这种忠诚计划比单纯的积分计划更加易于沟通，能赋予忠诚计划更多的情感因素。

4.5 客户流失管理

据美国市场营销学会 AMA 客户满意度手册所列的数据显示：每 100 个满意的客户会带来 25 个新客户；每收到一个客户投诉，就意味着还有 20 名有同感的客户；获得一个新客户的成本是保持一个满意客户成本的 5 倍；争取一个新客户比维护一个老客户要多 6~10 倍的工作量。因此，如何避免客户流失是企业 CRM 的关键环节之一。

4.5.1 客户流失的概念

客户流失是指客户不再购买企业的产品/服务，终止与企业的业务关系。客户流失可以是与企业发生一次交易互动关系的新客户的流失，也可以是与企业长期发生交易互动关系的老客户的流失；可以是中间客户(代理商、经销商、批发商和零售商)流失，也可以是最终客户流失。通常情况下，老客户的流失率小于新顾客的流失率；中间客户的流失率小于最终客户的流失率；老年人的流失率小于青年人的流失率；男性客户的流失率小于女性客户的流失率。一般来说，客户不满意会直接导致客户的流失，流失的可能性与不满意程度大小成正相关关系。然而，满意的客户不一定是忠诚的客户，仍然会有流失现象的发生。

4.5.2 总体判断及原因分析

1. 客户流失的总体判断

一般可借助下列四种指标对客户流失进行预测与判断。

1) 客户指标

客户指标主要包括客户流失率、客户保持率和客户推荐率等。

客户流失率是客户流失的定量表述，是判断客户流失的主要指标，用公式表示为：客户流失率=客户流失数/客户数×100%，它直接反映了企业经营与管理的现状。

客户保持率是客户保持的定量表述，也是判断客户流失的重要指标，用公式表述为：

客户保持率=客户保持数/客户数×100%或客户保持率=1－客户流失率，它反映了客户忠诚的程度，也是企业经营与管理业绩的一个重要体现。

客户推荐率是指客户消费产品/服务后介绍他人消费的比例。客户流失率与客户保持率、客户推荐率成反比。通过客户调查问卷和企业日常记录等方式可获得上述客户指标信息。

2) 市场指标

市场指标主要包括市场占有率、市场增长率、市场规模等。通常客户流失率与上述指标成反比。企业可通过市场预测统计部门获得这方面信息。

3) 收入利润指标

收入利润指标主要包括销售收入、净利润、投资收益率等。通常客户流失率与此类指标成反比。企业可通过营业部门和财务部门获得上述信息。

4) 竞争力指标

在激烈的市场竞争中，一个企业所流失的客户必然是其他企业所获得的客户。因此，判断一下企业的竞争力，便可了解该企业的客户流失率。通常竞争力强的企业，客户流失的可能性要小一些。企业可借助行业协会所开展的各类诸如排名、达标、评比等活动，或是权威部门和人士所发布的统计资料获得上述信息。

企业可以基于上述指标，建立客户流失预测模型，随时掌握客户流失的总体情况。

2. 客户流失的原因分析

客户流失的原因可能是多种多样的，就目前的市场情况而言，以下是导致客户流失的常见的八种因素。

1) 产品/服务缺陷导致客户流失

企业产品设计缺陷、产品质量不稳定、交货不及时、缺少服务网点、售后服务滞后、投诉处理效率低、服务态度恶劣等缺陷是导致客户流失的根本原因。产品/服务缺陷还包括产品/服务不能及时满足客户需求的变化和期望值的改变。

2) 企业人员流动导致客户流失

企业人员特别是高级营销管理人员的离职变动，很容易带来相应客户群的流失。这些离职人员长期与客户接触，非常了解并能恰当把握客户的需求，与客户的关系良好，一旦离职，就极易将客户带走。这是现今客户流失的重要原因之一。

3) 企业诚信问题导致客户流失

客户最担心和没有诚信的企业合作，一旦企业不能兑现对客户的承诺(包括欺骗客户等)，出现诚信问题，客户通常会选择离开。企业的业务人员为了获得销售机会随意承诺，是导致企业出现诚信问题的一个重要原因。

4) 竞争者的吸引导致客户流失

一些有价值的客户始终是企业间相互竞争的重点。竞争者通过产品创新和服务创新吸引客户，或者向客户提供特殊利益引诱客户，从而导致客户流失。

5) 客户管理疏忽导致客户流失

有些企业过分关注大客户，对中小客户采取不闻不问的态度，使中小客户产生心理不平衡从而流失。缺少与客户的及时沟通，不能维持与客户的“情感”，不能给客户以应有的尊重等客户管理方面的疏失也是导致客户流失的原因之一。

6) 企业形象问题导致客户流失

客户对企业的产品形象、服务形象、员工形象、企业的生活与生产环境形象、企业标识、企业精神、企业文化、企业信誉、企业社会责任等的不满，也会导致客户流失。

7) 社会因素导致客户流失

社会因素包括社会政治、经济、法律、科技、教育、文化等方面的政策，对客户购买心理与购买行为的影响都可能导致客户流失。

8) 非自愿的自然流失客户

这种流失是一些客户和企业都无法控制的因素所造成。这些因素有很多，例如，客户的搬迁、死亡、企业客户的破产等，还有战争、季节、时令、自然灾害等因素都可能造成客户流失。

对客户流失的分析除原因分析之外，还应该包括对流失客户的价值分析以及对流失客户的明确细分，只有这样才能使客户流失管理做到目标对象明确，流失管理效益良好。

4.5.3 客户挽留的基本策略

客户挽留是指运用科学的方法对将要或已流失的有价值的客户采取措施，争取将其留下的营销活动。它将有效地延长客户生命周期，保持市场份额和运营效益。因此，客户挽留是 CRM 实现的关键功能之一。原则上，对不同级别的流失客户采取不同的挽留策略，挽留的重点应该是那些最能赢利的流失客户，这样才能达到挽留效益的最大化。

1. 客户挽留的基本态度

针对流失客户，企业应当采取的基本态度有以下四点内容。

(1) 对重要客户要极力挽留，对主要客户也要尽力挽留。

(2) 对普通客户的流失和非常难避免的流失，可见机行事。

(3) 基本放弃对小客户的挽留努力。

(4) 彻底放弃根本不值得挽留的流失客户。

并不是所有的流失客户都值得挽留，例如，有以下四种情况的流失客户就不值得挽留。

(1) 不可能带来利润的客户。

(2) 无法履行合同规定的客户。

(3) 损害员工士气的客户。

(4) 声望太差，与之建立业务关系会损害企业形象的客户。

2. 客户挽留的基本步骤

1) 识别出即将流失的客户

许多零售公司运用RFM数据来分析预测哪些客户准备终结关系。通过CRM系统中应用分析程序，如果确认客户离开企业投向竞争对手的风险比较大，就会给出客户准备离开的信号。

2) 采取快速有效的方法决定流失客户的价值

并非所有的流失客户都是好的挽留对象，重要的是要根据挽留的潜在可能性对流失客户进行细分，同时优先挽留能够创造最大可能回报的流失客户，应当确认并关注那些表现出很可能会回应挽留措施的高价值客户。因此，在挽留策略中，“客户的终生价值”至关重要。“客户的二次生命周期(SLTV)”是判定客户价值的有效方法，SLTV可作为对已流失的客户分群分级的标准之一。

3) 分析客户流失的原因

有关客户流失的原因已经在前面做了分析，只是针对明确的客户或客户群体，应该做更细致的分析。如果未能找到客户流失的原因特别是高价值客户，那么首要举措就是与客户取得联系，进行“客户退出访谈”，以核实他们究竟是交易不积极还是确已流失。如果能够证实客户的确已流失，那么企业就应当尽量去了解为什么客户关系会发生变化。

所谓“客户退出访谈”其目的就在于仔细倾听客户的意见。预先设定的问题应当旨在探寻客户背离公司的真实原因，以及揭示是否存在导致业务流失的某些特定的导火索，挖掘隐藏在深处的客户需求。

4) 重新联系已流失的客户

首先需要对流失的客户分群分级，以确定需要重新获得的客户群体。如前所述的SLTV和客户流失原因是优先划分流失客户的两个准则。实施客户挽留有两种基本的做法：一是快速应急挽留；二是远期挽留计划。快速应急挽留就是在挽留的紧要关头，通过一些权威的数据、倾听的技巧以及道歉的技能所进行的挽留。远期挽留就是要置身于流失客户的位置，制定重新接触客户并恢复客户信任的计划，包括接触的方式、频率以及给客户一些更多的选择等。

5) 提供客户再生的机会

再生机会就是指企业给予客户重新回归的动力。如果客户没有得到适当的服务，再生机会应该解决这个问题。如果客户能够从竞争对手那里得到优惠报价，再生机会应该更加优惠。在许多情况下，再生机会应当针对流入某一特定竞争对手的客户群或者特定细分市场而量身定制。在对市场状况的分析中，企业应当了解竞争对手所采取的促使客户转换品牌的措施，如价格优惠。同时还应当了解竞争对手的弱点以及退出保障。竞争对手的缺陷信息应当包含在向流失客户提供的再生机会中。

6) 客户挽留的成本效益分析

通过成本与效益分析，企业可以对客户挽留工作进行综合考核，最重要的考核指标就是客户挽留成功率和投资回报率。考核的依据就是赢回客户、降低客户流失率能否获得比争取新客户有更好的经济效益。如果企业挽留客户的投资回报率高于发展新客户的投资回报率，则企业的客户挽留是可行的。

4.5.4 流失管理的流程要点

客户流失管理的目标就是针对流失客户或有流失倾向的客户，认真分析客户流失的原因，针对流失原因采取行之有效的管理策略，想方设法与这些客户重新建立正常的业务关系，并尽可能降低客户流失给企业带来的不良影响，实现企业利益最大化。

通过前文分析，可以总结出客户流失管理的核心流程，包括客户流失情况总体判断及预警、客户流失的具体分析、实施客户流失管理的具体策略、评估客户流失管理的实际效果、调整客户流失管理的相关模型及策略，如图 4-11 所示。

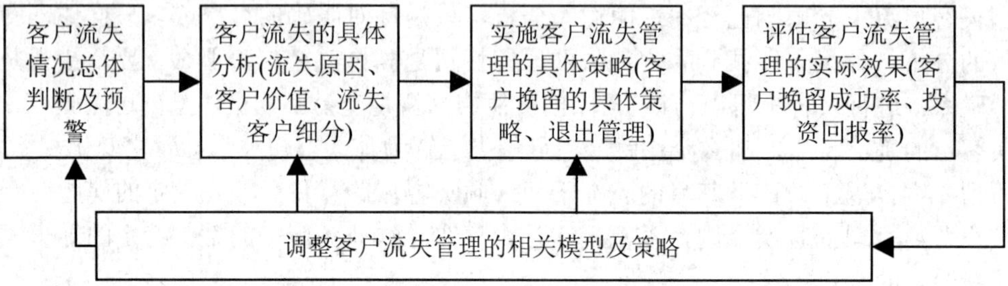

图 4-11　客户流失管理的核心流程

(1) 客户流失情况总体判断及预警：根据前述的客户、市场、收入利润、竞争力等相关指标，通过相关模型对企业的客户流失情况作出总体判断，识别出已经流失的客户，对即将流失的客户作出预警。

(2) 客户流失的具体分析：对客户流失的原因进行深度分析，同时分析流失客户的价值，根据流失的原因和流失客户的价值，细分流失客户，确定需要重新获得的客户群体。

(3) 实施客户流失管理的具体策略：主要包括客户挽留的具体措施和客户退出管理。客户挽留主要针对于值得争取的流失客户。对于不值得挽留的流失客户，也不能放任自流，应该实施个性化的“客户退出管理”，避免对企业造成负面影响。

(4) 评估客户流失管理的实际效果：评估的主要指标包括客户挽留成功率和投资回报率，还包括对客户流失管理中所使用的模型及策略的有效性评估。

(5) 调整客户流失管理相关模型及策略：根据上一步骤的评估结果，调整相关模型及策略，改进客户流失的管理工作。

成功进行客户流失管理的一个基础性工作就是要建立完整的客户信息资料，难度在于客户流失的评估与预警模型的建立，以及对客户价值的准确分析与判断，关键在于重新赢得客户信任。

案例分析：万科的客户关系管理

万科的第五专业：客户关系管理①

就像相声里面有说、学、逗、唱四门功课一样，房地产业也有自己的看家工夫，设计、工程、营销、物管。在此基础上，万科经过多年的实践和反思，提出了“房地产第五专业”的理念，即客户关系管理，企业也从原来的项目导向转为客户价值导向。

随着企业的发展，万科对服务愈加重视。1991 年，引入了“索尼服务”；1997 年，企业更将全年工作的主题确定为“客户年”活动；1998 年，企业成立了“万客会”；2000 年，企业开通了网上“万科投诉论坛”；2002 年，为使客户关系更趋科学和系统，企业的主题年确定为“客户微笑年”；2004 年，成立了万科客户关系中心；2005 年，企业提出了客户细分策略，成立了产品品类部。

为适应企业对客户关系管理的更高诉求，万科主动引入了信息技术，探索实现了客户关系管理的信息化。他们建立了客户中心网站和 CRM 等信息系统，从多个视角、多个工作环节和渠道，系统性收集客户的意见和建议，及时作出研究和响应。这些意见和建议还为企业战略战术的开发，提供了指引。万科的第五专业，成为引领企业持续发展、不断续写传奇的重要动力。

1. 多渠道关注客户问题

倾听是企业客户关系管理中的重要一环，倾听也是许多企业客户关系管理中的薄弱环节。万科是怎样倾听客户声音的。

万科专门设立了一个职能部门——万科客户关系中心，这是真正意义的“中心”。在万科，客户关系中心是整个公司架构中最大、最重要的一个部门。每个一线公司都设置专门的客户关系中心，虽然在行政上隶属于一线公司，但在业务上直受集团客户关系中心的领导。在部门的主要职责中，除了处理投诉外，还肩负客户满意度调查、员工满意度调查、各种风险评估、客户回访、投诉信息收集和处理等项工作。

集团客户关系中心是集团各地分公司的投诉督导和客户关系管理研究部门，其职责是为一线公司投诉处理提供支持，促进客户系统内部知识共享，引导一线公司创建持续改进的客户关系管理模式。

1) 协调处理客户投诉

各地客户关系中心得到公司的充分授权，遵循集团投诉处理原则，负责与客户的交流，并对相关决定的结果负责。万科规定：项目总经理就是客户关系问题的第一责任人，集团客户关系中心负责监控其服务质量，并协调客户与一线公司客户部门的关系。

---

① http://www.ciotimes.com/application/CRM/c/crm200908100923.html，访问日期 2010-5-5.

2) 监控管理投诉论坛

“万科投诉论坛”由集团客户关系中心统一实施监控。2000年，万科开通了客户投诉论坛，配合这个论坛，万科设立了专门的论坛督导员。规定业主和准业主们在论坛上发表的投诉，必须24小时内给予答复。

3) 组织客户满意度调查

由万科聘请第三方公司进行，旨在通过全方位地了解客户对万科产品/服务的评价和需求，为客户提供更符合生活需求的产品/服务。

4) 解答咨询

围绕万科和服务的所有咨询或意见，集团客户关系中心都可以代为解答或为客户指引便捷的沟通渠道。

客户对企业商品及服务的品评无外乎三种：一是肯定，二是不置可否，三是否定。面对肯定和缄默，有些企业员工比较容易陷入“陶醉”的状态。如果能够从陶醉中尽早清醒过来，引导客户提出更高的需求，对引导企业产品/服务开发设计将极具价值。面对否定，有些企业员工往往急于辩解，甚至插话打断客户的责难之语，这是很不明智的。客户的责难往往说明两个问题：一是企业的产品/服务还有缺陷，有待改进之处；二是企业对产品/服务的宣传、培训不够，客户没有真正了解企业的产品/服务，企业应该做出适度的调整优化。这么重要的、有价值的意见和建议，因为急于辩解而打断，没有悉数掌握，是很大的损失。万科能认识到客户问题的价值，广开渠道，耐心倾听，认真研究，足以说明其领导者的睿智。

2. 执子之手，相扶永远

随着企业的发展，万科对客户的理解也在不断提升。在万科人的眼里，客户已经不只是房子的买主，客户与企业的关系也不再是“一锤子买卖”。于是在1998年，万科创立了“万客会”，通过积分奖励、购房优惠等措施，为购房者提供系统性的细致服务。万客会理念不断提升和丰富，从单向施予的服务，到双向沟通与互动，再到更高层次的共同分享，万客会与会员间的关系越来越亲密，从最初的开发商与客户、产品提供方与购买方、服务者与使用者，转变为亲人般的相互信任，朋友般的相互关照。

1) 万客会运作模式

万客会由集团总部统一管理，是各区域公司灵活开展的一个会员组织，其纽带是《万客会》会刊。各区域组织的会员活动在公司规定的范围内灵活组织，活动具体情况及效果备案交集团存档。

2) 客户加入万客会的方式

一是可到深圳万科公司、万科开发楼盘的销售现场或万科已入伙楼盘管理处索取申请表格；二是通过万科网站申请；三是填写《万客会》的会员申请表。客户加入万客会一年以上，即自动转为资深会员，在首次购买万科楼盘时，可享受特别的积分优惠。

3) 万客会系列活动

万客会开展的活动包括：新老客户“欢笑分享积分计划”，推出“智能联名信用卡”、“客户微笑年”等主题活动。社区家庭运动会，社区文化节，欢乐旅游，亲子活动。

客户是企业生存与发展的基础，更是企业的至爱亲朋。万科对客户的理解，既有中国企业传统共识之“衣食父母”，更有和谐多赢发展的时代内涵。

3. 万科的客户关系管理策略

客户满意度是一个重要的指标。在万科设计的客户满意度中，有三级指标：一级是考核性指标，具体包括用户的满意度和忠诚度；二级为具体方向性的指标，体现为用户提供的产品和各项服务内容，包括设计、工程、营销、物业等专业指标；三级为具体操作性的指标，体现用户感受各项服务内容的每个细节，如景观、门窗等。

策略一：以客户为中心，让客户更满意

客户服务宗旨：为客户提供快捷、方便、优质的工程咨询和房屋质量保修和维修服务，兼顾企业内部协调、沟通和对施工单位的后续管理，并为客户服务全程各环节实施有效的监控。

客户服务内容：售前服务，包括来访接待、售前咨询等服务内容；售中服务，包括签订购房合同、收款、办理按揭等购房业务中的服务；售后服务，包括物业交接、入伙组织、投诉受理、客户回访、房屋维修维护以及组织社区文化活动等方面的服务内容。

客户服务制度：通过成立集团客户服务中心搭建客户服务平台，使全体职工明确衡量服务质量的标准就是落实让客户满意的要求，把质量标准与客户满意度挂钩。考核一线公司，不再以利润为第一考虑，而以客户满意度、员工满意度这两个指标为重要的考核标准。

客户服务范式：包括全员行动，对外服务承诺水准一致；跨部门的紧密协作，并在流程中得到充分体现和固化；根据企业需求，实现个性化的业务流程定制；能够整合市场、销售、服务、物业等部门资源；系统敏感度高，对突发事件进行预警、快速反应、升级；贯穿客户完整生命周期全过程，完善客户服务机制。

策略二：以客户满意度考核员工绩效

万科坚持每年进行客户满意度调查。万科将客户对工程质量的满意度作为工程系统考核的重要指标。同时，万科已经形成月度质量投诉及返修统计分析制度，该统计指标针对供应商、施工单位等合作伙伴。

策略三：与合作伙伴双赢发展

万科提出要构建全面均衡的公共关系网络。在这个网络里，既包括客户、投资者、合作伙伴，也包括同行、政府、媒体。万科出台了《材料设备采购规定》，推出统一采购模式，并引入“战略供应商”概念。美标、广日电梯等成为万科的战略供应商，与合作单位保持联盟关系。

4. 万科的“6+2”服务法

万科有一个称为“6+2”的服务法则，主要是从客户的角度分成以下几步。

第一步是“温馨牵手”。强调温馨牵手、信息透明、阳光购楼。在销售过程中，万科要求所有的项目，既要宣传有利于客户(销售)的内容，也要公示不利于客户(销售)的内容。其中包括一公里以内的不利因素，例如，一公里以内有一个垃圾场等。在售楼过程中要考虑到这个因素，并在定价上做出适当的减让。

第二步是“喜结连理”。在合同条款中，要尽量多地告诉业主签约的注意事项，降低业主的无助感，告诉业主跟万科沟通的渠道与方式。

第三步是“亲密接触”。公司与业主要保持亲密接触，从签约结束到拿到住房这一段时间里，万科会定期发出短信、邮件，组织业主参观楼盘，了解楼盘建设进展情况，及时将其进展情况告诉业主。

第四步是“乔迁”。业主入住时，万科要举行入住仪式，表达对业主的敬意与祝福。

第五步是“嘘寒问暖”。业主入住以后，公司要嘘寒问暖，建立客户经理制，跟踪到底，通过沟通平台及时发现、研究、解决出现的问题。

第六步是“承担责任”。问题总会发生，当问题出现时，特别是伤及客户利益时，万科不会推卸责任。

第七步是“一路同行”。万科建立了忠诚度维修基金，所需资金来自公司每年的利润及客户出资。

第八步是“四年之约”。每过四年，万科会全面走访一遍客户，看看有什么需要改善的。

【案例评述】

万科是中国房地产业的旗舰。这艘巨轮历经时间的考验，不断发展壮大，必有其成功的诀窍。重视客户关系，也许是其诀窍的核心。万科的客户关系管理之旅，也经历了一个起步、摸索、学习、积淀、定型、发展的曲折过程。它对企业的启发有三：一是客户及其关系管理是企业的核心竞争力之一，必须将其提升到战略的高度；二是不怕不懂行，就怕不努力。客户关系管理水平的提高，有赖于持续的探索、反思和改善，唯其如此，才有发展，才有进步；三要注意借鉴前人的先进管理和创新成果，总结形成符合本企业个性与行业特点的客户关系管理体系。客户关系管理作为一门科学，在近年来有了长足的发展，企业要着力提升自身客户管理水平，企业管理者和所有从业人员要在自身努力实践的基础上，通过学习借鉴他人的理论和创新成果，努力以少的成本，尽早拥有、提高这个能力。

复习思考题

1. 简述客户细分、客户互动管理、客户满意管理、客户忠诚管理、客户流失管理的基本概念。

2. 结合企业实际，讨论如何基于客户终生价值细分客户？
3. 结合企业的电子商务应用，谈谈如何加强网上客户的互动管理？
4. 如何进行客户满意度调查，有哪些机构、网站可以帮助实施满意度调查，请举例？
5. 在互联网时代，如何维持并不断提升网上客户的忠诚度？
6. 如何预防客户流失，有何案例可以介绍？

第 5 章　CRM 的项目实施

教学目标

- 熟悉 CRM 实践的含义、CRM 项目实施的基本原则。
- 掌握 CRM 项目实施方法、实施模式和项目管理。
- 了解 CRM 项目实施过程中可能存在的主要问题。

5.1　CRM 项目实施概述

5.1.1　CRM 实践的含义

根据客户生命周期理论，CRM 的核心经营理念就是企业要根据客户终身价值(CLV)的大小，充分配置可用资源，以有效地建立、维护和发展同客户的长期互利合作关系。显然，这是一个企业管理的指导性原则，它指导企业应该做什么、怎么做以及通过何种方式去做的问题。因此，我们可以将 CRM 实践定义为企业在理解了 CRM 的经营理念以后，应该采取哪些具体的措施来实行或强化符合 CRM 理念的经营行为，修正或放弃那些不符合 CRM 理念的行为，从而最大化地实现它所隐含的经营目标[①]。

一般而言，可以从以下三个方面来判断企业是否实施 CRM 实践。

1. 是否以建立、维持和发展与客户长期关系为基础

企业 CRM 实践旨在试图同客户建立一种长期而不是短期的关系。如果一个活动或行为不具备与客户建立长期关系的意图，就不是 CRM 实践的行为。许多国内企业尽管一直标榜“以客户为中心”，而实际上却采用了很多短视的经营策略。这些行为实际上远离了 CRM 实践的要求。

2. 是否以提高关系价值的长期收益为目标

只注重与客户建立、维持和发展长期关系，而忽视这种关系能否给双方带来利益的关系价值，也不会是一种 CRM 实践行为。虽然 CRM 强调以客户为中心，为客户创造价值，但是企业也必须能够从客户关系中获得回报，这应该是一种“共赢”的结果。因此，企业必须要准确地细分客户群体，明确哪些客户对企业更有价值，优先安排有限资源服务这些

---

① 何荣勤. CRM 原理•设计•实践(第 2 版). 北京：电子工业出版社，2006.

客户，并与这些客户建立更加长期稳定的关系。细分客户群体可以客户的终身价值为基础。

3. 是否以有效分配企业资源为手段

由于企业资源有限，CRM 实践必须强调合理有效地分配企业资源。那种不考虑 CRM 实践的成本与收益，不考虑资源回报的行为，终将导致 CRM 实践的失败。

CRM 实践是一项复杂的工作，需要经历审视、评估、优化企业的可用资源，分析客户的利润贡献能力，针对不同客户群体制定出建立、维护和发展客户关系的策略，并分阶段、分级别地实施这些策略，分析评估 CRM 实践效果等过程。

CRM 实践是一个持续的过程。对于一个缺乏 CRM 文化环境的企业，必须通过一系列的活动，改善企业 CRM 实践的文化氛围，直至 CRM 实践逐渐成为企业自觉的、常规的行为。在实现阶段性目标之后，企业便可以在新的层次上进一步提升企业的 CRM 能力。CRM 实践是一个不能停止的过程。

5.1.2 CRM 项目与 CRM 实践

我们所理解的 CRM 实践涵盖的范围很广泛，只要符合上述标准的企业行为都可以被认为是 CRM 实践的内容。企业的 CRM 项目包含在 CRM 实践之中，但是 CRM 项目不是 CRM 实践的全部。CRM 项目有比较明显的时间性，一些在 CRM 项目实施期间之外的常规性的客户忠诚计划、俱乐部活动、免费上门服务活动、日常的微笑服务、客户服务质量评比活动等，都属于 CRM 实践活动。当然，实施 CRM 项目是 CRM 实践中最重要的环节，是企业启动系统性 CRM 实践的重要步骤。

CRM 项目实施也不仅仅是指 CRM 软件项目实施，CRM 软件也只是 CRM 项目的一个重要组成部分。在 CRM 项目实施中还包括企业流程优化、组织重构、知识培训等工作。CRM 实践、项目和软件三者之间的关系如图 5-1 所示。

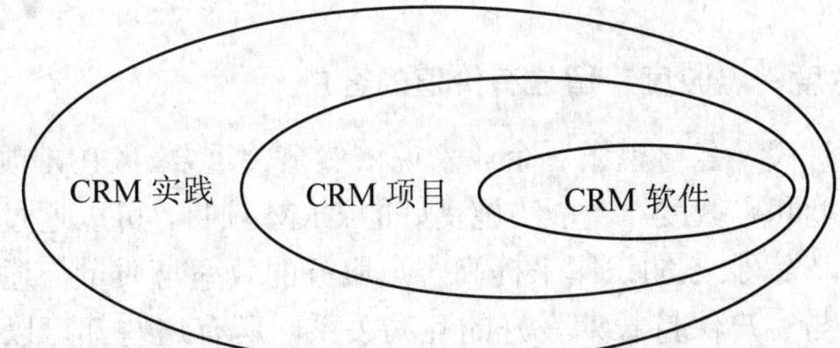

图 5-1 CRM 实践、项目和软件的关系

(资料来源：何荣勤. CRM 原理•设计•实践(第 2 版). 北京：电子工业出版社，2006.)

5.1.3 CRM 项目的实施目标

CRM 项目实施必须有明确的远景规划和近期的实现目标。一般而言，CRM 项目实施的目标根据企业的内外部环境及其各自商业策略的不同而有所不同，但以下的三个通用目标对大多数的企业而言还是比较适用的[①]。

1. 识别潜在客户，实现个性化服务，开拓新市场

CRM 系统能够帮助企业完善目标客户的基本信息，通过数据挖掘对客户的数量、构成、消费偏好、购买动机等进行不同角度的透视和分析，使企业能够多方位地把握客户，全面了解客户情况；通过对客户历史资料的分析，CRM 还可以帮助企业识别出潜在的客户群，提高客户对市场营销活动的响应率，使企业做到心中有数。CRM 实施还可以实现企业通过新的业务模式(电话、网络)扩大企业经营活动范围，把握新的市场机会。例如，呼叫中心是进行交叉销售和上行销售(Sell-up)的理想场所，客户呼叫“呼叫中心”后，销售人员可以在客户挂机之前推断出要销售的产品类型，知道客户以往的交易习惯，增强销售成效。

2. 提高组织效率，减少企业运行成本

提高企业服务客户的效率主要有两个途径：一是商业过程流程化，向员工提供合适的工具，提高员工效率；另外，尽可能多地收集客户资料也有助于提高员工的工作效率；二是借助于技术应用，为客户提供自我服务的机会。通过 CRM 系统的信息技术，企业可以提高业务处理流程的自动化程度，实现企业范围内的信息共享，提升员工工作能力，并能有效地减少培训需求，使企业内部高效运转。

运行成本是指，企业正常运行所消耗的办公资源、人员工资、福利以及相关开支。CRM 所实现的销售、营销和服务自动化不仅提高工作效率、改善服务质量，同时也降低了企业运行成本。

3. 提高客户满意度、忠诚度，留住有价值的客户

即使在网络经济时代，客户忠诚对企业来说依然至关重要。CRM 项目实施的目的就是为了提高客户的满意度和忠诚度。一个实施良好的 CRM 项目，可以通过为客户服务人员提供完整的客户数据及产品/服务知识库来提高客户服务的效率与质量，通过为客户提供多种沟通交流渠道等方式与客户保持长期良好的互动关系，所有这些都可以有效地提高客户的满意度。长期的客户满意将为企业带来客户忠诚，有助于保证企业长期战略利益的实现与提高。

明确 CRM 项目实施的目标对企业实施 CRM 的成功是很重要的。如果企业对 CRM 项

---

① 吴清，刘嘉. 客户关系管理. 上海：复旦大学出版社，2008.

目实施目标有模糊理解，没有达成共识，甚至只是为了实施 CRM 系统而已。这是典型的 CRM 实施目标偏差的情况，终将大幅度提高 CRM 项目实施失败的可能性。另外，CRM 项目是一项复杂的系统工程，必须根据企业目前的实际需求和实施能力，确定分阶段的实施目标。如果没有阶段性的目标，可能导致 CRM 项目实施的过程漫长而曲折，进而导致项目失败。

5.1.4　CRM 项目的实施原则

CRM 项目实施是涉及企业经营管理变革的复杂工程，把握“战略重视、长期规划、开放运作、系统集成和全程推广”五个方面的基本原则①，有助于 CRM 项目实施获得预期收益。

1. 战略重视

CRM 项目实施是一项极为复杂的系统工程，将涉及整体规划(Strategy)、创意(Creative)、技术集成(Solution Integrated)、内容管理(Contents Management)等多方面工作。因此，实施 CRM 项目要获得企业高层管理者从发展战略上的支持。项目管理者应当有充分的决策权，从总体上把握建设进度，提供所需的财力、物力、人力资源，并推动项目实施。

2. 长期规划

在自身发展战略框架内进行 CRM 项目规划，制订出一个较为长远并能分阶段实施的远景规划，这是非常重要的。企业应该从一些需求迫切的领域着手，稳步推进，不要过分期望毕其功于一役，否则可能给企业带来难以承受的巨大冲击。企业可以先开发实施局部的应用系统，在特定部门或区域内进行小规模试验和推广。通过阶段性的质量测试和效果评估，并加以改进，再逐步增加功能，向更多部门部署。

3. 开放运作

企业实施 CRM 项目应当遵循专业化、开放式的运作思路。即使一些拥有比较强大的研发能力和智囊机构的大企业，也难以独自进行 CRM 项目实施的分析、研究、规划和开发。企业应该以开放运作的心态，与有较成熟产品和实施经验的专业解决方案提供商进行深入合作，或聘请专业咨询公司从整体上提出 CRM 解决方案并协助实施。这将提高 CRM 项目的实施进度和成功概率。

4. 系统集成

企业不仅要投入资源推进 CRM 项目的实施和改进，还要特别注重实现与现有业务信息系统的集成。对于信息化整体水平较高的企业而言，一是要实现对客户接触点的集成，确

① 王广宇. 客户关系管理方法论. 北京：清华大学出版社，2004.

保与客户的互动是无缝、统一和高效的；二是要实现对工作流的集成，为跨部门的工作提供支持；三是要实现与ERP、SCM、财务、人事、统计等应用系统的集成；四是要注重CRM自身功能的集成，加强支持网络应用的能力。

5. 全程推广

注重在实施全过程中推广CRM的理念和方法是确保CRM项目实施成功的重要措施。如果企业管理层对项目的看法不统一，各业务职能部门对实施有较强的抵触心理，或最终用户缺乏必要的应用知识，那么CRM项目实施的最终效果可能会不理想。

CRM项目的实施可能会给企业带来战略调整、流程优化和技术革新。在CRM项目实施过程中，必须把握与企业经营管理相互适应的总体原则，特别是在流程优化方面。流程优化能否成功，将直接关系到CRM项目实施的成败。有两种比较常见的情况需要进行符合CRM战略目标的流程优化和再设计：一是企业内部的流程没有形成明确化、规范化的步骤及文档，企业运作主要通过惯例和领导直接指示的方式进行；二是企业内部已经具备规范的流程，但是整个流程是围绕着产品和内部管理设计的，忽略了如何对客户更亲切、让客户更方便以及给客户更好的感受等。

5.2 CRM项目实施方法

5.2.1 CRM项目实施环节

CRM项目可能是一个融营销、销售、服务等为一体的整体解决方案，也可能仅仅是单个流程的解决方案；可能是企业级解决方案，也可能是部门级解决方案。因此，如何实施的情况比较复杂。就具体的实施细节而言，并没有一种适合所用情况的实施方法。除了与实施规模有关外，实施方法还会因为企业所认可的开发生命周期、员工的技能、IT标准的不同而不同。不同行业、不同企业、不同的解决方案提供商的实施方法和步骤都会有一些差异。图5-2所示是一种CRM实施规划示意图，图中涵盖一些成功实施CRM的关键步骤和时间表，具体项目实施可根据具体情况修改。

下面再简单地阐述一些CRM项目实施的一般方法和步骤。

1. 三阶段实施方法[①]

在企业已经确立“以客户为中心”战略的基础上，美国吉尔·戴奇(JILL Dyche)在CRM手册(*CRM Handbook*)中提出企业成功的CRM实施流程(实施规划图)，如图5-3所示，包括三个阶段、六个步骤，在每一个步骤中都有相应的任务。

① 吴清，刘嘉. 客户关系管理. 上海：复旦大学出版社，2008.

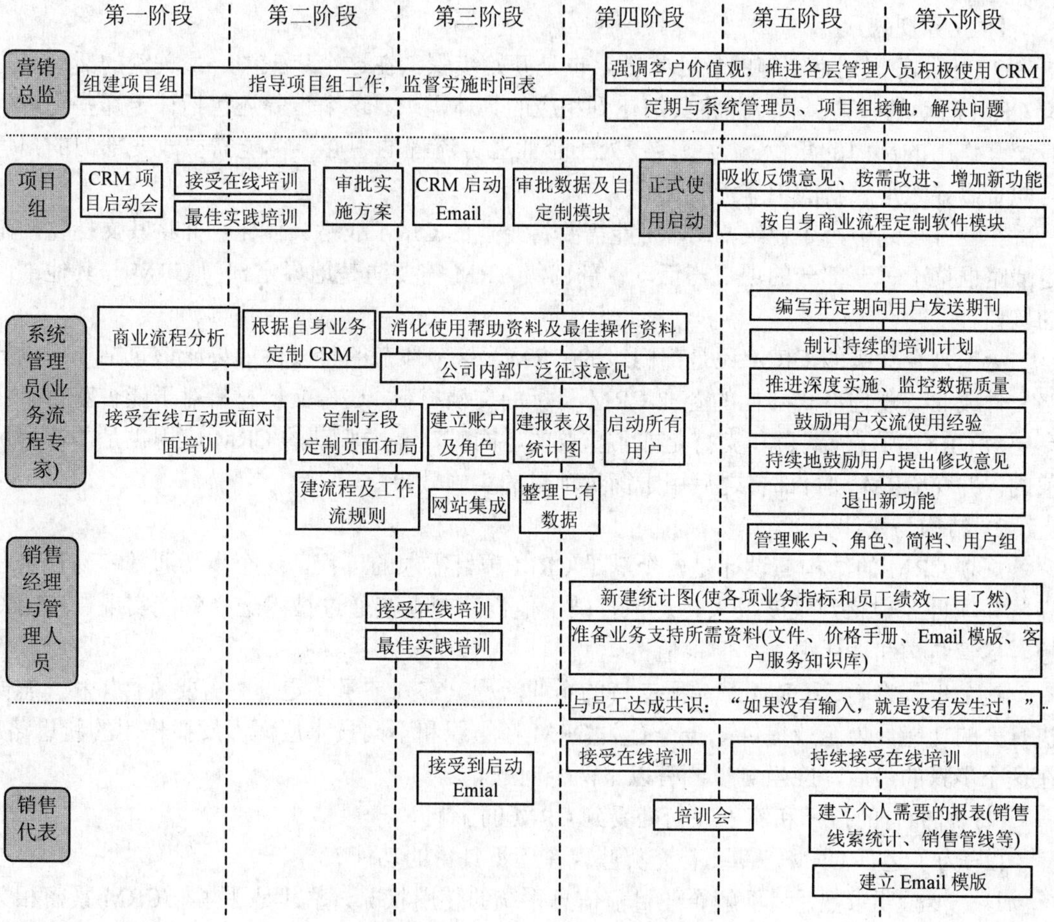

图 5-2 CRM 实施规划示意图

(资料来源：Helpsales CRM)

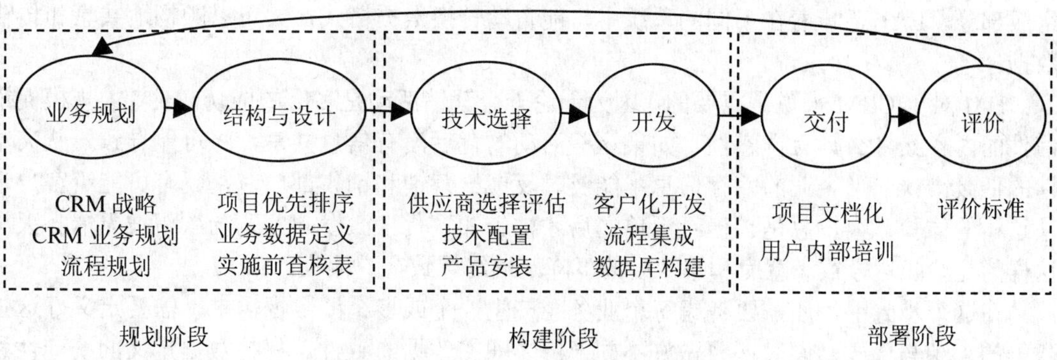

图 5-3 CRM 实施流程(实施规划)图

1) 业务规划

CRM 业务规划是实施的核心步骤，也是开始步骤。在这个步骤中，最关键的活动是定义 CRM 活动的整体目标，并将其细化到相应的具体需求。这个步骤还包括评定那些与客户有交互作用的部门的角色。为使客户处于企业业务流程的中心，可能需要改变部门的角色与职责，导致形成新的工作流程。

在业务规划中，企业级 CRM 可能需要将企业的 CRM 战略具体化，并将其文档化，确定战略框架下每一部分的项目与活动。部门级 CRM 需要清楚地界定部门 CRM 与其他部门的接口。

无论是企业级的 CRM 还是部门级的 CRM，这个环节的阶段性成果应该包括一份以战略文件或业务规划形式细化的企业 CRM 目标的文档材料。这份文档材料对于能否获得企业高层对 CRM 项目的认可和支持是非常重要的，同时对需求驱动的 CRM 应用也是非常有价值的，并在 CRM 项目部署之后用于衡量项目的实施效果。

2) 结构与设计

规划 CRM 的结构与设计是一个满足 CRM 项目需求的过程。这个步骤通常容易让企业高层和项目经理感到难度很大，这也打破了他们期望直接通过技术选择就能实现奇迹的幻想。尽管结构和设计很难，但很值得。

这个步骤将确认 CRM 产品所支持的企业流程。它列举了特定的“需要执行”和“怎样执行”的功能，为企业提供了一个有关 CRM 在组织和不同技术层面上发挥作用的新思路。在这个步骤的最后，应当可以回答以下两个问题。

(1) 所拥有的技术和流程在何处受到 CRM 的影响？

(2) 为了运行 CRM，需要补充哪些现在还不具备的功能？

这一步骤要求熟悉、了解企业目前信息系统的使用状况，尤其是那些与 CRM 紧密相关的部门，如呼叫中心，只有对呼叫中心系统现状有细致了解，才能实现呼叫中心与未来 CRM 系统的无缝集成，确保企业能实现完整的业务流程。在这个步骤中，需要画出 CRM 的结构图，能准确描述与企业现有各系统的集成方式与过程。这是企业应用系统集成(EAI)的重要组成部分。EAI 意味着在不同的系统中，能自动转换数据格式，并可以顺畅地共享和传输数据。

EAI 对于 CRM 来说是重要的，因为无论一个营销活动是多么的成功，或者大规模促销信件的内容又多么具有诱惑性，如果这些活动的背后没有信息共享，将可能导致一些灾难性的低级错误。当企业的库存信息不能及时反馈给营销和销售部门时，就有可能给客户带来这样的体验，客户总是在已经下单之后才被告知缺货，激发起的购物欲望被无情扑灭。这样的互动必然导致满意度和忠诚度的下降，最终导致客户流失。

在这个步骤中，还需要考虑每个业务会产生一个或多个的数据需求，需要定义好这些数据的来源与格式，同时还要做好不同部门之间的数据一致性。保持数据定义的统一性和兼容性是很重要的。

3) 技术选择

CRM 的技术选择工作可能像挑选开架商品一样简单，也可能很复杂，需要对不同的系统集成商和 ASP 服务提供商进行综合评价。这个步骤的复杂程度与前面各步骤的效果有很大关系。如果在结构与设计期间已经取得一致意见，明确了 CRM 对现有系统的影响以及对新功能的需求，那么完全可以根据企业现有的 IT 环境对各种备选的 CRM 系统进行分类和排序。

软件系统提供商对其产品都会有夸大其词之处。最好的办法是分解企业的需求，然后要求系统提供商依据企业的需求清单，来展示他们如何满足企业需求。

4) 开发

开发工作包括根据特定的产品特征构建和定制 CRM 系统。但是，CRM 开发工作并不仅是指程序员编写代码，更多地还包括用所选择的 CRM 系统来集成业务流程。

在进行到这一步时，企业已经确定了关键的 CRM 业务流程。此时，企业需要将选择好的 CRM 技术集成到这些业务流程中，这就是集成业务流程的含义。实现流程集成要确保业务流程已经通过用户测试。企业不仅要实现业务流程的运作，还要通过技术手段进一步“精炼”业务流程，即充分利用技术能力来改善“以客户为中心”的企业业务流程。在这个步骤中，容易发生的问题是让业务流程适应 CRM 产品的特性，从而引起流程变动，这样会削弱流程的原有功能，偏离最优。

在开发期间，通常使用反复原型法“精炼”业务流程。实施人员不断与最终用户沟通，使得用户在 CRM 实施期间一直伴随 CRM 的开发与部署。用户的要求可以在开发过程中实时体现，而不是到了最后才去测试 CRM 功能。

此步骤还包括一些技术工作，如数据库设计、数据清理和导入，以及同其他应用系统的集成。

5) 交付

交付这个环节经常被忽视。一般而言，交付使用意味着将对企业的 IT 基础设施进行调整，将所需求的 CRM 系统分派给企业用户。

在 CRM 系统交付时，必须对用户进行深入的培训，通过在线或网络帮助手段，或使用用户向导、工作助手和其他文档，激励用户最大程度地利用新的 CRM 功能。在销售人员开始使用新的 SFA 与客户接触时，或者客服人员在试图明白新的功能之前，应该接受培训，才能清楚如何使用新的功能，如何接受新的工作方式。只有经过培训，才能最大限度地利用系统带来的好处。通常，面向客户的员工在获得新的客户知识之后，会带来与客户交流方式的变化，创造更多互动。

6) 评价

评价是 CRM 项目实施的最后步骤，评价就是根据 CRM 所要实现的功能来评价 CRM 的实施效果。许多公司忽视了持续评价 CRM，认为 CRM 系统交付之后，就意味着 CRM 项目实施结束。但是，如果没有评价这个步骤，企业将无法准确地清楚 CRM 项目实施是否成功。一种测试 CRM 成功的方式就是检验 CRM 能够解决企业现有问题的程度。如果在创建 CRM 业务规划时就已经设立了成功的标准，就可以通过将实际结果与这些标准进行比较，确定项目成功的程度，并逐步补充和完善标准。

2. 简单的六步骤方法

在 CRM 项目的具体实施中，也可以采用如下简单的六步骤方法。

1) 确定 CRM 战略目标与分阶段实施目标

企业在上 CRM 之前，首先必须明确企业营销、销售和服务的战略目标，其次才是如何实现这个目标。企业的战略目标由企业制定，详细的目标实现步骤则可以在咨询服务机构和解决方案提供商的帮助下制定。

CRM 是一项复杂的系统工程，它的实施并不是一蹴而就的，需要分阶段来实施。分阶段实施可以根据企业需求的迫切程度进行划分。例如，企业最关心的是什么，是产品质量、出货时间、响应速度，还是解决问题的能力。据此拟定出 CRM 实施进程中的阶段目标，而且应该是一些能够量化的目标。一些诸如提高客户满意度、忠诚度，提高企业运营效率等一些非量化的目标难于据此评估 CRM 项目实施的效果。

2) 成立 CRM 项目小组

成功实施 CRM 项目需要建立有效的项目小组。项目小组是 CRM 系统实施的原动力，需要就 CRM 的实施做出各种决策，给出建议，就 CRM 的细节和带来的好处与整个企业的员工进行沟通。一般来讲，项目小组应该包括高层领导、销售和营销部门的人员、IT 人员、财务人员、咨询机构的项目专家等。

3) 选择供应商与咨询机构

在对供应商的解决方案进行评价时，有三个重要的要素：软件功能齐全、技术先进开放、供应商的经验与实力。这三个要素紧密结合在一起，才能使 CRM 成功，单个要素的优势并不能弥补其他要素的弱势。另外，有必要选择合格的 CRM 实施咨询机构协助项目实施，有些咨询服务工作由软件提供商承担，但是选择独立的第三方咨询服务机构对 CRM 成功实施有很大帮助。

4) 分析流程与组织结构

企业实施 CRM，是为了从以前的“以产品为中心”的商业模式转到“以客户为中心”的商业运作模式。实现这个转变仅有 CRM 软件系统是不够的，更需要在 CRM 思想的指导下，优化重组企业流程、变革企业组织结构。因此，项目小组的第一项工作就是花费时间去研究现有的营销、销售和服务流程等相关业务流程，发现目前存在的问题，寻找改进方法。

这个阶段的主要工作就是根据行业特性和企业特点，分析企业现有的流程和组织结构。确定哪些流程可以增减和优化，哪些机构可以增减与合并，然后再与顾问咨询机构和软件提供商共同分析并确定每个组织机构的业务流程。最终达成对理想中的 CRM 系统的一致看法，形成 CRM 解决方案的基本框架。

5) CRM 系统开发、实施与部署

CRM 方案的设计需要企业、系统提供商、咨询机构等各方的共同努力。CRM 功能一般可归纳为三个方面：①对销售、营销和客户服务三部分业务流程的信息化；②与客户进行沟通所需手段(如电话、传真、网络、Email 等)的集成和自动化处理；③对前两部分功能产生的信息进行加工处理，为企业战略决策提供支持的商业智能。实现这三方面功能需要结合企业的业务流程，将 CRM 细化为不同的功能模块，再设计相应的技术结构，包括软硬件产品的选择等。

由项目小组制定实施 CRM 系统的相应步骤。在提供商的软件产品基础上进行二次开发、定制化、客户化，最后交付给最终用户使用。为使 CRM 方案得以迅速实现，企业应首先部署那些当前最为急需的功能模块，再分阶段实施其他功能。在这个过程中，需要对不同对象进行不同内容的培训。

6) 项目实施后的评价

这是很重要的一步，同时也是企业常忽视的一步。CRM 项目实施完成后，企业需要对 CRM 项目的实施效果进行评估。通过评估，让企业内部人员尤其是决策层切实地看到 CRM 的成效，可以赢得他们对 CRM 的支持，从而使企业内部人员能够自觉利用 CRM 系统，使企业获得最大化的投入回报比。

3. 详细的二十六步骤方法

以下再列举一种详细的二十六步骤方法。

(1) 成立 CRM 选型和实施小组。

(2) 结合企业的 IT 规划，制定 CRM 规划。

(3) 评价和比较不同的 CRM 方案。

(4) 购置服务器、路由器和其他硬件设备。

(5) 了解软件与现有 ERP 系统、硬件和数据库的兼容性和集成性。

(6) 购置 DB、系统软件和应用软件。

(7) 软硬件服务器的安装。

(8) 系统软件和应用软件的安装。

(9) 安装 Demo 系统，用来进行日常的练习。

(10) 准备初步的客户需求文档。

(11) 调查和分析当前的业务流程。

(12) 网络、系统培训、CRM 功能培训。

(13) 画出当前的业务流程图，撰写 As-Is 报告。

(14) 结合软件讨论新流程。

(15) 进行 Gap 分析，确定新流程。

(16) 流程确认结束，获得通过。

(17) 准备测试数据和正式数据。

(18) 编写操作手册和培训资料。

(19) 对系统的测试环境进行配置和客户化。

(20) 录入数据。

(21) 最终用户的培训。

(22) 模拟和测试新业务流程。

(23) 用户接受程度测试准备和测试。

(24) 对用户接受程度的评价。

(25) 正式系统的配置和客户化。

(26) 新旧系统的切换，投入使用。

5.2.2 CRM 项目实施要点

虽然在不同情况下，CRM 项目的实施方法和实施步骤有所不同，但它们仍然有众多本质上的共性。下面是一些对成功实施 CRM 项目的要点。

(1) 让决策层接受 CRM。没有最高层对 CRM 的接受，就很难让中、低层员工来全力支持 CRM 项目。

(2) 完成深度需求分析。企业需要确定“为什么 CRM 是必需的”，这对于确定创新的优先排序、获取投资的潜在收益尤为关键。

(3) 清楚地定义出企业目标。企业对投资 CRM 所要达到的目标要有一个清晰的定义。这将决定以后 CRM 项目的发展方向，其他所有的步骤都应当与该“大方向”相匹配。企业还要确保目标是可测评的。

(4) 确定具体的可测评的项目目标。企业可以设定几个里程碑，把最终的成功分成几个步骤来实施。设定一个短期的里程碑来逐步展现部分成功，要比设定一个长期的里程碑来表明总体的成功好得多。

(5) 确定什么需要自动化，并采取渐进式的实施方法。CRM 的解决方案通常开始于一个简单的步骤。首先要选择一个功能区或业务部门来进行试点解决方案的实施。然后再进行渐进式实施。实施过程中要确保实施的方案以整体 CRM 战略目标为基准。

(6) 建立并培训正确的团队。企业千万不要忽略对将要实施 CRM 的人员以及其他员工进行不同层次的培训。这一点往往是企业最容易忽视的。

(7) 管理组织的变革。变革是不可避免的，如果没有体验变革，就不可能把 CRM 带上正确的轨道。许多企业总以为在旧流程的基础上也可以运作新的 CRM 解决方案。其实，再好的解决方案，如果没有相应的流程来应用它，一切只能是徒劳。

(8) 选择一个业务合作伙伴帮助实施。选择一个具有实施 CRM 丰富经验的合作伙伴，将有助于避免错误的产生，还可以缩短实施周期。这些合作伙伴也可以帮助定义企业战略，并确定一个可运作的、可测评的反映投资回报的方法。

(9) 定义并设定可测评的标准。设定特定的可测评目标来反映实施的效果，是评价逐步实施效果的依据所在。

(10) 让企业流程驱动实施。技术很重要，但这并不是企业要变革经营模式的理由。定义企业想变革的业务区域和流程才可以正确确定企业所需要的技术，并确定技术如何被使用。

5.2.3　选择 CRM 产品方案

企业选择 CRM 产品方案的核心准则应该是以客户为中心、以需求为驱动。判断一个 CRM 产品或解决方案是否符合企业需求应该从以下三个方面加以考虑，即产品功能、技术及提供商。

1. 产品功能需求

在选择 CRM 产品方案时，首先要考虑该产品方案能否满足企业的业务需求，特别是产品的功能是否能够满足具体流程的要求；其次根据企业具体情况选择产品方案的规模，是企业级的 CRM，还是部门级的 CRM 产品；再次需要确定产品功能实现的优先次序。这是一个比较痛苦的过程，可以通过由销售、营销和客户服务的高级管理者参加的会议决定；另外，还需要恰当地考虑未来对产品功能的需求。

2. 产品技术需求

功能需求是选择 CRM 产品方案首要考虑的因素。在确定好功能需求之后，企业需要明确相应的技术需求，以确保 CRM 产品方案能够在企业特定的环境下有效运行。产品的技术需求重点考虑以下四个方面。

1) 产品架构需求

考虑 CRM 软件产品是基于什么样的基础技术架构，是 B/S 结构还是 C/S 结构。B/S 结构的特点是便于软件维护、数据更新、软件升级，便于基于 XML 设计的多种系统间的数据交换，可以随时随地进行查询、浏览等业务处理；C/S 的结构特点是响应速度快、较好的人机交互、具有较强的事务处理能力、能实现复杂的业务流程。应该说，B/S 和 C/S 各有千秋，它们都是当前非常重要的计算架构。在适用 Internet、维护工作量等方面，B/S 比 C/S 要强得多；但在运行速度、数据安全、人机交互等方面，B/S 远不如 C/S。综合起来可以发现，凡是 C/S 的强项，便是 B/S 的弱项，反之亦然。

2) 系统集成需求

CRM 系统需要与企业内外的现有系统集成，才能充分发挥其自身价值。对系统集成的需求需要多方面的考虑，例如，集成的难易程度如何，与 ERP、SCM 等系统的接口有哪些，如何与企业的电子商务规划进行集成，如何与企业的合作伙伴共享信息，如何与呼叫中心相互链接等方面。

3) 产品性能需求

产品性能需求主要针对 CRM 产品的数据处理方式以及系统的运行性能。在确定 CRM 产品性能时，需要多方面了解，可以首先了解 CRM 的底层技术架构，例如，与数据库的交互方式、用户配置文件的存储位置和存储方法、系统缓存设计等；另外，还应该关注大批量数据查询时的系统运行效率，考察复杂报表的查询功能。

4) 产品安全需求

客户数据很重要，系统必须有相应技术和策略以确保客户信息的准确和安全。重点考虑两个方面：一是数据的备份与恢复，包括是否支持自动备份、差异备份和异地备份，以及一旦服务器宕机，如何进行数据和软件的迅速移植等；二是防止攻击，包括数据加密技术、服务器的安全设置、硬件防火墙、软件防火墙、VPN 技术等。

3. 产品提供商

在确定对 CRM 产品方案的功能和技术需求之后，接下来就要寻找能够满足这些需求的供应商，对供应商的选择需要更综合性的考虑，既要考虑供应商所提供的产品能否满足企业对功能及技术的要求，也要考虑供应商的实力、品牌以及供应商的实施和服务能力等。表 5-1 是一种选择提供商的分析比较表，涉及较多的指标，可以通过打分并应用层次分析法进行比较选择。

表 5-1 CRM 供应商分析比较表

评定项目			×公司		×公司	
类别	序号	说明	描述	得分	描述	得分
产品	1	设计理念(是否有企业独特的管理理念及产品设计思路)				
	2	技术架构(是否支持远程应用及离线操作？是否跨平台支持多种数据库和操作系统)				
	3	技术水平(是否支持大数据量大并发量用户数？是否有压力测试报告)				
	4	产品成熟度(是否需要二次开发？二次开发工作量是否巨大？是否支持矩阵式管理模型)				
	5	功能丰富度(是否涵盖市场、销售、服务、分析各个环节？产品功能是否满足客户需求)				

续表

评定项目			×公司		×公司	
类别	序号	说　明	描述	得分	描述	得分
产品	6	产品个性化(是否可以定制界面？是否可以定制流程？是否具有灵活的配置平台)				
	7	产品扩展性(是否很好地支持现有和未来的功能需求)				
	8	产品集成性(是否提供与ERP、SM、财务等系统的标准接口)				
	9	软件方便易用性(软件产品是否易用？查询输入是否快捷)				
实施及服务	10	实施咨询能力(实施顾问的经验、水平如何？供应商是否了解本行业市场现状及企业管理难点？供应商是否有本行业客户？是否有着成熟的咨询实施方法)				
	11	实施周期(实施周期是否合理)				
	12	实施规划(实施步骤是否清晰？是否具有明确的实施风险考虑？是否具备实施风险控制的能力)				
	13	服务方式(是否具有本地服务能力？产品升级是否有保障)				
方案及案例	14	解决方案完整度(方案响应是否及时？方案是否合理？企业的主要需求能否结合供应商的产品和实施予以解决)				
	15	实施案例(是否有过与本企业业务类似的企业实施案例？案例是否成功)				
	16	本行业案例(最近三年是否有过本行业企业实施案例？案例是否成功？是否可提供类似本行业案例的参观交流)				
厂商及人员	17	厂商支持(是否具备产品客户化及持续客户化升级能力)				
	18	品牌声誉(厂商获得的第三方专业评价如何？客户评价是否良好)				
	19	公司实力及可持续发展性(厂商的市场占有率如何？厂商的业务发展情况如何？厂商最近两年的实施客户案例数量及客户评价如何)				
	20	公司的重视程度(是否有公司高层重视？项目接触过程中的响应是否及时？提供资料是否翔实？是否具备专门项目小组持续跟进？是否愿意为项目配备本行业资深经验的实施顾问人员)				
费用	21	系统费用(系统费用的组成是否合理？是否明确免费服务期结束后的维护收费标准及计算方法)				
综合评价						

4. 预置型还是托管型的产品方案

上述选择CRM产品方案的考虑因素是假设企业购买并自己运行CRM系统的情形，很多企业在决定实施CRM项目时都会选择这种方式，是一种预置型(On-Premise)的CRM产品方案。这种方式有赖于一定的资源，包括足够的软硬件资源和IT人力资源等，但是，对于一些资源匮乏的中小企业而言，存在一定的困难。因此，托管型(Hosted)的CRM产品方案是他们可以重点考虑的一种选择，当然选择托管型的CRM产品方案也需要考虑产品的功能和技术需求以及提供商的总体情况。

本质上，无论是托管还是预置CRM所提供的功能是一样的，只是定制化和实施的不同。在决定是托管解决方案还是预置解决方案更适合企业需求时，除需要考虑上述三个方面之外，还需要重点考虑以下因素。

1) IT基础设施

如果企业还不能确定自己的发展计划并且不具备实质性的基础设施，短期内也难以创建或没有能力创建较为完善的IT基础设施，那么托管型的解决方案是一个合理的选择。如果企业规模足够大，并且有全功能的IT部门以及充足的基础设施，那么选择预置型解决方案是很自然的事。

2) 总体拥有成本

就许可费的成本而言，运行一个托管型系统的费用可能更高。但是考虑到预置型解决方案部署和维护基础设施所需的时间，托管解决方案前期投资小，对于规模较小的企业来说是一个非常好的选择。另外，托管型系统按照订购支付定期费用，费用支出相对比较固定，有利于改善企业现金流。

由于在前期需要的投资比较低，托管解决方案短期内(如两年之内)的总体拥有成本(TCO)比较低，但成本增加的速度要比预置型解决方案快。如果考虑更长时间(如三年之后)，托管解决方案的成本将变得更昂贵。

3) 流程复杂性

预置型CRM解决方案能够进行充分定制化，在定制的基础上选择模块，然后根据自己独特的业务需求，把它整合到整个业务结构中。托管型解决方案更适合一些标准化的流程，基本上是不允许通过广泛定制以满足企业一些非常特殊的要求。

总体而言，托管解决方案更适合那些想要通过CRM系统提升收益和客户满意度，同时又不必对系统进行定期升级的企业，以及那些希望前期IT投资较低的企业。预置型CRM更有可能适合那些需要使用CRM系统来整合并帮助制定整个商业策略，以及那些需要特别的定制化才能满足需求的企业。那些希望有一个较低的中、长期总体拥有成本的企业也可能会选择预置型的解决方案。

5.3　CRM 项目实施模式

CRM 项目实施涉及企业的方方面面，需要大量的人力物力的投入，面临诸多不确定性与风险。因此，项目实施过程中需要有执行力的组织领导架构，采用合适的工作模式和实施流程，进行有效的项目管理。这是 CRM 项目实施的基本模式。本节讨论 CRM 项目实施的组织架构、工作模式和实施流程，下一节专门讨论 CRM 的项目管理。

5.3.1　CRM 项目实施组织架构

CRM 项目实施是一项复杂而艰巨的任务，需要有许多人的共同努力并加以一定组织保证才能够成功完成。建立 CRM 项目实施的组织架构是 CRM 项目成功的基础，图 5-4 是一种典型的 CRM 实施组织架构体系，在 CRM 实施中可以根据具体情况做出相应的调整。

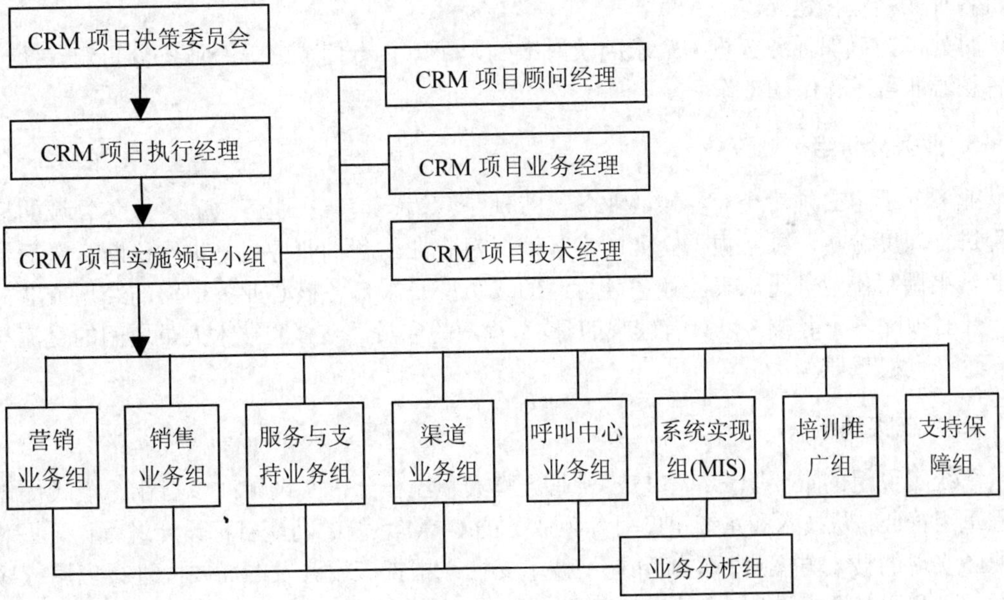

图 5-4　CRM 实施组织体系示意图

1. 项目决策委员会

项目决策委员会的主要职责：企业 CRM 项目的最高决策机构，对项目的重大方案作出决策，审批项目资金计划，协调重大资源投入；决策项目实施中的重大问题；监督指导项目实施；参加项目例会和特别会议。

2. 项目执行经理

项目执行经理的主要职责：对项目目标总负责；代表企业全面组织领导 CRM 项目的建设实施和组织协调管理。

3. 项目实施领导小组

项目实施领导小组的主要职责：对各分项目目标总负责；在项目执行经理的领导下，按项目计划进度和质量要求，领导分项目小组工作，组织分项目建设实施。项目实施领导小组成员主要来自项目顾问机构的顾问经理、各相关业务部门的经理、项目技术实现的技术经理等。

4. 核心业务组

项目各核心业务组包括营销、销售、服务与支持、渠道、呼叫中心等的主要职责：所负责的分项业务的客户需求与功能定义；业务模式与流程规划设计；分模块功能目标设计；业务模式优化与流程重组分析；数据关节点设计；数据样本点采集与功能测试方案建议；项目各种文档资料建立。

另外，为确保业务分析与需求的及时准确，可以再专门成立一个业务分析组，统一协调各核心业务工作组的工作。

5. 业务分析组

业务分析组必须对企业各核心业务，特别是营销、销售和服务这三大业务领域的运作流程进行深度分析，并且根据企业的实际情况对企业的各种业务瓶颈进行诊断，最后根据诊断结果撰写出业务需求表。业务分析组的成员应是来自各核心业务部门的经理或业务骨干，还必须配备一名或多名具有较强 IT 技术背景的成员，增强同技术人员之间的交流与沟通，这一点很重要。

6. 系统实现组

系统实现组的主要职责：参与各项业务模式和流程分析及设计；参与业务模式优化与流程重组论证；从技术和系统角度对各项业务的 CRM 系统的功能目标设计进行论证；对各项业务实现的技术方案进行论证并提供技术支持；根据应用开发的需要，进行应用程序的开发规划和质量要求设计；负责建立 CRM 项目的各种技术文档资料。系统实现工作组需要有较强技术能力以及对需求的把握能力，可以进一步分设技术架构设计组、业务逻辑和数据逻辑配置组、系统开发及配置组、系统部署组等。

1) 技术架构设计组

技术架构设计组主要从企业应用网络的角度，统一考虑企业整体网络和应用环境，对计划实现的 CRM 系统进行统一规划和部署，以支持 CRM 的短、中、长期的应用需要。对于跨地域的 CRM 应用，技术架构设计组必须负责考虑数据同步、数据备份以及广域网的数据带宽等要求。

2) 业务逻辑和数据逻辑配置组

在系统设计和调试阶段，技术开发人员同用户密切合作，根据用户的需要反复调整直到用户的要求得到满足；如果出现用户的期望同项目书里的目标不一致的情况，必须及时向项目经理反映，以便得到及时的修正。因此，对技术人员的沟通能力也提出了较高的要求。能否想用户之所想，耐心地解释和倾听用户的意见是非常重要的素质要求。

3) 系统开发及配置组

系统开发及配置组由比较纯粹意义上的计算机技术人员所组成，他们对 CRM 软件的功能和配置手段较为熟悉。他们必须阅读和理解并且“翻译”业务分析小组的各项业务需求，在技术上加以有效实现。系统开发及配置组必须具备很强的数据分析和处理能力，能够熟练使用各种数据清理、转换、整合的工具。

4) 系统部署组

系统经调试、试运行之后，系统部署组着手在企业范围内进行全面的系统部署，对系统进行安装测试直至交付用户使用。系统部署组可以同技术架构设计组合并，一起解决系统的安装和调试的应用问题。

7. 培训推广组

培训推广组的主要职责：参与各项业务模式和流程分析及设计；参与业务模式优化与流程重组论证；根据各分项业务模块的业务规划与系统设计，组织培训和交流；根据业务推进情况牵头组织对与项目有关的各类人员和客户进行培训和辅导；牵头并负责策划对整个项目的内外部宣传推广工作。

8. 支持保障组

支持保障组的主要职责是牵头组织协调公司内部和区域客户资源，牵头为项目实施的推进提供行政等综合保障服务。

5.3.2 CRM 项目实施工作模式

CRM 项目实施的基本工作模式是从企业管理机制和 CRM 软件系统两个方面同时向实现 CRM 项目目标的方向推进，如图 5-5 所示。

在企业管理机制方面，以核心业务工作组和业务分析工作组为主导，在咨询机构的指导下，要求企业各相关部门，对各自现有业务模式下的各类业务所涉及的客户进行描述和界定；描述现有模式下的客户基本需求和功能；明确现有业务模式下的各项业务流程，制定出现有业务的工作流程与规范；确定满足客户需求所需要的数据采集的关节点和基本监测数据样本，积累相关业务数据。

在 CRM 软件系统方面，以系统实现工作组为主导，在咨询机构的指导下，描述 CRM

系统功能，确定 CRM 系统对业务流程、数据节点和数据样本的要求，全面解释 CRM 系统功能。

随着上述两部分工作的推进，在咨询机构的帮助下，通过充分的交互沟通，确定 CRM 的项目目标；对企业现有业务流程进行优化，和必要的业务流程重组；确定需要对 CRM 系统进行个性化定制或二次开发的需求。

在 CRM 项目实施中，需要将培训与交流贯穿于项目实施的全过程(这部分工作主要由培训推广工作组负责)，并需要相应信息技术的支持，例如，需要一些工具性软件的支持。在项目实施过程中，需要在项目实施领导小组和项目执行经理的领导下，加强各方面协作，其中沟通是重要的。

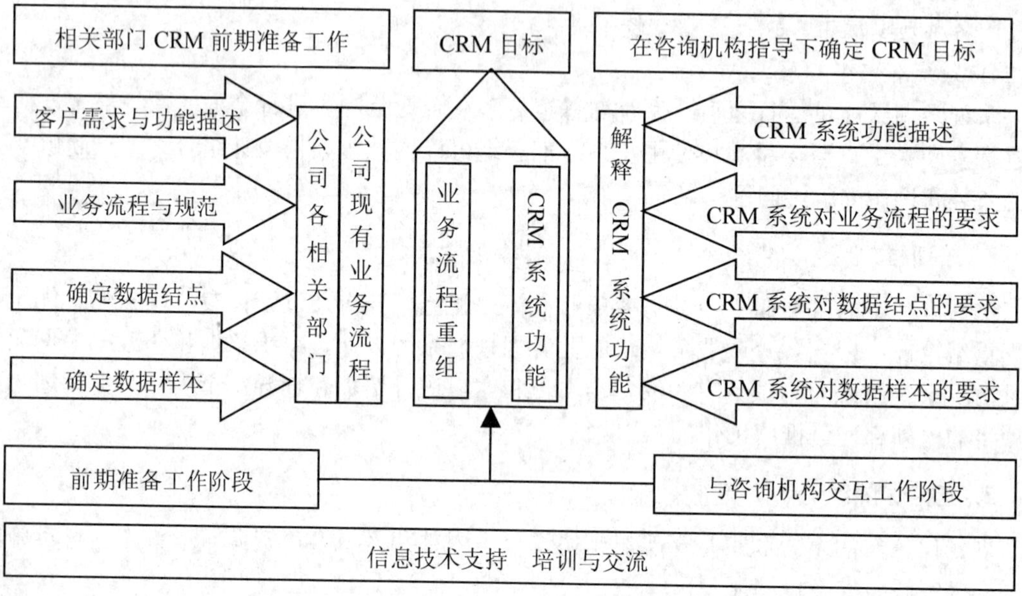

图 5-5　CRM 项目实施工作模式图[①]

5.3.3　选择 CRM 实施顾问机构[②]

CRM 项目实施是一个庞大、复杂的系统工程，涉及从供应、制造、物流、销售等多个环节和流程，甚至需要进行必要的流程再造和组织重构。因此，绝大多数 CRM 项目实施都离不开实施顾问。在项目实施过程中，实施顾问能够帮助企业进行可行性研究、整体规划、

① 参考 http://wenku.baidu.com/view/a48d022ded630b1c59eeb563.html，访问日期 2010-08-25.

② 大的 CRM 项目通常会选择咨询公司，而小的 CRM 项目一般会因为系统相对没那么复杂以及预算有限等原因，不一定会选择咨询公司。

选型招标、实施监理和验收评估，保护企业信息化投资，提高项目成功率。CRM 软件实施中有一句行话，“三分软件，七分实施”，选择一个好的实施顾问对 CRM 项目的成功与否至关重要，以下是选择实施顾问需要考虑的四个步骤。

步骤一：做好事前的调查

在聘请实施顾问之前，首先，必须明确企业的实际需求，做好企业内部调研，清楚自己开展咨询项目的目标，包括对于咨询项目结果的预期，管理顾问能提供哪些服务？能为企业创造哪些回报？基于此初步判断需要什么样的 CRM 顾问。

其次，必须清楚是否有足够的资金预算实施这个项目？领导支持度如何？

再次，如何评价咨询项目的结果和明确项目结束的标志？是以接受咨询报告为标志，还是需要通过专家委员会评估实施结果？明确目标之后，应该将这些思想落实到具体的咨询工作计划上，包括制定目标和项目实施的时间表，开始着手实施。

步骤二：评估候选咨询公司

要做企业的咨询顾问并不容易，他们必须是一位多面手的复合型人才，尤其是首席顾问必须有比较长期的实践经验，能够驾驭各种复杂的局面。

选用咨询公司和顾问的七个主要条件如下。

(1) 必须既熟悉企业所在的行业特点、业务和一般运行规则，又熟悉信息技术的运用。

(2) 必须亲自参与过企业所在行业的信息系统建设与实施，并具有该行业信息化的实施经验。

(3) 有较强的工程理念和工程实践经验，深刻掌握 CRM 的理论知识、CRM 系统的咨询实施技术和组织经验。

(4) 熟悉市场上有关行业系统产品的性能和质量情况，了解服务于企业所在行业信息化的 CRM 企业的技术势力和服务质量情况。

(5) 咨询顾问公司的典型客户及成功案例必须具有行业优势。

(6) 具有较好的专家队伍，在咨询业保持中立性，声誉良好。

(7) 咨询价格有性价比优势，不能高于 IT 软硬件总投入的一定比例。

步骤三：考察顾问方案报告

CRM 顾问实施报告方案反映一个咨询公司的脸面和态度，从中能看出咨询管理公司是否重视这个项目。企业可从以下三个方面考察顾问公司的实施方案报告。

(1) 概论部分：如何描绘宏观外部环境和微观内部环境，如何介绍行业趋势，是否提供竞争对手的信息化建设动向，最重要的是如何根据企业的优劣势来确定企业的信息化战略，以及如何使其符合企业发展战略。通过这些内容可以考察其对企业整体的了解，特别是对企业信息化期望值与目标的了解。

(2) 需求分析部分：要求咨询顾问能系统全面地介绍企业的机构设置、业务流程、规章制度及关键成功因素(KSF)，还要分析存在的问题，最后提出对企业 CRM 项目的概述需求。

(3) 结论部分：能科学系统地分析，包括企业信息化总体框架、相关软件市场分析、企业资源分析及建议、实施可行性分析、建议投资方向、预期目标效果。

另外，考察咨询管理公司的工作方法也较重要，包括有无咨询动员会(借助高层力量，引起重视)及其效果如何；有无访谈式调研及其效果如何；选项型调查表设计如何等。

咨询管理公司应提交的文档主要包括，初步调研提纲，企业调查问卷，需求分析报告，项目建议书，初步报价书，长期合作建议等。

步骤四：现场测试服务能力

现场咨询服务及解决能力演示是选聘管理顾问的重要步骤，也是管理顾问实力的体现。企业主要从三个方面考察咨询顾问的实力与服务水平。

(1) CRM 规划现场演讲。可先由三四家入围的咨询公司做 25 分钟规划分析报告，后由企业聘请的专家进行现场提问，入围的咨询公司回答，现场打分。

(2) 入围的咨询公司做 CRM 选型报告。选型是 IT 建设的核心，可先由入围的咨询公司做 25 分钟的 CRM 选型分析报告，后由企业聘请的专家进行现场提问，入围的咨询公司回答，现场打分。

(3) 现场 CRM 问题诊断。进行现场能力测试时，可在现场连接网络，接入系统，先由企业聘请的专家就常见的 CRM 建设问题提出相关案例，后由入围的咨询公司现场进行演示，提出不同的解决方案，以测试顾问的水平，现场评分。

企业也可当场下载一个 CRM 试用版，请参选的咨询公司顾问像软件商一样当场录入相关数据，包括企业准备实行的新编码。企业一方现场进行运行测试，检查哪家机构运行实施比较好，对软件剪裁、运行参数初始化设置及定制化修改更能切中要害。

最后，企业还应该从性价比的角度去权衡咨询顾问机构所报的服务费用，再根据上述各步骤的具体情况，进行综合评选，决定最后入选的顾问咨询机构。

值得一提的是，再好的顾问咨询机构也不是万能的，绝不能简单地认为请一个好的咨询机构、出一套好的咨询方案就能解决企业 CRM 项目实施的所有问题，这是不现实的。经验再丰富的实施顾问也不可能完全了解每个企业的情况。因此，既要重视实施顾问的作用，又不能盲目信任实施顾问。项目实施的成功归根结底是企业的成功，咨询机构在实施过程中只是一个参谋的角色，互为搭桥、有效的合作才能双赢。

5.4 CRM 的项目管理①

CRM 是典型的 IT 项目之一，将项目管理的知识运用到 CRM 项目中是很自然的，只不过 CRM 发展的时间还不是很长，许多企业在实施 CRM 时还没有能够严格按照项目管理的

① 有一种针对小公司的 CRM，可能采用完全产品销售的方式，软件提供商不提供实施和项目管理。

要求来执行。通过有效的项目管理必将大幅增加 CRM 项目实施的成功概率。①

5.4.1　项目管理的一般概念

1. 项目管理的含义

项目管理的概念最早是在 20 世纪 40 年代发达国家的国防工程和工业，及民用建筑工程中提出的，主要指项目规划、预算和一些特定管理目标的实现。在 1958 年，美国发明了计划评估和审查技术(PERT)，用于北极星导弹潜艇项目。与此同时，杜邦公司发明了一个类似的模型，称为关键路径方法(CPM)。PERT 后来被工作分解结构(WBS)所扩展。军事任务的这种过程流和结构很快传播到许多私人企业中。

20 世纪 80 年代后，项目管理逐渐发展成为一门管理学科，其范围也不再局限于以传统的工程建设项目为主的项目管理，而扩展到适应现代社会发展的各种项目管理的理论和方法。特别是进入 20 世纪 90 年代后，随着信息系统工程、网络工程、软件工程以及大型建设工程和高科技项目开发等项目管理新领域的出现，项目管理在理论与方法上不断创新且更趋现代化，项目管理的应用范围也越来越广。

随着时间的推移，更多的指导方法被发明出来。这些方法可以用于在形式上精确地说明项目是如何被管理的。这些方法包括项目管理知识体系(PMBOK)、个体软件过程(PSP)、团队软件过程(TSP)、IBM 全球项目管理方法(WWPMM)、PRINCE2(PRojects IN Controlled Environments 2)。这些技术试图把开发小组的活动标准化，使其更容易地预测、管理和跟踪。

所谓项目管理，就是项目的管理者在有限的资源约束下，运用系统的观点、方法和理论，对项目涉及的全部工作进行有效的管理，即从项目的投资决策开始到项目结束的全过程进行计划、组织、指挥、协调、控制和评价，以实现项目的目标。

2. 项目管理的内容

项目管理的内容包含多个方面，一般而言，项目管理主要包含以下九个方面的工作内容。

(1) 项目人力资源管理：为了科学有效地安排使用投入项目的人力而采取的一系列步骤，包括项目组织的规划设计、组织结构模式及选择、团队建设、人员选聘、项目管理班子和项目经理的要求与选择等。

(2) 项目范围管理：为确保项目成功地完成规定要做的全部工作的管理过程，包括项目的批准、范围定义、范围规划、范围变更控制和范围确认等。

(3) 项目进度管理：为确保项目按时完成的各阶段工作的过程安排，包括项目活动定义和顺序安排的方法、活动时间计划依据和方法、进度计划的制订和优化、进度的监测检查与调整等。

---

① 赵相如. CRM 中项目管理的应用与研究. 项目管理技术，2008(S1)：363-367.

(4) 项目费用管理：为确保完成项目的总费用不超过批准预算的一系列过程，包括项目费用构成、资源计划、费用结果、计算与控制等。

(5) 项目质量管理：为了确保项目达到客户所规定的质量要求而实施的一系列管理过程。它包括质量规划、质量控制和质量保证等，是项目的质量管理体系。

(6) 项目沟通管理：为确保项目信息快速有效地收集和传递所需要实施的一系列措施，包括信息交流规划、信息传递、进度报告和施工资料文件的管理等。

(7) 项目采购管理：为了从项目实施组织之外获得所需资源或服务所采取的一系列管理措施。它包括采购计划、采购与征购、资源的选择以及合同的管理等工作。

(8) 项目风险管理：项目可能遇到各种不确定因素，需要进行项目风险的识别、分析、排除和减低风险影响的工作，包括风险的识别、分析预测和评价、风险对策的提出与实施管理等。

(9) 项目集成管理：为确保项目各项工作能够有机地协调和配合所展开的综合性和全局性的项目管理工作和过程。它包括项目集成计划的制订、项目集成计划的实施、项目变动的总体控制等。

以上知识点从一般意义上简要介绍了项目管理的含义和主要内容，针对具体项目，特别是像 CRM 这种同时具有管理项目和 IT 项目属性的项目管理，需要具体问题具体分析，制定具体的项目管理内容。

5.4.2 CRM 项目管理的特点及核心

CRM 项目有着其特有的复杂性和高风险性，应该将项目管理知识应用于 CRM 项目实施的全过程，通过科学严格的管理，实施一个成功的 CRM 项目。

1. CRM 项目的特点

CRM 项目除了具有一般项目的共性外，还具有一些独特的特性。

1) CRM 项目既是 IT 项目也是企业管理项目

作为一种 IT 项目，CRM 是新兴的，其理论框架和软件系统还没有完全成熟，没有太多的经验值得借鉴。CRM 的项目风险和实施难度相对比较大，而且各种行业解决方案之间存在很大的差异性。另外，CRM 涉及企业管理理念的变革，涉及各种业务流程，特别是大企业的业务庞杂、各部门相互交叉，实施 CRM 项目的过程艰难而漫长，经常会因此导致项目实施不了了之。故此，如何规划控制项目实施范围和时间是 CRM 项目成功的一个关键所在。

2) CRM 项目很注重分阶段前后实施的衔接

某个阶段所实施的 CRM 可能只是 CRM 的部分模块，如客户信息管理与市场管理模块。当企业需要再次实施 CRM 其他模块项目时，如需要进一步实施销售管理、客户服务、客户智能等模块时，这些前后实施的项目应该有很好的衔接和整合。因此，作为一个具有 CRM 远景的企业，应该对 CRM 有一个全局上的战略，确定各阶段的战略目标和战略步骤。

3) CRM 系统需要与企业其他系统无缝整合

CRM 项目实施后，所实现的系统需要与企业中其他系统无缝整合，特别是与企业的 ERP、SCM、PDM/PLM 等系统的集成与整合，才能真正实现 CRM 项目的核心管理理念。因此在实施前就应该对该问题有所规划，实施过程中才能选择正确的解决方案。

4) CRM 项目的预算通常容易偏低

这是因为预算人员经常不能把握住 CRM 的潜在成本，而企业要控制成本，避免失败，就需要了解 CRM 潜在的隐性成本主要表现在哪些方面。以下是四个关键的“成本因子”。

(1) 培训：公司所犯的最大的失误是低估 CRM 项目的复杂性和长期性。公司需要培训员工，才能让他们理解如何运作 CRM 软件，充分发挥新的业务模式的优越性，例如，在 CRM 系统提供信息的基础上，进行交叉销售和追加销售。

(2) 数据维护：CRM 需要收集庞大数据，才能够识别客户并描绘出他们的购买行为和偏好，而且数据不是一劳永逸的，需要持续维护，纠正错误条目并不断更新数据。低质量的数据将会侵蚀 CRM 创新的有效性，数据质量的确保是维护成本中重要的因素。许多公司没有能够计算出收集和维护客户信息的真正成本。

(3) 软件集成：通常需要与其他系统的集成，CRM 系统才能呈现出一幅完整的客户“视图”，并在销售和营销中充分利用客户信息。例如，CRM 系统需要与 ERP 系统集成，以向客户提供订单完成情况的查询。

(4) 项目管理：另一个隐性源于 CRM 项目管理本身。CRM 首先是一种企业战略和管理创新，然后才是一种 IT 应用，因此 CRM 项目管理缺乏一个明确稳定的基础，加大了项目管理的难度。CRM 项目管理应该覆盖整个 CRM 项目过程，包括定期跟踪项目里程碑、资源和费用等。

2. CRM 项目管理的核心

CRM 项目管理直接决定着 CRM 实施的命运。CRM 项目管理的核心在于，如何在权衡项目范围、项目时间和项目成本这三个维度的基础上，应用项目管理工具和技术来对整个项目的实施过程进行管理和控制，如图 5-6 所示。

(1) CRM 项目范围：明确 CRM 项目的任务是什么，通过 CRM 项目实施，企业能实现什么样的目标，例如，营销自动化、销售自动化或服务自动化。

(2) CRM 项目时间：明确完成 CRM 项目所需要的时间，安排好 CRM 的时间进度计划。

(3) CRM 项目成本：规划好完成一个 CRM 解决方案需要花费的成本。另外在预算时，一定要提防 CRM 的隐性成本。

在项目开始时，这三个因素都应当有各自的目标。在进行了初步的时间和成本估算后，分别在高、中、低三个层次对项目风险和可能的回报进行评估，进一步准确确定 CRM 项目的实施范围。由于项目的不确定性和资源使用的竞争性，很少有项目最终能够完全地按照原先预定的范围、时间和成本目标完成。成功的项目管理意味着同时实现这三个目标，并确保了项目的质量。

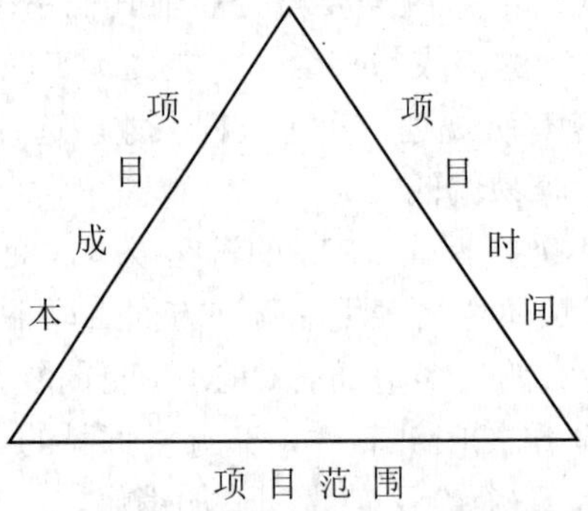

图 5-6 CRM 项目管理的核心内容

5.4.3 CRM 项目管理的具体内容

CRM 项目的实施涉及管理职能的各个组成部分，必然会引起不同程度上的管理重组。在项目实施过程中，原有管理模式和管理系统的正常运转必然受到影响。如果 CRM 项目实施不当，不仅造成经济上的损失，而且会给企业经营带来严重破坏，甚至崩溃。作为典型的高风险项目，CRM 系统实施必须进行严格的项目管理。项目管理的内容非常丰富，这里只简单描述 CRM 项目管理中几个重要的方面。

1. 确定 CRM 项目的需求

对于 CRM 项目来说，需求确定是至关重要的。如果需求不明确，系统不断变动将不可避免，其结果就是工期滞后、成本倍增，并最终导致项目失败。CRM 的需求确定的内容很多，而且需要根据不同的 CRM 解决方案，来确定相应的需求。例如，分析企业现有的管理模式和系统，初步了解企业和最终用户的需求，建立简易的交互式用户接口样本，改进用户样本直至用户满意，编制签署需求文件，将用户接口样本和需求文件归入项目档案。只有对具体要求有一个非常清晰稳定的了解，需求确认才算完成。

2. CRM 项目可行性分析

在确定 CRM 项目需求的前提下，在具体实施前，还需要评估企业现有的基础。这一点很重要，但是很容易被忽视。可行性分析主要是评估 CRM 项目实施是否已经准备充分。

(1) 确定 CRM 项目资金是否已经到位。如果企业只是把 CRM 停留在一种构想上，那么即使做出一个近乎完美的 CRM 项目整体规划，也毫无意义。因此，首先要确保不同实施阶段资金都能到位。

(2) 企业 CRM 战略是否确定，以及是否已经确定相应的 CRM 战略目标和战略实施计划。该问题主要用来检验企业对 CRM 是否具有一个总体的长远规划，这是 CRM 实施的方向，具体的CRM项目要与企业CRM战略相一致。只有确立了CRM战略实施计划，才能确保不同阶段的CRM项目的衔接性。

(3) 项目经理是否已经对实施步骤“胸有成竹”。项目经理的工作角色体现在定义并确认CRM需求、管理项目的执行、协助定义成功的标准等工作。而这些工作都应当为企业领导所知。

(4) 项目成功的标准是否已经建立。企业将通过什么标准来判断CRM项目是否获得成功，这一点往往容易被忽略，但其实很重要。它是对整个系统是否实现了企业CRM战略的评价依据。

(5) 企业所有部门对“客户”是否有一个共同的定义。在CRM项目实施之前，应该对“客户”和其他一些关键术语有一个统一的定义，不能再出现不同部门(例如营销部门和呼叫中心)对“客户”有不同的定义。这样才可能最终实现统一的客户信息管理。

(6) 当前的基础设施是否支持CRM产品的定制化。对CRM定制化需要一定基础设施，包括工作站配置环境、网络环境二次开发需要使用的开发工具等。

(7) 企业是否已经确定哪些应用软件或系统必须与CRM产品进行集成。CRM选型时，应预先清楚其他企业系统对 CRM 应用系统的影响，以及数据如何在各个系统间有效地传递。因此，企业所选择的CRM软件系统应当确保与企业其他系统间的集成性。

3. 制订CRM项目计划

在项目管理中，制订项目计划是最复杂的阶段，却经常不受人重视。许多人都对计划制订工作抱消极态度，因为计划经常没有付诸实施。但是，每个成功项目都必然有周密的项目计划。一个好的项目计划提供了项目的全景描述，是项目资助者、决策小组和项目团队全面了解项目内容的最好工具。项目计划本身具有稳定性和约束性，是实施项目控制的最有力标准和依据。计划可能随着项目的深入而更新，但是任何计划改动都应当有严格的程序。

在CRM项目管理中，很多地方都要用到项目计划的内容，主要涉及CRM项目管理核心内容的计划，一是在确定CRM范围时，需要定义范围、编制范围计划；二是在CRM成本管理中，需要编制资源计划、成本估算和成本预算；三是在CRM项目时间管理中，需要编制项目进度安排计划。表5-2是项目推进计划的实例之一。

表5-2　CRM项目推进计划表

工作项目	选择咨询公司	分析需求、设定目标 评估实施范围 CRM系统选型	目标细化	设计定义业务流程	系统配置 用户培训 数据准备	测试交付	功能优化
推进计划	×××周	×××周	×××周	×××周	×××周	×××周	
流程重组	→						

续表

工作项目	选择咨询公司	分析需求、设定目标 评估实施范围 CRM 系统选型	目标细化	设计定义业务流程	系统配置 用户培训 数据准备	测试交付	功能优化
推进计划	×××周	×××周	×××周	×××周	×××周	×××周	
信息技术	→	→	→	→	→	→	→
流程与系统集成	→	→	→	→	→	→	→
组织结构调整	→	→	→	→	→	→	→
培训文档	→	→	→	→	→	→	→

4. CRM 项目风险管理

企业实施 CRM 项目将引起各个方面的巨大变化，存在相当大的风险。企业只有增强风险意识并积极防范，才有可能提高 CRM 项目实施成功的概率。典型的 CRM 项目实施风险有以下四个方面。

(1) 内部环境风险：对 CRM 项目的认识不够，管理层没有给予足够的重视，员工习惯于原有的工作方式，对 CRM 项目消极应付；部门间相互协同配合不畅，CRM 项目导致内部利益冲突；企业 IT 基础设施不具备，不能支持 CRM 系统的运行。

(2) 业务管理风险：没有合适的项目经理和内部团队；没有业务需求、技术层面或整体项目的决策者；没有合理的项目培训、系统切换和推广计划；项目团队成员没有充分理解 CRM，核心业务流程不清晰；缺少清晰的项目实施进度和相关配合机制，没有建立系统的维护和后续优化机制；业务需求范围反复定义，不断扩大，项目不稳定。

(3) 技术层面风险：没有选择好供应商，系统的技术不成熟，不能满足企业的实际需要；缺乏专业的、经验丰富的技术人员；CRM 系统与其他信息系统的集成方案不切实际，没有完成集成方案测试；相关网络、计算机硬件不能按时到位，不能有效处理系统中的问题。

(4) 项目实施风险：完全由计算机专业技术人员组成的实施队伍将隐藏着巨大的风险，没有制定明确的、可行的时间进度表，不能按时实现项目目标，最终导致半途而废；许多意想不到的开支导致成本急剧增加；系统安全及安全管理存在问题，缺乏安全意识导致在安全设计上存在着漏洞和缺陷。

CRM 项目风险管理的基本过程包括，编制风险管理计划；识别风险因素；定性与定量风险分析，包括风险的发生概率和影响程度；制定风险应对计划，针对不同风险采用风险避免、风险接受、风险转移和风险缓解等措施；风险监督与控制。

5. CRM 项目控制

控制是一个过程，用来衡量项目的方向、监控偏离计划的偏差，并采取纠正措施、使进度与计划相匹配。项目控制对于确保一个 CRM 项目沿着成功的轨迹推进是非常重要的。它在项目管理的各个阶段都发挥着重要的作用。项目控制涉及多个方面，重点是进度控制、成本控制和变更控制。

(1) 项目进度控制：依据项目进度计划对项目的实际进展情况进行控制，确保项目如期完成。有效进度控制的关键是控制项目的实际进度，及时、定期地将实际进度和计划进度进行比较，发现偏差后立即采取必要的纠正措施。其内容包括，对造成进度变化的因素施加影响，确保得到各方认可；查明进度是否已经发生变化；在实际变更发生时进行管理；进度控制应与其他控制进程紧密结合，并贯穿于项目始终。

(2) 项目成本控制：项目组织为保证在变化条件下实现其预算成本，按照事先拟定的计划和标准，通过各种方法，对项目实施过程中发生的各种实际成本与计划成本进行比较、检查、监督、引导和纠正，尽量使项目的实际成本控制在预算范围内的管理过程。项目成本控制是以各项工作的成本预算、成本基准计划、成本绩效报告、变更申请和项目成本管理计划为依据，用成本变更控制系统、绩效测量、补充计划编制等方法进行的。

(3) 项目变更控制：变更控制的目的并不是控制变更的发生，而是对变更进行管理，确保变更有序进行。CRM 项目的变更控制与管理主要包括两个方面，一是企业内外部的变化对 CRM 系统所提出的变更需求，例如项目实施范围、具体业务需求变化等，将对项目进度和成本控制带来影响；二是 CRM 项目实施导致企业业务流程和组织结构的变化，以及对企业原有利益格局的调整。这两个方面的变更是一个项目调整和适应的过程。

6. CRM 项目质量管理

CRM 项目质量管理的目的很明确，就是要确保项目满足它所应满足的需求。而 CRM 项目质量管理通常是很多项目团队所不太重视的。CRM 项目质量管理主要包括三个过程。

(1) 质量计划编制：包括确认与项目有关的质量标准及其实现方式。将质量标准纳入项目设计是质量计划编制的重要组成部分。对于一个 CRM 项目，质量标准可能包括允许系统升级与集成，为系统计划一个合理的客户响应时间或确保产生统一的客户信息等。

(2) 质量保证：包括对整体项目绩效进行预先的评估，以确保项目能够满足相关的质量标准。质量保证过程不仅要对项目的最终结果负责，而且还要对整个项目过程承担责任。高级管理层、CRM 项目经理应当带头强调项目团队在质量保证活动中发挥作用，而且项目团队首先应当以工作质量来保证项目质量。

(3) 质量控制：包括监控特定的项目结果，遵循相关的质量标准，并识别提高整体质量的途径。这个过程通常与质量管理所采用的工具和技术密切相关，例如质量控制图、统计抽样等。

7. CRM 项目收尾工作

项目收尾工作关系到日后 CRM 系统的运行和客户关系管理的运作。项目收尾工作可以重点关注以下三个方面。

(1) 整理相关流程规范：CRM 项目实施过程中所建立起来的标准流程与标准作业规范是今后 CRM 系统运行的重要文件。CRM 项目在接近尾声的时候，CRM 项目的负责人，要根据企业的流程情况，将这些流程所对应的流程规范整理成册，以备后续的查询。另外，还应该整理相关培训资料，以备日后培训之用，特别是对新员工的培训。

(2) 整理待解决的问题：CRM 项目实施不大可能一次性解决所用的问题，例如对于一些深层次或比较特殊的问题，企业需要通过一段时间的考察和磨合才能得到逐步的完善和解决。项目结尾阶段需要将这些问题整理清楚，这对企业后续 CRM 的改进具有很高的参考价值。这些问题主要是项目暂时未涉及的一些内容，包括一些尚未完全解决好的特殊流程及特殊业务。

(3) 做好日后的工作计划：CRM 的推进以及 CRM 系统后续的维护工作非常重要，做不好会导致 CRM 项目前功尽弃。因此，在 CRM 项目收尾阶段，应该与实施顾问一道认真做好日后的工作计划与工作重点，包括 CRM 项目如何持续推进，以及日后运行可能会遇到哪些问题；遇到问题时，应该如何解决等。

5.5 CRM 项目的主要问题

企业在实施 CRM 项目的过程中所有出现的问题可以归结为三大类：思想问题、管理问题和技术问题[①]。这些问题的出现可能会涉及每一个人，从资深的执行官、营销和销售管理者、客户代表，到 IT 技术人员。解决问题的最好方式就是在问题发生之前的预防，而不是在问题出现之后的解决。

5.5.1 思想问题

很多企业对 CRM 的认知存在一个最普遍的误解，认为 CRM 是一种万能药，可以包治万病，认为实施 CRM 能够解决销售、营销和服务部门所不能解决的所有问题。然而，CRM 应用系统只是一个“使能器”，而不是“人类关系”的替代物。因此必须摆正 CRM 的位置，客观地分析企业的需求以及相应的 CRM 系统所能实现的功能。CRM 系统的开发与传统的 IT 系统的开发存在一定的差异性，管理人员和用户往往容易低估完全理解“客户关系”需求所应该花费的时间和精力。思想问题还有很多方面，包括对 CRM 理念和方法的认识，从

① http://sysapp.51cto.com/art，访问日期 2010-08-20.

公司高层、部门经理、一般员工到最终用户对 CRM 项目的支持等。

预防出现上述认识问题的最好方法就是，系统性地培训企业中各层次的人员(尤其是最高层支持者、项目团队、关键用户和数据管理员)，并确保这些人员能够定期地进行交流。必须对企业管理层进行正确的培训，让他们知道"CRM 能带给企业什么"，"自己应该承担什么样的义务和责任"。CRM 项目团队必须包括成功的销售人员、客户代表、知识渊博的用户、数据分析师和 CRM 专家。

5.5.2　管理问题

CRM 项目在实施过程中的管理主要可能会出现以下四个方面的典型问题，以及解决问题的方法。

1. 缺乏高层领导的支持和参与

项目实施过程中最严重、最致命的问题就是没有得到高层领导的支持。任何没有得到高层领导支持的项目都会失败。高层领导不仅可以提供持续的资金支持，还可以协调项目实施过程中出现的部门间的冲突问题。另外，高层领导在 CRM 项目实施的其他环节都能起到关键性的作用，例如，数据质量对于 CRM 的有效性非常重要。而对数据质量的控制除了技术因素以外，更重要的是需要高层领导对数据质量实施从上到下的管理，在企业中形成一种时刻关注数据质量的文化。

解决这个问题的方法是，至少有一位具有足够权力、对 CRM 有一定认识和需求的高层领导者对 CRM 项目实施的支持。这位领导者应当跟踪是否有足够的资源投入到项目中去，还应当关注项目各个阶段的进展情况，而且还能够为许多问题做最后的决策。这些问题包括在 CRM 项目中不可避免地出现的数据定义、数据传送、数据质量标准、客户信息库的建立机制等问题。

2. CRM 系统与企业管理机制的冲突

企业管理机制对 CRM 项目实施起重要作用。CRM 实施的成功与否，不仅与软件供应商有着很大的关系，而且与企业本身的管理机制也有着很大关系。有时候，人们对企业的管理和 CRM 系统的次序表示疑问：是先进行管理机制变革，再充分利用 CRM 软件系统适应变革后的管理机制，还是先进行 CRM 软件系统变革，再让企业管理方式与流程去适应这些管理软件。

实际上，应该同时考虑企业管理机制和 CRM 软件系统，两者的终极目标是一致的，它们在实现目标的过程中，相互补充。例如，发挥 CRM 功能需要企业"以客户为中心"的流程为基础，而真正实现企业"以客户为中心"的流程并发挥功效，显然需要 CRM 系统的支撑，两者应并行推进，相互补充，缺一不可。这种并行推进需要 IT 部门和业务部门的合作实现。

CRM 虽然是一项业务管理战略，但此战略的实施离不开技术的支撑。这就意味着企业信息技术部门与业务部门之间必须密切合作，共同确定满足企业业务发展战略需要的技术、总体系统与架构。同时信息技术部门在部署相关技术架构时，还需要明确业务部门的需求及业务处理的优先级。如果双方缺乏必要的合作，势必会导致 CRM 系统不能很好地满足企业整体业务的需求，影响 CRM 项目的应用效益。应该在实施 CRM 系统的初期，组建一个有信息技术部门与业务部门共同参与的项目小组，确保双方都能够参与 CRM 系统的规划与部署。

3. CRM 项目实施范围不恰当

CRM 的项目范围的确定对于 CRM 的投资回报率、CRM 的成功与否都非常关键。确定 CRM 实施范围需要以企业特性及其所在行业的特点为基础。例如，零售企业和批发企业对 CRM 的需求会有所不同，因此也就会有不同的项目范围。如果硬要进行相同的实施，最终只能以失败而告终。另外，如果范围的定义太广，其分析和实施就会变得非常复杂，往往费钱又费时，容易让人对 CRM 失去兴趣。如果范围的确定得过小，就会很难发挥 CRM 的功效，因此而难以实现 CRM 的强大功能。

解决 CRM 范围问题的关键在于，要理解企业实施 CRM 项目的过程就是一个学习曲线的形成过程。在 CRM 的项目实施过程中，可以采用“从小做起，逐步深入”的原则，这是处理新事物的一种古老而又成功的技术方法。另一种范围的含义，就是要控制项目实施的进度，例如，可以把 CRM 系统分析的时间控制在一个月的范围之内，最后的系统测试也花费一个月。

4. CRM 项目实施后缺乏持续性改进

CRM 项目的持续功效主要体现在 CRM 能够持续地提高客户服务质量。如果缺乏一种变革的机制，CRM 将会迅速失去它的效力，客户服务质量难以逐步提高。那些已经通过 CRM 实施了“以客户为中心”的流程和业务变革的企业，往往容易停留在他们成功的荣耀之中，或者是沉陷于 CRM 失败的痛苦之中。而 CRM 本身是需要不断完善的，因此对 CRM 系统的持续改进和升级则显得尤为重要。

为了能够持续改进 CRM 系统，可以考虑设立一个“内部公共关系”的专门职位。该职位的负责人不仅需要与可能影响功能和数据的一线人员进行交流，还要与可能决定持续投资的主管和决策者进行交流。CRM 的成功不仅要实践，还应当通过定期的时事通讯、形势会议或一个内部网站等途径，使 CRM 逐步“深入人心”，并进行持续升级，而这些活动都应当由专人来负责。

5.5.3　技术问题

在 CRM 项目实施的过程中，也会有许多因为技术问题而导致在项目实施的过程中出现问题甚至导致项目失败的情况。

1. CRM 项目团队本身缺乏技能和经验

最重要的技术问题就是在 CRM 实施的所有阶段缺乏技能和经验。例如，当传统系统需求分析的方法不再有效时，就应当采用一种依靠数据和流程模型的结构化方法来解决问题。定义需求可能是一种反复循环的迭代过程，而且在系统投入使用后依然需要进行持续性地改进。如果项目团队不预先对此有所认识，往往会低估项目的成本和时间。如果项目团队由于缺乏技能和经验，不能理解所需数据的详细程度的话，容易导致太多或太少的详细数据。拥有数据模型或数据库经验的技术人员可能会知道如何设计 CRM，但是如果没有 CRM 系统所独有的直接设计和分析经验，也会遇到很多问题。

解决这个问题的有效方法就是找一个经验丰富的高层次经理，他能够自始至终监控整个项目。这不仅可以确保项目走向成功，而且随着 CRM 的逐步推进，他可以在企业中慢慢地灌输正确的 CRM 的思想与方法。这里所讲的经验丰富，不仅表现在相关工具的经验方面，更关键的是体现在成功实施 CRM 的经验方面。另外，项目团队的内部专业化培训也非常关键。

2. 使用新技术本身所固有的高风险

新技术的风险控制对于 IT 项目的成功与否非常关键，人们对 CRM 这种新技术的认知和认可本身就具有很大的风险。CRM 系统通常拥有庞大的用户群，不同的用户会有不同的使用系统的习惯，他们会阻止新技术的应用。例如，大多数销售人员都会有他们自己管理客户关系的方式，为了保持原有习惯，会阻止建立新的自动化系统。另外，用户对 CRM 相关的技术不精通、缺乏经验，或只有极少数用户能够充分使用 CRM 系统。这既是一种浪费，其结果也很有可能是灾难性的。

解决这个问题的有效途径就是要根据具体情况，选用具体技术并进行培训。对于管理人员和用户的技能较差的企业，应当选择简单清晰的，并得到证实的技术。所选择的工具应当易学、易用。另外，如果对新技术的使用具有持续性的需求，企业需要进行组织培训，并需要一些外部专家的参与。尽管从短期来看，需要耗费很高的成本，但这是必需的，只有这样才能保证项目的按期完成，并增强员工对 CRM 的信心，让全体员工在学习一个新工具的同时获得很多最新的知识。

3. 过分依赖于工具

过分依赖于工具是企业 IT 部门经常出现的错误。在某种程度上，工具的强大功能远不如人类思维的敏捷，尤其是一些技术专家的思想。这并不等于工具没有用，当然在很大范围内，CRM 项目实施需要一些工具的支持。例如，后端数据的整合、清理，以及数据传送时的用户 GUI 界面等都离不开技术工具的支持。然而，由于不同软件提供商之间的产品兼容性和可集成性依然不高，导致项目团队将过多的精力放在解决与工具相关的问题之上，在没有理解“为什么”的前提下，一味地依赖工具。

解决这个问题的方法是，不要完全围绕工具来建设 CRM 项目，要把工具问题摆在适当的位置。建立一种合理的方法论来定制项目的范围和可交付性，然后用方法论来引导工具的使用。CRM 项目团队或者是寻求正确的工具，或者是使用有效的、著名的、得到证实的工具。

4. CRM 项目团队低估对数据质量的要求

在 CRM 项目实施的过程中，项目团队经常低估不同来源数据的集成复杂性，特别是数据质量问题。大多数传统的 CRM 系统受害于较差的数据质量，当企业设法在不同的系统和数据库间进行集成时，问题就会变得更加严重。绝大多数商务智能和 CRM 项目的失败都是由于严重数据质量问题所造成的，并且数据质量很难加以改进。

解决数据质量问题需要从基础做起，一是在系统分析阶段，一定要关注数据质量保证问题，并建立相应的文档；二是需要仔细分析数据，这也是非常重要的。例如，CRM 项目必须统一不同数据来源的日期格式，如果企业以前没有在单一日期格式上进行过标准化，那么该企业必须要在项目规划和流程设计时要将此因素考虑进去。

5. CRM 项目团队忽视安全问题

一般而言，CRM 项目是开放性的工程，通常要建立一个基于 Web 的系统。该系统所处理的客户信息对许多职员和客户是开放的和可共享的。当 CRM 逐步成为一种更透明、更重要的企业资产的时候，就难免会出现安全问题。使用标准的安全控制工具来解决安全问题是远远不够的。在一个开放系统中，用户的安全防护可以通过编码来限制，但是在 CRM 项目中，安全防护的问题就变得非常复杂。例如，表格中的一列数据可能与另一列数据有不同的来源，而且可能这两列数据的安全需求不一样。

解决这个问题的基本思路是在规划和实施的阶段，CRM 项目团队就应当将安全问题考虑进去。有必要的话，可以聘请安全专家，并设法使用安全防护工具。如果是公众网络，可以考虑使用密钥加密。安全问题在自动化和非自动化的系统中都必须考虑，而且员工必须在所有安全系统上接受培训。

案例分析：中欧国际工商学院的 CRM 实施

中欧国际工商学院的 CRM 实施①

1. 关于中欧国际工商学院

中欧国际工商学院(China Europe International Business School, CEIBS)，以下简称“中欧”，是一所由中国政府和欧洲联盟共同创办、专门培养国际化高级管理人才的非营利性中

---

① 本案例源自 GCCRM 评估指南 2006。

外合作的高等学府。学院成立于 1994 年 11 月。作为中国工商管理教育的先驱，学院最早在中国大陆开设全英语教学的全日制工商管理硕士课程(MBA)、高层管理人员工商管理硕士(EMBA)和高层经理培训课程(EDP)。

学院恪守“认真、创新、追求卓越”的校训，以国际化为特色，坚持高质量办学。经过 10 年的辛勤耕耘，中欧国际工商学院的课程及学位已获得国际工商教育权威认证系统(EQUIS)的认证，并获得国务院学位委员会的正式认可。

中欧国际工商学院的主要业务及业务部门包括以下内容。

(1) 全日制工商管理硕士课程(MBA)：面向具有管理潜质的年轻人的学位教育。

(2) 高层管理人员工商管理硕士(EMBA)：面向企事业单位高级管理人员的学位教育。

(3) 高层经理培训课程(EDP)：面向企事业高层经理人员的非学位教育，包括公开课程、文凭课程和校友课程等。

(4) 职业发展部：帮助学员寻找合适的就业机会，以及帮助企业寻找合适的人才。

(5) 校友会和中欧校友基金：为校友提供各种服务以及组织各种活动，接受校友捐赠，管理和发展校友基金。

(6) 企业关系部：发展和维护与企业的战略关系，开拓各类企业赞助。

(7) 市场及公共关系部：统一运作全院层面的市场活动。

中欧国际工商学院有两种类型的客户。

(1) 个人型客户：主要包括各类课程的申请人、学员、校友、教授以及企事业单位的联系人和赞助人等。

(2) 组织型客户：主要是指委托学院培养人才、招聘人才和提供资助的各类企业和组织以及赞助商等。

2. 面临的商业问题

中欧已经被证明是中国大陆最好的国际性商学院，但是为了在充满竞争的环境中实现梦想和目标，中欧应该保持不断向上的发展趋势。中欧认识到：学生资源、校友资源、教授资源和公司客户资源能进一步拓展教育市场的价值，而信息技术被证明是能为中欧实现这一商业目的的手段。

学院内存在多个独立的客户关系部门，CRM 实施前，中欧各部门运行着一些信息管理应用系统，但它们各自为政。实际上，在对内和对外两个方面，中欧还没有一套统一的信息系统，因此也导致了中欧出现如下困境。

(1) 客户的历史资料不能被跟踪和管理，而事实证明这些客户历史资料能使管理者迅速地发现问题，并有助于将来制定出更为明智的发展策略。由于客户信息的匮乏，直接导致了中欧不能满足客户的一些需求。

(2) 由于没有集中的信息管理机制，数据结构也没有统一和标准化，以至于数据不能自由地在部门间传输和共享，导致各个不同部门存在不平衡，严重阻碍了学院的发展。此外，经常发生很多需要将同样的数据输入到不同系统的重复劳动，并且这样的操作对于类似于中欧这样具有一定规模的学院显然是低效率的。

(3) 客户有可能同时收到来自中欧的相互矛盾的信息，员工有可能重复做同样的事情，信息和知识不能在教授、学生和员工之间共享。

(4) 以往使用的文件型数据库不仅使用效率低下，而且数据安全也得不到保证，容易发生数据遗失、破坏和泄密。

(5) 各业务部门之间无法开展有效的商务协作，特别对于市场营销活动，很难共享资源和成果。

(6) 管理层缺乏有效的信息系统和机制来掌握和管理全院及各业务部门的业务情况。

总之，以前的信息管理系统不能适用于大多数的商业行为。中欧没有一套系统能够精确地保存各类有价值的信息，帮助中欧管理每日的商业操作，并为决策者提供完整的分析报表，从而帮助他们制定出能促进学院发展的决策。而且信息安全还未得到充分的保证，一些重要的信息会流失，并且被竞争对手使用。因此，为了改善中欧的信息系统以及迎合商业环境的变化，中欧非常有必要实施 CRM。

3. 项目实施过程

1) 项目计划

整个 CRM 项目分成两个阶段实施。第一阶段主要目标是分析全院的业务、统一各个部门的数据结构、制定标准的业务流程，并首先在高层经理培训部(EDP)实施从市场营销到订单处理的 CRM 流程；第二阶段的主要工作是将在高层经理培训部实施的标准业务流程推广到全院各业务部门。实施从 2004 年 2 月开始，项目实施的初始计划为：

第一阶段：

2 月底到 3 月底：完成 Oracle 电子商务套件的系统安装和调试。

3 月初到 5 月底：完成高层经理培训部(EDP)的流程分析、设计和测试。

6 月初：高层经理培训部(EDP)上线。

第二阶段：

8 月初到 11 月底：在其他业务部门建立全校的关键客户数据的维护机制。

12 月初到次年 1 月底：在其他业务部门推广标准的 CRM 业务流程，包括市场营销和销售管理。

2) 实际执行

在这个 CRM 项目实际执行过程中，发生三次比较大的延误：

(1) 高层经理培训部(EDP)上线日期从 6 月初调整为 7 月初。主要是因为实际的数据量大大增加以及对数据和精确度的要求大大提高，原先估计的处理历史数据的时间(5 个工作日)远远不够，因此延误了一个月的数据准备时间。

(2) 因为上面的延误造成第二阶段顺延，12 月底才统一了全校的关键客户数据的维护和保存。

(3) 最后一个步骤原定于次年 1 月底完成，延误至次年的 6 月份。原因是没有估计到年底各主要业务部门都比较繁忙，忙于年度事务；并且由于学校高层领导在年底发生重大人事调整，这段时间不宜实施这种规模的业务系统，所以项目发生了 5 个月的延误。

实施组织结构如图 5-7 所示。

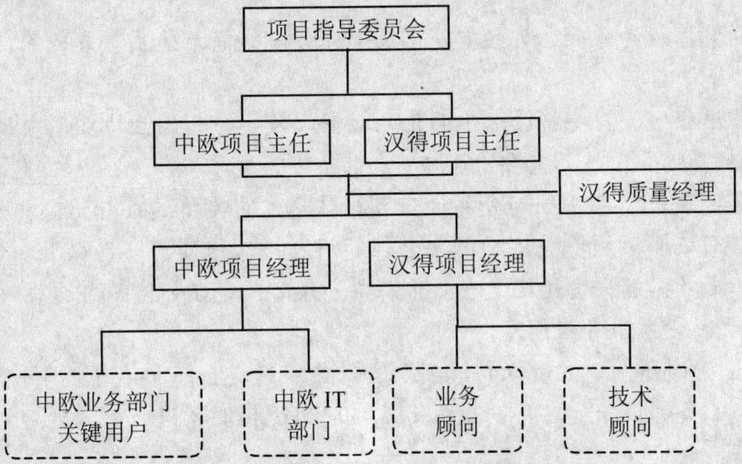

图 5-7　中欧 CRM 系统项目组织结构图

3) 软件提供商与咨询服务方在实施中的作用

在本次实施过程中，涉及两家外部合作伙伴，一家是 Oracle 软件系统有限公司，一家是汉得信息技术有限公司。其中 Oracle 公司是软件提供商，汉得公司是咨询服务方。

Oracle 公司主要是提供应用软件，并解决和产品本身相关的一些问题，如提供相应的补丁以解决产品中存在的一些 Bug，或者对某些新功能的应用提供一些必要的帮助，采用的主要方式是在发现问题之后，通过 Oracle 的服务网站 Meltalink，在网上提交问题并获得帮助。此外，在实施过程中和实施后，Oracle 相关部门对中欧进行了若干次拜访，协助解决了一些重要的问题。汉得公司主要是提供业务解决方案，并承担项目实施的工作，包括对业务状况的调研分析、总体方案的论证设计、系统的安装调试、用户培训、客户化开发及系统集成等。由于在本次项目实施时，国内教育行业还没有 CRM 全面实施的先例，因此本次项目还存在较大风险。在与汉得公司的合作的过程中，一开始也走了一些弯路，但是汉得公司在 CRM 领域的丰富经验以及出色的技术能力，在项目实施过程中还是起了非常重要的作用。

4) 实施过程中出现的问题

实施过程中，遇到的最大的意料之外的挑战来自历史数据的处理。由于教育行业的特点，学院可以收集到大量的精确而丰富的客户资料，这是和其他行业有显著区别的地方。由于多年来的积累，这部分数据的数据量非常大，而且从全院范围来看，这些数据分散在不同部门的不同地方，仅 EDP 一个部门，原先的数据就存在于 3 套不同的系统之中。这些系统，有的是 FoxPro，有的是 Access，有的是以前自行开发的系统，等等。

基于这种情况，产生了以下问题：

(1) 由于这些历史客户数据对于统计分析，以及业务的开展有很高的价值，因此在迁移过程中不能发生信息丢失，因而无法像财务数据那样进行一些汇总和简化处理。

(2) 在各部门的不同老系统中，存在相当多的重复数据，但不能简单地以某一方的数据为准去处理重复数据。

(3) 考虑到数据级的差异，某些重复记录部分并不能简单地覆盖或删除，而需要做合并处理。

(4) 在迁移过程中，需要将原来平面化的数据，转换为新的立体模型中的数据，如何转换才能最符合未来业务发展的需要。

(5) 在大量记录中，存在一部分高价值客户信息，需要将这部分信息识别出来。

(6) 不同部门之间必须考虑到数据安全性的问题，包括读与写的权限。

(7) 由于历史数据庞大，处理起来必然需要一段时间。在如何解决这段时间内新建记录与原有历史记录冲突方面存在问题。

为了解决这些问题，中欧和汉得相互配合，最终通过如下方式予以解决：

(1) 首先与业务部门一起对不同数据来源之间的逻辑联系进行深入的分析，将数据分成若干个大的类别。

(2) 针对不同类别的数据，确定了相应的去除重复数据的规则。

(3) 通过客户化开发的方式，开发了若干个小程序，由计算机对数据进行处理，将明显重复、明显不重复以及难以判断的数据区分开。

(4) 明显重复的数据通过计算机直接进行除重处理，难以判断的，通过人工判断的方式进行处理。

最终将完全清理过，并通过测试导入的数据，一次性导入正式系统。

4. CRM 实施评估

1) 收益

通过 CRM 项目的实施，中欧在主要业务部门实现了从市场营销到销售线索，再从销售机会到订单，直至应收账款流程的完整链接，并形成了一个完全的和无缝的整合和统一的主业务流程，确保了核心业务系统的信息畅通、准确和实时，形成负反馈的大闭环系统。

具体效果体现在以下方面：

(1) 分散的客户信息被集中到统一的中央数据库，并在安全性规则的控制下，在各部门间实现了充分共享；同时，数据的组织形式从原来的平面结构转化为立体结构(Oracle TCA 模型)，实现了对客户信息的 360 度查看和对客户网络关系的仿真模拟，从而实现了客户信息的极大价值增值，客户信息真正成为与学院品牌同等重要的无形资产之一。

(2) 打通了营销、销售、运作、服务、财务等各业务环节中的信息断层，实现了这个业务闭环的自动化、规范化。

(3) 从高层经理培训部上线(2004 年 7 月)后一年的情况来看，营销工作的效率提高了 33%，营销费用减少了 10%，销售收入同比增长了 25%。

(4) 开通网上自助报名服务后，90%的MBA申请人和80%的EMBA申请人通过网上自助服务进行咨询和报名。MBA已经基本抛去纸本报名表，全面实现在线报名。

(5) 通过EMBA部门提供的数据，报名数量同比增加25%，数据错误率降至1%以下，客户满意度提高20%，工作效率提高20%。

(6) 通过校友会和职业发展中心的抽样调查，客户满意度和忠诚度明显提高。

整个CRM的回报包括两个部分:

有形收益，包括工作效率的提升、错误的减少、业务处理速度的加快、市场营销费用额减少和销售收入的增加等。

无形收益，包括客户满意度和忠诚度的提升，降低了人员流动带来的损失、管理能力的提升等。

总体来说非常满意，因为这个系统实现了最主要商业目标，并且成为整个中欧的企业信息系统的核心。

2) 有待改进的过程

如果再次实施这个系统，还是会采取基本相同的实施策略。这是因为中欧国际工商学院是一个中外合作型的非营利性机构，院内各部门之间的关系更类似于一种合作关系，而不像很多企业内所表现出的那种严格的上下级隶属关系。因此，并不能简单地通过“一把手效应”来推动整个项目的进展，也不能采用那种自上而下，在所有主要业务部门全面铺开的方法。必须重点突破、步步为营，在实施中获得应用的成功经验和示范效应，从而推广到全校各个业务部门。然而，具体的实施方法还是有变化的，包括如下几个方面。

在原先的实施过程中，对Oracle电子商务套件的测试和学习不够，在以后的实施和应用中发现了一些Bug，影响了实施进度，走了很多弯路。所以，如果再次实施，必须对系统测试有足够的重视。

加强在项目实施初期的培训。这些培训针对中欧IT人员、业务部门领导和关键客户。让这些人更加了解系统，大大有助于今后的业务流程实施。

需要更加完善的客户数据维护。由于中欧的业务要求，CRM对客户数据结构的统一和数据的准确性要求较高，并且中欧的教育行业的特点，虽然容易收集到全面、准确的客户数据，但也产生了很大的工作量。客户数据的维护需要对最终用户进行严格的培训，但即便如此，也无法避免错误的发生，而且也造成了工作效率的低下，所以有必要投入一定的技术力量，对系统进行二次开发，简化和标准化客户数据维护。

尽早在各业务部门之间建立协同机制。对于中欧而言，CRM系统是联系各个部门业务的最重要的业务平台，特别是在数据维护和市场营销上。所以，有必要尽早建立各个部门对数据维护和使用，以及协同市场营销的有效协调机制，才能保证业务在系统中平稳运行。

【案例评述】

相对而言，传统院校更专注于如何提高教学质量，以及如何满足研究部门的需求。但他们经常从根本上忽略了客户体验的满意度。而且，传统院校基本上都是让客户以及学生被动地接受他们的产品，忽略了客户之间的差异性以及他们个性化的需求。从中欧 CRM 系统的成功应用上来看，真正地理解 CRM 将是增强教育机构竞争力的一个至关重要的因素。

由于教育产业的特殊性，大多数的教育机构都无法把他们的市场，销售/招生以及服务机能集中起来。而且，即使想整合整个机构，也不仅仅是整合几个市场和销售部门就行了，必须建立一个每个关键部门之间协同工作的协作机制。CRM 系统正好能够充当这一角色，它能够打破不同职能部门间的无形障碍。

此外，学生是学校的产品。学校的成功依赖于毕业生的质量以及他们在未来成功的程度。学校应该把主要工作集中在所服务的学生和校友身上，通过加强彼此之间的关系来提高客户的满意度和忠诚度。

由此可见，对于如何在教育机构全面实施 CRM 系统，中欧工商学院为我们提供了一个非常有价值的范例。

复习思考题

1. 简述 CRM 实践、CRM 项目实施、CRM 软件系统之间的关系。
2. 成功实施 CRM 项目应该特别关注哪些方面的问题？
3. 在 CRM 项目实施过程中，企业应该如何做好变革管理？
4. 简述 CRM 项目实施过程中的主要风险，并给出相应的风险管理建议。
5. 请考察 Salesforce.com 基于 SaaS 模式的托管型 CRM 产品解决方案。

第 6 章　CRM 的流程设计

教学目标

- 了解商业模式的基本概念及其核心要素，了解基于 CRM 的商业模式及其与传统商业模式的区别。
- 掌握 CRM 的业务流程架构、流程主线及其主要流程、流程需求及分析等内容。
- 熟悉 CRM 营销流程设计、销售流程设计、客服流程设计的主要内容。

6.1　基于 CRM 的商业模式

竞争激烈的市场要求企业尤其是拥有庞大的而且频繁接触客户的企业，必须积极实施 CRM。随着信息技术的发展，企业的核心竞争力对于企业信息化和管理水平的依赖越来越高。这就需要企业主动开展组织架构、工作流程的重组，同时有必要也有可能对面向客户的各项信息和活动进行集成，组建以客户为中心的企业，实现对客户活动的全面管理，创建面向客户的、先进的新商业模式。

6.1.1　CRM 领先的商业模式

企业的战略往往取决于市场的环境、客户的需求和企业的资源和能力，而在战略制订之后，战略的落实则主要依赖于商业架构的承载。商业架构主要由三个层面构成，包括商业模式、业务流程和作业指导书，如图 6-1 所示。在这个商业架构中，商业模式将直接承载企业的战略，而业务流程则是商业模式的承载体，作业程序则承载着业务流程中某项作业的具体实现。一般来说，战略的改变需要对商业模式进行重新思考，进而影响到业务流程的改变，而作业程序作为商业架构中最底层的操作，由最基本的任务单元的特征所决定，受到战略改变的影响较小。

企业的战略将直接决定企业的商业模式，而商业模式也将直接影响企业的竞争能力，或者说战略实现的能力。正如管理学大师彼得·德鲁克(Peter F. Drucker)曾说过：“当今企业之间的竞争，不是产品之间的竞争，而是商业模式之间的竞争。”如果企业的战略发生重大的改变，企业就必然需要重新思考现有的商业模式是否能够承载新的战略需要。实施 CRM 战略的企业，应该应用基于 CRM 的商业模式。

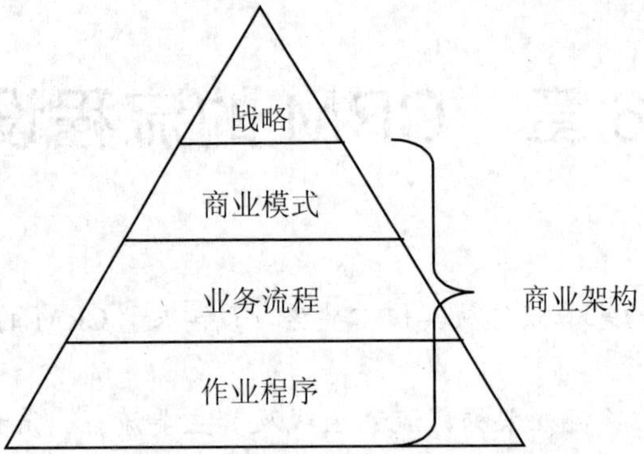

图 6-1　企业战略与商业架构示意图

商业模式是一种简化的商业逻辑，包括以下内容，如图 6-2 所示。

(1) 价值主张(value proposition)：企业通过其产品/服务所能向消费者提供的价值。价值主张确认公司对消费者的实用意义。

(2) 目标客户(target customer segment)：企业公司所瞄准的客户群体。这些群体具有某些共性，从而使企业能够针对这些共性创造价值。

(3) 分销渠道(distribution channel)：企业用来接触客户的各种途径，涉及企业的市场和分销策略。

(4) 客户关系(customer relationship)：企业与其客户群体之间所建立的联系。

(5) 资源配置(resource configuration)：资源和活动的配置。

(6) 核心能力(core capability)：企业执行其商业模式所需的能力和资格。

(7) 合作伙伴(partner network)：企业同其他伙伴之间为有效地提供价值并实现其商业目的而形成合作关系网络。

(8) 成本结构(cost structure)：所使用的工具和方法的货币描述。

(9) 赢利模式(revenue model)：企业通过各种收入流(Revenue Flow)来创造财富的途径。

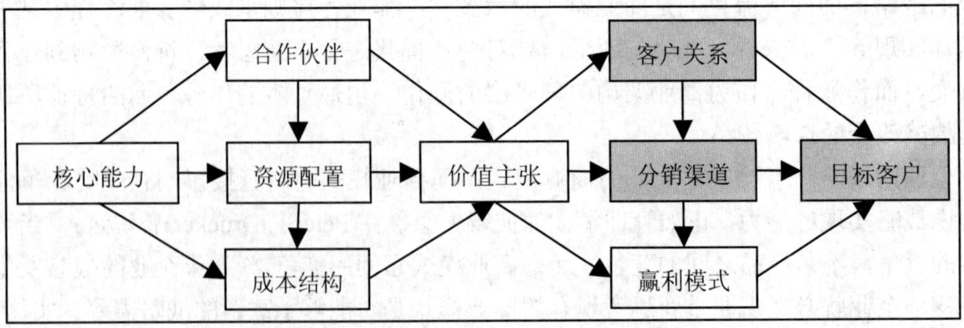

图 6-2　客户关系领先战略的商业模式

采用客户关系领先战略的商业模式更关注客户管理、分销渠道和目标客户等三个方面。

商业模式是一个非常宽泛的概念，通常与商业模式有关的说法有很多，例如，运营模式、赢利模式、B2B 模式、B2C 模式、广告收益模式等。

6.1.2　商业模式成功的核心要素

客户价值最大化、高效率、整合、系统、整体解决、持续赢利、核心竞争力是商业模式成功的核心要素，缺一不可[①]。其中，“高效率”、“整合”、“系统”、“整体解决”是基础或先决条件，“核心竞争力”是手段，“客户价值最大化”是主观追求目标，“持续赢利”是客观结果。

商业模式的各要素之间必须有内在联系，这个内在联系把各要素有机地关联起来，使它们互相支持，共同作用，形成一个良性的循环，如图 6-3 所示。

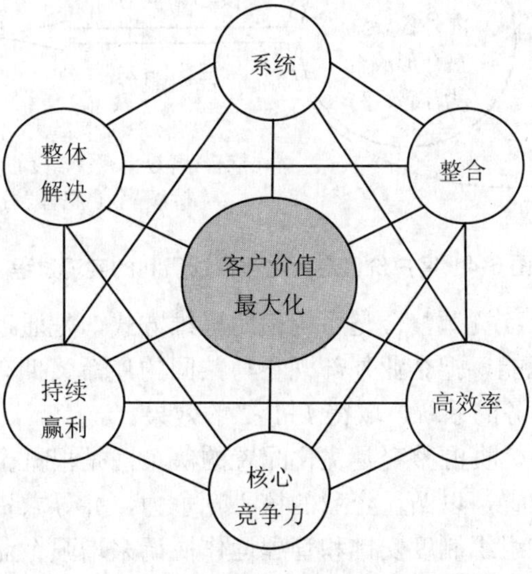

图 6-3　商业模式核心要素的相互关系

“系统”既是指企业内部的小系统，也指企业所属整个产业价值链的大系统。“系统”是最佳整体的意思，是个体的最佳组合。

“整合”是协调、组织和融合，将企业内外部与企业经营管理系统整合成一个有机整体。整合就是要优化资源配置，要有进有退、有取有舍，要获得整体的最优。

“持续赢利”是指既要“赢利”，又要有发展后劲，具有可持续性，而不是一时的偶然赢利，是企业为“客户实现价值最大化”的客观结果。“客户实现价值最大化”应是企业的主观追求。

“高效率”是指通过整合，使系统内外部要素高效率运作。其目的就是使系统形成核

① http://wiki.mbalib.com/wiki/，访问日期 2010-07-25.

心竞争力。这是能否实现赢利的关键。

"整体解决"是指商业模式是一个整体系统的概念，需要整体解决，才能实现其商业目标。

企业能否持续赢利是判断商业模式是否成功的标准。然而，一个商业模式能否持续赢利与该模式能否使客户价值最大化有必然关系的。一个不能满足客户价值实现的商业模式，即使赢利，也一定是暂时、偶然、不具有持续性的。反之，一个能使客户价值最大化的商业模式，即使暂时不赢利，但终究也会走向赢利。因此，实现客户价值最大化应该始终成为企业追求的主观目标。图 6-4 是客户价值最大化和持续赢利的实现过程。

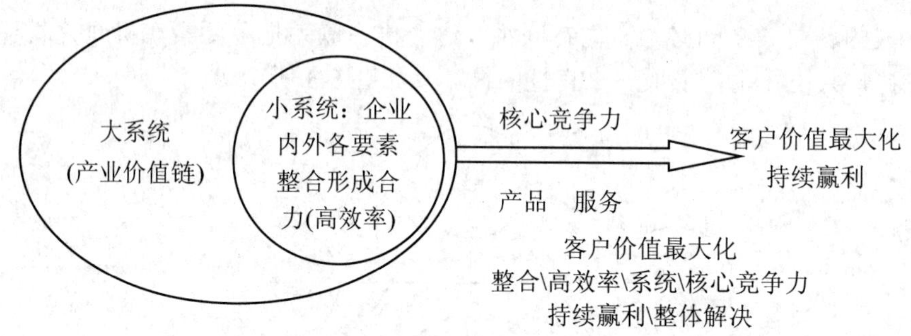

图 6-4　客户价值最大化和持续赢利的实现过程

在战略思维的层面上，资源整合是系统论的思维方式，是通过组织协调，把企业内部彼此相关但彼此分离的职能，把企业外部既参与共同的使命又拥有独立经济利益的合作伙伴，整合成一个为客户服务的系统，取得 1+1>2 的效果。

在战术选择的层面上，资源整合是优化配置的决策，是根据企业的发展战略和市场需求对相关资源进行重新配置，以凸显企业的核心竞争力，并寻求资源配置与客户需求的最佳结合点，目的是要通过组织制度安排和管理运作协调来增强企业的竞争优势，提高客户服务水平。

6.1.3　CRM 的业务流程架构

从国外的 Oracle、Siebel、SAP、Saleslogix、SalesForce 等高、中、低端以及 SaaS 模式的典型 CRM 系统的分析来看，CRM 系统大多围绕一条类似的流程主线展开。这条主线便是 CRM 系统业务架构的灵魂。变化皆源于主线，拓展也源于主线，定制也源于主线。[①]

1. 闭环流程主线

CRM 的闭环流程主线是：市场→线索→联系人/客户→机会跟踪→报价→产品与价格配

① http://blog.sina.com.cn/s/blog_4b191d2f0100by40.html，访问日期 2010-07-26.

置→订单→服务→Web 自助→满意度→会员俱乐部→反馈。围绕这条主线，大体可以描述CRM 的业务概况。

(1) 针对细分客户群，进行市场活动；

(2) 通过市场活动获得线索或者销售响应，进而转化为联系人；

(3) 对联系人的跟踪，通过联系人联系到相应的客户；

(4) 跟踪客户，发现销售机会，并跟踪销售机会；

(5) 客户购买意向强烈时，销售机会转变为报价(商务谈判的初步阶段)；

(6) 根据产品和价格配置，制定报价单；

(7) 当客户接受报价时，报价单转化为订单并执行订单；

(8) 客户购买后，服务过程开始，可能会产生咨询、维修、退换货等服务请求或投诉；

(9) 在服务过程中，企业还会提供 Web 自助，让客户能够通过网络和知识库进行自助服务；

(10) 当购买和服务体验产生客户满意度后，客户忠诚度会逐渐建立，从而进入会员俱乐部阶段；

(11) 老客户在会员俱乐部或者其营销活动的推动下，不断产生品牌推广和客户推荐的效果，并反馈更多的信息，其产生新的线索又成为一个新的 CRM 闭环业务流程的开始。

CRM 系统的业务流程和业务功能基本围绕这条主线进行拓展延伸，各种 CRM 系统的具体流程和功能只是在名称、功能的深度和广度上存在差异。在 CRM 业务应用中，各 CRM 系统软件可以充分应用流程主线上的各个环节的状态、类型、级别、时间、角色、流程状态等以及可配置参数来实现复杂的业务应用。图 6-5 是 CRM 的业务架构示意图。

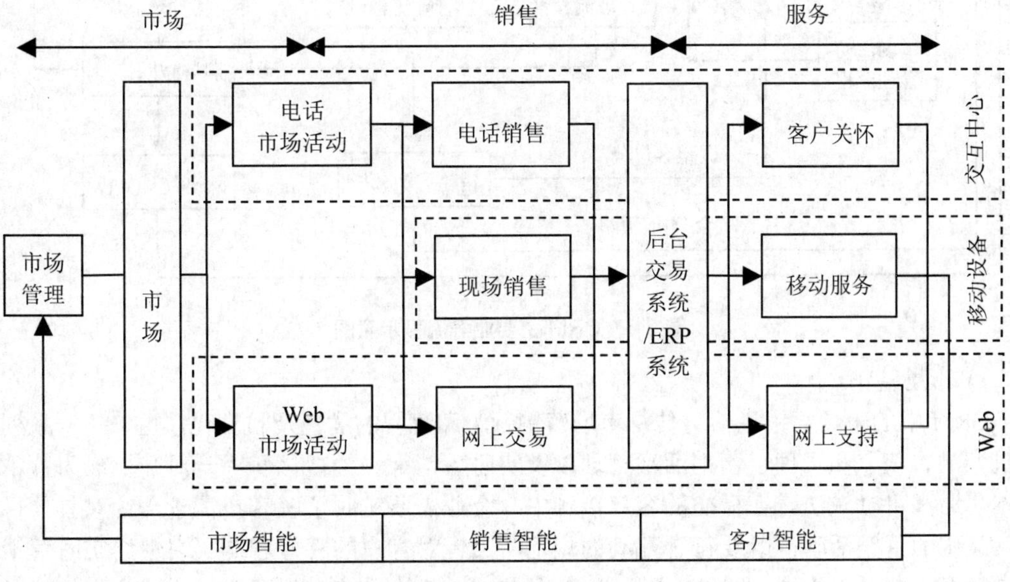

图 6-5　CRM 业务架构示意图

2. 主要业务流程

CRM 旨在改善企业与客户之间关系，它实施于企业的市场营销、销售、服务与技术支持等领域。其基本流程主要体现在市场营销、销售实现、客户服务和决策分析(商业智能)四大业务领域，这些都是涉及企业与客户发生关系的重要方面。CRM 的核心内容主要是通过不断地改善与管理企业营销、销售、客户服务和支持等，以及与客户关系有关的业务流程，并着力提高各个流程环节的自动化程度，从而缩短销售周期、降低销售成本、扩大销售量、增加收入与盈利、抢占更多市场份额、寻求新的市场机会和销售渠道，最终从根本上提升企业的核心竞争力。图 6-6 是 CRM 的主要业务流程示意图。

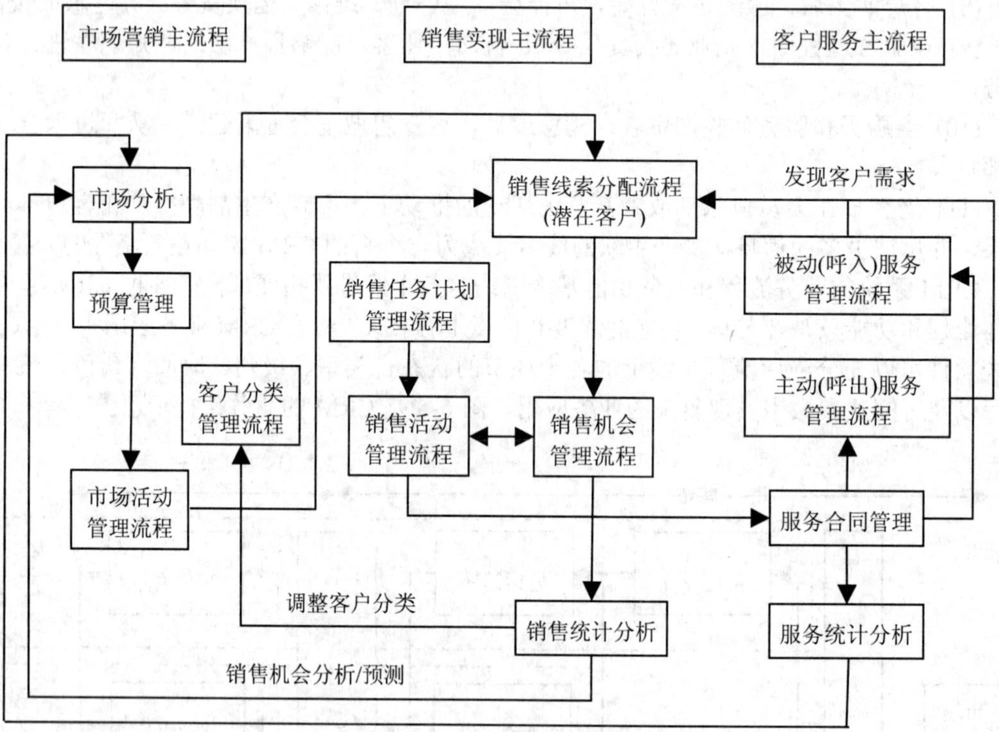

图 6-6　CRM 主要业务流程示意图

1) 市场营销

CRM 中的市场营销包括对传统市场营销行为和流程的优化及自动化，也包括一系列的商机预测、获取和管理，营销活动管理以及实时营销等。个性化和“一对一”成为营销的基本思路和可行做法。在最初的客户接触中，企业需要实时了解客户需求，针对具体目标开展集中的营销活动，既要符合互动的规范，又针对客户的喜好和购买习惯。实时营销的方式转变为电话、传真、网站、E-mail 等的集成，旨在使客户以自己的方式在方便的时间获得所需要的信息，形成更好的客户体验。在获取商机和客户需求信息后，及时与销售部门合作，激活潜在消费行为，或与相关职能人员共享信息，改进产品/服务，又快又好地满足客户需求。

2) 销售实现

CRM 拓展了销售的概念，从市场销售部门独自面对现有和潜在的客户，逐渐转变为涉及企业其他职能部门和员工的工作。从图 6-7 中可以看到，在销售实现过程中，客户与企业的许多职能部门都产生了直接或间接的接触。这些接触的形式包括电话、E-mail、网站、广告、现场沟通等。接触的时间跨度可能很长，客户可能在任何一个环节流失。因此，企业在与客户的接触过程中，接触点管理越来越重要。对于企业，每一个可能的接触点，都可能成为发现客户需求、了解客户真实想法、建立牢固客户关系的基点。销售实现越来越向协同迈进。销售实现具体的流程包括：销售线索分配、销售机会管理、销售活动管理、客户信息管理、销售分析、销售预测等一系列的工作。

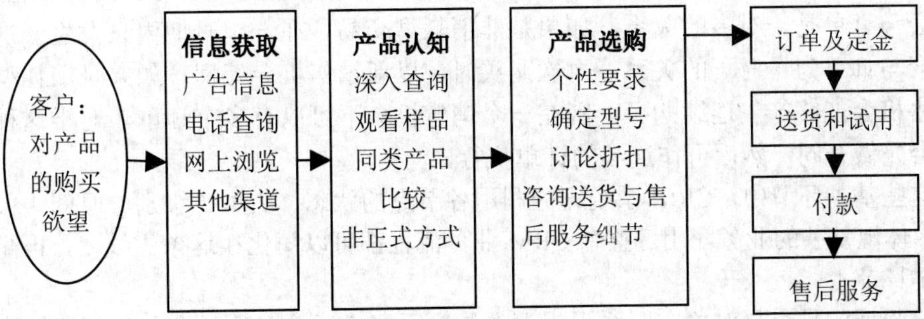

图 6-7　销售实现过程中客户接触点示意图

3) 客户服务

相对于传统的商业模式，在基于 CRM 的商业模式中，企业的客户服务部门已经成为企业的关键业务，它不再是成本来源。企业只有提供快速、高效、优质的客户服务才能吸引和保留更多的客户。客户服务部门也不再只是传统的客户帮助平台，而是成为全方位的客户接触中心。这样的接触中心逐步能够处理各种通信媒介，如通过电话、自动语音、传真、E-mail、短信、网站等。同时，越来越多的客户通过互联网查询产品或提交订单，对企业提供自助服务的要求也越来越高。

4) 决策分析及高层管理

在管理流程的改进方面，可以从如下四个方面着手。

(1) 确定企业的 CRM 策略，以客户为中心，强调服务。这需要高层领导的充分承诺。

(2) 进行业务运作流程的重组，适当调整组织结构。这方面工作主要包括：当前业务流程调查与分析；从企业内外征求改进业务流程的好建议；业务流程的改进；目标业务流程的形成。

(3) 建立相应的管理制度和激励机制。这方面的工作主要包括：理顺和优化业务处理流程；客观设置流程中的岗位；清晰描述岗位的职责；完善保证职责有效完成的制度体系；建立考评岗位工作情况的定量指标体系。

(4) 持续改善，形成稳定的企业文化。

3. 流程关键环节

业务流程主线的关键环节为：客户、联系人、销售机会、订单。CRM 的起源于销售自动化(SFA)，再拓展到服务、营销和智能分析。因此，业务流程主线基本环节为 SFA 的关键环节，毕竟企业还是最关注如何留住更多的客户，进一步提高销售收入。

客户是 CRM 系统的核心，整个 CRM 业务流程和系统建模都围绕着客户进行，这也是 CRM 与 ERP 的不同之处之一。客户与联系人一般是一对多的关系，但在特殊的情况下也有多对多的关系，大部分 CRM 系统都以一对多的关系设计。客户与销售机会也是一对多的关系，一个客户可能有多次购买意向，可能在整个生命周期内有多次不同时间的购买行为。销售机会与订单是一对多的关系，如果是非消耗型交易，在一定时期内只发生一次，那么销售机会与订单为一对一的关系，再次购买时，以新销售机会处理；如果是消耗型交易，一次销售机会能够产生连续购买，则在一个销售机会下可以有多个订单。对于这种情况，有时也会先做合同，然后再作连续的订单执行。

在这些基本环节中，CRM 系统充分利用各节点的状态、类型、级别、时间、关系变化等属性，体现复杂的业务应用。整个 CRM 业务流程都可以简化在这条主线上，再简化到这几个基本环节上。

客户强调的是交易对象，联系人强调的是联系或者活动对象。在业务流程架构设计和行业解决方案扩展的时候，经常会遇到这个问题。销售机会、报价、订单、服务、退换货、投诉等交易行为与客户相关；联系信息、跟踪活动、关怀活动、服务联系活动、反馈、满意度调查等联系和活动行为与联系人相关。如果在这个问题上混淆不清，可能会降低整个 CRM 系统的严谨性、灵活性和拓展性。

6.2 业务流程设计

6.2.1 业务流程概念

在企业的商业架构中，商业模式是企业战略的直接承载体，而商业模式中的价值创造则需要依赖于业务流程才能实现。商业模式呈现了赢利的业务全景，包括企业有哪些业务，以及这些业务主体之间的关系。而业务流程呈现的则是这些业务在每一步需要做什么。

不同的商业模式需要不同的业务流程支撑。例如，批量生产模式和定制生产模式的业务流程完全不同；直销模式和分销模式的业务流程也完全不同。同样，直营连锁模式和加盟连锁模式的业务流程也存在着差别。说到底，什么样的商业模式决定什么样的业务流程。战略转变导致的任何一种商业模式的转变，都将引起具体业务流程的改变。

“流程设计”是“生产”流程的过程，如同一切产品都要有战略、市场，要有产品规划、开发、试制、投放和质检等过程一样，流程的设计和建设是关乎流程最终能否执行以及能否创造价值的根本。

1. 业务流程的定义

广义的业务流程是指为达到特定的价值目标而由不同的人分别共同完成的一系列活动。活动之间不仅有严格的先后顺序限定，活动的内容、方式、责任等也都必须有明确的安排和界定，以促成不同活动在不同岗位角色之间进行转手交接。活动与活动之间在时间和空间上的转移可以有较大的跨度。

狭义的业务流程是指与客户价值满足相联系的一系列活动，例如，以下学者对业务流程的定义。

迈克尔·哈默(Michael Hammer)与詹姆斯·钱皮(James A. Champy)对业务流程的经典定义：我们定义某一组活动为一个业务流程，这组活动有一个或多个输入，输出一个或多个结果，这些结果对客户来说是一种增值。简言之，业务流程是企业中一系列创造价值的活动的组合。

T.H.达文波特(Thomas H. Davenport)：业务流程是一系列结构化的可测量的活动集合，并为特定的市场或特定的客户产生特定的输出。

H.J.约瀚逊(Henry J. Johanson)：业务流程是把输入转化为输出的一系列相关活动的结合，它增加输入的价值并创造出对接受者更为有效的输出。

尽管不同的定义强调不同的要点，但总体而言，“流程”包括六个要素：输入资源、活动、活动的相互作用(结构)、输出结果、客户、价值。

业务流程对于企业的意义不仅仅在于对企业关键业务的一种描述，更在于对企业的业务运营有指导意义，这种意义体现在对资源的优化、对企业组织机构的优化以及对管理制度的一系列改变。这种优化的目的实际也是企业所追求的目标，降低企业的运营成本，提高对市场需求的响应速度，争取企业利润的最大化。

2. 传统企业的流程特征

传统企业采用的是“以产品为中心”的经营理念，主要是金字塔式的组织结构，而 CRM 体现的是“以客户为中心”的管理经营理念，其组织结构应该根据客户的具体情况划分部门。企业组织再造强调根据 CRM 的应用解决方案，梳理相应的业务经营流程，以关心和满足客户需求为目的，对现有组织体系和经营过程进行根本性的再思考和再设计。

传统的企业缺乏差别化和多样化的服务流程，传统的劳动分工理论将企业管理机构划分为若干相互独立的职能部门，形成科层制管理。这种管理组织虽然有利于专业化劳动技能与管理技能的发展，但它注重的是企业而不是客户，没有控制和协调同级部门间的工作。每一个职能部门所从事的工作，对于一个完整的流程来说，只是其中的一个部分。从客户的需要来看，完整的业务流程常被这样的职能部门割裂开，这种情况下形成的业务流程不可能是方便客户的流程。另外，企业的CRM业务流程僵化单一，没有根据不同客户、不同业务的风险高低设计不同的业务流程。比如，在银行业，有的银行是根据业务金额的大小划分管理权限，往往造成越是优质客户和大客户的审批环节越多，业务流程越复杂，极易造成客户满意度下降。

传统的企业业务流程彼此不协调，相互冲突，服务流程通常由各业务管理部门自行制定，彼此间缺少沟通和协调，存在重复和冲突，所以客户在购买产品或接受服务时，必须与多个业务流程、环节及执行者接触，效率大大降低，影响客户对企业的满意度和忠诚度。实际上，企业的各项流程都存在相互制约、相互影响的关系，流程之间的相互作用和匹配是非常重要的。所以，CRM不仅要对单项流程进行合理的整合，更应该加强流程间的总体规划，使流程之间彼此协调，减少摩擦和阻力，降低系统内耗，使其适应市场需求的新变化，快速响应客户的多样化需求。

在传统的企业中，客户信息资源是分散的，容易造成客户流失；没有建立以客户为中心的协同工作模式；业务过程管理指导困难；业务决策缺乏量化、过程化的信息依据。传统的组织结构所造就的业务流程已无法适应当今市场的快速变化和客户个性化的消费需求，造成业务单位信息交流不完全、不通畅和交流迟缓，很大程度上降低了企业经营的灵活性和响应市场需求的速度。在企业业务流程设计中必须充分考虑将“以客户为中心”的管理理念融入到业务流程设计中。

6.2.2 CRM的流程需求

CRM流程设计必须满足企业对CRM流程的需求，主要有以下三个层次。

1. 营销、销售和服务需求

对CRM有最强烈需求的企业部门是市场营销、销售和客户服务部门。为了满足这些部门级的需求，CRM系统至少应该包含数据仓库、数据挖掘系统、销售(自动化)管理、营销(自动化)管理、客户服务与支持等子系统。支持市场营销部门开展市场活动管理、跟踪和反馈、进行活动评价，同时得到客户构成、地理分布等信息，分析客户行为、对客户状态进行分类；支持销售部门提出销售任务、分配任务、评价和度量销售；向客户服务部门提供及时准确的客户服务信息，保证服务中心对待客户的一致性等。

2. 部门间及渠道协同需求

协同需求主要解决企业在运作过程中遇到的实时传递信息和渠道优化的问题。只有满足企业部门协同级的需求，CRM才能将市场、销售和服务部门紧密地结合在一起；只有将营销数据分析的结果实时传递给销售和服务部门，它们才能更好地理解客户的行为，留住老客户；同时销售和服务部门收集的信息也要及时传递给市场部门以便对销售、服务和投诉等信息进行及时分析，从而制定出更有效的竞争策略。通过市场、销售和服务部门的协同工作，可以实现实时掌握商机的目标。渠道优化则是指在众多的销售渠道中选取效果最佳、成本最低的销售渠道或渠道组合。

3. 企业级的协调管理需求

许多企业存在比较复杂的管理系统，如果这些系统相互孤立，就很难充分发挥各系统的功能。CRM 要担负起不同系统之间的相互协调功能，充分提高企业的运作效率、降低 IT 系统的成本。企业管理系统如财务系统、后端支持生产制造的 ERP、支持供应流转的 SCM 等系统，都应该与 CRM 系统进行整合，形成一个闭合的系统，全面提高企业运作的能力。CRM 与这些系统的结合主要表现在，CRM 要从企业已有的系统中获得客户数据和信息；CRM 系统可以直接集成企业已有 IT 系统中的一些模块，利用已有系统的功能，同时也降低了自身的成本；CRM 的分析结果可以被企业内其他 IT 系统所运用。

6.2.3 CRM 的流程分析

在 CRM 项目实践过程中，主要是采用结构化分析方法分析 CRM 流程，包括：组织结构分析与功能调查分析；业务流程调查与分析；数据与数据流程调查分析。在对企业组织各部门、各种业务及其处理过程详细了解的基础上，提出 CRM 系统和企业组织的新逻辑方案，重点包括以下三个方面。

1. 划分系统组织和子系统

提供企业的现行组织架构、领导关系、物料与资金流程、信息的流程及业务分工等情况，进行组织与功能的配比分析，征求多方意见，画出组织系统图表。

2. 分析和整理系统业务流程

通过全面细致地了解整个企业基于各个职能部门的业务及其流程，对各种业务的输入、输出、处理过程，以及处理的速度、数量、现存障碍等工作进行清楚的调查，用文字和图例做出业务流程图(Transaction Flow Diagram，TFD)。

CRM 的业务流程设计应根据市场需求与企业要求调整企业流程，包括设计、分析和优化流程。设计阶段要解决“何人完成何种具体工作，以何种顺序完成工作，可以获得何种服务支持，以及在流程中采用何种软件系统”等问题。流程设计有两项主要工作：一是记录现有流程的实际状态，透视现有流程质量；二是根据当前需求调整现有业务流程。流程设计需要基于一套统一的方法和描述语言。另外，在流程设计过程中，收集和整理员工所掌握的相关流程知识，有助于可以提高流程的透明度，对流程进行更深入的分析。通过流程分析，可以掌握流程在组织、结构及技术方面存在的不足，明确潜在的改进领域。

3. 分析数据及数据流程

了解企业的各类报告、报表、票据及计划、资料等系统数据，查清其来源、去向及处理方法和过程，得到完整的数据结构和数据流程图(Data Flow Diagram，DFD)。图 6-8 是分析型 CRM 的数据流程示意图。

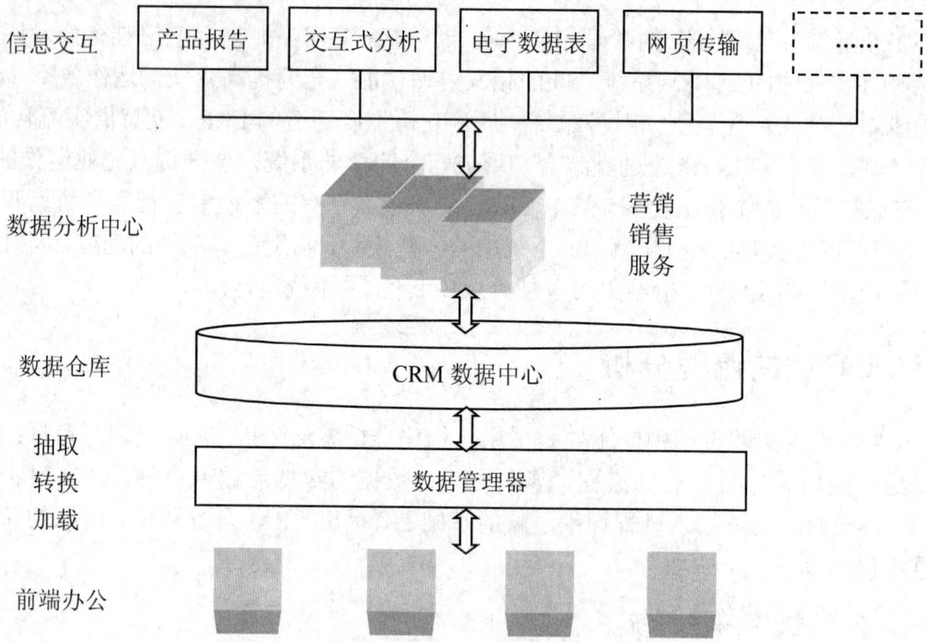

图 6-8 分析型 CRM 数据流程图示例

CRM 的主要功能是自动化并改善与客户关系有关的领域的商业流程，如销售管理、市场营销、客户服务和技术支持等。CRM 简化了协调这些业务功能的过程，实现了自动化管理，并将其注意力集中于满足客户的需要上。它将多种与客户交流的渠道，如面对面、电话接洽以及 Web 访问协调为一体。这样，企业就可以按客户的喜好使用适当的渠道与之进行交流，建立多种取得客户信息、客户需求与提供信息反馈的方式。

CRM 不仅是一套软件和技术，它还是一种以客户为中心的管理机制。企业通过实施 CRM 不但是获得一套先进的管理工具与信息交流途径，还可以借助 CRM 非常有体系的、科学的业务流程的设置来改善企业内部的运作和管理方式。当然由于 CRM 有相当灵活的定制功能，企业应再根据自己的实际情况做出修改，以符合企业的特殊商业需要与业务要求。

6.3　营销流程设计

6.3.1　营销管理

营销管理包括很多内容。在开拓新市场的过程中，通过对竞争对手和合作伙伴的信息进行有效的管理，深入和广泛地了解市场情况(如产品、服务等)，制定相应的产品、价格策略，确保企业利润最大化和客户满意度最大化。通过获取大量市场信息，开展营销活动，获取销售线索，并充分应用数据仓库、数据挖掘等技术，以适应进行高端决策管理、面向营销的市场分析等需要。

在开展营销活动的过程中，如新产品发布演示会、渠道合作伙伴联盟会、产品展示会等，根据营销活动的性质和地理区域确定本次活动所针对的目标客户，以便能进行市场细分，提高市场活动的目标性和有效性。对于已确定的目标客户进行进一步的筛选，同时还要通过发电子邮件、电话联系等方式，逐一确认这些客户是否参加此次营销活动。对于确认参加的具体客户和感兴趣但没有时间参加的客户要制订相应的市场计划，也就是进行市场计划的分工及任务的分派。市场计划执行后，最重要就是形成市场反馈，也就是为销售提供线索。一些日常的、小型的市场活动都可以直接通过市场计划的管理来实现。

营销自动化是营销管理的核心功能。营销自动化着眼点在于通过设计、执行和评估市场营销活动的全面框架，赋予市场营销人员更强的工作能力，使其能够直接对市场营销活动的有效性加以计划、执行、监视和分析，并可以利用工作流技术，优化营销流程，使一些共同的任务和过程自动化，对核心营销功能进行自动化改进。营销自动化的最终目标是，企业可以在活动、渠道和媒体间合理分配营销资源以达到利润最大化和客户满意度最大化。

在 CRM 的环境下，营销自动化流程应该能够支持以下主要活动。

(1) 对有需求的客户进行跟踪、分配和管理。包括选择和细分客户、追踪客户、与客户实时互动、动态建立数据库；也包括市场调查、营销计划以及活动计划的最优化。提供市场洞察力和客户特征，使营销过程更具计划性，达到最优化。

(2) 分析营销活动，评估活动结果。了解客户对营销活动的响应情况，无论这些响应涉及到直接沟通还是消费行为的细微变化。营销活动的有效性报告将此响应分析与预算期望相结合，让企业全面了解每个营销计划能够为企业带来的财务回报。

(3) 协调、执行和管理通过多种渠道进行多市场营销活动，防止渠道间的营销策划发生交叉或冲突。可针对不同的行业需求，通过对客户生命周期的分析及目标客户群的细分，针对不同的客户细分群体实施不同的营销策略。通过多渠道互动式的沟通，利用现代网络技术，综合电话营销、网络营销、电视营销、直接邮寄、传真等全方位辅助营销策略，洞悉客户需求，完善客户服务，辅助营销决策，提高客户的忠诚度与销售线索的热度。

6.3.2 营销流程设计

1. 营销管理基本流程

从管理的角度看，一般营销业务流程的设计主要集中于目标市场定位、设计营销组合、营销活动管理等方面。图 6-9 是营销管理的基本流程，图 6-10 是营销管理的详细流程，图 6-11 是客户获得的详细流程。它们是流程样板，具体企业的营销管理流程不一定要完全按照图 6-10 和图 6-11 所示的流程进行，企业应根据具体情况，进行相应的调整。

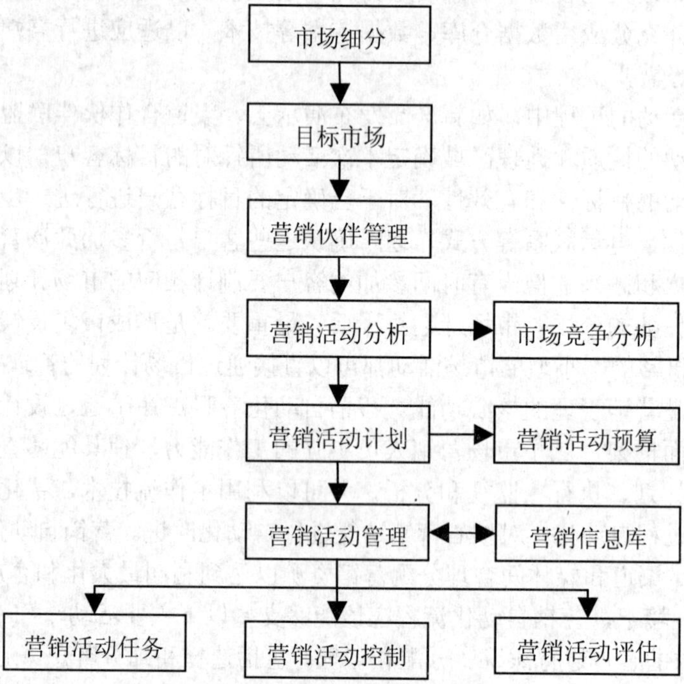

图 6-9 营销管理基本流程

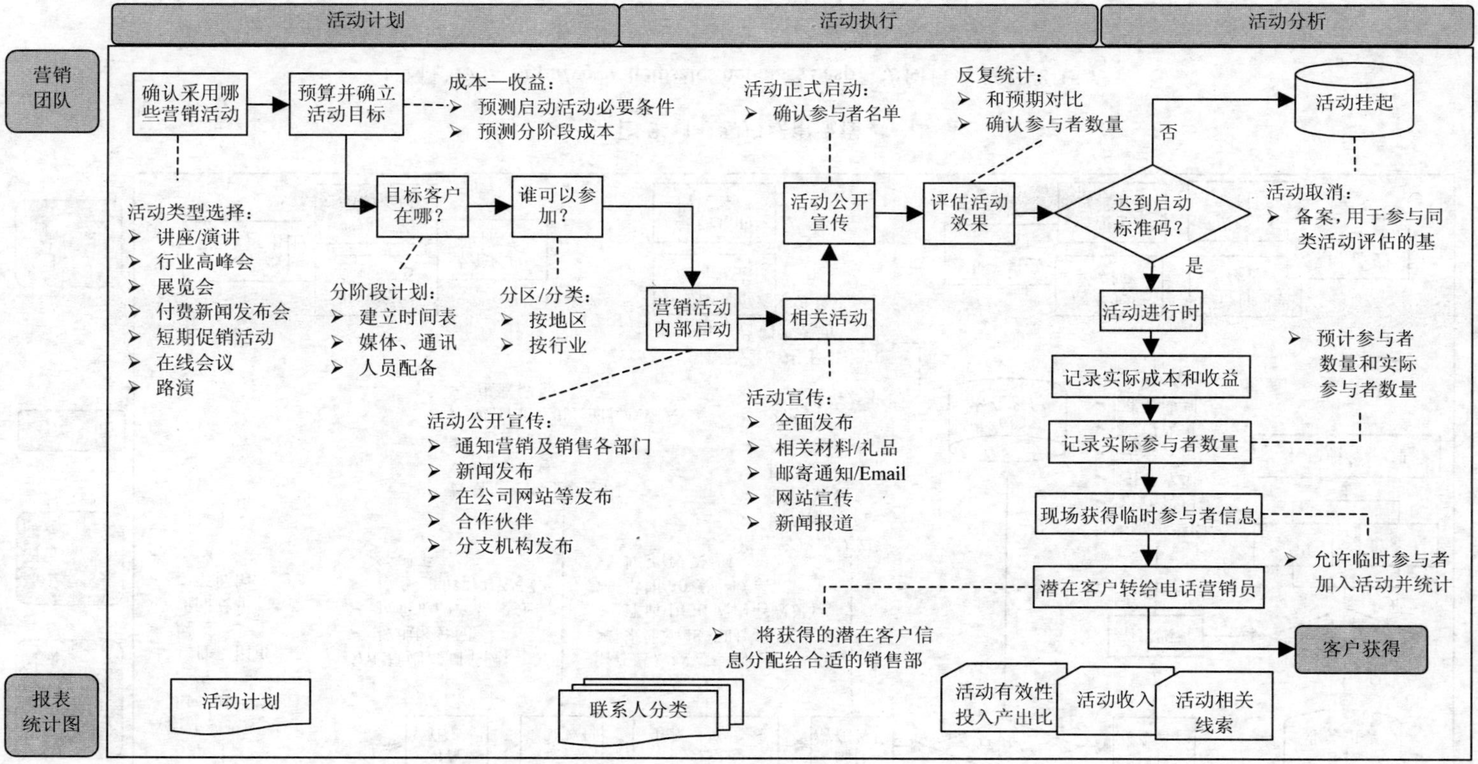

图 6-10　营销活动管理流程图

(资料来源：http://www.helpsales.net/class2.asp，访问日期 2010-8-15.)

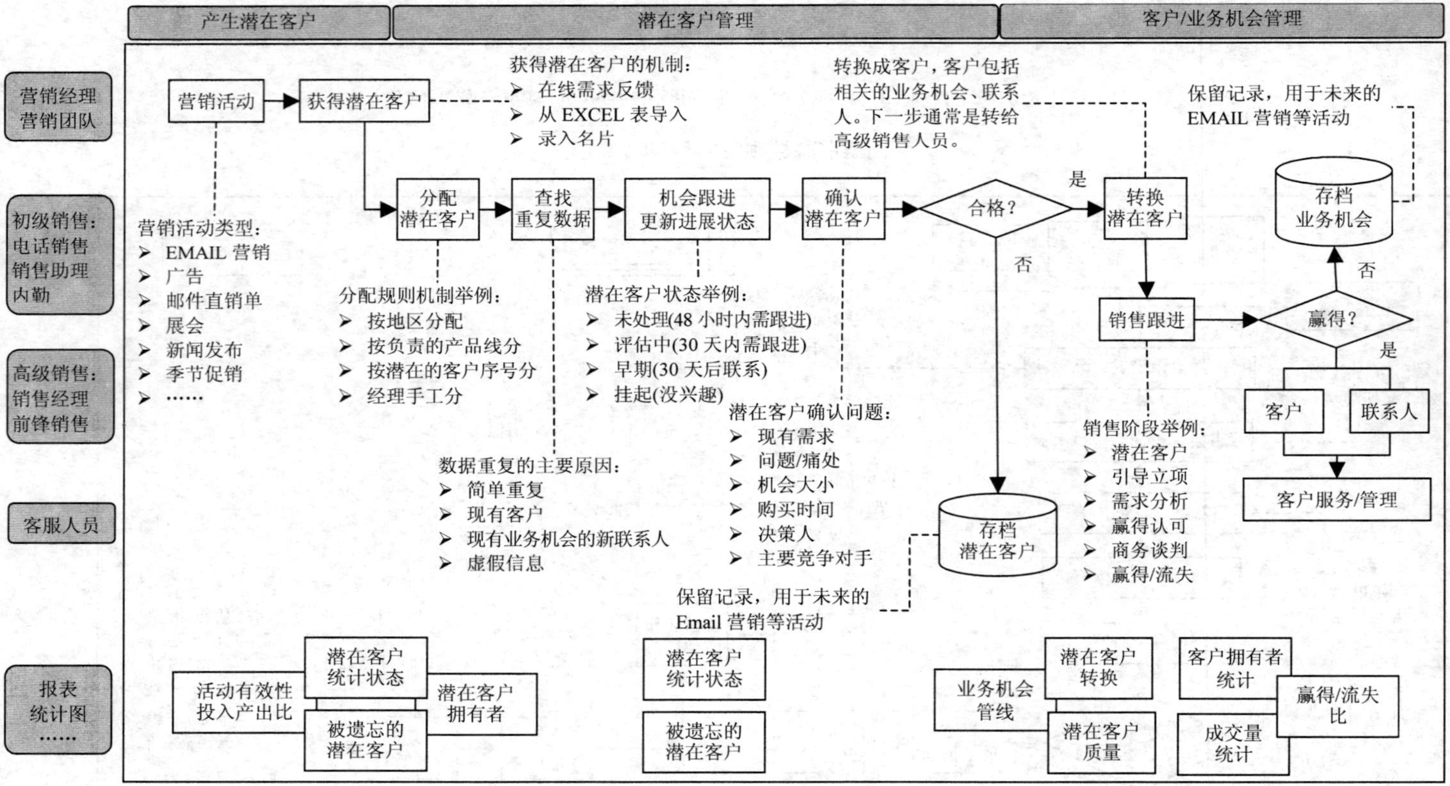

图 6-11　客户获得流程

(资料来源：http://www.helpsales.net/class2.asp，访问日期 2010-8-15.)

2. 营销流程示例

在营销管理中，存在多种不同形式的营销活动流程，下面列举两种营销活动的流程。

1) 单次营销活动流程

CRM 营销自动化中，单次营销活动的主要业务流程可以描述如下。

(1) 依据企业客户数据库、企业营销资源数据库中的资源，进行潜在客户管理和市场区域管理；借助营销活动分析，辅助管理人员决策，决定此次营销活动目标，制订营销活动的整体方案。

(2) 借助营销活动管理，对整体方案规定的营销目标、起始日期、促销对象、促销渠道、预算报批、活动分工等情况进行跟踪管理，执行营销方案计划。同时接受营销控制管理流程的计划变更方案，交由营销主管人员处理后，重新对方案进行监督执行。

(3) 营销控制管理流程负责收集项目执行中发生的异常情况(如资金不到位、营销人员短缺等)，交由营销评估管理流程进行实时评估。

(4) 营销评估管理流程负责营销项目进行之中或完成之后的营销效果评估，通过数据挖掘技术对计划执行进度、用户反馈调查、业绩增长情况等各个决策指标进行响应分析；通过统计分析与历史数据对比，进行营销效果评价；及时跟踪计划进程，并将评估结果作为今后活动的依据，存入知识库。

(5) 根据营销评估结果，实时修正市场信息库，营销活动产生的销售机会，由销售管理流程相应销售人员继续跟踪。

2) 电话营销流程

电话营销业务流程，如图 6-12 所示。目前已经有市场领先的企业开始尝试电话营销。比如，某个产品要推向市场，应怎样设计研发，可利用呼叫中心征求信息，产品研发出来怎样推向市场，市场的反馈如何，后期应如何改进等，均可通过此平台收集相关信息。这样电话营销就处于企业整个环节的重要部分。目前，国内大多数企业还处在电话销售阶段，而且这个阶段刚刚起步。与传统的营销相比，电话营销的优势首先是成本低、效率高，其次是整个营销过程和结果是可控的。

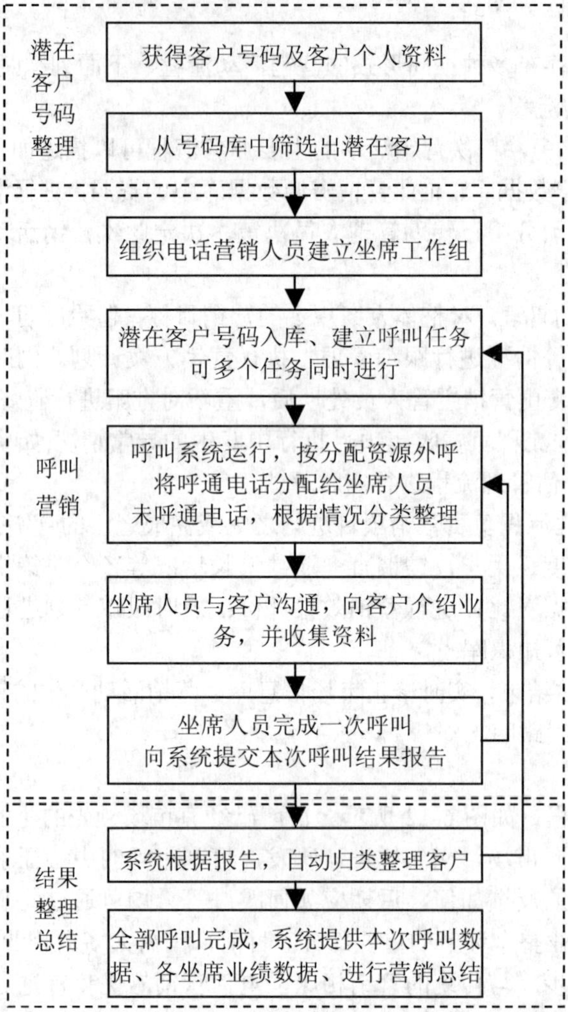

图 6-12　电话营销业务流程图示例

6.4　销售流程设计

6.4.1　销售管理

销售管理包括很多内容。组织浏览销售信息，如客户、业务描述、联系人、时间、销售阶段、业务额、可能结束的时间等；产生各销售业务的阶段报告，给出业务所处阶段、所需时间、成功的可能性、历史销售状况评价等信息；对销售业务提供战术、策略上的支持；对地域(省市、邮编、地区、行业、相关客户、联系人等)进行维护；将销售员归入某一地域并授权；地域的重新设置；根据利润、领域、优先级、时间、状态等标准，相关人员可以制订关于将要进行的活动、业务、客户、联系人、约会等方面的报告；提供类似 BBS 的功能，相关人员可把销售秘诀贴在系统上，还可以进行某方面销售技能的查询；销售费用及佣金的管理。

销售自动化是营销管理的核心功能。销售自动化可以帮助销售部门和人员高质量地完成日历日程表安排、联系人和客户管理、销售机会和潜在客户管理、销售预测、建议书制作和提交、定价与折扣、销售地域分配和管理，以及报告制作等工作。以自动化的方法替代原有的销售过程，可以缩短销售周期，并使销售人员及时掌握市场信息，获得销售利润。

销售自动化是对销售流程的一次革命，它通过技术的应用，更好地为客户服务、增强销售能力。例如，CRM 系统的销售自动化可以做到以下四点。

(1) 使整个销售流程自动化，从开发潜在客户到交易结束。

(2) 为销售人员和客户提供更方便的沟通渠道和联系信息，更有效地管理客户关系。

(3) 记录客户的需求和购买计划。

(4) 为客户提供更便捷的获取信息的渠道，使他们能够在充分的信息基础上，更快地做出决定。

销售自动化的主要销售方式包括以下五种。

(1) 现场销售(Field Sales)：也称做移动销售(Mobile Sales)，主要应用于那些经常在企业外工作的销售人员。他们可以通过互联网连接到企业数据库，共享信息资源，能够实现对产品配置、定价、合同、订单、报价和促销等方面的管理，并支持对客户拜访和销售活动的管理。

(2) 内部销售(Inside Sales)：也称做电话销售(Telesales)或内部售卖(Inside Selling)，主要应用于那些经常在企业内工作，可以使用局域网和高速广域网的销售人员。他们通常在客户服务中心工作，大多数时间花在打电话和 Web/Email 上。典型的应用需求包括机会管理、标准问答文本、订单的处理与管理、报价的生成、潜在客户的管理和与之相配合的网络销售。

(3) 电子伙伴(E-partner)：也称做扩展型销售企业(Extended Selling Enterprise，ESE)，通过技术应用支持销售渠道伙伴(例如，中间商、代理商、分销商和增值业务提供商)，达到销售目标。E-partner 是伙伴关系管理的一个组成部分。

(4) 电子销售(E-sales)：也称做技术辅助式购买(Technology-enabled Buying，TEB)，自助销售(Unassisted Selling)或 Web 销售。这些都是面向客户的技术或应用，可以实现产品的“自我销售”，并且可以在无销售人员帮助的前提下达成交易。E-sales 被认为是 eCRM 的一部分。

(5) 零售销售(Retail Sales)：包括使零售商通过传统的渠道(例如百货商店、专业商店和厂家直销店)或新的渠道(诸如家庭销售、网络销售和仓储式销售)达到销售产品目的的应用方案。

6.4.2 销售流程设计

1. 销售管理基本流程

销售流程是指目标客户产生销售机会，销售人员针对销售机会进行销售活动并产生结果的过程。销售流程是整个企业业务流程的一部分。

一般来讲，市场营销流程处于最上端，根据企业定位锁定目标客户群，通过市场营销活动了解客户需求，树立品牌形象，产生销售机会。接着市场流程的是销售流程，销售团队将通过各种渠道收集到的销售机会转变为订单；订单处理流程与销售流程紧密相连，包括合同管理、收款等过程。订单处理与企业的生产、物流运输流程相连，构成了企业内部与外部客户流程的重要的一环。

图 6-13 是销售管理的基本流程，图 6-14 是客户与业务机会管理的详细流程。它们是流程样板，具体企业的销售管理流程不一定要完全按照图 6-13 和图 6-14 所示的流程进行，企业应根据具体情况，进行相应的调整。

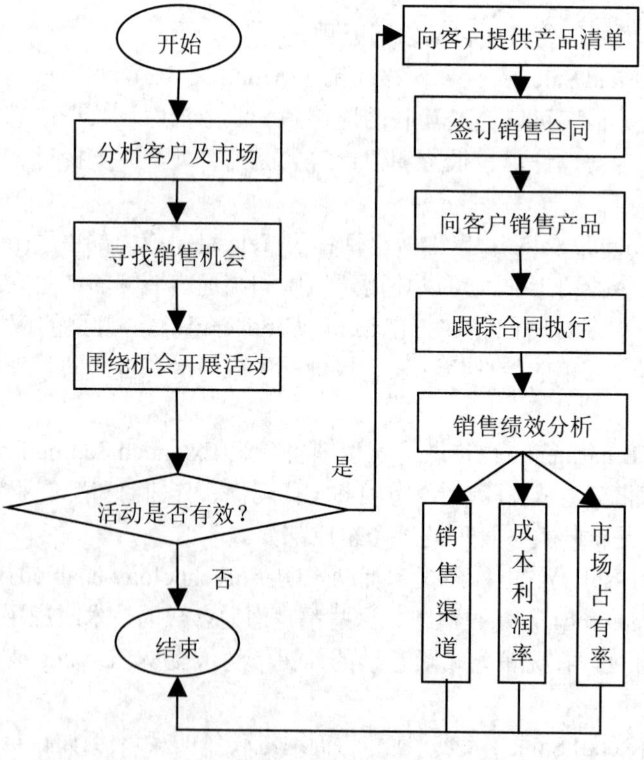

图 6-13　销售管理的基本流程

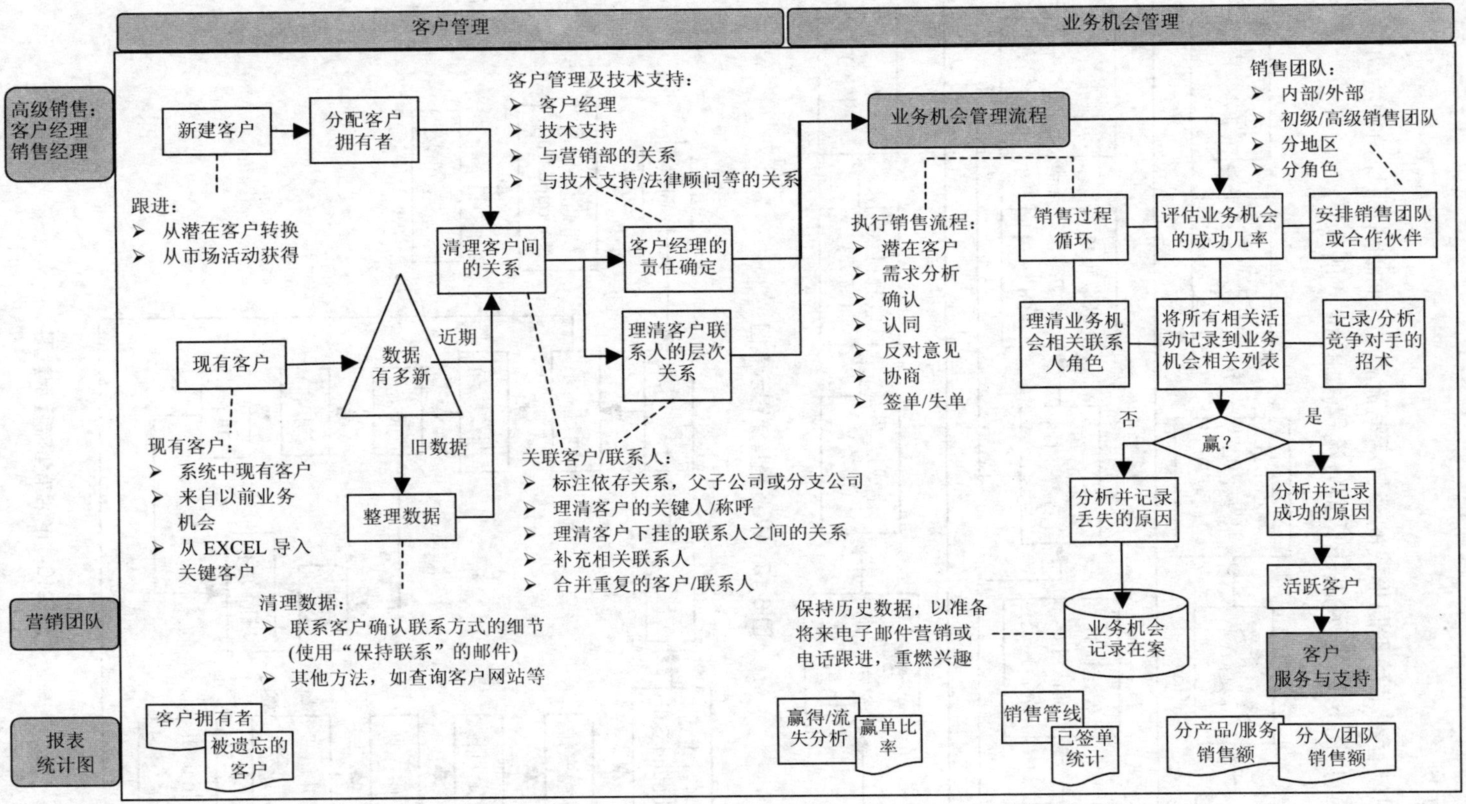

图 6-14　客户与业务机会管理流程

(资料来源：http://www.helpsales.net/class2.asp，访问日期 2010-8-15.)

2. 销售流程示例

在销售管理中，存在多种不同形式的销售活动流程，下面列举两种销售活动的流程，包括 Web 销售流程(如图 6-15 所示)和电话销售流程(如图 6-16 所示)。

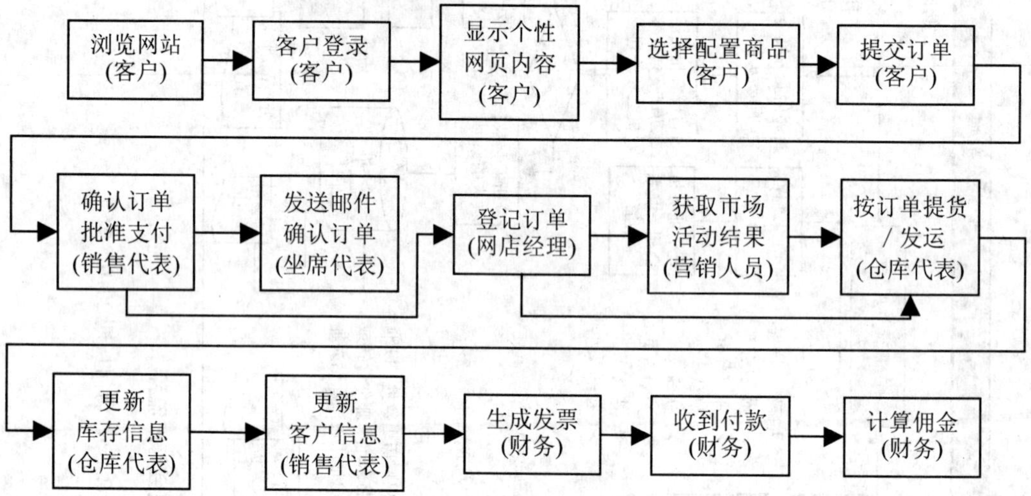

图 6-15 Web 销售流程示意图

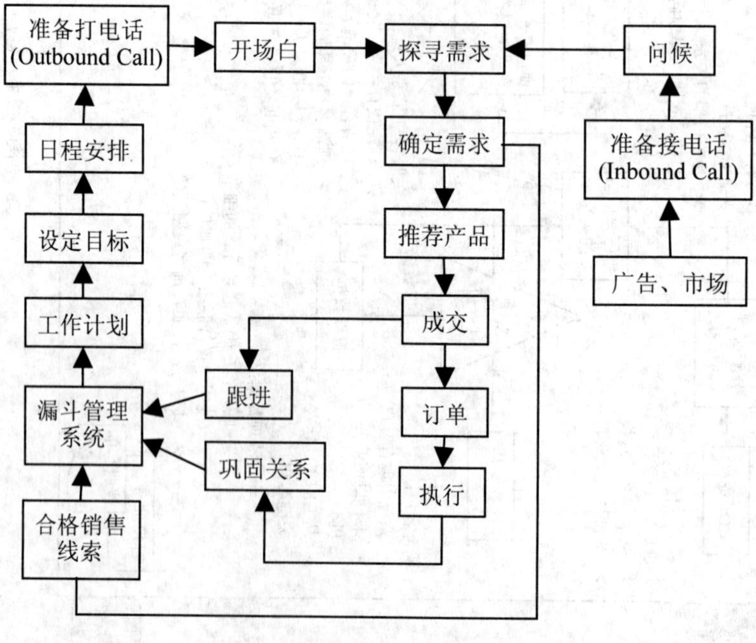

图 6-16 电话销售流程示意图

6.5 客户服务与支持流程设计

6.5.1 客户服务与支持管理

CRM 的客户服务与支持(customer service and support，CS&S)管理整个服务流程，从创建、更新服务请求和投诉，到安排有资质的服务人员的到场维修，为企业提供颇具竞争力的售后支持、上门维修和消耗品维护等服务。其中，包括售后维护人员的预约与派遣、备件的管理、后勤保障、服务收费和根据合同提供野外的维护服务等项目。可以向服务人员提供完备的工具和信息，并支持多种与客户交流的方式；可以帮助客户服务人员更有效率、更快捷、更准确地解决用户的服务咨询，同时能够根据用户的背景资料和可能的需求向用户提供合适的产品/服务建议。CS&S 是企业业务操作流程中与客户联系最频繁的部门，对保持客户满意度至关重要。CS&S 由于与消费者之间互动关系的复杂性，需要一个可扩展并且高度集成的服务中心和相关技术设施的支持，通过服务中心或 Web 部署并实现自助服务。随着市场竞争的加剧，客户期望值有所提高。优质的客户服务至关重要，是企业获得竞争优势的制胜法宝，绝不能低估 CS&S 的重要性。

客户服务与支持的工作内容不仅集中在售后活动上，同时也面向市场开展服务，比如提供一些售前信息等。客户人员可以利用详细的客户档案、匹配良好的产品/服务信息提高团队的交叉销售和向上销售能力，企业便能通过交叉销售和向上销售的方式，将额外的产品卖给客户，从而可以增加营业收入。当产品和价格同质化明显时，服务便成为构筑牢固客户关系的关键，这是一种更高层次的客户关系。

6.5.2 客户服务与支持流程设计

1. 服务管理的基本流程

在很多情况下，客户保持和提高客户利润贡献度依赖于提供优质的服务，因此客户服务和支持对很多企业都是极为重要的。在 CRM 中，客户服务与支持主要是通过服务中心和互联网来实现。CRM 系统中的强有力的客户数据使得通过多种渠道(如互联网、呼叫中心)的纵横向销售变得可能，当把客户服务与支持功能同销售、营销功能比较好地结合起来时，就能为企业提供很多好机会，向已有的客户销售更多的产品。

图 6-17 是服务管理的基本业务流程图，图 6-18 是客户服务与支持的详细流程图。它们是流程样板，具体企业的服务管理流程不一定要完全按照图 6-17 和图 6-18 所示的流程进行，企业应根据具体情况，进行相应的调整。

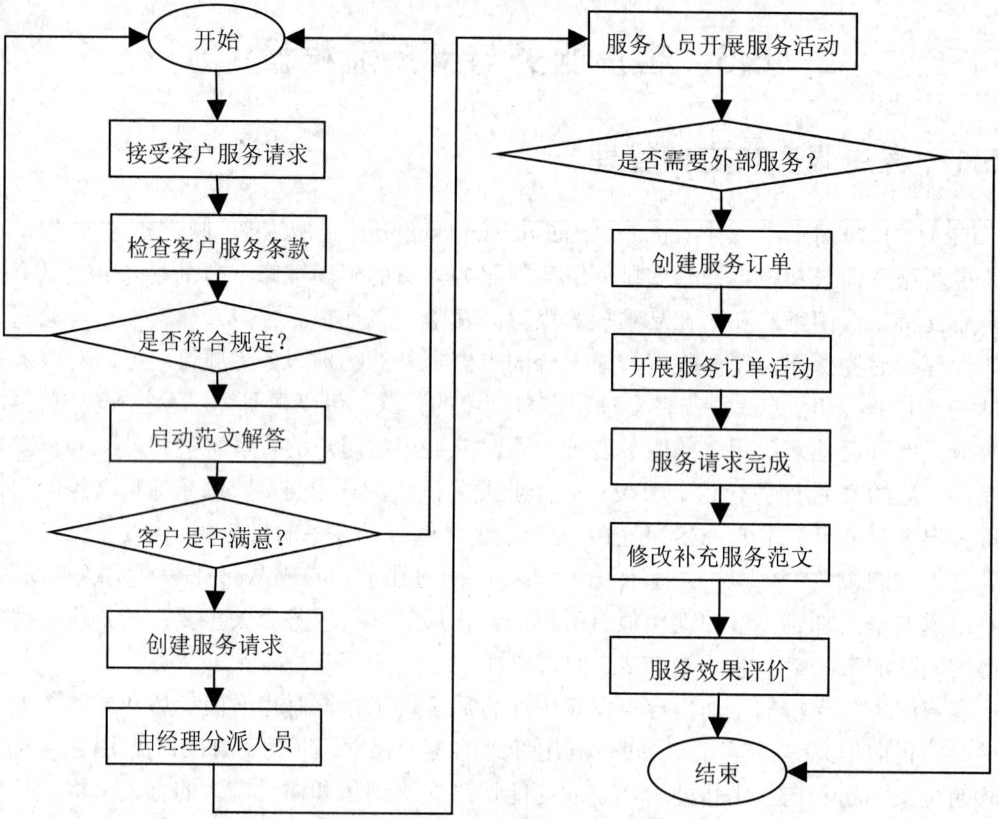

图 6-17　服务管理的基本业务流程图

2. 服务管理流程示例

在服务管理中，存在多种不同形式的服务活动流程，如图 6-19 所示，下面列举一个客户服务维修业务流程示意图。不同的企业在流程上可能会有所不同。

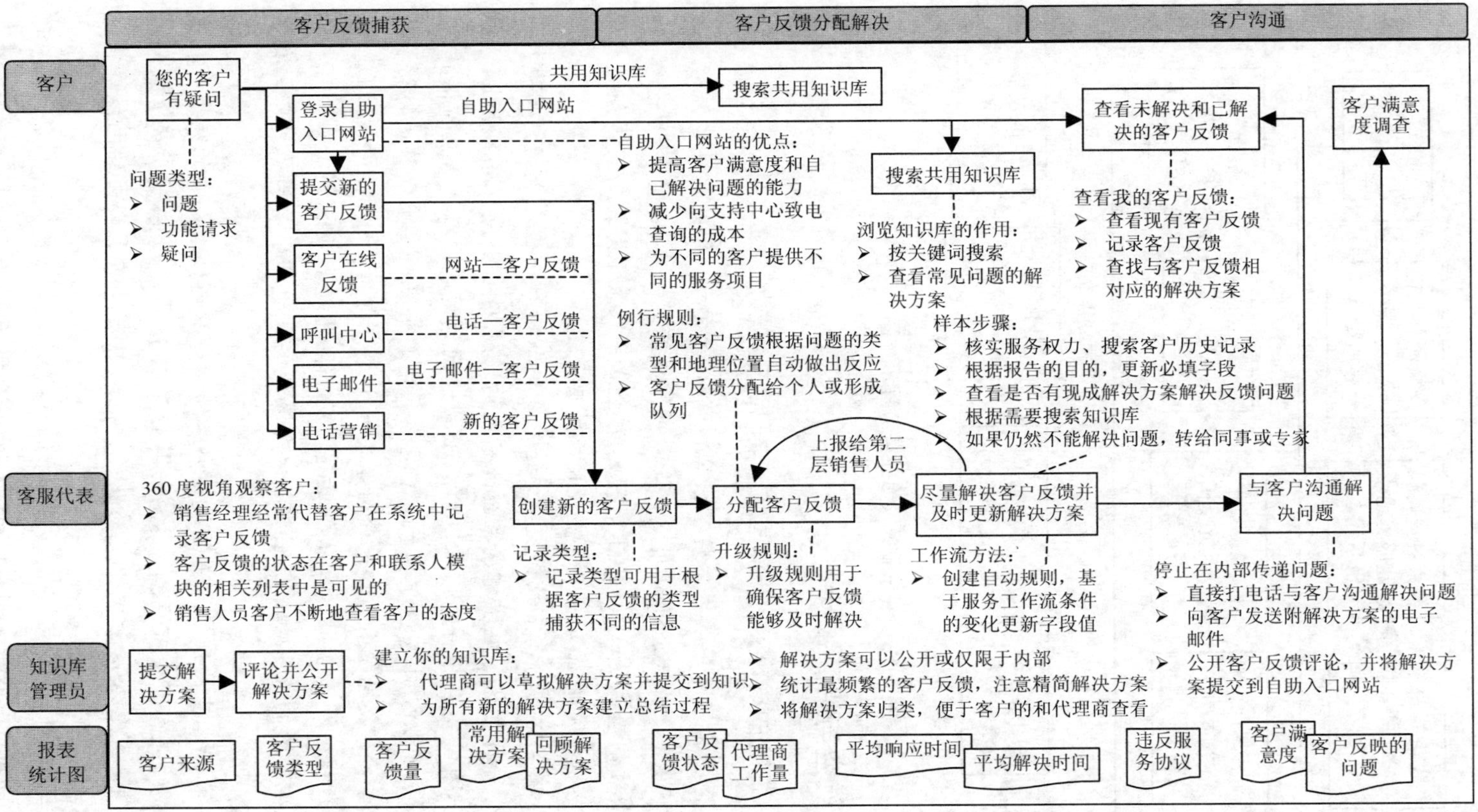

图 6-18 客户服务与支持流程

(资料来源：http://www.helpsales.net/class2.asp)

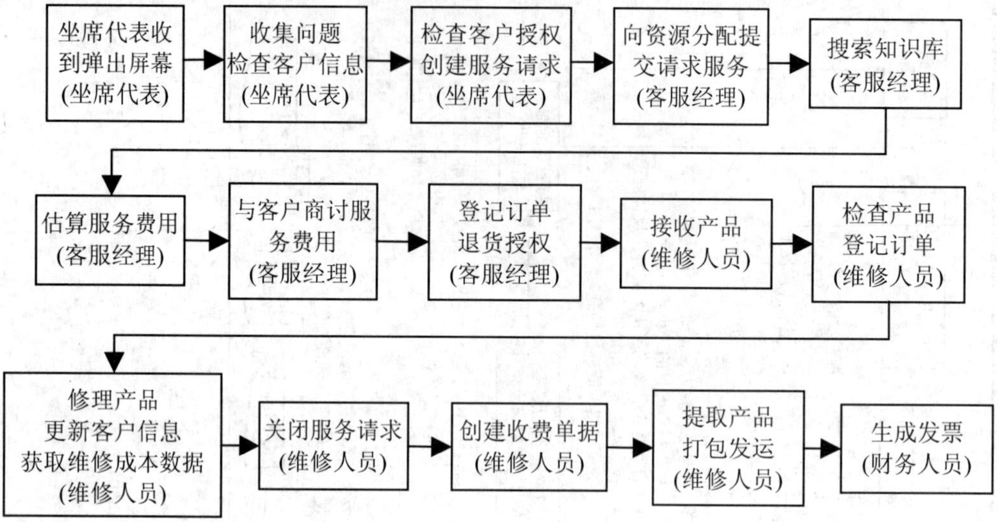

图 6-19　客户服务维修业务流程示意图

案例分析：美国航空与招商银行

CRM 的成功实践：美国航空电子商务案例①

在电子商务时代，企业为了降低成本，提高效率，增强竞争力，纷纷对业务流程进行了重新设计，同时开始将 CRM 作为新的利润增长点。如何提高客户忠诚度，保留老客户，吸引新客户，是 CRM 关注的重点。成功的 CRM 可以为企业带来滚滚财源，美国航空公司(American Airlines)的案例可以称得上是成功实施 CRM 的典范。

1994 年之前，美国航空公司的订票服务主要通过免费电话进行。但在电话订票发挥巨大作用的同时，时任该公司负责监督电脑订票系统业务的通路规划主任的 John Samuel 无意中注意到公司的网站上只有公司年报一项内容，显然，公司的网站远远没有发挥应有的作用。

John Samuel 设想如果可以吸引这些订票者通过网络来查询航班、票价以及进行行程规划的话，将可以为公司省下一大笔费用；如果公司拿出一小部分资金用于网络系统的建设，让乘客得以在网上预订行程，那么实际的回收将远超开支。他还进一步想到，如果可与经常搭机的老主顾建立更加紧密的关系，在航空业越来越激烈的竞争中，公司就可以站稳自己的脚跟。

这一设想在 1995 年初开始变为现实。美国航空公司的调查发现，近九成的乘客会在办公室里使用电脑，近七成的乘客家中有电脑，这直接导致了以 John Samuel 为首的 6 人网络小组的成立。这个小组主要掌管公司的电子交易业务。他们首先改造了公司的网站，将其

① 本案例参考 http://www.cncti.org/html/xingyezhishi/kehuguanxiguanli/200810/24-30_2.html 等相关信息编写。

定位为以传播资讯为主。经营到 10 月份时，美国航空公司已经成为第一家在网上提供航班资讯、飞机起降、航班行程变更、登机门等诸多资讯的航空公司，甚至连可不可以带宠物上机这样的问题，也可以上网查到。他们提供的资讯准确、快捷，有些更是每隔 30 秒更新一次，极大地方便了乘客。

如果说这一切还都是对于网络的简单应用的话，那么接下来美国航空公司对于自己的老主顾的关注，则加入了电子商务的内容。通过对常客进行调查，美国航空公司发现，有七成以上的公司 A 级会员愿意以电子化方式进行交易。他们非常在意能否自由地安排旅行计划，甚至希望视需要随时取消原定的行程与班机。于是，作为第一步，美国航空公司在 1996 年推出了一项新的服务：每周三定期发电子邮件给愿意接收的会员订户，提供“本周特惠”促销活动服务。这一服务推出一个月内，就发展到两万名订户，一年内，订户就突破了 77 万人。虽然后来其他航空公司也群起仿效，但美国航空公司始终都是领先者。同年，美国航空公司为 A 级会员特别开设了网络订票系统，使他们可以直接上网查询特价班次与订机位，这再次带动了 A 级会员人数的激增。后来，美国航空公司又开设了新的互动服务，使 A 级会员可以直接上网订票并随时更改，然后公司就将机票寄给订户。到了秋天，订户已经可以在飞机起飞前临时更改订位，无需到换票中心换票。

不过，公司不久便发现，通过网络订票的乘客远比通过传统方式订票并拿到机票的乘客需要更多的保障，因为大多数乘客对于最后能否拿到机票仍不放心。因此，每当乘客订位或更动订位时，美国航空公司就会主动寄发一封确认电子邮件，以让乘客安心。通过这一系列手段，美国航空公司 1997 年网上订票的收入比年度计划高出 98%。

到了 1998 年 6 月，美国航空公司又发布了新网站。新网站改善了浏览界面，功能更加强大，乘客甚至可以提出“从我住处所在机场到有海滩的地方票价低于 500 美元的班次有哪些”这样的查询条件。新网站最大的改善是依靠会员资料库中会员的个人资料，向 A 级会员提供更加个人化的服务，如果乘客将自己对于座位位置的偏好和餐饮习惯等列入了个人基本资料，就可享受到公司提供的各种体贴入微的服务。美国航空公司甚至还记录下乘客的各张信用卡，乘客下次使用信用卡时，将不用再麻烦地输入卡号。

再后来，美国航空公司推出了电子机票的服务，真正实现了无纸化操作；开始整合各种渠道的订票业务，使乘客通过网站、电话和旅行社都可以实现订票；对于乘客的电子邮件开始进行个人化的回复，优先处理 A 级用户的邮件，同时正在建设更加全面的个性化的自动化回信系统，以处理大量的电子邮件；让乘客自行设立兑换里程的条件，获得自己想要得到的奖励；更为周到的是，美国航空公司正拟发行 A 级会员智能卡，使乘客订票、预订客房和租车等都可以用一张卡支付，免去乘客记忆各种卡的卡号与密码之苦。

美国航空公司在短短的四五年时间里，牢牢占据着航空业界电子商务领先者的位置，成功的客户关系管理可谓劳苦功高。

美国航空公司的成功，得益于其敏锐地利用了高速发展的网络与计算机技术这一工具。在客户关系管理上，该公司注意掌握乘客的背景资料，为他们提供量身定做的服务，特别是该公司对于3200万公司A级会员提供的诸多方便，不但保留住了大批常客，还吸引了大量的新乘客加入会员行列。可以认为，美国航空公司成功的关键在于锁定了正确的目标乘客群，让乘客拥有愉快的消费经验与感受，敢于让乘客自助，同时协助乘客完成他们的各种交易操作。

【案例评述】

从这个成功案例中，我们可以得到以下三点启示。

启示一：CRM是电子商务成功的关键环节。现在的客户，包括个人和团体客户，都要求企业更多地尊重他们，在服务的及时性、质量等方面都提出了高要求。企业在电子商务环境下的竞争优势，很大程度上将取决于对其客户的了解程度以及对客户需求的反应能力。企业应通过管理与客户间的互动，改变管理方式和业务流程，减少销售环节，降低销售成本，争取客户，提高客户价值，实现最终效益的提高。

启示二：在CRM中，要充分发挥网络的作用。企业有许多同客户沟通的方法，如面对面的接触、电话、电子邮件、互联网、通过合作伙伴进行的间接联系等，而现在，发挥着最重要的作用是网络。网络不仅改进了信息的提交方式、加快了信息的提交速度，而且还简化了企业的客户服务过程，使企业向客户提交与处理客户服务的过程变得更加方便快捷。基于网络的CRM系统可使企业逐步实现由传统的企业模式到以电子商务为核心的转变过程。

启示三：通过CRM提供个性化服务尤其重要。个性化的CRM不仅可使企业更好地挽留现存的客户，而且还可使企业寻找回已经失去的客户，凭借CRM的智能客户管理，为客户提供想要的个性化的服务，从而提高客户满意度和忠诚度，给企业带来忠实和稳定的客户群。

招商银行信用卡中心创新服务①

招商银行信用卡客户服务中心2002年正式运营，800-820-5555热线开始接通大江南北，连通海外全球。2008年是招商银行信用卡客户服务中心发展的第六个年头，招商银行信用卡年初发卡突破两千万张。客户服务中心从上海单点运营，发展成为上海、成都、武汉多点运营态势，在六年间，不断完善服务渠道，形成包括语音、网络、SMS短信、传真、信函、人工等全方位、多渠道客户服务接触点，为两千多万信用卡用户提供服务。

24小时365天主动和热情的服务，使招商银行信用卡中心的客户服务中心在国内外同业中取得了良好的口碑。招商银行陆续成功推出购汇、分期邮购、VISA验证等国内首创业务功能；不断完善了IVR、网银、申诉等作业平台；有效提高了客服中心的整体服务能力，强化了业务处理能力。在业务不断发展的同时，也得到客户的肯定，获得包括“全球最佳呼叫中心大奖”、“CCCS客户联络中心标准五星钻石认证”等各项荣誉。

① 本案例参考中国客户服务网(www.cncs100.com)等相关内容编写。

一直以来，招商银行坚持“因您而变”的理念，一贯坚持以客户为中心，提供个性化的产品/服务，满足客户的期待与梦想。在管理上也要求各级管理者都要有很强的服务意识，在工作每个环节设计上，因循客户，勇于创新，不断总结学习，将“客户为先，服务为本”深入到每个员工的心里。因为这样的理念和文化，在消费者眼里，招商银行有着很好的优质服务口碑。也正因为这样的理念和文化，招行的团队才会走得如此坚定而充满活力。

招商银行客户服务部认为：在部门营运管理过程中面临的挑战主要有三种：①如何提升服务价值，保持核心竞争力。同业竞争日趋激烈，服务已成为各家发卡银行的众矢之的，招行更要思索如何保持竞争力，让服务成为这场战役的制胜武器。②如何持续提升客户满意度。客户的诉求不断提升，服务面临严峻挑战，如何从客户诉求出发，真正赢得客户的认同，值得招行深思。③如何进一步提升员工满意度。员工队伍快速扩充，如何管理千人规模的团队是管理层面的最大挑战。

招商银行信用卡在服务上，一直追求主动性、灵活性，细分客户群体，了解不同客户群体的需求，针对不同客户群的不同需求，制定相应的服务策略，满足客户需求和期望，最终达到使客户满意，进而把满意的客户维护成忠诚的客户。在“发卡保持高速增长，数量与品质并重”的策略指导下，客户服务部全面推行“探索精细化分工、专业化技能服务”的发展策略，执行专线化运营，为不同的客群，提供专属性服务，使服务更有针对性，更为灵活。

与此同时，产品创新也是招商银行信用卡中心所不懈追求的。招商银行信用卡首推网上支付 VISA=验证服务；首推人民币购汇还款；经营六年来，陆续推出百货、航空类联名卡；推出大学生为主体的充满活力的 YOUNG 卡；推出车友族专属的车卡；推出高端人士尊崇体验的白金卡和无限卡；推出“十全十美”、分期高潮；号召慈善行动，掀动“红动中国”热浪。信用卡中心各部门在这一浪高似一浪的创新之路上，相互配合，并肩进步。客户服务中心，自 2007 年起，启动“客户满意度反馈机制”，开展专项客户满意度调查，主动收集客户的声音，将客户声音带入到前端产品设计单位，设计出更让客户满意的产品/服务。或许正是客户看到招行的主动创新，乐于使用招行的产品，愿意体验招行的服务。

首先，在服务理念上，本着一切以“客户满意为依归”的服务准则，从管理层到一线客户服务专员，有着良好而坚实的意识基础；大到决策，小到工作中的每个细节，都以客户为思考的起点，以客户满意为效果的最终评估。

其次，在服务流程设计上，招商银行信用卡中心非常强调“服务为先，客户为本”，将客户需求带入到产品设计的最前沿。招商银行信用卡的新产品、新功能设计，均充分考虑客户的需求，加入客户服务端的评估。服务中心代表客户，反馈客户的声音，使客户的需求真正成为产品和功能的设计基础，在流程的每一个环节都贴心的想客户之所想，设计出真正让客户满意的产品/服务。

再次，在客户服务感受上，与国内大多数呼叫中心由机器冷冰冰地报工号的做法相比，招行客服人员的自报家门令人备感亲切。这是国内首个五星级客户服务中心将招行“因您而变”的服务理念体现为每一声亲切的问候，每一个专业的解答，每一处贴心的细节；甚至在挑选电话号码的时候，都会充分考虑客户的服务体验，800-820-5555 的服务热线号码在键盘上是一条直线，拨打的时候一气呵成，没有任何别扭的感觉。

招商银行信用卡中心客户服务中心充分研究客户需求，适应业务发展需要，不断优化完善信用卡服务系统，有效提高了客服中心的整体服务能力，强化了语音、网络、人工全方位、多渠道客户服务接点的业务处理能力。与此同时，招商银行信用卡中心客户服务中心确立了包括信用卡申请、使用、查询、功能设定、申诉抱怨等各项业务操作规范，并于2004 年，通过 ISO 文件形式，明确信用卡整个生命周期各环节客户服务的执行目的、执行管理、检核手段等，为客户服务工作的规范化、高效化打下扎实基础。

【案例评述】

① 客户服务中心的发展策略要紧跟企业的发展策略。客户服务中心要转变为客户关系维护中心、客户价值中心。这些策略需要与企业的策略保持一致，支持到企业的近远期的发展目标。

② 做好客户的代表。客户服务中心，站在企业服务的最前端，是企业与客户沟通的第一站，因此要肩负时刻反馈客户的声音，把这些声音带入到企业的产品/服务设计，带入到服务流程的创新和改造，不断提升客户满意度的重要职责。

③ 不断优化完善服务平台及服务网络。高效的服务平台及服务网络是优质服务的基础。随着招商银行信用卡中心业务快速拓展，服务接触点日益拓展，多点运营模式全面启动，信用卡业务延伸性逐渐加强，信用卡产品的服务和功能日益丰富。未来的客户服务中心，处于信用卡服务保障体系的最前端，更需要站在客户体验的角度，以客户满意为依归，完善服务平台，保证整体服务网络中各个接触点的服务水准、各渠道的无障碍衔接，达成信息同步共享，服务同质高效。

④ 打造凝聚力、执行力强的团队。客户服务中心的工作环节繁多，从线上服务、现场运营、人力排班、品质监管、业务衔接、培训管理、需求分析、业务规划等，每一个岗位，每一位员工，都是优质服务品牌的建设者。要让这些繁多的工作细节更好地衔接运营，离不开凝聚力强大的、具备高度执行力的团队，一方面依靠严谨的内部管理制度，明确人员的工作规范，使得各项业务顺利运行，有据可依；另一方面，通过给予人员阶段性提升培训，提升员工技能和综合能力，让员工掌握更多的工具和技能，提升自身服务水平，增强工作绩效；与此同时，通过人性化氛围建设，通过企业关怀活动，建立人文文化氛围，丰富员工业余生活，搭建员工沟通交流平台，建设员工对企业的归属感，增强员工凝聚力。

面对竞争激烈的金融市场，如何挽留客户已成为各家银行必须面对的严峻课题，招商银行信用卡客户服务中心的创行新服务，无疑给同行提供了很好的借鉴作用。

在信息化的时代，企业要想做大，首先要把用户做大，完全满足用户的需求，在为用户创造价值的同时，实现企业自身的价值。

复习思考题

1. 简述商业模式的基本逻辑，基于 CRM 的商业模式更关注的内容是什么？
2. 以 B2C 电子商务为例，如何理解商业模式成功的核心要素？
3. 简述 CRM 的闭环流程主线，如何理解客户、联系人、销售机会、订单是这个流程主线的关键环节？
4. 简述企业对 CRM 流程的需求，并分析各需求层次之间的相互关系。
5. 电子商务的营销、销售与服务与传统市场有什么样的主要区别？

第 7 章 CRM 系统

教学目标

- 熟悉 CRM 系统的概念模型、基本构成和分类方式。
- 掌握运营型、协作型和分析型 CRM 系统的特点及其相互关系；掌握 CRM 系统的基本功能模块。
- 了解 CRM 软件系统的开发流程。

7.1 CRM 系统概述

7.1.1 CRM 系统的概念模型

集成了 CRM 管理思想和最新信息技术的 CRM 系统，是帮助企业最终实现以客户为中心的管理模式的重要手段。图 7-1 是 CRM 应用系统的概念模型图，它反映了 CRM 最重要的一些特征。CRM 应用系统强调对多点客户联系渠道的整合以及对业务功能的流程整合，以最大化地实现 CRM 所蕴含的商业理念。一个能够有效实现 CRM 经营理念的 CRM 应用解决方案应具有以下六个方面的特征。①

1. 基于一个统一的客户数据库

客户信息作为公司的重要资产，必须由企业统一管理。其所有权在企业层面，而不是由部门或个人部分占有。企业不会因为某些营销或销售人员的离开而使营销和销售工作受阻。

2. 具有整合各种客户联系渠道的能力

各种渠道整合就是不论客户的请求来自电话、传真、电子邮件，还是通过网页访问甚至亲自到访，所形成的各种信息都必须准确地、无遗漏地、无重复地反映到数据库中，做到客户信息的“零流失”；同时，客户可以选择他们所喜欢的任何一种方式与企业打交道，在利用其他渠道时，不必重复提供信息。

3. 快速方便地向系统用户传递信息

CRM 应用系统的各种用户(包括客户服务支持人员、市场营销人员、现场服务人员、销

---

① 何荣勤. CRM 原理•设计•实践(第 2 版). 北京：电子工业出版社，2006.

售人员以及合作伙伴等)，能以各种方便的方式和设备获取各种相关的客户信息。

4. 提供营销、销售和服务自动化

向面向客户的员工提供销售、营销和服务的自动化工具，实现三者之间的无缝整合，打破销售、营销和服务的业务限制，实现客户服务流程在部门之间的平滑接续。例如，营销部门提取的潜在客户，在经过客户价值认定之后，自动转给销售人员，成为销售人员的销售机会；呼叫中心接到的维修请求可以自动出现在技术人员的服务应用系统中。

5. 具有一定商业智能的决策能力

客户行为预测能力是对 CRM 应用系统的一个重要需求，否则客户关系的差别化管理就难于实现，因此，具有一定商业智能是 CRM 应用系统的重要指标之一。

6. 具备与其他企业应用系统的整合能力

CRM 应用系统必须解决与其他应用系统的整合问题，否则前后台出现的断点必然会影响客户服务的质量。最明显的整合是 CRM 与后台 ERP 的整合，实现前台接受订单，后台处理订单，这是一个基本的整合。

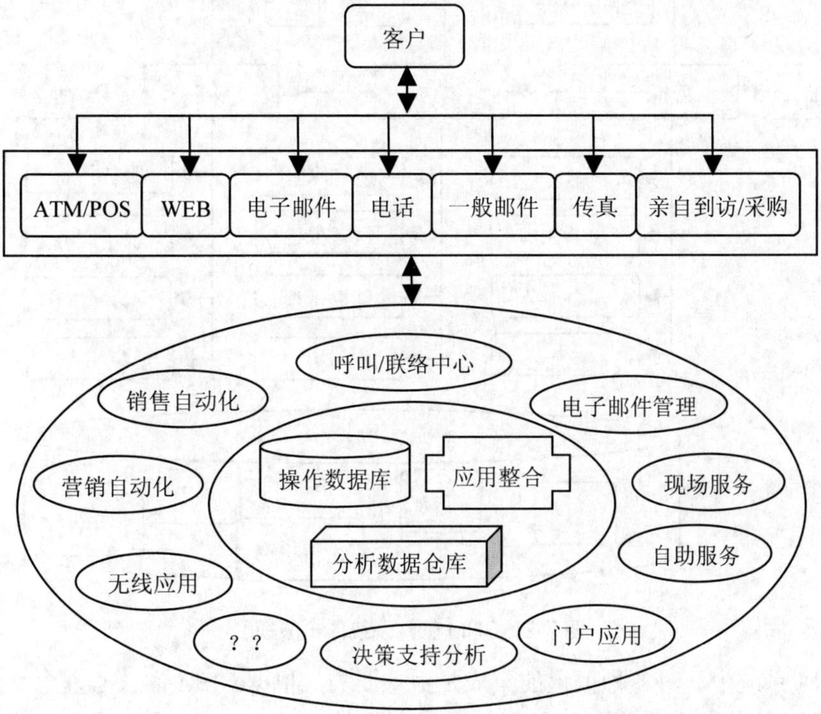

图 7-1 CRM 应用系统概念图

(资料来源：www.greaterchinacrm.org，访问日期 2010-8-10.)

每个 CRM 系统的提供商所开发的 CRM 功能模块不尽相同，但一般的 CRM 系统都具有营销管理、销售管理、客户服务和呼叫中心等功能。

7.1.2 CRM 系统的基本构成

CRM 系统的主要过程是对营销、销售和客户服务这三部分业务流程的信息化。首先，在市场营销过程中，通过对客户和市场的细分，确定目标客户群，制订营销战略和营销计划；其次，在营销计划的基础上执行销售任务，包括发现潜在客户、信息沟通、产品/服务推销、信息收集等；最后，在客户购买产品之后，企业还需要对客户提供进一步的服务与支持。图 7-2 是 CRM 软件系统的一般模型。

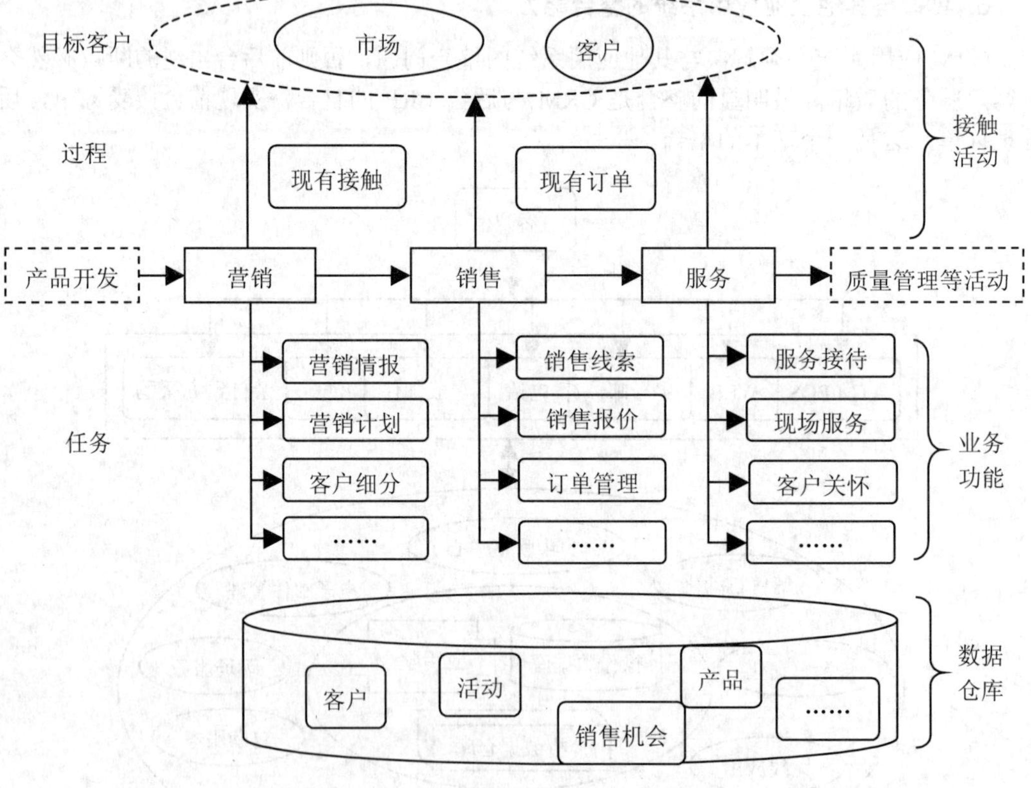

图 7-2 CRM 软件系统的一般模型

在 CRM 系统中，对各种渠道的集成是很重要的。根据 CRM 的核心理念，企业需要充分了解客户不断变化的多样化和个性化需求，因此，企业与客户需要建立丰富、有效和一致性的双向沟通渠道。

CRM 改变了企业前后台业务运作方式，要求各部门间进行信息共享、密切合作。CRM

系统中的共享数据库为所有的 CRM 过程提供转换途径，可以全方位地提供客户和市场信息。建立这样的数据库对 CRM 系统来讲是重要的条件，通过数据库实现所有重要信息的“闭环”。在 CRM 系统中，必须在各流程中建立统一规则，保证所有活动在得到相同理解的情况下进行，这是实现流程优化与自动化的基础。

根据 CRM 软件系统的一般模型，可以将 CRM 系统的基本组成分为互动管理、运营管理和决策支持等三个部分，但这三个功能需要以技术功能的实现为基础。

1. 互动管理

CRM 系统应当能提供并支持客户与企业接触的多种方式，如图 7-3 所示，例如，呼叫中心、Web 访问、电子邮件、电话、传真、面对面沟通、金融中介或经纪人以及其他营销渠道。在各式各样的接触活动中，企业必须能够协调这些沟通渠道，确保客户能够以其方便或偏好的方式与企业进行随时交流，并且应该保证来自不同渠道信息的完整性、准确性和一致性。当今互联网已成为企业和外界沟通的重要工具，特别是电子商务的快速发展，促进 CRM 系统与互联网的紧密结合，这种基于互联网的应用模式是 CRM 系统发展的主要趋势之一。

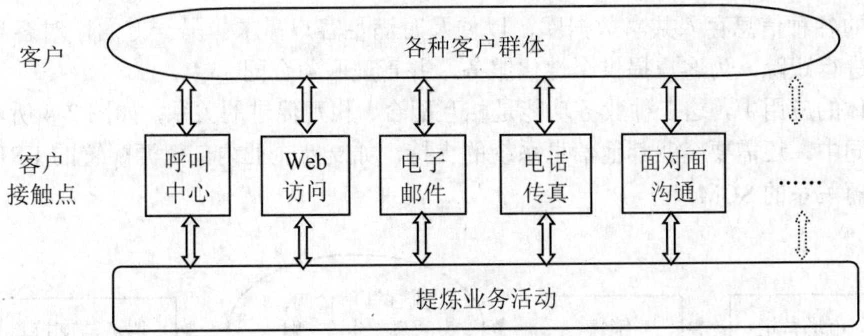

图 7-3 各种渠道的接触活动

在企业与客户的交互接触过程中，CRM 系统的作用主要包括以下五个方面。

(1) 活动管理：营销活动的计划安排，保证营销活动的完整递送，包括计划、营销内容、客户界定、人员分工与联络等。

(2) 电话营销：通过使用电话，有计划、有组织、高效率地扩大客户群、提高客户满意度和忠诚度。电话营销包括呼入和呼出业务，呼入业务包括商品或服务的订购受理以及投诉处理的客户服务；呼出业务包括商品或服务的推销、市场调查、市场测试等。

(3) 电子营销：借助互联网手段，针对准确的目标客户群，通过为客户提供定制化产品/服务，实施个性化的营销活动。其实质是基于 CRM 系统平台所实施的一种网络营销。

(4) 营销分析：包括市场调查以及对营销计划、活动、渠道等方面的分析、总结和评价等，为今后的营销工作提供改进意见。营销分析能够提供对市场和客户行为特征的洞察力。

(5) 潜在客户管理：通过与客户的接触管理，发现潜在的交易机会，发展潜在客户。

2. 运营管理

不同的 CRM 系统所覆盖的业务功能不尽相同，功能的表述和归类也会有差异。从 CRM 软件系统的一般模型出发，CRM 系统的业务功能通常包括营销管理、销售管理、客户服务与支持三个部分。这里只对这三方面功能做一个简单叙述，CRM 系统的主要功能模块会在后面章节详细阐述。

(1) 营销管理：通过对市场和客户信息的统计分析，发现市场机会，确定目标客户群，制定营销组合，包括市场和产品策略；为市场营销人员提供制定预算、计划、执行和控制的工具；管理各类市场营销活动(如广告、会议、展览、促销等)，对市场营销活动进行跟踪、分析和总结。

(2) 销售管理：销售人员能够使用各种销售工具(如电话销售、移动销售、电子商务等)，方便及时地获取生产、库存、定价和订单处理的相关信息。销售部门能够自动跟踪多个复杂的销售路线，提高工作效率。

(3) 客户服务与支持：一方面，通过呼叫中心为客户提供每周 7×24 小时不间断服务，并将客户的各种信息存入共享数据库，以便及时满足客户需求；另一方面，对客户的产品使用情况进行跟踪，为客户提供个性化服务，并管理服务合同。

在具体的应用中，这三种业务功能是相互配合、相互促进的关系，如图 7-4 所示。在执行订单合同中，还需要企业其他信息系统的支持，如支持企业内部资源配置的 ERP 以及支持与供应商关系的 SCM。

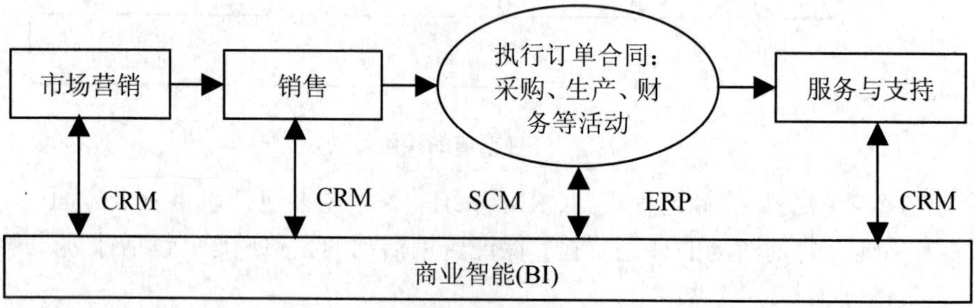

图 7-4 CRM 系统的运营功能及其关系

3. 决策支持

实现决策支持的关键是要建立一个统一、共享的客户数据库，进而建立一个完善的数据仓库系统。数据仓库系统在 CRM 中起重要作用。它对客户行为信息以及其他与客户相关的数据进行分类并集成，通过联机分析处理(OLAP)、数据挖掘及其他数据分析处理工具，为企业提供足够详尽的分析数据和客户知识，有助于企业制定更加准确有效的市场策略、发现市场机会、增加产品销售、保持现有客户、发展潜在客户。

4. 技术功能

除了上述三种基本的业务功能之外，CRM 系统还需要众多特定技术功能的支持，主要涵盖六个方面的能力：信息分析能力；互动渠道的集成能力；支持网络应用的能力；建设集中统一的客户信息库的能力；工作流的集成能力；与其他应用系统(如 ERP、SCM)整合的能力。技术功能的重点体现在系统的整合能力上。Hurwitz Group 给出一个 CRM 系统的技术功能图，如图 7-5 所示。

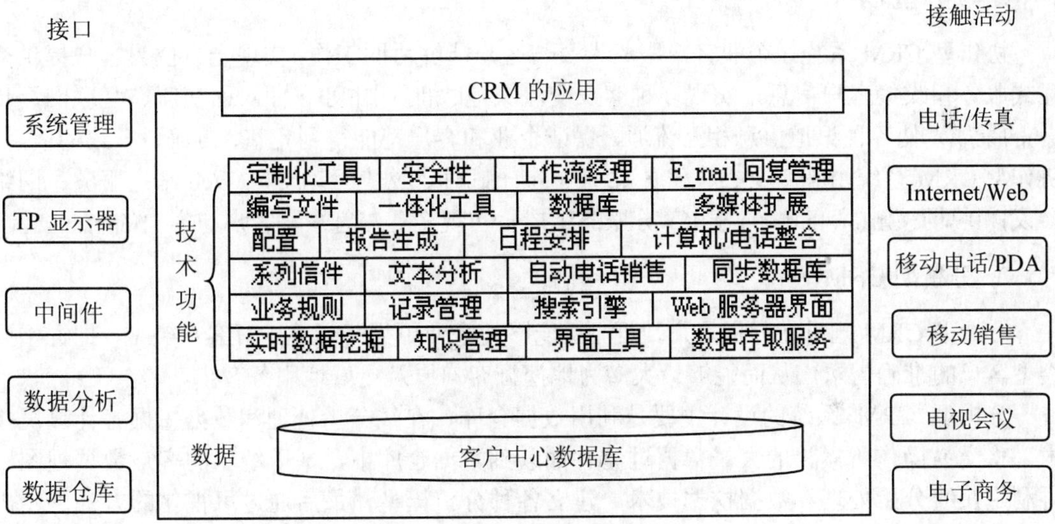

图 7-5 CRM 软件系统的技术功能

7.2 CRM 系统分类

目前业界对 CRM 系统产品的分类有各种不同的标准，有按照 CRM 系统功能、目标企业性质、应用集成度等进行分类，也有按照系统实现的技术特点和体系架构进行分类。

7.2.1 按照功能分类

虽然所有 CRM 系统都应该是一种“以客户为中心”的整体解决方案，但不同的 CRM 系统提供功能的侧重点是有所不同的。美国商调机构 MetaGroup 按照功能层次的不同，把 CRM 系统分为运营型、协作型和分析型。

1. 运营型 CRM

运营型 CRM 建立在这样的一种概念之上，即客户管理对企业的成功很重要，它要求所有业务流程流线化和自动化，包括多渠道“客户接触点”的整合，前后台运营之间的无缝连接与整合。

运营型 CRM 系统应用于企业中直接面对客户的部门，使这些部门在日常工作中能够共享客户资源，减少信息流动滞留点，形成一个虚拟的综合部门，从而实现企业业务流程的自动化和高效率，全面提高企业同客户的交流能力。运营型 CRM 一般由销售自动化、营销自动化和客户服务与支持三个基本功能组成，以实现销售、营销和客户服务的自动化。

2. 协作型 CRM

协作型 CRM 系统让企业客户服务人员与客户能够协同工作，实现全方位为客户提供交互式服务和收集客户信息，实现多种客户交流渠道(如呼叫中心、面对面交流、互联网、传真)的集成，使各种渠道信息相互流通，保证企业和客户都能得到完整、准确、一致的信息。协作型 CRM 系统由呼叫中心、传真/信件、电子邮件、网上互动交流(Web 站点服务、网络会议)和现场接触(亲自访问)等几部分服务组成，实现企业与客户、客户与客户的全面交流。

3. 分析型 CRM

分析型 CRM 侧重在分析客户数据上，能够使企业更为清晰地了解客户类型，把握不同类型客户的准确需求，从而能够最大潜力地挖掘客户以及更好地服务客户。

分析型 CRM 系统的设计主要是利用数据仓库、在线分析处理和数据挖掘等计算机技术，将交易操作所累计的大量数据过滤并抽取到数据仓库中，基于统一的客户数据视图，再利用在线分析处理和数据挖掘技术，建立各种分析模型，最后通过可视化的方式展示出来，提供既定量又定性的即时分析，将分析结果反馈给管理层和其他相关部门，为企业的经营决策提供支持。

运营型、协作型和分析型 CRM 的功能定位如图 7-6 所示。实际上，各种 CRM 系统产品并没有严格区分为运营型、协作型和分析型，而是多种 CRM 应用贯穿其中。

企业与客户互动就需要结合运营型 CRM 和分析型 CRM，例如，客户通过门户网站提交要求信息，运营型 CRM 将客户要求传递给数据仓库，通过分析型 CRM 操控数据仓库，将所需信息返回到客户界面。运营型 CRM 管理客户接触点，分析型 CRM 管理数据仓库，进行用户分析与决策。一个强大的 CRM 系统应该涵盖运营型和分析型 CRM 的功能，将前端的“客户接触点”与后台的数据仓库相结合，也就产生了协作型 CRM。这三类 CRM 系统的关系如图 7-7 所示。

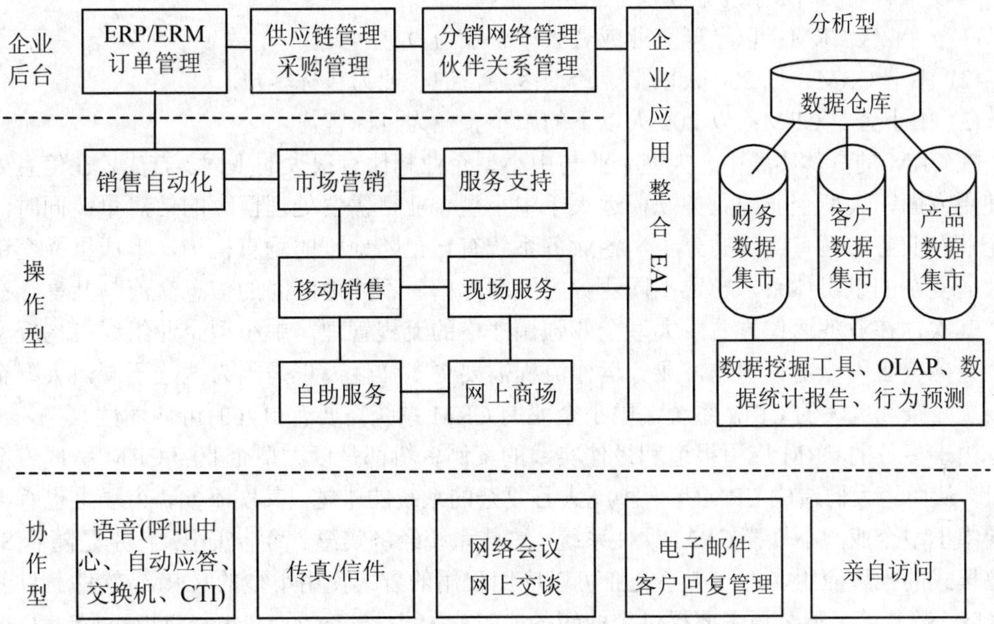

图 7-6　三类 CRM 应用的功能定位

(资料来源：何荣勤 CRM 原理•设计•实践(第 2 版) 北京：电子工业出版社，2006.)

图 7-7　三类 CRM 系统的关系

7.2.2　按目标企业分类

不同的企业，甚至同一企业集团内的不同区域机构或不同部门都有不同的商务特点，它们的信息技术基础设施也可能不同，对 CRM 的具体功能需求以及 CRM 的实施策略会有所不同。因此，以目标企业的行业特征和企业规模为标准划分不同类型的 CRM 软件产品，也是一种流行的分类方式。实际上，不同行业、不同规模的目标企业对 CRM 系统的具体功能需求可能存在极大的差异性。

1. 适用不同企业规模的 CRM 系统

一般情况下，可以采用基于不同应用模型的标准产品来满足不同规模的目标企业的需求，可以将这些 CRM 系统分成以下三类。

(1) 企业级 CRM：以全球企业或者大型企业为目标客户。

(2) 中端 CRM：以 200 人以上、跨地区经营的企业为目标客户。

(3) 中小企业 CRM：以 200 人以下的中小企业为目标客户。

在 CRM 的具体实践中，大型企业与中小型企业相比有很大的不同。首先，在信息处理和使用方面，大型企业的业务规模远大于中小型企业，需要处理巨大的信息量；同时，大型企业在业务方面有明确的分工，各业务系统有自己跨地区的垂直机构，形成纵横交错、庞大而复杂的组织体系，导致不同业务、不同部门、不同地区间的信息交流与共享存在困难；其次，在业务运作方面，大型企业强调严格的流程管理，中小型企业组织机构轻型简洁，业务分工不一定很明确，业务运作流程需要更多弹性。正是因为这些不同，大型企业需要更复杂和庞大的 CRM 系统，中小企业的 CRM 系统需要有更好的可伸缩性。

由于多数的 CRM 应用报道和最佳实践的案例资料都是以大型企业的 CRM 解决方案为背景，从而给人们造成 CRM 是一种庞大且复杂的系统的错觉。其实不然，市场上也有大量面向中小型企业的小规模 CRM 软件系统，这些系统经济实惠、简洁实用，特别是随着 SaaS 服务模式的推广应用，许多中小企业可以应用租用的方式使用小型的 CRM 软件。目前，Oracle、SAP 等大型公司主要提供企业级的 CRM 系统；Salesforce.com、Microsoft、Onyx、Pivotal 等则主要角逐中端的 CRM 市场，并试图获取部分企业级 CRM 系统市场；Sage、用友 Turbo CRM、My CRM、Goldmine、Multiactive 等公司主要瞄准中小型企业的 CRM 系统。他们提供的综合软件包虽不具有大型软件包的深度功能，但其功能也是很丰富和实用的。由于信息技术的发展，企业专业化分工，对企业规模的柔性需求，中小型 CRM 市场的成长潜力巨大，一些传统上以企业级 CRM 为目标市场的大型软件提供商正逐步向中小型 CRM 市场转移。

2. 适用不同行业性质的 CRM 系统

在企业的 CRM 应用中，越是高端应用，行业差异越大，对行业化的要求也越高，因而出现一些专门针对特定行业的解决方案，例如，银行、保险、电信、制药、政府、大型零售等 CRM 应用解决方案。

7.2.3 按应用集成度分类

CRM 涵盖整个客户生命周期，涉及众多的企业业务流程，如销售、支持服务、市场营销、订单管理等，CRM 既要完成单一业务的处理，又要实现不同业务间的协同。同时，CRM 作为企业信息化整体应用中的一个组成部分，还要充分考虑与企业其他应用系统(如 ERP、SCM、PDM 等，乃至一些小型应用，如财务系统、进销存系统)的集成应用问题。但是，不同企业或同一企业的不同发展阶段，对 CRM 整合应用和企业集成应用有不同的要求，因此，可以根据集成度，将 CRM 分成 CRM 专项应用、CRM 整合应用、CRM 企业集成应用。

1. CRM 专项应用

CRM 的专项应用主要是针对 CRM 的一些特定功能模块的应用。呼叫中心是 CRM 专项应用的典型代表，销售自动化(SFA)是以销售人员为主导的企业的 CRM 专项应用。另外，还有一些诸如数据库营销、目录营销等方面的专项应用。对于中国企业特别是中小企业而言，由于资金、技术等方面的限制，再 CRM 系统的应用初期，可以根据企业实际需求，在总体规划设计的基础上(选择适当的解决方案，其中特别是业务组件的扩展和基础信息的共享)，先通过一些专项应用的实施，再逐步实现 CRM 的整体解决方案。这是一条中小企业实施 CRM 的现实发展之路。到目前为止，CRM 专项应用仍然具有广阔的市场，并处于不断的发展之中，代表厂商有 AVAYA(Call Center)、Goldmine(SFA)、合力金软等。

2. CRM 整合应用

CRM 涵盖整个客户生命周期，涉及众多的企业业务流程与环节。因此，对于很多企业而言，必须实现多渠道、多部门、多业务的整合与协同，实现信息的同步与共享，这就是 CRM 的整合应用。CRM 业务的完整性和软件产品的组件化及可扩展性是衡量 CRM 整合应用能力的关键。这方面的代表厂商有 Oracle(企业级 CRM)，Pivotal(中端 CRM)，用友 TurboCRM(中小型企业 CRM)。

3. CRM 企业集成应用

CRM 需要实现与企业其他应用系统的集成应用，才能真正实现“以客户为中心”经营战略。这是 CRM 集成应用的方式。例如，CRM 与 ERP、SCM 以及群件产品(如 Exchange/MS-Outlook 和 Lotus Notes 等)的集成应用。这方面的代表厂商有 Oracle，SAP 等。CRM 与 ERP 和 SCM 的整合是重要的 CRM 企业集成应用。集成的方式可以基于企业应用集成(EAI)的体系结构，将 CRM、ERP、SCM 及其他企业内部或企业间的多个应用系统集成到一个虚拟的、统一的应用系统中，实现系统的无缝集成，彻底消除信息隔离。

7.2.4 SaaS 模式的 CRM

近几年来，随着 Web Service 技术的不断发展，以及人们对面向服务架构(Service Oriented Architecture，SOA)的深入研究，基于 SaaS 平台(Software as a Service，软件即服务)的软件应用方式越来越受到企业广泛的关注。

SaaS 是一种通过 Internet 提供软件的模式，用户不用再购买软件，而改用向提供商租用基于 Web 的软件来管理企业经营活动，且无需对软件进行维护，服务提供商会全权管理和维护软件，对于许多小型企业来说，SaaS 是采用先进技术的最好途径。它消除了企业购买、构建、维护基础设施和应用程序的需要。近年来，SaaS 的兴起已经给传统套装软件厂商带来真实的压力。传统套装软件厂商也逐渐开始提供 SaaS 软件服务。

SaaS 软件服务提供商为中小型企业搭建信息化所需要的网络基础设施及软件、硬件运作平台，并负责所有前期的实施、后期的维护等一系列服务。企业无需购买软硬件、建设机房、招聘 IT 人员，只需前期支付一次性的项目实施费和定期的软件租赁服务费，即可通过互联网享用信息系统。服务提供商通过有效的技术措施，可以保证每家企业数据的安全性和保密性。企业采用 SaaS 模式在效果上与企业自建信息系统基本没有区别，但节省了大量用于购买 IT 产品、技术和维护运行的资金，就像打开自来水龙头就能用水一样，方便地利用信息化系统，从而大幅度降低了中小型企业信息化的门槛与风险。

SaaS 的优点有以下三个方面。

(1) 技术方面：得到最新的技术应用，满足企业对信息管理的需求。

(2) 投资方面：企业只以相对低廉的“月费”方式投资，不用一次性投资到位，不占用过多的营运资金，从而缓解企业资金不足的压力；不用考虑成本折旧问题，并能及时获得最新硬件平台及最佳解决方案。

(3) 维护和管理方面：由于企业采取租用的方式来进行物流业务管理，不需要专门的维护和管理人员，也不需要为维护和管理人员支付额外的费用，很大程度上缓解了企业在人力、财力上的压力，使其能够集中资金对核心业务进行有效的运营。

SaaS 所面临的问题有以下两个方面。

(1) 就当前中国市场而言，SaaS 模式尚处于研究与发展阶段。SaaS 的发展不能仅靠 SaaS 服务商来推动，还需要更多用户的认可与参与。

(2) 用户对其存储在互联网上的核心数据安全的担忧，是 SaaS 市场发展首先要面对的一大难关。另外，如何与企业其他应用系统集成也是 SaaS 模式 CRM 面临的一大挑战。

CRM 是目前 SaaS 平台上的重要应用服务，提供商租赁部分或全部的 CRM 软件，提供部分或全部的支持性服务，满足部分或全部的客户需要。这方面的代表性平台服务有国外的 Salesforce.com、国内的八百客、用友伟库网、金碟友商网、XtoolsCRM。

7.3 CRM 系统的基本功能模块

CRM 系统中，企业之间的业务差别比较大，系统功能侧重点有所不同，但都包含基本的功能模块，一般的 CRM 系统功能模块可划分为营销管理、销售管理、服务管理、呼叫中心等模块。呼叫中心与营销、销售和服务管理有密切关系。

7.3.1 营销管理子系统

营销管理子系统对客户和市场信息进行全面的分析，对市场进行细分，产生高质量的市场策划活动，指导销售队伍更有效地工作。通过营销管理子系统可以使市场营销专业人员能够直接对市场营销活动的有效性加以计划、执行、监视和分析，能够帮助企业选择和细分客户、追踪客户联系、衡量联系结果、提供对客户直接的自动回应功能，进而实现营销自动化。另外，营销管理子系统还为销售、服务和呼叫中心等提供关键性的信息。营销管理子系统主要涵盖客户信息管理、营销活动管理、信息内容管理、统计与决策支持以及营销自动化，如图 7-8 所示。

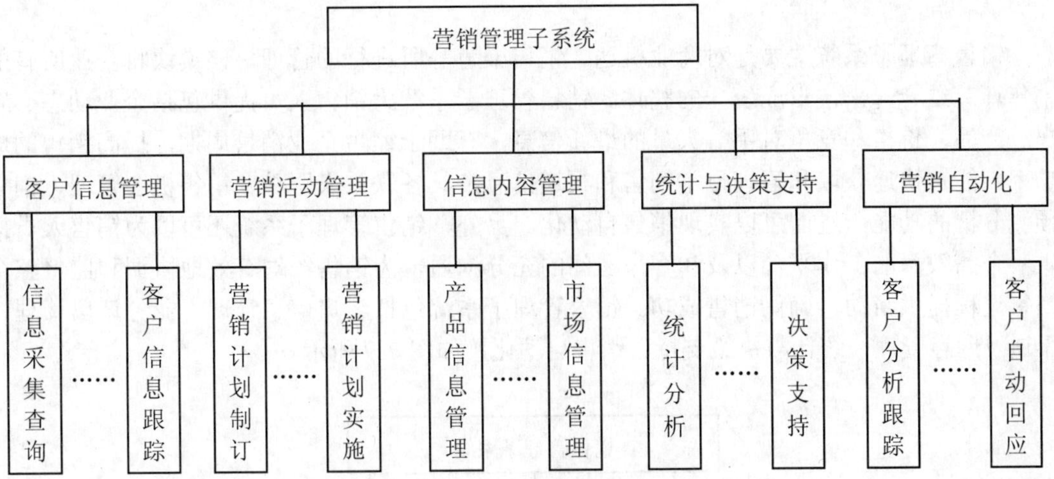

图 7-8　营销管理子系统功能结构示意图

(1) 客户信息管理：从各种渠道收集与营销活动相关客户信息，为企业相关人员提供客户信息的查询。营销活动的客户信息应涵盖潜在的客户信息，支持对特定客户群体的信息跟踪，支持客户发现的功能。

(2) 营销活动管理：主要包括市场营销活动计划的制订与实施，并对营销活动的执行过程进行监控。通常的做法是将市场营销活动分为几个阶段进行，每个阶段设定相应的阶段性目标，分阶段考核评价市场营销活动的效果，再逐步推进。

(3) 信息内容管理：主要的管理对象包括产品信息、市场信息、竞争对手信息、各种媒体信息等，实现对这些信息内容的采集、检索和分类管理等功能。这些信息内容组成所谓的营销百科全书或营销知识库，为市场营销活动提供帮助，也对 CRM 系统中其他功能模块(如销售、服务)提供信息支持。

(4) 统计与决策支持：提供对客户和市场方面的深度分析，以支持正确的营销市场细分；对市场营销活动的效果进行分析评价，支持对营销活动及营销流程的优化。

(5) 营销自动化(Marketing Automaiton，MA)：也称作技术辅助式营销，是营销管理子系统中的重要组成部分。营销自动化是一系列技术和一个统一的数据库的集合体，能使市场营销过程自动化，能够增强市场营销的效果和效率。例如，营销自动化在一些营销流程的环节上设置了自动处理，一旦触发，系统会按照预定的步骤处理，不需要人工参与。为实现这样自动化处理的目标，系统应该具备能够定义触发条件和规则、设计独立的处理步骤、使用所有的交互渠道向客户提供一致的反馈信息。营销自动化还可以应用客户的回复(例如对满意度调查的回复)来触发下一步的营销活动。

7.3.2 销售管理子系统

销售管理子系统主要是对商业机遇、销售渠道等所进行的管理。该模块将企业所有的销售环节结合起来，形成统一的整体。销售管理子系统为销售人员提供包括企业动态、客户、产品、价格和竞争对手等大量的最新信息，有助于缩短企业销售周期，提高销售的成功率；能够快速获取和管理日常销售和渠道信息，具备联系人跟踪、销售机会管理、销售预测分析的功能，进而可以实现销售自动化。另外，销售管理子系统还可以为销售人员提供一个高效率的工作平台以及和客户之间的充分沟通，为销售经理有效地协调和监督整个销售过程提供帮助，确保销售成功。销售管理子系统包括客户信息管理、业务订单管理、渠道及库存管理、统计与决策支持、销售自动化，如图 7-9 所示。

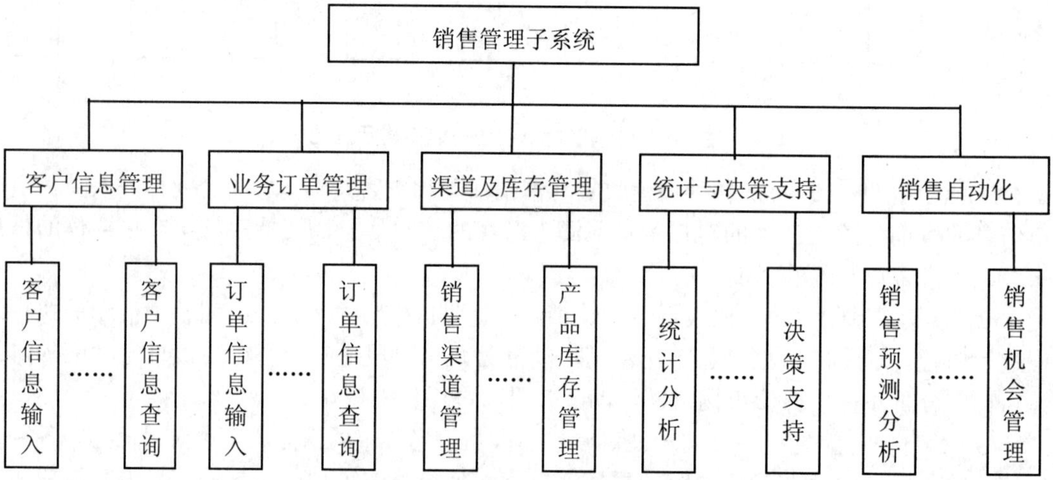

图 7-9 销售管理子系统功能结构示意图

(1) 客户信息管理：收集相关客户信息资料，提供信息查询，有助于准确把握客户情况，提高销售效率与效果。

(2) 业务订单管理：处理客户订单，执行报价、订单创建、订单执行、账户管理等业务功能，并提供对订单的全方位查询。

(3) 渠道及库存管理：管理各种渠道的合作伙伴，例如，代理商、经销商、零售商等；提供对渠道和企业库存情况的查询功能，支持对各库存的调配工作，能有效地支持销售活动。

(4) 统计与决策支持：通过对销售数据的多方面统计和查询，为决策提供所需的有用信息和帮助。

(5) 销售自动化(Sales Force Automation，SFA)：也称作技术辅助式销售，是销售管理子系统的重要组成部分。销售自动化可以规范销售和服务的过程，销售人员按照统一的业务规范，有序地管理客户，将销售行为建立在有序而精准的基础之上。在销售过程中，通过调用预先设置好的销售跟单方案，建立详细的跟踪计划并自动生成日程安排，实现规范的标准化跟单过程，从而提高客户满意度和跟单的有效性。通过合理地运用销售自动化，可以大幅度降低销售人员的跟单压力。销售自动化和企业的销售方式及客户的具体情况密切相关，一组事件序列构成销售自动化方案，不同的方案适用于不同的销售方式、不同的销售阶段、不同的产品类型和客户类型等。

7.3.3　服务管理子系统

服务管理子系统为客户服务人员提供易于使用的工具和有用的信息，可以提高客户服务人员的服务效率、增强服务能力。服务管理子系统包括客户服务与支持、客户服务自动化、现场服务管理等方面。

1. 客户服务与支持

客户服务与支持(Customer Service and Support，CSS)是 CRM 系统的重要组成部分。它可以帮助企业以更快的速度和更高的效率来满足客户的售后服务要求，保持和发展客户关系。主要的功能模块包括客户信息管理、服务合同管理、服务档案管理、服务人员管理、统计与决策支持，如图 7-10 所示。

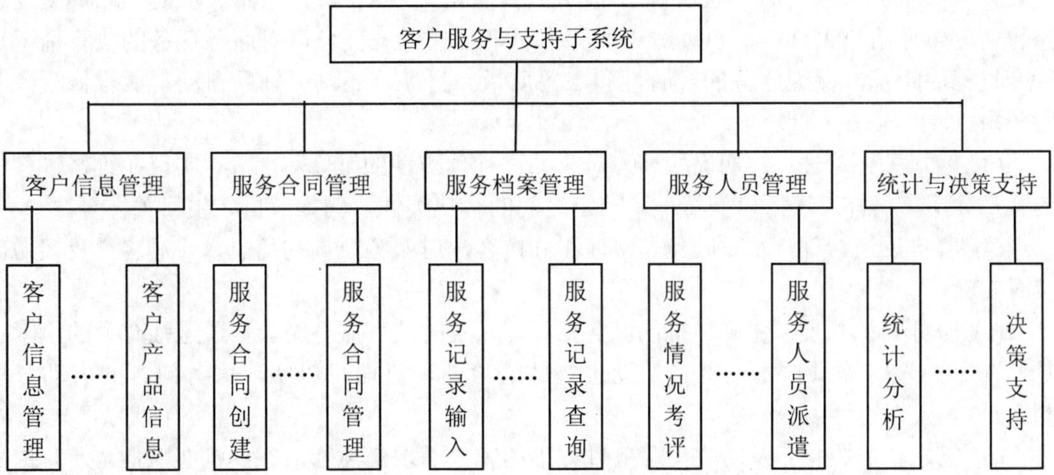

图 7-10　客户服务与支持子系统功能结构示意图

(1) 客户信息管理：收集与客户服务信息相关的资料，包括客户的基本信息、客户所购买的产品及产品生命周期等。

(2) 服务合同管理：通过为客户创建并管理服务合同，确保服务水平和质量；跟踪产品保修及服务合同的签订与续订情况；通过事件功能驱动，安排预防性的服务行动(如定期的客户拜访和产品维护)。

(3) 服务档案管理：记录客户问题及解决方案，积累问题解决的经验和知识，提高检索问题答案或解决方案的速度和质量。

(4) 服务人员管理：建立完整的服务支持人员档案，派遣服务支持人员，对服务支持人员的服务情况进行考评。

(5) 统计与决策支持：分析处理客户服务资料信息，帮助企业针对客户特点制定服务方案，支持对客户价值的评估。

2. 客户服务自动化

客户服务自动化是服务管理的重要组成部分，它可以帮助企业以更快的速度和更高的效率满足客户对售后服务的要求。客户服务自动化系统可以向服务人员提供完备的工具和信息，支持多种方式与客户交流，可以帮助客户服务人员更有效、更快捷、更准确地解决客户的服务咨询，同时还能够根据客户的背景信息和需求向客户提供合适的产品/服务建议。

客户服务自动化系统包括以下七个方面的功能。

(1) 客户自助服务：客户可以通过 Web 自助、语音自助、自助终端设备的方式，解决在使用产品/服务的过程中所遇到的问题。

(2) 服务流程自动化：客户不能自行解决问题时，可通过各种渠道联系售后服务部门。在收到客户服务请求之后，通过自动化的服务流程，自动将客户信息、所购产品的交易信息等及时传递给相关部门，自动派遣服务人员，分配服务任务，对服务任务的执行情况进行全过程的跟踪，保证服务的及时性和服务质量。另外，还可以辅助自动形成维修记录和服务报告。

(3) 客户关怀管理：定期提醒客户对产品进行预防性的维修和保养，实现在维修过程中的客户关怀。另外，还可以支持一下特定时间的客户关怀，例如节日、生日关怀等。

(4) 客户反馈管理：及时收集、整理和分析客户对服务反馈的信息，并对客户反馈做出及时响应。

(5) 服务知识管理：建立标准的服务知识库，及时共享服务经验，通过强有力的检索工具，向服务人员提供技术支持，协助进行故障诊断，进而可以实现服务问题的自动分析判断。

(6) 需求信息收集：及时收集服务过程中的客户需求信息和潜在的购买意向，及时提交给销售和营销部门，并由相关人员进行跟踪和管理。

(7) 相关接口功能：提供与客户服务中心(呼叫中心)的接口，支持与客户互动交流的多种方式，包括互联网、电子邮件、电话、传真、交互式语音应答等。

3. 现场服务管理

现场服务也是服务管理的重要组成部分。现场服务管理是指配置、派遣、调度和管理服务部门、服务人员以及相关资源，向客户提供高效率的现场服务与支持的管理活动。现场服务管理的应用必须与服务中心和呼叫管理系统整合起来，同时在一定程度上与销售与营销系统整合起来。其主要功能有任务建立、服务委派、服务记录、任务核销、服务统计等功能。

(1) 任务建立：根据客户服务请求，建立现场服务任务，确定任务完成的时间和要求。

(2) 服务委派：根据现场服务任务安排执行人员。系统提供派工单、员工服务负荷统计及任务日程等功能。

(3) 服务记录：记录现场服务任务执行、问题解决的情况，以及客户的相关意见。

(4) 任务核销：检查现场服务任务完成情况，核销服务任务。

(5) 服务统计：服务经理可通过服务统计功能统计分析员工服务工作状况和客户服务请求状况，以及服务请求波动规律，以便合理调配服务资源。

7.3.4　呼叫中心管理

呼叫中心是基于 CTI 技术的一种新的综合信息服务系统，由早期的仅以电话和接话人员组成的电话服务热线发展而来。在 CRM 实践中，无论是产品还是解决方案，都将呼叫中心纳入到了 CRM 系统的整体战略框架中，成为 CRM 系统不可或缺的组成部分。

呼叫中心连接着销售管理与服务管理模块，向客户提供实时的销售和服务支持。呼叫中心也连接着营销管理模块，是企业与客户间的重要接触点，为营销管理提供相关信息，并能实现部分营销功能。呼叫中心的主要功能包括：呼入呼出电话处理；互联网回呼；呼叫中心运行管理；软电话；电话转移；路由选择；报表统计分析；管理分析工具；通过传真、电话、电子邮件、打印机等自动进行资料发送；呼入呼出调度管理。

7.4　CRM 系统的开发流程简介

一个规范的软件开发流程能够加快软件开发速度、提高软件质量、降低项目综合成本。CRM 系统与其他软件系统类似，应在系统设计和开发过程中严格遵照规范的软件开发流程。一般来讲，规范的流程包括：需求分析；总体设计(概要设计)；详细设计；编码实现；测试、试运行、上线；系统验收；日常维护；下个版本的循环开发。

7.4.1 需求分析与规格说明

在开发系统时，首先要研究客户需求，反复讨论确认需求中模糊不清的地方，包括对需求的总体认知、需求边界定义、目前技术条件下的可实现需求、用户界面等。通过项目组内讨论、与用户(直接用户、间接用户)讨论等方式不断弄清楚用户的真正需求，进而撰写“需求规格说明书”。在取得用户认可后签字，在项目验收时以此作为验收的主要依据。

1. 市场需求分析

市场需求分析重点包括以下六个方面。

(1) 客户信息的分析能力：CRM 有大量现有客户和潜在客户的信息，企业应该充分地利用这些信息进行分析，使得决策者掌握的信息更加完全，从而能及时地做出决策。

(2) 对客户互动渠道的集成能力：对多渠道进行集成与 CRM 解决方案的功能部件的集成是同等重要的。不管客户是与企业联系还是与销售人员联系，与客户互动都应该是无缝的、统一的、高效的。

(3) 支持网络应用的能力：CRM 的网络功能越来越重要，还可以通过网络为客户提供在线反馈并将信息传达给企业的售后服务部门，为企业留住客户。

(4) 建设统一的数据仓库的能力：采用集中的、实时的信息，可使各业务部门和功能模块间的信息统一起来。

(5) 对工作流进行集成的能力：工作流是指把相关文档和工作规则自动安排给负责特定业务流程中特定步骤的人。CRM 解决方案应具有较强的工作流功能，为跨部门工作提供支持，使这些工作能动态地、无缝地集成。

(6) 与其他信息系统的功能集成：CRM 与 ERP 以及财务、库存、制造、分销、物流和人力资源等连接起来，使之成为一个客户互动循环，这种集成能使企业在系统间搜集商业情报，而不是低水平的数据同步。

2. 系统需求分析

CRM 系统不仅要处理企业与客户之间的业务，还要处理企业内部相关部门之间的业务，CRM 系统涉及的数据来源、数据类型复杂多变，因此 CRM 系统在与数据相关的设计上，应做到以下四点。

(1) 建立统一的信息编码系统。

(2) 设计能够良好反映事务特性的数据模型。

(3) 划分数据库类型，在分布式数据库管理系统和网络平台的基础上，设计全局共享及局部共享数据库，以支持分布式数据处理，实现各分系统之间及其内部各功能模块之间的信息集成。

(4) 提供强大的数据库管理系统，并在此基础上来完善客户销售数据库、客户市场数据库、客户支持与服务数据库、企业综合信息数据库等。

另外，在系统功能模块方面应满足客户信息管理、营销、销售和客户服务方面的基本要求，同时应重点关注对系统安全方面的要求，特别是系统权限管理模块方面的设计。

3. 组织结构与流程分析

CRM涉及企业的销售、营销、服务与支持等直接接触客户的各部门，也涉及与此相关的其他部门，包括设计、生产、采购、物流等，合理地规划各部门的工作范围与组织关系、优化业务流程是系统建设能否取得成功的关键因素。为了识别正确的客户，提供正确的产品/服务，并通过正确的渠道在正确的时间安排与客户进行互动和沟通，企业各部门必须步调一致，信息畅通，形成一定的激励机制去完成所需的活动和任务。必须有一个好的管理模式，保证系统信息流合理、迅速。从CRM系统建设和运行的角度出发，按照经优化调整的业务流程，基于信息流动的基本思路，确定每个工作的角色和任务。

根据需求分析的结果，逐步画出系统流程图和数据流程图，并确定数据字典。

4. 撰写需求规格说明书

需求规格说明阐述一个软件系统必须提供的功能和性能以及它所要考虑的限制条件。它不仅是系统测试和用户文档的基础，也是所有子系统规划、设计和编码的基础。它应该尽可能完整地描述系统预期的外部行为和用户可视化行为。除了设计和实现上的限制，软件需求规格说明不包括设计、构造、测试或工程管理的细节。一般情况下，需求规格说明书涵盖以下六个方面的内容。

1) 引言

引言给出软件需求规格说明书的纵览，包括，①目的：规范化软件开发过程中的《需求规格说明书》的编写，使之成为整个开发工作的基础；②文档约定：描述编写文档时所采用的标准或排版约定；③预期读者和阅读建议：列举了软件需求规格说明所针对的不同读者，给出阅读文档的建议；④产品范围：对指定的软件及其目的的简短描述，包括利益和目标；⑤参考文献：列举了编写软件需求规格说明时所参考的资料或其他资源。

2) 系统总体描述

概述产品及其运行环境、产品用户和已知限制、假设和依赖。包括，①产品的前景：描述软件需求规格说明中所定义的产品的背景和起源；②产品的功能：概述产品所具有的主要功能；③用户类和特征：可能使用该产品的不同用户类型，并描述它们相关的特征；④运行环境：描述软件运行的软硬环境；⑤设计和实现限制：确定影响开发人员自由选择的问题，并说明这些问题为什么成为一种限制；⑥假设和依赖：列举出在对软件需求规格说明中影响需求陈述的假设因素，以及对外部因素的依赖。⑦系统特征：简短说明该系统特性，指出该特性的优先级，列出与该特性相关的详细功能需求。

3) 外部接口需求

确定可以保证新产品与外部组件正确连接的需求。包括，①用户界面：陈述所需要的用户界面的软件组件；②硬件接口：描述系统中软件和硬件每一接口的特征；③软件接口：描述该产品与其他外部组件(由名字和版本识别)的连接，包括数据库、操作系统、工具、库和集成的商业组件；④通信接口：描述与产品所使用的通信功能相关的需求，包括电子邮件、Web 浏览器、网络通信标准或协议及电子表格等。

4) 非功能性需求

这部分列举出了所有非功能需求。包括，①性能需求：阐述不同的应用领域对产品性能的需求，并解释它们的原理以帮助开发人员作出合理的设计选择；②安全设施需求：陈述在产品使用过程中，如何防止可能发生的损失、破坏或危害的相关需求，定义必须采取的安全保护设施；③安全性需求：陈述与系统安全性、完整性或与私人问题相关的需求。这些问题将会影响到产品的使用和产品所创建或使用的数据的保护；④软件质量属性：陈述与客户或开发人员至关重要的其他产品质量的特性；⑤业务规则：列举出有关产品的所有操作规则；⑥用户文档：列举出将与软件一同发行的用户文档部分，明确所有已知的用户文档的交付格式或标准。

5) 其他方面需求

定义在软件需求规格说明的其他部分未出现的需求，例如国际化需求或法律上的需求。还可以增加有关操作、管理和维护部分来完善产品安装、配置、启动、关闭、修复和容错，以及登录和监控操作等方面的需求。

6) 附录

包括一些必要的附录，例如，①词汇表：定义所有必要的术语，以便读者可以正确地解释软件需求规格说明，包括词头和缩写；②分析模型：涉及到相关的分析模型，如数据流程图、类图、状态转换图或实体-关系图；③待确定问题的列表：编辑待确定问题的列表，其中每一个表项都是编上号的，以便于跟踪调查。

7.4.2 系统设计与编码实现

在完成 CRM 系统需求规格说明之后，项目就进入系统的总体设计和详细设计阶段，而后进入编程实现阶段。

1. 系统总体设计

在总体设计阶段，需要完成的设计文档有“项目总体设计说明书”、“数据库设计报告”、“项目总体开发进度表”等。在此阶段应该建立项目的正式开发环境、项目测试环境，建立项目基本开发框架并将其导入项目管理配置工具中，之后进行项目总体设计和总体开发准备情况的评审工作。通过专家组评审后本阶段才可宣告结束。

在进行下一阶段前，项目组可以向软件变更控制委员会(SCCB)提交的资料有“需求规格说明书”、“项目总体设计概要说明书”、“项目界面设计说明书(及界面 DEMO)”、“项目数据库设计说明书”、“项目总体开发时间表”等。

2. 系统详细设计

在完成总体设计和开发环境部署之后，系统进入详细设计阶段。详细设计由编写“后台”程序的资深人员承担，首要任务就是设计模块的程序流程、算法和数据结构。

本阶段的目标之一是在不编写代码和编写少量代码的情况下，完成项目模块的模拟编程。该阶段可以对项目某模块做准确的工作量统计，以此为依据，整个项目比较准确的工作量就可以被统计出来。

3. 程序编码实现

系统设计之后就进入编码实现阶段。软件编码是指把软件设计转换成计算机可以接受的程序，即写成以某个程序设计语言表示的“源程序清单”。充分了解软件开发语言、工具的特性和编程风格，有助于开发工具的选择以及保证软件产品的开发质量，各种平台和引擎的选用能在很大程度上缩短开发的周期。

7.4.3 系统测试、运行与维护

系统在经详细的编码实现之后，要进行详细的测试。经测试好的系统可以进行试运行，试运行本质上也是一种测试行为，当系统试运行平稳之后，可以让系统正式上线运行，发挥应有的作用，系统开始进入日常的维护阶段。

1. 系统测试

软件测试的目的是以较小的代价发现尽可能多的错误。要实现这个目标的关键在于设计一套出色的测试用例(测试数据和预期的输出结果组成了测试用例)。如何才能设计出一套出色的测试用例，关键在于理解测试方法，不同的测试方法有不同的测试用例设计方法。两种常用的测试方法是白盒法与黑盒法。白盒法测试对象是源程序，依据的是程序内部的逻辑结构来发现软件的编程错误、结构错误和数据错误。结构错误包括逻辑、数据流、初始化等错误。白盒法用例设计的关键是以较少的用例覆盖尽可能多的内部程序逻辑结果。黑盒法依据的是软件的功能或软件行为描述，发现软件的接口、功能和结构错误。其中接口错误包括内部或外部接口、资源管理、集成化以及系统错误。黑盒法用例设计的关键同样也是以较少的用例覆盖模块输出和输入接口。

2. 系统维护

维护是旨在已完成对软件的研制(分析、设计、编码和测试)工作并交付使用以后，对软件产品所进行的一些软件工程的活动。即根据软件运行的情况，对软件进行适当修改，以适应新的要求，以及纠正运行中发现的错误，编写软件问题报告、软件修改报告。做好软件维护工作，不仅能排除障碍，使软件正常工作，而且还可以使它扩展功能，提高性能，为用户带来明显的经济效益。

补充阅读：Turbo CRM 简介

Turbo CRM 简介[1]

国内 CRM 在理论和实践上日臻成熟，各厂商纷纷推出自己的 CRM 解决方案，Turbo CRM 是其中一款优秀的 CRM 系统软件。

1. Turbo CRM 的特点

Turbo CRM 产品线由包括支持全面客户接触的 Turbo CTI 和 Turbo LINK，匹配多业务模式和业务管理的 Turbo KEY 与 Turbo CRM，支持与 ERP 等软件无缝连接、整合应用的 Turbo EAI，满足业务决策和商业智能应用 Turbo DSS 系统等构成。

(1) Turbo CRM 的价值体现

Turbo CRM 产品可为企业带来更多价值：

① 企业多业务模式的数据融合，支持中大型企业的营销业务；

② 基于业务规则和权限的信息共享，达到业务角色的工作支持，更好地实现工作协同；

③ 客户生命周期全程管理，推动业务精细化发展；

④ 全方位的客户接触管理，满足企业电子商务；

⑤ 过程与结果并重，量化部门及员工绩效管理，有效匹配资源；

⑥ 强大的接口中间件，支持多种系统的有机对接。

(2) 全程客户生命周期管理

客户是企业的核心资源，企业的各项工作都是围绕客户生命周期的推进来开展的。例如，市场环节主要是解决机会客户的获取，销售环节是推动机会客户成为签约客户，服务环节则是使签约客户成为最终用户，同时挖掘新的销售可能。因此全面的客户生命周期管理可以说是从客户的角度重新诠释企业的业务全过程。

(3) 构建客户价值金字塔

客户价值金字塔是 CRM 的核心功能。它通过设定全方位、多角度的客户价值指标，对企业现有的和潜在的客户进行量化的价值评估，并将评估结果展现为可视化的“金字塔”型分层客户价值图。这种以客户价值为基础进行客户细分的方式，可最大限度地体现出 CRM 的核心理念，将客户，而非产品放在企业运营和决策分析的中心位置。

(4) 全方位客户接触中心

Turbo CRM 支持全方位的客户接触方式，如 Web、Email、手机短信、信函、传真、人工电话、自动语音等，可设置相应模版，自动完成批量的客户沟通。帮助企业建立快速、多渠道的客户沟通、交易平台，及时了解客户需求、提供有效服务。

---

① 本部分阅读材料节选于用友 Turbo CRM 产品白皮书，版权属于用友 Turbo CRM 公司。

(5) 量化的绩效管理

Turbo CRM 支持过程与结果并重，量化部门及员工绩效管理，将各项业务数据及客户满意度等直接与员工工作挂钩，建立绩效模型，自动生成工作报告，进行多角度的绩效评估和绩效管理。

(6) 多业务模式的差异化管理

企业的不同业务有不同的业务规则，如：业务组织与权限、客户描述、销售与服务流程等存在差异。Turbo CRM 满足企业多区域、多业务酌矩阵式管理，支持信息的控制与共享。

2. Turbo CRM 的应用模式

企业所属行业、规模、信息化水平、应用需求是千差万别的，在深入了解中国企业管理现状和企业采用 CRM 的意愿方式的基础上，Turbo CRM 提供 CRM 软件、ASP 服务、软件和 ASP 互动的业务模式，来满足企业对 CRM 的需要。这种应用模式的灵活性，兼顾企业现实状况与未来发展的需要，降低了企业实施 CRM 系统的难度和整体成本。

应用模式一(Intranet 方式)：采用 CRM 系统软件在企业内部实现客户关系管理。企业可以根据自身的条件和需求，通过购买和实施 Turbo CRM 来改善企业的管理流程，在企业内部实现全面的客户关系管理。

应用模式二(ASP 方式)：针对大型、集团型企业，为了满足分布式管理、异地管理和移动办公的需求，Turbo CRM 提供了 ASP 应用服务方式。ASP 应用模式利用无处不在的 Internet 将分布于不同地域、甚至不断移动的机构或个人联系起来，置于统一的系统之中，实现了数据与业务的集中管理。ASP 应用模式下的 CRM 系统与电子商务结合，可以为企业的客户提供跨越时空的，7 × 24 × 365 的实时服务。

应用模式三(Intranet-ASP 方式)：采用 CRM 系统软件和 ASP 服务互动的方式，实现循序渐进的电子商务。这种应用方式可以分为三个阶段：第一个阶段，通过 Turbo CRM 软件实施，首先在企业内部实现全面的客户关系管理；第二阶段，利用 TurboCRM 提供的 ASP 应用服务，将本地数据上载到 Turbo CRM 网站，建立网上 CRM 平台，实现与价值客户和主要合作伙伴的及时沟通；第三阶段，通过网上 CRM 平台，实现与现有客户、目标客户和合作伙伴的全面互动。这种应用模式既节约了企业初期投入，又满足了企业长远发展的需求。

Turbo CRM 系统的三种应用模式，灵活地满足不同企业的需求，兼顾了企业的现实与长远发展的利益。

3. Turbo CRM 的系统结构及数据流程图

Turbo CRM 客户关系管理系统以客户为中心，基于完整客户生命周期的发生、发展过程，采用“一对一营销”和“精细营销”的模式量化管理企业市场营销、销售及服务过程，实现员工、业务部门、分支机构及合作伙伴的协同工作，建立企业科学的知识管理、价值管理及决策支持体系，帮助企业更好地获取客户、保有客户及提升客户价值，从而全面提升企业竞争能力和盈利能力。Turbo CRM 的系统结构和数据流程图如图 7-11、图 7-12 所示。

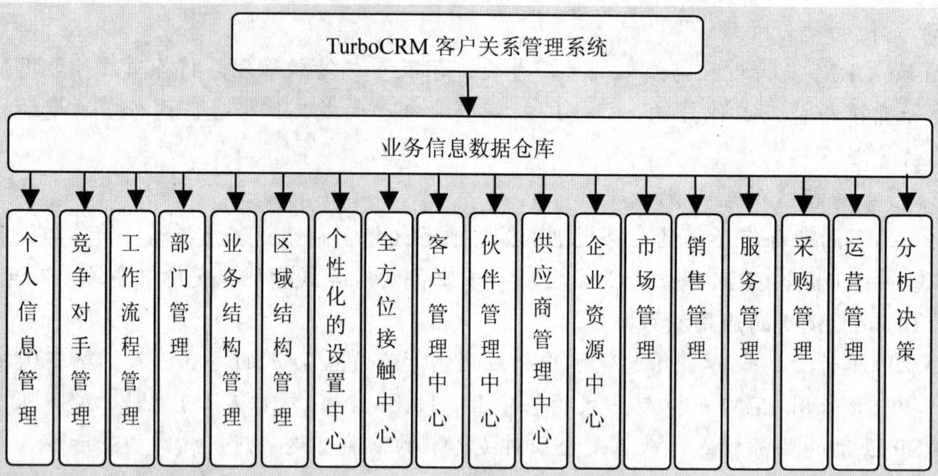

图 7-11　Turbo CRM 的系统结构

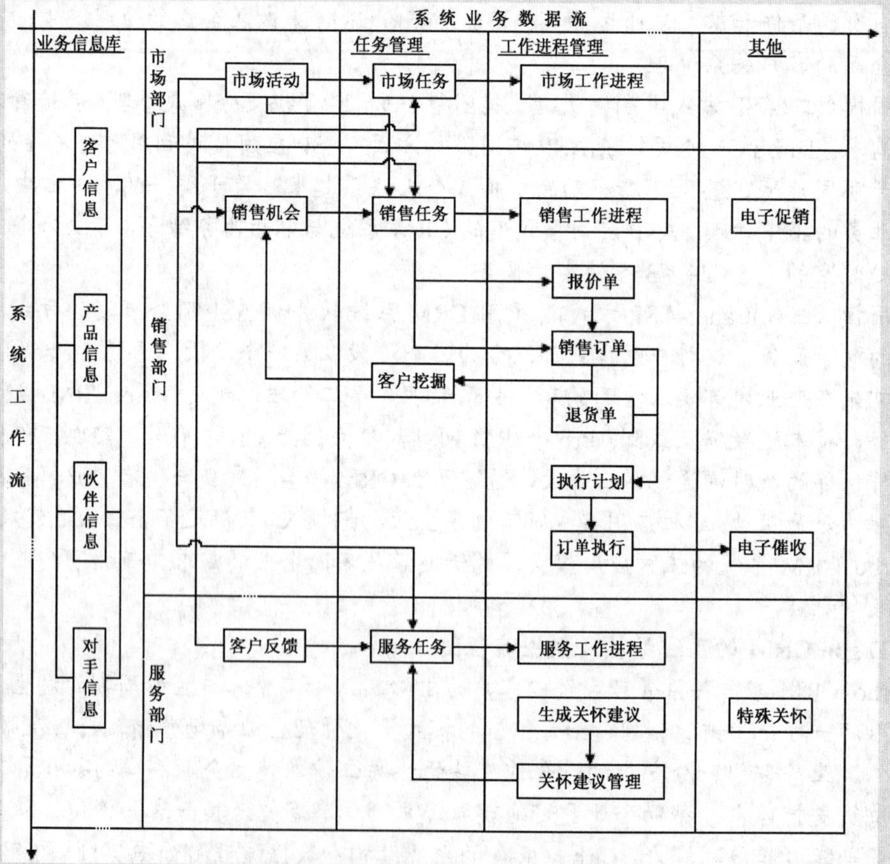

图 7-12　Turbo CRM 的系统业务数据流程图

4. Turbo CRM 的主要功能模块

Turbo CRM 功能模块是一个以客户为中心，以全方位的接触实现市场、销售、服务等协同工作的管理平台。通过管理客户、潜在客户、合作伙伴、供应商、员工、产品、竞争对手、采购等，实现企业业务工作的全面管理，并能规范业务流程，提高市场营销能力和服务质量，准确分析决策，达到全面提升企业核心竞争力的目的。其主要功能模块如下：

(1) 全方位接触中心：通常情况下，企业可以通过电话、信件、电子邮件等方式与客户进行接触，但通过这些接触方式得到的价值信息相对独立，无法真正地整合在一起。Turbo CRM 提供包括电子邮件、手机短信、信件、传真、电话、电子商务等的全方位统一的接触管理。

(2) 客户中心、伙伴中心、供应商中心管理：该模块包括客户、伙伴、供应商规则；全面信息维护；伙伴体系结构和伙伴销售计划；收藏夹；客户、伙伴、供应商分配；价格政策；生命周期管理；联系人管理；账户管理和信用管理。

(3) 资源中心：该模块包括产品规则；产品信息；产品批量调价；部门列表；员工信息；通信录；工作报告；工作移交；员工价格权限；销售订单和采购订单权限；漏斗更新权限；在线用户；消息中心；附件查询；讨论组和知识管理。

(4) 市场管理：市场管理是为销售开辟渠道，营造销前、售中和售后环境的行为管理。该模块包括市场活动；参与客户、伙伴、供应商及联系人；市场任务及工作记录；任务进展；费用控制；任务漏斗；任务分配；市场调查；竞争管理；竞争订单管理。

(5) 销售管理：销售管理是企业营销管理的核心内容之一。该模块包括销售计划制订；客户资源计划；销售机会管理；销售机会评估；销售任务和工作内容；任务进展；费用控制；任务漏斗；任务分配；销售预期；报价管理。

(6) 服务管理：客户服务是企业售后服务工作管理。该模块包括反馈管理和处理过程；服务任务和工作记录；任务进展和费用控制；任务漏斗和任务分配；服务调查；客户关怀。

(7) 订单管理：订单式企业销售业务的主要数据载体，也是客户关系管理的主要数据分析来源，订单管理是客户关系管理的重要组成部分。该模块包括销售订单和销售退货；订单的执行计划和执行过程；订单账目及订单模板；销售预收、收款、退款；产品交付和退回；销售毛利；欠款催收。

(8) 采购管理：该模块包括采购任务和工作记录；任务进展和费用控制；任务漏斗和任务分配；采购订单和采购退货；采购执行计划和执行过程；采购订单账目和采购订单模板；采购预付款项、付款、退款；产品到货和产品退回。

(9) 运营管理：该模块包括运营任务和工作记录；任务进展和费用控制；任务漏斗和任务分配；费用预算和费用审核；绩效管理模型；部门绩效评估和员工绩效评估。

(10) 分析决策：该模块包括客户分析；伙伴分析；供应商分析；市场活动和市场任务分析；竞争分析；销售计划和销售机会分析；销售任务分析；销售分析；反馈状况和服务

任务分析；部门预算分析；运营任务分析；员工分析；产品分析；采购任务和采购订单分析；自定义报表分析。

(11) 系统帮助：该模块包括联机帮助；知识自助；中英文界面切换。

(12) 个性化支持：该模块包括个性化定制个人桌面显示；查询列表使用的易用性；加入收藏夹。

复习思考题

1. 能够体现CRM经营理念的CRM软件系统有何特征？
2. 简述CRM系统的基本构成。
3. 如何进行CRM系统设计、开发和部署的需求分析。
4. 解读一份CRM系统的需求规格说明书。
5. 作为一个小型网店的经营者，你如何应用CRM软件做好客户关系管理？

第 8 章　客户服务中心

教学目标

1. 了解客户服务中心的发展历程、CTI 技术及其发展概况。

2. 熟悉客户服务中心的基本框架、分类及设计与建设的相关内容；熟悉客户互动中心的基本功能、主要特点与核心技术。

3. 掌握客户服务中心的主要流程和绩效管理。

8.1　客户服务中心概述

8.1.1　客户服务中心的发展历程

传统的呼叫中心被许多企业定位为客户服务中心，更加强调是一种“客户接触中心”的概念和为客户服务的理念。因此，本书采用“客户服务中心”的表述。

客户服务中心起源于早期的呼叫中心。世界上第一个具有一定规模、能够提供 7×24 小时服务的呼叫中心由泛美航空公司于 1956 年建成并投入使用，其主要功能是客户可以通过呼叫中心进行机票预订。客户服务中心经历了以下五代的发展历程。

1. 第一代呼叫中心

第一代呼叫中心，是基于交换机的人工热线电话系统。在呼叫中心发展的早期，只是单纯利用电话，向用户提供简单的咨询服务。采用普通电话机或小交换机(排队机)，功能简单、自动化程度低，由专门的话务员或专家，凭借经验和记忆，为打入电话的客户进行咨询服务。技术水平还没有达到可以将用户有关的数据存入计算机。信息容量有限，服务能力也无法提高。

第一代呼叫中心的特点是基本靠人工操作，对话务员专业技能要求相当高，而且劳动强度大、功能差、效率低，一般仅用于受理用户投诉、咨询。

2. 第二代呼叫中心

第二代呼叫中心，即交互式自动语音应答呼叫中心系统。随着技术的进步，转接呼叫和应答等需求增多。为了高效率地处理客户提出的具有普遍性的问题，为了节省人力资源，不需要人工坐席介入，大部分常见问题的应答交由机器“自动话务员”应答和处理，即第二代呼叫中心交互式语音应答系统(IVR)。为了方便客户、向客户提供增值业务，数据库技术也被应用到呼叫中心。电信运营商设立的“114”特服电话，就被认为是早期一个比较典型的呼叫中心。

第二代呼叫中心广泛采用了计算机技术，如通过局域网技术实现数据库数据共享；语音自动应答技术用于减轻话务员的劳动强度，减少出错率；采用自动呼叫分配器均衡坐席话务量、降低呼损率，提高客户的满意度等。此时的呼叫中心需要采用专用的硬件平台与应用软件来实现，难以满足客户的个性化需求，灵活性差、升级不方便、成本高。

3. 第三代呼叫中心

第三代呼叫中心基于语音板卡的客户服务系统。随着计算机电话集成技术(CTI)的发展，实现了通信技术与计算机技术的结合，可以将通过电话语音、计算机及网络获取的数据(如客户信息)进行集成和协同，大幅度增加了服务的信息量、提高速度、拓展新型客户服务业务。因此，为了满足计算机、信息技术的演进和客户服务的需求，利用 CTI 技术、面向客户、提供综合服务的基于语音板卡的第三代呼叫中心系统应运而生。CTI 技术的引入使呼叫中心发生了飞跃性的变革。

第三代呼叫中心采用标准化的通用软硬件平台，成本投入低，并具有一定的灵活性，可以方便地升级扩容，增加新的功能，使得呼叫中心成为一种数据网络应用，能够建立完善的客户服务资料库。呼叫中心系统可以提供更优质的、24 小时持续的客户服务，并能够同时得到语音、图像、数据多方面的信息支持。

4. 第四代呼叫中心

目前呼叫中心已发展到第四代，即基于 CTI 技术和 Internet(IP 技术)的现代呼叫中心。它融合了 IP、WAP、自动语言识别(ASR)、文本转语言(TTS)、数据仓库(DW)和 CRM 系统等最新技术，将呼叫中心业务与 Internet 服务相结合，将服务对象扩大到 Internet 用户、拥有 WAP 手机的移动用户群。现在又出现了功能更强大的多媒体呼叫中心、具有无线功能的互联网呼叫中心(WICC)、服务范围更广阔的 IP 呼叫中心和为全球跨国公司服务的虚拟环球呼叫中心。

第四代呼叫中心具有客户接入多样化、服务模式多样化、系统高度集成化、管理一体化、办公移动化、业务组合多元化等特点，完全突破了传统的基于交换机和板卡模式呼叫中心的局限性。设计重点主要集中在应用层面，技术上采用了开放式的设计，同时加强与其他系统的整合。系统架构灵活、开放，易于建设、扩容和维护。

第四代呼叫中心一个重要的特点是能够实现有效的客户互动，因此，它是一种客户互动中心。传统的客户服务中心更多的是被动接受客户呼叫，第四代呼叫中心基于互联网技术的最新发展，能够真正高效地实现企业与客户之间的双向互动。

5. 第五代呼叫中心

第五代呼叫中心是基于统一通信(UC)、面向服务体子结构(SOA)和实时服务总线技术、具备准时化生产(JIT)管理思想、作为全业务支撑平台(TSP)的客户互动服务中心。

与第四代呼叫中心相比，第五代呼叫中心突出包含以下四个特性。

1) 通信：基于 UC 技术

第五代呼叫中心在通信方面提出了更高的要求，允许客户以各种联络方式请求呼叫中心，并且呼叫中心能够像管理电话一样管理这些联络方式。这些联络方式包括电话、传真、短信、电子邮件、网上音频、网上视频、文本交谈、文件传输、护航浏览、应用共享、桌面共享和电子白板。

2) 计算：基于 SOA 和实时服务总线技术

服务中心引入的软件系统越来越多，软件需求也在不断地变化，因此第五代呼叫中心要求软件基于 SOA 技术，以满足系统之间的交互和不断变化的需求；同时，服务中心是典型的实时系统，要求系统之间的交互是实时的，而实时处理的需求也是不断变化的，因此必然需要实时的服务总线支撑。

3) 管理：具备 JIT 管理思想

JIT 生产方式是一种独具特色的现代化生产方式，是一种彻底追求生产过程合理性、高效性和灵活性的生产管理技术。它已被应用于世界各国的许多行业和众多企业之中，其精髓在于持续改进，包括"倒过来"的生产方式，杜绝一切形式的浪费，尊重人性和调动人的积极性，良好的外部协作关系。第五代呼叫中心在技术上需要对 JIT 管理思想提供有效的管理工具。

4) 业务：具备全业务支撑平台(Totally Service Platform，TSP)

第五代呼叫中心在业务模式上应该是一个 TSP，既可以应用于呼入，也可以应用于呼出；既可以应用于客户服务，也可以应用于电话营销；既可以应用于众多商业领域，也可以应用于多个政务行业；既可以应用于自建呼叫中心，也可以应用于外包呼叫中心；既可以应用于大集中呼叫中心，也可以应用于分布式呼叫中心。

8.1.2　客户服务中心的基本框架

现代客户服务中心充分利用 CTI 技术，基于电话、移动终端、传真机、计算机、网络等信息通信设备所建立的交互式服务系统。客户可以通过电话、电子邮件、手机、短消息、在线即时通讯工具、传真、互联网、IP 电话等多种手段接入客户服务中心。它也是为了客户服务、市场营销、技术支持和其他的特定商业活动而接收和发出呼叫的一个实体。

客户服务中心通常是在一个相对固定的场所，由一批客户服务人员集中组成的客户服务机构。他们利用计算机通讯技术主要完成如下业务[①]：一是接听客户来电并提供相关服务和帮助；二是拨出电话给相关单位及个人，提供相关服务和指导、推销产品及服务、调查特定项目等；三是同时完成前面两种功能，实现客户服务中心与客户之间的交流与沟通，

① 张云涛，王永成，龚玲. 客户服务中心的应用及其结构. 计算机工程，2000(10).

具备同时处理大量来电回复的能力，还具备主叫号码显示的功能，以便将来电自动分配给具备相应技能的客户服务人员来处理，并能记录和储存所有来话信息，为客户来话反映的问题进行及时解决、相关情况反馈及企业数据信息的完整提供基本资料。

客户服务中心系统由智能排队机(含接入服务器)、核心服务器 CCS、交互式语音应答系统 IVR、语音传真服务器、业务服务器、工作流服务器、数据库服务器、Internet/Intranet 服务器，手机短消息接口等组成，如图 8-1 所示。可提供信息查询、信息咨询、交易服务、业务受理、投诉和建议、市场调查、市场营销等功能。它将企业内各分属职能部门为客户提供的服务集中在一个统一的对外联系“窗口”。

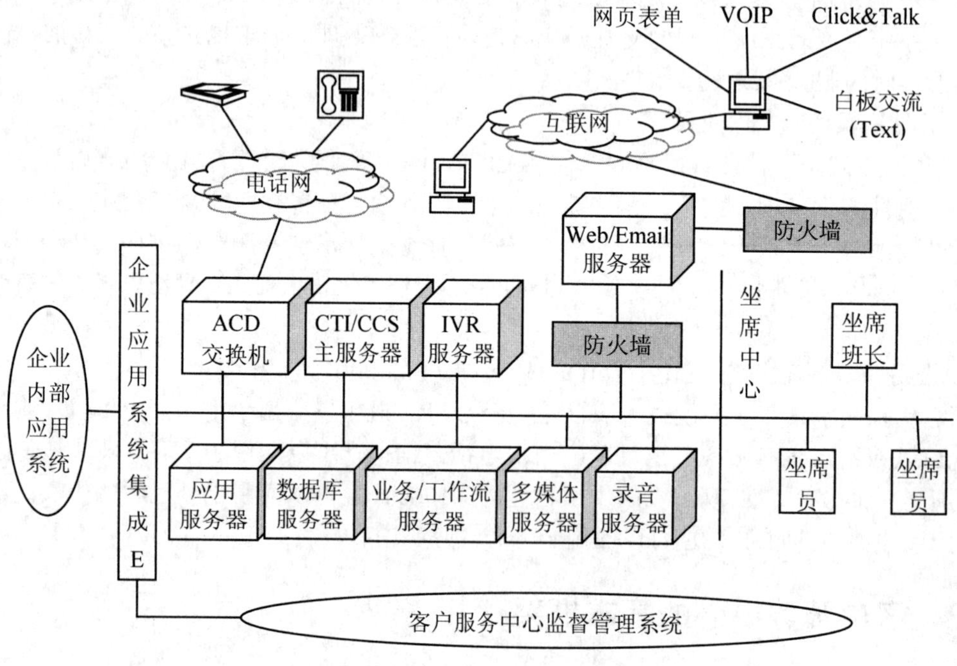

图 8-1　客户服务中心系统示意图

8.1.3　客户服务中心的基本分类

目前，客户服务中心已在产品销售、网络营销、电子商务等多个方面得到了广泛应用，按照不同的参照标准可以将客户服务中心分成以下九种①。

(1) 按照采用的接入技术分类，主要有基于交换机的客户服务中心和基于非交换机的客户服务中心。

(2) 按照呼叫类型分类，主要有呼入型客户服务中心、呼出型客户服务中心和呼入呼出

① 孟治国，王银平. 构建保险 CRM 系统中的客户服务中心. 中国管理信息化，2007(10).

混合型客户服务中心。

(3) 按照功能分类，主要有传统的电话客户服务中心、Web 在线客户服务中心、IP 客户服务中心、多媒体客户服务中心、视频客户服务中心、统一消息处理中心等。

(4) 按照使用性质分类，主要有自用客户服务中心、外包客户服务中心和应用服务提供商客户服务中心。其中，应用服务提供商客户服务中心是指，租用他人的设备和技术，而坐席人员是自己企业的客户服务中心。

(5) 按照规模大小分类，主要有大规模客户服务中心(100 坐席及以上)、中规模客户服务中心(50-100 坐席及以上)和小规模客户服务中心(50 坐席以下)。

(6) 按照所处行业分类，有电信客户服务中心、银行客户服务中心等。

(7) 按照分布地点分类，主要有单点客户服务中心和多点客户服务中心。

(8) 按照人员职业分类，主要有正式客户服务中心和非正式客户服务中心。

(9) 按照主要用途分类，有客户服务中心、电话营销中心和催收催缴中心等。

8.2　CTI 技术概述

8.2.1　CTI 技术的定义

CTI 是“Computer Telecommunication Integration”的简写形式，翻译为“计算机电信集成”，是呼叫中心系统的核心技术。CTI 由传统的“计算机电话集成技术(Computer Telephone Integration)”演变而来，包含有数据通信及传统语音通信网络内容的一种电信集成技术。传统 CTI 技术关注的是如何将基于计算机的智能技术运用到电话的发送、接收及管理，而如今的 CTI 技术则要考虑对其他媒体类型信息的传送，如传真、电子邮件和视频信号等问题。CTI 技术跨计算机技术和电信技术两大领域，涉及的内容很多，主要包括用户设备的信息系统、交互语音应答、呼叫中心系统、增值业务功能、IP 电话和硬件核心技术等。

CTI 技术跨越计算机技术和电信技术两大领域，随着计算机网与通信网的发展，CTI 技术变得无所不包。同时，随着 Internet 的发展，通信网(电话网)退出世界第一大网的位置，而 Internet 不仅成为世界第一大网，而且变成各种网络的核心，因此 CTI 技术也变成了以 Internet 网为核心的技术。各种通信网与 Internet 的交集都是 CTI，新的 CTI 技术层出不穷，IP 网、呼叫中心、CRM、电子商务、WAP Over GPRS、实时计费系统、智能计费系统、新的宽带接入和家电网络化、语音上网等领域都成为 CTI 技术大显身手的舞台。其中，呼叫中心、CRM 又是 CTI 技术的主要应用领域。

8.2.2　CTI 与呼叫中心

CTI 技术的发展一直是和呼叫中心密切相关的。传统的呼叫中心是基于 PSTN(公共电话交换网)的呼叫中心，业务代表通过接听电话，为客户提供信息服务。随着计算机和通信技术的发展，已经引入了语音应答系统及 CTI 技术，其基本系统由 CTI 服务器、自动语音应答设备(IVR)、自动传真服务器、外拨服务器以及人工坐席等构成。

互联网呼叫中心(Internet Call Center，ICC)是基于 Internet 的呼叫中心，它不是简单地把互联网的信息提供给呼叫中心，而是把互联网与呼叫中心有机地集成为一体。客户可以从 Web 站点直接进入呼叫中心，用点击按钮的方式实现与对方通话。当然也可以用 IP 电话呼入，也可做文本交互(如白版功能)，一切 Internet 上的功能都可以采用软排队、中间件技术与呼叫中心集成为一体。

随着多媒体技术与互联网呼叫中心的融合趋势日益明显，呼叫中心迫切需要引入多媒体功能尤其是视频信息内容。CTI 的未来发展必然是语音数据及视频信号的集成。由于人类接受信息的 70%来自视频，因此呼叫中心引入视频技术，将使呼叫中心在功能上实现又一个飞跃。当然，要实现交互式视频通讯，用户端要有足够的带宽，互联网呼叫中心也要有丰富的视频图像信息。

另外，随着数据仓库技术与互联网呼叫中心的融合，智能化成为呼叫中心的一个重要发展方向。数据仓库是近年发展起来的一种新的用于决策系统的技术，对用户资料、市场信息以及企业业务、财务、成本、利润等各项有关数据进行统计分析，最后可以获得非常有价值的数据，帮助企业决策者制定营销策略、产品开发计划等企业决策。智能化呼叫中心是企业赢得市场的有力武器。

一个较完整的 CRM 系统应该包括，客户信息收集、客户关系管理及客户关怀；市场营销与管理、产品销售与管理、客户服务与支持；各种数据信息的存储、分析与挖掘；市场预测及决策支持系统。

CTI 技术广泛应用在 CRM 系统最基础的信息接入环节。通过 CTI 技术，CRM 系统可以更全面地收集市场情报，积累客户资料，更好地维护客户忠诚度，扩大销售。同时，由于 CTI 技术不仅将计算机系统和通信系统密切地连接在一起，而且也将信息通信技术与数据库技术完美结合在一起，因此产生了更快捷、高效和经济的商业运作模式，可以帮助企业在更激烈的市场竞争中立于不败之地。

融合 CTI 技术的 CRM 系统具有以下五个特点。

1) 集成性

CTI 技术将计算机技术、网络通信技术、数字视音频编解码技术等集成在一起，从而能为广大客户提供全方位的服务。在三网融合(计算机网、电话网和电视网融合)的大背景下，CTI 技术在功能上不仅是计算机与电话设备的集成，而且是各种信息设备的集成；从处理信息的角度来看，CTI 技术所涉及的信息形态从原来的语音信号和简单的数据信号，经过集成化处理上升为统一消息。

2) 较强的信息处理能力

CTI 通过计算机与网络通信系统的连接，控制信息通信的整个过程，并利用计算机的多任务并行处理功能，快速、自动处理各种通信信息，建立并访问数据库，从而使通信的速度、效率和质量有较大的提高。

3) 较高的通信线路利用率

CTI 技术缩短了信息通信的时间，减少了网络通信线路的浪费，从而有效提高了数据通信线路的利用率，节省了通信线路的费用。

4) 较高的经济效益

CTI 技术的应用使海量数据通信中许多重复性的工作被各种处理设备所取代，经过初步处理后再交给相关人员处理，节省了大量的人力资源，提高了相关员工的劳动效率，促进了经济效益的提高。

5) 较高的服务质量

基于各种 CTI 应用技术的帮助，在与广大客户进行通讯时，可以从数据库中调用存有客户信息、产品技术信息和服务信息，从而更深入地了解有关客户，向客户提供更加周到、贴切的服务。这对于那些面向大众的服务行业，如金融保险业、航运业和电信业来说，显得尤为重要。

8.2.3 CTI 的发展概况

从 CTI 技术的发展来看，CTI 经历了两个阶段，一是专用单项业务的发展阶段，二是以标准为基础，形成公共平台和一系列的开发工具。

20 世纪 80 年代末，Digital 公司和 Nortel 公司设计了连接主计算机和 PBX(Private Branch eXchange，专用交换机)的应用程序接口(Application Programming Interface，API)，开始了 CTI 实际应用的第一阶段，这也是电信交换系统的呼叫能力与计算机数据处理能力相结合的最初尝试。

在 CTI 应用的第一阶段，所有的应用业务都是在 PBX 的接口上开发，一方面造成各种 CTI 业务的难于相互连接，或者难于形成规范，另一方面，所有开发商必须熟悉 PBX 的结构并且有良好的测试能力保证 PBX 的其他功能不受影响，同时接口过多也给业务的进一步深入发展造成困难。这些缺点促进了标准化工作的进展。

随着电话服务应用程序接口 TSAPI(Telephony Services Application Programming Interface)和电话应用服务接口 TAPI(Telephony Application Programming Interface)这两个标准的制定，CTI 开始得到了真正的发展。

TAPI 由 Microsoft 和 Intel 公司合作开发，提供一个 PC 和电话线之间的接口，因而能够在计算机上集成语音、传真、数据和图像等。TAPI 是视窗开放服务结构(WOSA)的一部分，已经嵌入到微软的各种操作系统之中。

TSAPI 由 Novell 和 AT&T 公司开发，它提供基于服务器的 LAN-PBX 集成，将交换机和网络文件服务连接起来，提供呼叫控制功能。与 TAPI 不一样的是，TSAPI 支持所有主要的操作系统，包括 Windows 各种版本、OS/2 和 Unix。由于采用 C/S 结构的设计，TSAPI 能够在计算机与电话之间没有物理连接的情况下工作，但也正是这种非物理连接，使得 TSAPI 应用不能识别媒体流。

JTAPI 是 Java 语言应用程序接口，本质上是一套可重用的语音呼叫控制对象。它能在一些基于 Java 的电话应用中使用，而这些电话应用能够运行在任何带有 Java 虚拟机和 JTAPI 电话子系统的计算机上。正是由于 JTAPI 基于 Java 的特性，使得 JTAPI 对象独立于任何操作系统和硬件平台，从而支持跨平台的应用。JTAPI 定义了一套类库，包含一套电话功能和扩充功能。开发者可使用它开发一些个人应用，例如一套扩充处理任务，包括呼叫路由，在多组呼叫者之间建立电话会议等。

电信网络和计算机网络正在互相渗透、互相融合，CTI 技术代表着这种发展与融合的趋势，因而成为人们日益关注的焦点。随着新技术的不断涌现并被应用，CTI 技术也在不断地完善和发展。

8.3 客户服务中心管理

客户服务中心管理是将服务中心由传统的“成本中心”向“利润中心”转变的关键，涉及战略管理、运营管理、人员管理、绩效管理等环节。

8.3.1 客户服务中心与 CRM 的关系

在客户关系管理的整体解决方案中，客户服务中心(呼叫中心)是一个很重要的组成部分。服务中心担负着客户信息采集、客户需求分析、客户价值分级、客户需求满足，以及企业的客户服务、信息发布、市场调研、直接营销和形象展示等重要责任。但是，没有 CRM 系统支持的客户服务中心也不能实现其真正的价值。

1. 客户服务中心是 CRM 的重要组成部分

1) 客户服务中心提升客户感知价值

客户服务中心能够有效地提升客户体验。通过服务中心，企业能够除产品之外再向客户提供更多的附加价值，例如，个性化咨询服务、24 小时不间断电话、主动联系客户等服务。这些附加价值有助于在客户最需要时解决客户问题，提高客户满意度。

客户在进行服务中心访问时，服务中心的 CTI 技术可以识别客户的电话按键信息和主叫号码，确认客户的身份，由 CRM 软件调用相关的客户资料，在接通客户电话之前，即可完成对客户的认识，实现针对性的个性化服务。配合 CRM 软件对客户的销售和服务策略，在接听客户电话的同时，实时实现 CRM 的具体策略。

客户体验的好坏，直接影响客户对企业的满意度和忠诚度。如果客户需要联系企业，却遇到诸如打不进电话、长时间占线、转接失败、承诺回复却无消息等情况，无疑会降低客户对该企业的满意度，最终导致客户流失。在 IVR(Interactive Voice Response，互动语音应答)、ACD(Automatic Call Distributor，自动呼叫分配，也称为智能选择坐席)、CTI 等技术的帮助下，服务中心可以很好地解决上述问题。客户还可以通过客户服务中心查询与自己相关的信息，例如，订单的执行情况、商品运输状态、账户余额等。

2) 客户服务中心帮助 CRM 改善流程

在 CRM 的具体实施中，客户服务中心有助于改进企业流程，实现各种业务流程的自动化，这是改进企业客户关系管理流程的关键。

在市场营销环节，CRM 软件系统可以充分利用客户服务中心的呼出功能执行多项任务，如基于互联网和传统市场营销活动的策划和执行；获取和管理客户需求；获得产品及竞争对手的信息；对有购买意向的客户进行跟踪、分配和管理等。这些功能可以帮助企业实施针对性强、效果好、效率高的市场营销活动，从而争取和保留更多有价值的客户。作为企业与客户的重要接触点，服务中心将越来越多地承担起企业市场营销的核心任务，成为企业的“互动营销中心”。

在销售环节，销售人员可以通过呼叫中心许可的任何接入手段(电话、电脑、PDA 等)，随时得到生产、库存、订单处理的相关信息，同时，也可以对其客户资料与合同进行全面的管理，随时随地与客户进行业务活动，在一定程度上实现销售自动化。销售人员可以将主要精力集中在市场开拓上，公司管理层可以及时把握市场销售情况，提供基于 Web 自助销售能力的客户服务中心。客户可以自行选择并购买相关产品/服务。在销售配置功能的支持下，客户可以选择产品部件，进行个性化的配置；有问题时，可以和业务代表进行直接交流。

在售后服务与支持环节，客户可以通过客户服务中心所支持的多种方式联系企业，并能够在最短的时间内得到一致、完整和准确的信息。客户服务中心可以为企业提供有竞争力的售后技术支持、产品维修和维护服务。客户服务中心的统一消息使 CRM 软件以相同的方式处理不同形式的客户访问。外部访问的电话留言、传真、电子邮件、语音邮件可以经过客户服务中心的统一消息服务转换为统一格式，由 CRM 软件自动进行统一管理、分析、分发、跟踪，由专门人员阅读和处理，大大简化了 CRM 软件的信息收集流程。

3) 客户服务中心是 CRM 的“情报中心”

利用客户服务中心可以更全面地接近市场，更敏锐地感受市场的实时变化，更容易收集客户的抱怨和建议。企业可以通过客户服务中心了解市场动向，提早协调后台其他部门的相关市场活动及活动规模；客户服务中心能够为客户数据库收集到更多的客户基本信息、客户偏好以及客户所关心的问题，这些信息可以作为分析市场消费倾向的依据；客户服务中心能够定期整理收集到的客户需求、抱怨和建议等，并提供给后台部门，作为改善产品/服务品质的重要依据。

客户服务中心是实现 CRM 数据采集的重要手段。客户服务中心为企业提供与外界沟通的多种渠道，包括电话、传真、电子邮件、网页互动、文字交互、Internet 语音访问等。客户服务中心提供自动语音应答(IVR)、自动传真回复功能、自动邮件回复、网页浏览跟踪等功能，自动接待大量的客户访问。在进行自动答复的同时，应 CRM 的要求，自动记录客户信息及访问特点，再由 CRM 软件进行分析，搜索出潜在的客户线索，并进行登记、追踪和管理；CRM 记录客户最关心的企业产品，辅助企业进行具体的决策，如销售重点或新产品方向等工作。

2. CRM 实现客户服务中心的真正价值

1) CRM 全面提升客户服务中心的客户管理水平

CRM 提供完整的客户生命周期管理，通过对呼叫中心多个入口信息的采集、共享、管理，有助于实现客户服务中心对客户的全程服务、销售及市场推广。通过 CRM 全面的客户关系记录，客户的静态档案和动态记录(如接触记录、购买记录、服务记录等)均能得到准确及时的反映；CRM 可以根据客户的累计购买金额、购买潜力、信用等级等对客户进行有效的价值分析，指导客户服务中心向客户提供不同等级的服务；CRM 还能够通过信息统计、聚类分析、数据挖掘等手段发现客户需求的变化与分布，挖掘潜在的销售机会，发现销售线索，帮助客户服务中心及时向客户提供一些售前服务，促进客户购买。

2) CRM 使客户服务中心从“成本中心”转变为“利润中心”

在 CRM 协助下，实现跨部门、跨业务、多入口的信息同步与共享，不同部门的人以客户信息为纽带，进行以客户为中心的协同工作，可提高工作效率和服务水平，有效降低服务中心的成本支出。

客户服务中心的用户中包含着企业的潜在客户，CRM 结合当前的销售机会生成销售线索，建立销售线索、客户、联系人和产品业务的关联关系，将客户线索分配到销售人员。待时机成熟时，潜在的客户变成了真正的客户，对应的线索直接转化为客户信息和联系信息，最终实现企业销售，为企业创造利润。客户服务中心也可以利用其呼出功能，实现对客户的直接销售(如电话销售、网络销售)。

将 CRM 的流程规范与呼叫中心的工作流程有机地结合，坐席人员在完成日常工作的同时，可以根据客户的具体情况，开展客户关怀，使客户服务中心成为一个真正的“客户关怀中心”，提高客户满意度，培养客户忠诚，也间接为企业创造利润。

3) 缺少 CRM 的客户服务中心难于实现其应有的功能

由于缺乏有效及时的记录，无法全面了解曾经与企业发生过业务关系的客户，更难掌握这些客户的行业分布、静态信息(例如，客户档案、联系人信息)及动态信息(例如，商业关系、需求特征、中期购买计划)等；由于对客户缺少应有的了解，不能将客户进行价值分级(例如，高级客户、一般客户等)，从而不能有针对性地主动关怀客户，发掘客户价值；技术人员在实际解决问题时的一系列宝贵方案和经验，不能在客户服务中心共享，甚至造成信息的不一致性。因此缺少 CRM 的客户服务中心将导致无法为客户提供及时、准确、专业和一致性的服务，无法实现对客户的关怀，更谈不上为企业创造更多销售机会，不能成为“利润中心”。

3. CRM 软件系统和客户服务中心系统的整合

就 CRM 软件系统而言，它是 CRM 的技术基础，最为强调的因素是客户。客户服务中心是客户联络的主要窗口，通过两者的有效整合，可以全面提升彼此的价值以及 CRM 的水平。它们之间的关系如图 8-2 所示。

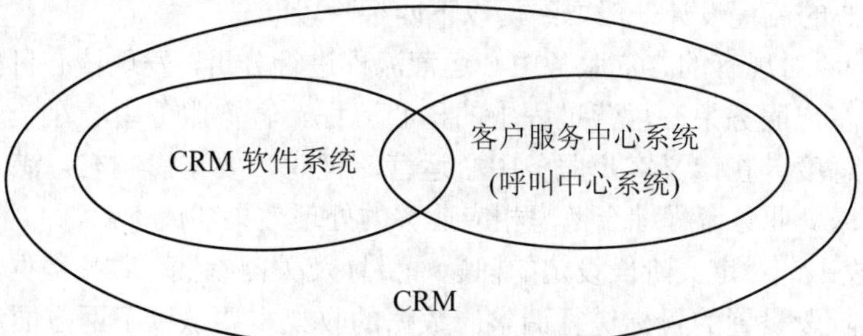

图 8-2　CRM 软件系统、客户服务中心系统和 CRM 之间的关系

在两个系统的整合方面，可以简单地通过数据接口，实现两个系统之间客户数据的交互、流转和共享。更彻底的整合应该是在整体战略指导下，通过流程的优化与再造，将服务中心作为重要的客户接触点，直接将服务中心的操作界面统一纳入 CRM 系统，也就是将服务中心的业务操作流程直接在 CRM 系统中进行。

8.3.2　客户服务中心的流程设计

客户服务中心运营流程设计的根本目的是固化经验、提高各项业务的运作效率。客户服务中心运营流程的构建本身就是一个不断完善，随着内外部环境的变化及时优化的过程。在客户服务中心运营流程的设计过程中应注意以下五个方面的问题。

(1) 客户服务中心运营流程的设计应关注执行者，而不是关注管理和编写者的便利。

(2) 在客户服务中心运营流程设计初期，应先建立相对简单且有条件实施的流程，充分保证流程执行的效率。在初步巩固流程执行的成果后，根据流程执行的实际情况再进行相应的调整。

(3) 在设计客户服务中心运营流程时，可以先将获得输出结果所必须经历的活动列出来，然后考虑流程正常运转需要哪些活动支持，把它们添加到流程中，避免在流程中堆砌过多的支持活动。

(4) 客户服务中心运营流程是一系列活动的组合，提高单个活动的效率有利于提高流程的整体效率。

(5) 将客户服务中心运营流程中例行性的工作模板化、表格化，不仅有利于流程更容易被用户读懂、节省客户服务中心运营流程推广培训成本，而且因为流程有模板支撑，能更好地确保流程结构的实现。

由于客户服务中心通常与企业的各个部门有千丝万缕的联系，这就决定了客户服务中心的业务处理流程的执行过程，会涉及和其他部门的沟通与协调。客户服务中心主管与团队内外的合作与交流就成为流程运营成败的关键，好的流程设计必须能够体现效率和效益的结合。

客户服务中心的流程设计一般要经历以下四个阶段。

(1) 定义阶段：对现有的客户服务中心运营流程进行分析，发现核心目标及服务客户的核心需求，确定客户服务中心运营过程中的核心流程。客户服务中心在企业中的核心目标是提高客户的满意度，在定义客户服务中心运营流程时，要将影响客户满意度的关键指标提取出来，围绕每个业务流程综合考虑相应业务的处理效果和成本。

(2) 评估阶段：针对定义阶段设定的问题、目标及关键参数，收集数据，进行评估和证实，及时对定义阶段设置的目标进行调整。数据的收集主要从以下两方面进行，一是主要来源于客户的意见、竞争者之间的比较结果；二是客户服务中心运营过程中出现的挫折、有争议的问题和难题等。

(3) 设计和实施新流程阶段：客户服务中心运营流程设计应遵循的途径就是，要在设计进程中不断使其具体化并逐步完善。客户服务中心运营流程设计完成后，需要跟踪流程的实施过程，在实施过程中通过检验、精简使流程通俗化。

(4) 控制阶段：在控制阶段，客户服务中心的经理需要确定客户服务中心运营流程的管理责任及其负责人，最终实现流程的闭环管理。

8.3.3 客户服务中心的主要流程[①]

1. 管理工作流程

客户服务中心的管理工作主要有三大基本任务：一是确立服务中心的战略；二是实施服务中心的运营方案；三是服务中心的服务质量评估。图 8-3 是服务中心管理工作流程示意图。

1) 服务中心战略

客户服务经理确定服务中心在企业整体战略中的地位和作用；服务中心主管根据所确定的服务中心战略定位，确定服务中心的运营目标，例如 50%以上的客户问题能够得到及时、专业的解答，能够及时向企业反映客户需求，以及如何有针对性地满足客户需要；服务中心主管在确定运营目标的基础上确定管理办法，管理办法应该能够管理多种技术的整

① 孙宗虎，李聪巍. 客户关系管理流程设计与工作标准. 北京：人民邮电出版社，2007.

合，能够最大限度地分析客户行为并挖掘潜在客户，能够有助于提升客户满意度。

2) 服务中心运营方案

服务中心主管将所确定的运营方案上报客户服务经理审核，经审核通过，下发服务中心，由服务中心主管组织实施；服务中心需要对客户服务人员进行培训，培训的内容包括服务要求与规范、产品知识、企业文化等；客户服务人员能够及时响应客户呼入，对客户所提出的问题给予满意的回答，帮助客户解决问题；服务人员还应主动发起呼叫，进行客户满意度调查、产品信息介绍、客户关系维护等。

3) 服务质量评估

服务质量管理部对客户服务质量进行监督和管理；服务中心主管定期组织对服务质量进行评估，提出改进意见，报客户服务经理审核，以进行相关项目的改进和完善；对服务人员进行绩效管理与评估，调动客户服务人员的积极性和主动性。

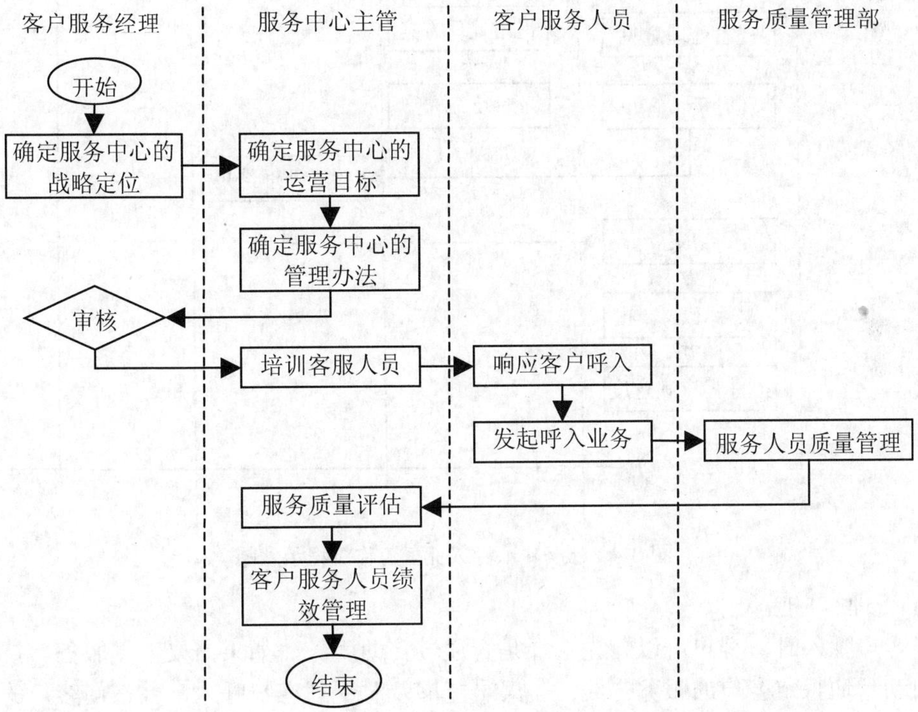

图 8-3 服务中心管理工作流程示意图

2. 呼入业务工作流程

呼入业务工作流程主要包括三个重要环节：一是受理客户呼入；二是解决客户问题；三是客户问题的跟踪与控制。图 8-4 是服务中心呼入业务工作流程示意图。

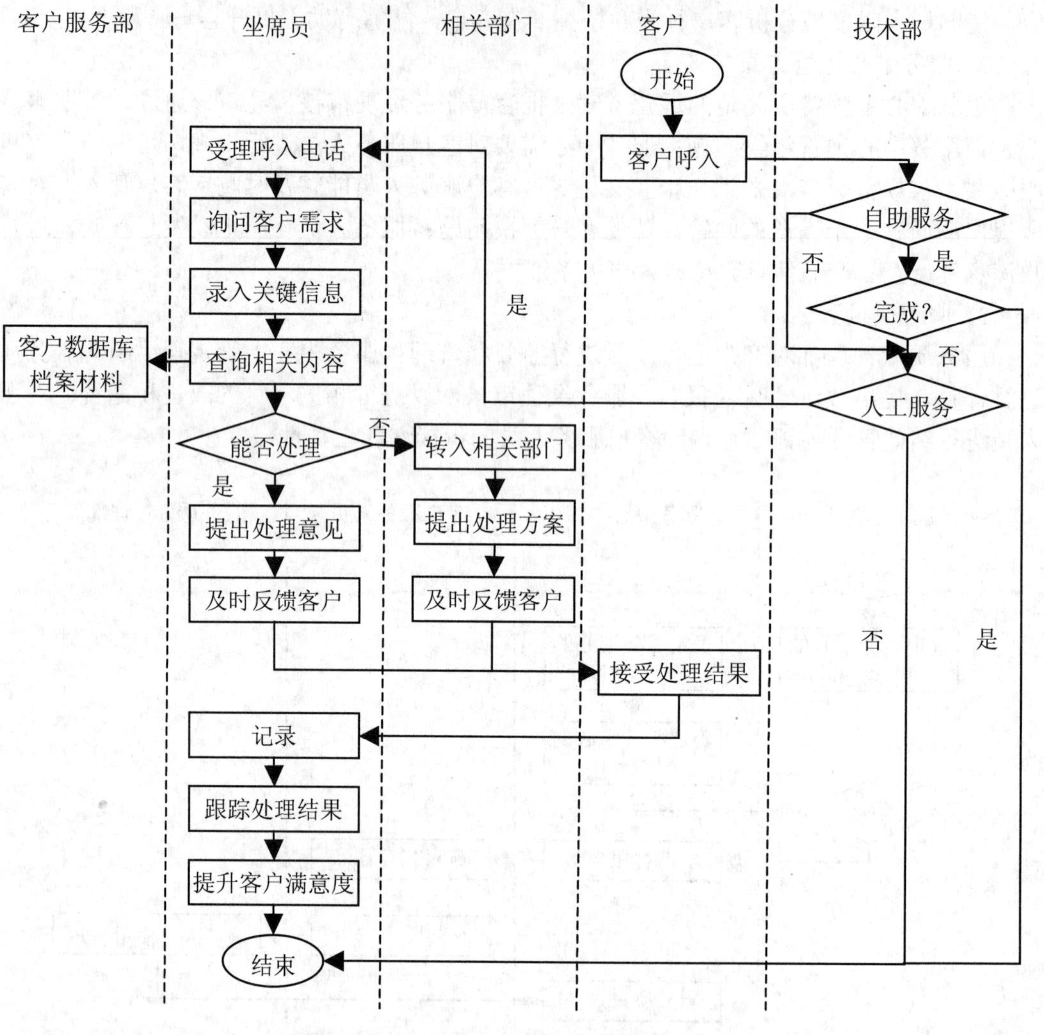

图 8-4　服务中心呼入业务工作流程示意图

1) 受理客户呼入

当客户呼入时，客户可以首先选择是否通过自助服务，如果需要人工服务，技术系统能够自动呼通特定客户的服务热线；坐席员能够及时受理客户呼入，并询问客户的具体要求，录入客户关键信息。

2) 解决客户问题

坐席员判断能否处理客户需求，如果不能，则应及时将客户呼入转移到其他相关部门，并向客户说明原因；其他相关部门应及时受理客户问题，参考客户意见，提出满意的解决方案，并及时将处理结果反馈给客户；对于坐席员能够处理的客户问题，坐席员应及时给予客户满意的回答，并做好相应记录，以备查询。

3) 问题跟踪与控制

客户接受服务中心的处理结果之后，服务中心的坐席员应对相关信息进行详细记录，并定期对客户处理结果进行跟踪访问，以提高客户满意度和忠诚度。

3. 呼出业务工作流程

呼出业务工作流程主要有三项基本任务：一是客户服务；二是客户销售；三是记录客户信息。图 8-5 是服务中心呼出业务工作流程示意图。

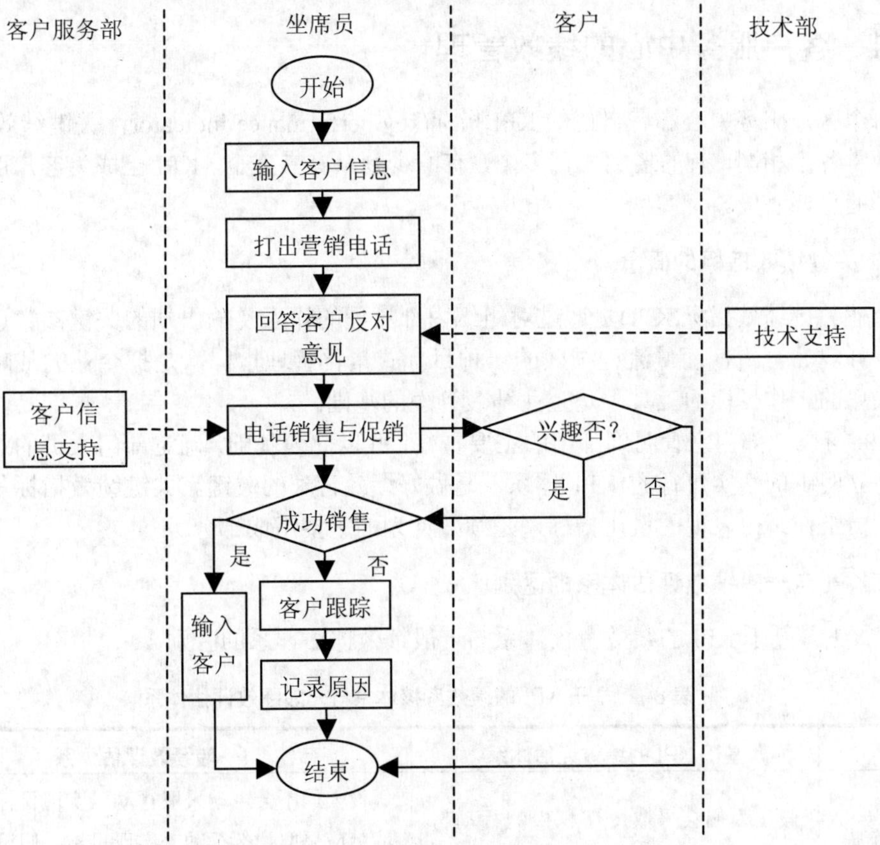

图 8-5　服务中心呼入业务工作流程示意图

1) 客户服务

坐席员从客户数据库中查找相关客户信息，并在 FAQ(frequently asked questions，常见问题与解答)系统中输入客户信息；坐席员主动联系目标客户，确认或更新资料，并向公司提交客户综合信息资料；坐席员利用 FAQ 系统，向目标客户进行市场调查或产品/服务满意度回访，以及服务升级、优惠推荐等营销活动；在营销活动中，坐席员解答客户的疑问或反对意见，提高企业的客户服务形象，强化 CRM。

2) 客户销售

坐席员向目标客户进行产品/服务的推荐及促销，采用有效的营销及沟通技巧向客户推广；准确判断客户对产品是否有兴趣，针对有兴趣的客户进行销售，记录其相关需求。

3) 记录客户信息

客户服务人员针对成功销售的客户，输入客户资料，以便完成销售工作以及进行后期的维护；针对未销售成功的客户，进行客户跟踪，时刻关注客户动态和需求；针对没兴趣的客户，客户服务人员需要进行相应的信息记录，以便做出相应调整。

8.3.4 客户服务中心的绩效管理

每个客户服务中心都有自己的KPI指标(key performance indicator，关键绩效指标)，指标的数量各不相同，有的多到一百多个，有的少到只有三五个。KPI已成为客户服务中心绩效管理的重要手段。

1. 关键绩效指标的概念

企业关键绩效指标(KPI)是通过对组织内部流程的输入及输出端的关键参数进行设置、取样、计算、分析，衡量流程绩效的一种目标式量化管理指标，是把企业的战略目标分解为可操作的工作目标的工具，是企业绩效管理的基础。

KPI可以使部门主管明确部门的主要责任，并以此为基础，确定部门人员的业绩衡量指标。建立明确的切实可行的KPI体系，是做好绩效管理的关键。关键绩效指标是用于衡量工作人员工作绩效表现的量化指标，是绩效计划的重要组成部分。

2. KPI与一般绩效评估体系的区别

表8-1是基于KPI的绩效考核体系与一般绩效评估体系的区别。

表8-1 基于KPI的绩效考核体系与一般绩效评估体系

	基于KPI的绩效评估体系	一般绩效评估体系
假设前提	假设人们会采取一切积极的行动努力达到事先确定的目标	假设人们不会主动采取行动以实现目标，人们不清楚应采取什么行动来实现目标；假设战略制定与实施与一般员工无关
考核目的	以战略为中心，指标体系的设计与运用都为组织战略目标的达成服务	以控制为中心，指标体系的设计与运用源于控制的意图，也是为更有效地控制个人行为服务的
指标产生	在组织内部自上而下，对战略目标进行层层分解产生	通常是自下而上，根据个人以往的绩效与目标产生
指标来源	基于组织战略目标与竞争要求的各项增值性工作成果	来源于特定的程序，即对过去行为与绩效的修改

续表

	基于 KPI 的绩效评估体系	一般绩效评估体系
指标构成及作用	通过财务与非财务指标相结合，体现关注短期效益，兼顾长期发展的原则；指标本身不仅传达了结果，也传递了产生结果的过程	以财务指标为主，非财务指标为辅；注重对过去绩效的评价，指导绩效改进的出发点是过去的绩效存在的问题，绩效改进行动与战略需要脱钩

(资料来源：http://wiki.mbalib.com/wiki，访问日期 2010-08-22.)

3. KPI 的 SMART 原则

确定关键绩效指标有一个重要的 SMART 原则，具体含义如下。

(1) S 代表具体(Specific)：指绩效考核要切中特定的工作指标，不能笼统。

(2) M 代表可度量(Measurable)：指绩效指标是数量化或者行为化的，验证这些绩效指标的数据或者信息是可以获得的。

(3) A 代表可实现(Attainable)：指绩效指标在付出努力的情况下可以实现，避免设立过高或过低的目标。

(4) R 代表关联性(Relevant)：指绩效指标是与上级目标有明确的关联性，最终与企业目标相结合。

(5) T 代表时限性(Time Bound)：注重完成绩效指标的特定期限。

4. 确定 KPI 的一般过程

确定关键绩效指标一般遵循以下三个过程。

1) 建立评价指标体系

可按照从宏观到微观的顺序，依次建立各级的指标体系。首先明确企业的战略目标，找出企业的业务重点，并确定这些关键业务领域的关键业绩指标(KPI)，从而建立企业级 KPI。接下来，各部门的主管需要依据企业级 KPI 建立部门级 KPI。然后，各部门的主管和部门的 KPI 人员一起再将 KPI 进一步分解为更细的 KPI。这些业绩衡量指标就是员工考核的要素和依据。

2) 设定评价标准

一般来说，指标指的是从哪些方面来对工作进行衡量或评价，而标准指的是在各个指标上分别应该达到什么样的水平。指标解决的是我们需要评价“什么”的问题，标准解决的是要求被评价者做得“怎样”、完成“多少”的问题。

3) 审核关键绩效指标

对关键绩效指标进行审核的目的主要是为了确认这些关键绩效指标是否能够全面、客观的反映被评价对象的工作绩效以及是否适合于评价操作。

5. 客户服务中心的关键绩效指标

这里介绍美国普度大学消费品质量监测中心琼·安顿(Jom Anton)教授提出的 23 个与客户服务中心运营相关的关键绩效指标。具体的客户服务中心可以基于这 23 个指标，结合行业标准、特点及企业实际来设计相应的 KPI。如何评价客户服务中心的运行绩效，既关系到客户满意度，又会对服务中心的实际运行效果产生影响。

1) 实际工作率(坐席利用率)

指标定义：值机员联入系统准备回答电话的实际时间除以值机员按照计划应当回答电话的总时间，再乘以 100。

数据收集：ACD。每日都作一次报告，按周和月跟踪。

建议目标：每个值机业务员的最佳实际工作率应该达到 92%或者更高。

2) 事后处理时间

指标定义：一次呼叫电话接听完后，值机员完成与此呼叫有关的整理工作所需的时间。

数据收集：ACD。由小组或个人制成日表、周表和月表，还应该做成图形来与过去的记录进行比较。

建议目标：客户服务中心事后处理时间平均为 60 秒，建议目标是 30 秒～60 秒。

3) 平均放弃时间

指标定义：呼叫者放弃呼叫前平均等待的时间，以秒来计算。

数据收集：ACD。每日和每周都作出报告。

建议目标：全行业平均时间为 60 秒，建议标准范围为 20 秒～60 秒。

4) 平均单呼成本

指标定义：某段时间内客户服务中心的全部费用除以这段时间客户服务中心所接听的所有电话数(包括无论何种理由打入的任何电话，不管是由业务员接听的，还是由技术系统接听的)。

数据收集：ACD 会记录打入的电话数。中心管理层应每周都做一次检查和计算。

建议目标：行业不同，标准变化很大。就所有行业的平均情况看，每打入一个电话需要花费 4 元的成本。建议标准范围介于 2 元～5 元之间。

5) 平均通话时间

指标定义：谈话时间和事后处理时间的总和。

数据收集：ACD。每天计算，每周和每月统计，用格式化报告并做图表示变化情况。

建议目标：呼叫中心的类型不同，其平均通话时间的努力目标也不同。一个技术支持力较强的呼叫中心，平均数一般在 10 分钟～15 分钟之间。从全行业来看，平均通话时间是 8.5 分钟。建议将此规范的目标定在 3 分钟～10 分钟之间。

6) 平均持线时间

指标定义：值机员让客户在线上等待的平均时间。

数据收集：ACD 会提供每位值机员的持线时间数据。每日、每周、每月报告，每月进行一次管理考察。

建议目标：全行业平均持线时间为 60 秒，建议目标范围应控制在 20 秒～60 秒之间。

7) 平均振铃次数

指标定义：客户听到回话之前电话振铃次数，不论回电话的是业务员还是 IVR。

数据收集：ACD。每天都作报告，以便客户服务中心管理人员参考。

建议目标：行业平均次数是 2～3 次，建议目标为 2～4 次。

8) 平均排队时间

指标定义：呼叫者被 ACD 列入名单后等待值机员回答的时间。

数据收集：ACD。每日、每周和每月张贴布告。

建议目标：全行业的平均排队时间为 150 秒，建议的目标范围在 30 秒～90 秒之间。

9) 平均应答速度

指标定义：总排队时间除以所回答的总电话数。

数据收集：ACD。以半小时为单位进行报告，并以图表显示走势。

建议目标：标准长度通常定在 20 秒钟之内。

10) 平均交谈时间

指标定义：呼叫者与值机员联系后交谈的时间长度。

数据收集：ACD、业务员、业务小组收集和报告。每周和每月评估一次。

建议目标：行业平均交谈时间为 330 秒，技术支持型呼叫中心是 6 分钟～10 分钟。建议交谈时间的努力目标为 270 秒～360 秒。

11) 每小时呼叫次数

指标定义：每个值机员每小时接待呼叫的平均次数。它等于一个交接班中，值机员接听的电话总数除以值机员接入电话系统后的总时数。

数据收集：由值机员每天报告一次。

建议目标：每小时呼叫次数主要依据呼叫中心的性质而定，在一个技术程度很高的呼叫中心，这个数字可能低到每小时只有 5 次，而在一个技术设施简单的呼叫中心，这个数字则可能高达 100 次。

12) 监听分值

指标定义：质量保证专家对值机员的回话质量所作的等级评价。

数据收集：质量保证部门及专家。

建议目标：没有一个可普遍适用的目标。值机员每个月可以被监听 4 次到 5 次。

13) 占线率

指标定义：(通话时间+持线时间)除以(通话时间+持线时间+闲置时间)。

数据收集：报表计算应按班组和业务员加以平均。

建议目标：一般标准最好是 90%或者更大。

14) 呼叫放弃率

指标定义：已经被接通到客户服务中心，但又被呼叫者在值机员、呼出电话员和信息通知部接听之前自动挂断的电话。放弃率是放指弃电话数与全部接通电话数的比率。

数据收集：ACD。每日、每周和每月都作报告。

建议目标：行业放弃率为3%，建议在3%～5%之间。

15) 出勤率

指标定义：一个班组实际工作的人数除以计划工作的人数。

数据收集：职员上班的自动登记制度。

建议目标：标准差异较大，常见的标准是95%。

16) 忙音率

指标定义：受到忙音信号阻滞，连ACD都没有到达的呼叫电话的百分数。

数据收集：ACD或电话运营商。每小时检查一次，观察受阻高峰出现在哪里。

建议目标：全行业中受阻电话数为1%。我们建议努力目标范围控制在1%～3%之间，最理想的状况是没有受阻电话。

17) 一次性解决问题的呼叫率

指标定义：不需要呼叫者再呼、也不需要值机员回呼就能解决问题的电话的百分数。

数据收集：ACD。每日报告一次。

建议目标：行业平均百分比为85%，建议目标范围在85%～100%之间。

18) 队列放置率

指标定义：列入排队名单的电话数量除以中心所接到的所有电话的数量。

数据收集：ACD。每周计算和检查一次。

建议目标：就全行业而论，15%的电话是被置入队列中的，建议范围为10%～20%。

19) 转接呼叫率

指标定义：由值机员转给其他人员接听的电话的百分比。

数据收集：ACD。每天、每周和每月报告，并附带上反馈信息。

建议目标：全行业平均百分数是3%，建议只有1%被转接，而且是转给专家或权威人士。

20) 已复电话百分比

指标定义：回答过的电话数除以所有接入的电话数。

数据收集：ACD。每日报告一次。

建议目标：最常见的标准是不低于98%。

21) 服务水平

指标定义：回答时间少于X秒钟的电话数除以所接入的电话总数。

数据收集：ACD。服务水平应该建立在不断监听的基础上。

建议目标：全行业大多数中心的标准是80%的电话都是在20秒钟之前作出的回答。

22) 总呼叫数

指标定义：所有打入中心的电话，包括受到阻塞的、中途放弃的和已经答复的电话。

数据收集：ACD 或电信运营商。每小时、每天、每周、每月都进行检查。

建议目标：主要用于确定其他指标，并对未来呼叫作出计划、预测，以便合理地安排工作人员。

23) 值机员流动率

指标定义：一月、一季或一年中离开中心的值机员人数在全部工作总人数中的比例。

数据收集：人力资源部。每月和每季度进行查验、统计。

建议目标：行业平均辞职率为 25%，把努力目标定在 15%～30%之间。

总而言之，客户服务中心的绩效管理者必须定期监控主要数据并编制管理报告。在日常运作中，如果出现主要的绩效考核指标达不到规定的水平，管理者应及时检查运营流程中出现的问题，并采取相应的改正措施。

8.4　客户服务中心的设计与建设

8.4.1　客户服务中心的系统分析

为提高客户服务中心系统的投资回报率，在对客户服务中心进行设计之前需要对其进行准确的定位，根据企业的实际情况设计其客户服务中心系统的构建方案，使客户服务质量达到最佳状态。因此，客户服务中心建设方案需要考虑以下两个方面的问题。

一方面，客户服务中心成立规模的大小取决于其话务量的大小，接进来和拨出去的电话数目决定了坐席代表的数量，从而关系到了系统的投资成本，需要慎重考虑。为了使每个呼入电话都能及时得到响应，而又不能使坐席代表过于空闲，所设计的坐席代表必须要符合实际的话务量。一般来说，根据业务代表坐席的规模大小，可设计以下四种不同规模的客户服务中心。

(1) 大型客户服务中心：一般有坐席代表 100 个以上，配置庞大，投资高。主要为跨国公司和大型企业服务，需要有足够容量的大型交换机、自动呼叫分配(ACD)、自动语音应答(IVR)、CTI 系统、呼叫管理系统、业务代表坐席和终端、数据库或数据仓库等。

(2) 中型客户服务中心：一般有坐席代表 50～100 个，系统结构相对简单，投资相对较少。是中小型企业比较青睐的模式，其主要部分为程控交换机(PBX)、CTI 服务器、业务代表坐席、应用服务器。

(3) 小型客户服务中心：一般有 50 个以下的坐席代表。与中型客户服务中心的组成部分类似，只是在主要部分的数量上相对有所减少，PBX 也可只用板卡代替，CTI 服务器中的板卡线数可选择低一些的，主要适合业务量不太多的中小型企业。

(4) 外包客户服务中心运营商：这是一种新的客户服务中心的解决方案，是指由第三方的客户服务中心运营商提供客户服务。运营商有大型客户服务中心系统，集中为一些中小企业服务，客户服务中心系统与这些中小企业的应用服务器和相关人员相连，一般呼叫由该运营商直接处理，特殊问题快速转给相应的中小企业和相关人员解决。

另一方面，传统的客户服务主要采用人工电话受理，存在工作量大、资源不能共享、反应速度慢、无法监制等弊端，现代客户服务中心构建方案的设计需要克服这些不足，因此客户服务中心建设方案应遵循以下基本原则。

(1) 先进性：客服服务中心一旦建设完成就会进入长期的使用状态，应尽量避免因为技术或其他的问题而需要进行大规模的调整。为延长其生命周期，保证系统的稳定、成熟，技术上应方便升级以保证其先进性。

(2) 实用性：为考虑系统的实用性和可操作性，需选择技术成熟的设备，稳定地实现系统的功能，避免重复投资，降低系统造价。

(3) 扩展性：系统的设计应最大限度地保护投资，并能够随着系统的扩大做出相应的扩展和调整，保证异种系统的可操作性。

(4) 安全性：系统作为企业联系客户的重要渠道，需保存大量的档案信息，为防止各种恶意或无意的黑客行为和病毒入侵，需重视系统安全设计，例如设置防火墙进行安全过滤。

8.4.2 客户服务中心的系统设计

1. 客户服务中心系统的概念框架

根据客户服务业务与用户之间的连接方式，客户服务中心的系统框架主要包括媒体接入层、业务表示层、业务受理层、系统管理层和系统资源层(数据库)五个层面，如图 8-6 所示。

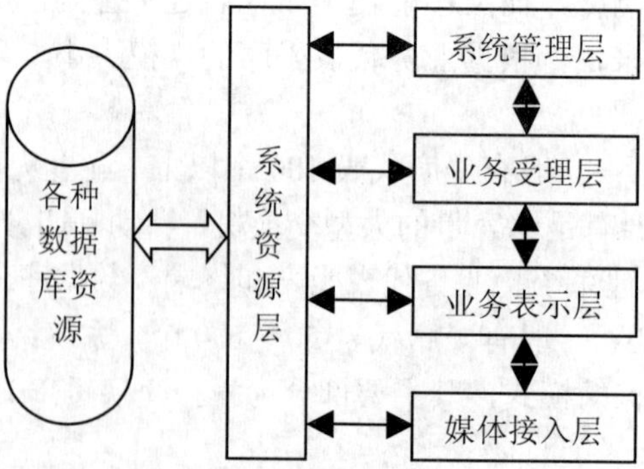

图 8-6　客户服务中心的概念框架

1) 媒体接入层

媒体接入层主要负责各种设备的接入，包括路由器、交换机、传真、电话和计算机的接入，实现客户服务中心与外部系统的连接，把各种不同的接入方式转化为标准的请求/响应模式。媒体接入层屏蔽了外部接入的不同终端方式，将统一标准的格式信息传给业务表示层处理，从而保证了系统的正常运行。

2) 业务表示层

业务表示层定义服务中心的流程，也就是用户接入服务中心后如何进行查询并获取信息资源的过程，为系统的使用者提供多样化的界面逻辑。业务表示层由交互式语音应答系统、Web 媒体服务器、Email 媒体服务器、短信媒体服务器等组成，是系统中直接与用户交互的部分。它将用户的业务请求反馈给业务受理层，并提供用户与客户服务中心坐席交互的功能。除传统的先进先出、话务策略、技能策略之外，业务表示层还提供用户可编写的路由分配流程，这样可以通过用户自定义流程来完成不同的需求。

3) 业务受理层

业务受理层主要负责业务的实现与控制。它主要是根据具体的任务，接收来自业务表示层的用户信息，结合网络和数据库提取完成的信息，并将提取的信息反馈给业务表示层。业务受理层还实现对业务状态的控制，并对数据作统一调度。在接入层和表示层的基础上，业务受理层通过加载相应的业务模块，可以快速实现服务中心系统的功能扩展。业务受理层包括了数据源以及数据的访问接口。这些数据源的形式是非常广泛的，有些是本地的物理数据库，有些是指向远端数据源的接口服务器或者是通讯应用网关。

4) 系统管理层

系统管理层是客户服务中心的后台管理系统，实现用户的核心业务逻辑设计。在一般的系统设计中，需建立一个统一面向客户的客户服务中心平台，实现统一的用户服务界面，统一的热线功能和统一的企业数据标准，集中受理客户对企业业务的需求，为客户提供企业综合性服务的无形窗口。系统管理层可使客户服务系统能够灵活地为用户提供业务咨询、业务投诉、业务受理等功能，为用户提供更好地服务。

5) 系统资源层

系统资源层主要包括与业务受理层相关的通话、录音、IVR 静态语音文件、业务数据库中的数据、呼叫日志记录等。根据业务受理层的要求，将用户数据及相关的业务数据库中的数据关联到一起后，及时返回给业务受理层使用。系统资源层实际上与上述各层均有关系，它们可能需要存储或使用相关数据库中的数据资源。系统资源层主要解决信息数据的存储与调出。

2. 客户服务中心系统的主要功能模块

客户服务中心系统的功能模块主要包括：PBX、ACD、IVR、CTI 服务器、呼叫管理、人工坐席、电话录音、网络客户服务等。一般来说，客户服务中心的各个功能模块都集中在一个局域网中，客户通过 PSNT 网、互联网与客户服务中心建立联系，客户服务中心各模块间则通过 TCP/IP 进行通信。自动呼叫分配、交互式自动语音应答和 CTI 服务器是客户服务中心的核心组成部分，同时也是现代客户服务中心有别于传统客户服务中心的重要标志。

1) 程控交换机

程控交换机(Private Branch eXchange，PBX)，是现代办公常用的电话通讯管理手段的一种，电话管理者可批量管理外接来电与内线呼出。客户服务中心通过程控交换机与电信网络连接，程控交换机接收外部呼叫，根据定制的路由策略把呼叫分配到客户服务中心合适的处理资源。

2) 自动呼叫分配

自动呼叫分配(Automatic Call Distribution，ACD)可以成批地处理呼叫，并将这些呼叫按规定路由传送给具有类似职责或技能的业务组。各组业务代表被组成“连选组”，呼叫则按“先进先出”的次序分配给“最空闲的业务代表”。ACD 支持平均分配、技能分配、最近支持分配、客服分组、客户优先级分配等多种分配策略，分配策略还可以采用加权的方式组合使用。

智能呼叫分配模块是现代客户服务中心有别于一般的热线电话系统和自动应答系统的重要标志，其性能的优劣直接影响客户服务中心的效率和客户的满意度。CAD 交换机为客户服务中心提供内外通道，对外作为与电话网中继线的接口，对内作为与坐席代表话机和自动应答设备的接口。

3) 交互式语音应答

交互式语音应答(Interactive Voice Response，IVR)是现代客户服务中心的重要组成部分。其作用在于通过 IVR 系统，客户可以在普通的电话上通过按键输入其服务请求及相关信息。IVR 系统根据客户的服务请求和提供的信息，获得预先录制的数字或合成语音信息，自动访问客户服务中心或企业后台业务系统中的资源，完成客户的服务请求，并将执行结果通过电话、传真等方式提供给客户。先进的 IVR 模块具有互联网语音、TTS 文语转换、语音识别、电子邮件转语音等先进的语音功能。

IVR 的设计充分借鉴和利用了将业务和交换分离的设计思想，用户可以利用业务生成工具，在软件不需要修改的情况下提供各种新业务，以满足用户不断提出的各种新需求。IVR 的主要功能包括：能根据拨入号码的不同，启动不同的业务逻辑；具有控制放音录音等功能；通过应用服务器访问各种外部数据库；完成自动业务与人工处理业务的转换，当业务处理方式由自动转为人工处理时，呼叫可再转回到自动流程中的断点处；可调用 CTI 服务器提供的 API 接口函数，提供生成新的扩展业务的方法。

4) CTI 服务器

CTI 服务器是服务中心的核心，它提供对各种线路资源的支持。其功能主要包括：对多种板卡提供支持；板卡资源提取；线路资源的统一管理；线路资源分配；为 ACD 服务器和 IVR 服务器提供通信平台。CTI 服务器与 ACD 服务器通过消息组件模块进行通信，消息组件对消息进行统一的管理。另外还可实现与公用电话交换网(PSTN)的直接连接、自动拨号、传送文件、传真、电子邮件接收、存储语音信件、自动处理拨入呼叫等功能。

CTI 服务器是一台与交换机相连的计算机，它通过接收来自交换机的事件/状态消息和向交换机发送命令，实现计算机对整个客户服务中心的全面管理。同时，CTI 服务器屏蔽了交换机与计算机之间复杂的通信协议，向上提供统一的编程接口，使开发人员能够方便地开发客户服务中心的各类应用。

5) 呼叫管理模块

呼叫管理模块(Call Management System，CMS)是客户服务中心系统的核心组件。CMS 管理呼叫请求，为客户服务系统提供统一的呼叫应答。CMS 实现对客户服务中心实时状态监控和呼叫统计，系统管理人员依据当前的状态监控显示，掌握当前系统的工作状况，如忙闲程度、业务分布、坐席人员状态、线路状态等。决策人员依据对呼叫信息的历史统计，进行有针对性的决策，决定系统的规模、人员数量等方面的调整，以提高系统的运行效率和服务质量。

在 CMS 中，呼叫一般可分为预览呼叫和预拨呼叫两种类型①。其中，预览呼叫是首先激活坐席人员的话机，然后拨打电话号码，坐席人员负责接听呼叫处理语音并与被叫客户通话，若无人应答，坐席人员就将呼叫转给计算机处理；而预拨呼叫是由计算机自动完成被叫方选择、拨号以及无效呼叫的处理工作，只有在呼叫被应答时，计算机才将呼叫转接给坐席人员。预拨呼叫的实现依赖复杂的数学算法，要求系统全盘考虑可用的电话线、可接通的坐席人员数量、被叫客户占线概率等因素。预拨呼叫使坐席人员无需花时间查找电话号码、进行拨叫和听回铃音，因而可大大提高客户服务中心的效率。

当呼叫进入客户服务中心系统后，呼叫管理模块借助 CTI 技术能够有效地跟踪、呼叫、等待、接听、转接、会议、咨询等动作，以及与呼叫相关的呼叫数据传递，做到数据和语音同步，提供有用的呼叫客户个人信息，满足个性化服务需求，并节约时间和费用。

6) 坐席系统

客户服务中心的坐席系统是一个具有高度智能的呼叫管理系统。业务代表通过坐席台完成各种业务流程，坐席台可同时处理多个呼叫，以便处理复杂的业务。业务代表可按照业务种类和代表级别分成不同的小组，以便用各自的技能处理相应的业务内容。当某个业务代表不能处理某项业务时，可呼叫转移给专家级坐席员处理此项业务。CTI 服务器控制话路和数据的同步转移，当呼叫转移时，原来的数据不会丢失，它随呼叫同步转移到另外一个目的地。坐席人员所完成的话务功能包括：受理转接来电及普通呼出转接功能；插入正在通话的用户；监听正在通话的用户；对通话后已挂机的用户可再振铃或回振铃；强行拆除正在和坐席员通话的用户；当被叫用户忙时，可使受理来电遇忙预占；当被叫用户已登记免打扰等功能时，可紧急跨越强行振铃通话。

人工坐席可分为普通坐席和班长席。

---

① 李先国，曹献存. 客户服务实务. 北京：清华大学出版社，2006(11).

(1) 普通坐席。普通坐席主要由计算机和数字电话机组成，运行坐席 CTI 应用软件，提供查询、资料索取、业务咨询、疑问解答、信息交流、投诉、投诉/建议受理、用户满意度收集、业务报表和电话营销等功能。普通坐席本身具有电话接听、挂断、转移、外拨、会议等软电话功能，并可利用语音播放、录音、录音调听、传真、邮件、传呼、辅助语音通道等资源，实现与客户的全方位的交互，可大幅度提高坐席人员的工作效率。

普通席的主要工作职责是受理投诉建议、业务咨询、报修、信息查询等业务。对于可答复的投诉及时回复客户，对于不能直接答复的投诉，将该投诉转给相关部门或人员处理，并限期反馈处理结果；根据相关部门反馈回来的处理结果对客户投诉进行答复；通过对投诉的大客户和部分普通客户的回访，完成对答复质量的考核工作。回访的内容主要包括客户满意度、投诉解决是否彻底、投诉解决是否及时等。

(2) 班长席。班长席除具有普通坐席的全部功能外，还具有监控坐席人员的当前状态、响应坐席人员的服务请求、勒令某坐席人员退出，监控坐席人员桌面当前状态，查看当前服务坐席数、空闲数、关闭数等功能。

班长席的主要工作职责是负责坐席职能、权限管理、坐席工作任务分配、知识库管理以及统计报表的制定与分析等；对坐席人员进行业务管理、及时反映现场问题，对疑难咨询、投诉进行处理，对需要在业务代表席和后台相关部门之间转递的投诉进行审核，通过实时监听、全程监听、录音监听、插入、强拆等工作，监督检查坐席人员的服务质量。

另外，可以对坐席做更多的细分，例如增加值日班长席、质检席、后台业务席等。

7) 电话录音

电话录音模块对坐席人员和客户的通话进行全程录音，并对录音数据进行存储管理。录音设备作为客户服务中心的辅助设备，可以实现全程录音和随机调听。采用录音设备后，坐席人员能够进行谈话信息整理，班长和质检人员能够浏览和调听坐席人员与客户的通话，以此作为质量监督检查的依据。在客户服务中心中，电话录音将作为事实的依据。电话录音模块在全程录音的同时支持一定线数的随机调听，支持录音检索和调听放音功能等。

8) 网络客户服务

网络客户服务是现代客户服务中心系统的主要特色之一。客户服务中心系统提供的网络服务方式主要有网络电话(voice over internet phone，VoIP)、文本方式的信息交流、电话回呼、电子邮件和网页同步等。

客户可以通过计算机拨打 VoIP 连接客户服务中心，网络电话呼叫经过客户服务中心的智能路由选择后，被转接到最适合的客服代表处。

如果客户只想同坐席代表进行实时的文字交流，或者没有条件进行语音通信，可以选用文字交流的方式。

客户代表可以要求客户服务中心的坐席立即或在约定时间内主动拨打电话回复客户。客户可以在选择该项联系方式后，输入其联系电话号码，确定希望对方回复的时间。到指定时间时，客户服务中心将主动拨到客户指定的电话号码，解答客户的相关问题。

客户可以选择发送电子邮件的方式与客户服务中心进行联系。客户既可以通过公网的邮件系统发送邮件给呼叫中心，也可以通过上网留言给呼叫中心，发送的电子邮件将通过智能路由选择功能分配到最适合的客服代表处进行处理。

采用网页同步方式的客户在通过“客服代表回复”、“互联网电话”、“文字交谈”等方式与客服代表进行实时交流时，还可以通过网页同步功能与客户代表的浏览器进行同步。

8.4.3 客户服务中心系统的建设

1. 客户服务中心系统的建设模式

建立客户服务中心系统可以有两种模式：“外包”模式与“自建”模式。

在“外包”模式中，需要有一个独立的客户服务中心运营商，它具有自己的、较大的客户服务中心运营规模，并可以将自己的一部分坐席或业务功能租给其他企业。这样，企业就可以将有关业务需求直接建立在这种客户服务中心运营商的基础之上，不用自己添置单独的硬件设备，仅需提供有关的专用服务信息，而由客户服务中心运营商为自己的用户提供服务。

这种方式的优点是节约成本，而且能够提供一个较专业的服务，但需要对相关坐席人员进行培训。

在“自建”模式中，由企业自己购买硬件设备，并编写有关的业务流程软件，直接为自己的客户服务。该种方式能够提供较大的灵活性，而且能够及时地了解用户的各种反馈信息。

在建立具体的客户服务中心系统时，主要有两种实现技术可供参考，基于交换机方式或基于计算机方式。

这两种方式的区别主要是在语音接续的前端处理上：交换机方式是由交换机设备来完成前端的语音接续，即用户的电话接入；在计算机方式中，由计算机通过语音处理板卡，完成对用户拨入呼叫的控制。前者的处理能力较大，性能稳定，适于构建规模超过 100 个坐席以上的较大的服务中心系统，但同时成本也较高。后者的处理规模较小，稳定性较差，适于构建规模较小的系统，其优点是成本低廉、设计灵活。

2. 构建客户服务中心系统的具体步骤

构建一个客户服务中心系统要考虑的因素有很多，经费问题、业务处理能力、人员培训等。人工坐席的工资成本是考虑的成本之一。与销售人员一样，一个好的坐席员能够为企业带来更多的效益和利润。

构建一个客户服务中心系统的具体步骤包括以下七个方面。

(1) 明确建设目标：明确准备利用服务中心完成哪些功能，有哪些性能方面的要求等，将这些要求以书面的形式留档，以备日后查阅。

(2) 制定技术方案：提出如何满足各种要求的技术方案，确定选用交换机方式或计算机方式，并确立各个部分的功能。

(3) 完成详细设计：在进行多次的反复沟通交流之后，确立具体的实现细节，完成详细的设计工作。

(4) 系统编码与实现：完成具体的客户服务中心系统的设计与实现，以及有关的编码工作。

(5) 系统测试：由于客户服务中心系统是在电话网、互联网上运营，因此对可靠性的要求较高，应该进行充分的测试。

(6) 系统运行：将系统投放到实际的运营中，及时解决出现的有关问题。

(7) 系统维护：对系统进行日常运营维护，或根据需求变化进行升级。

总之，建立一个具体的系统需要紧密结合业务需求，需要经过充分的业务分析，才能知道如何满足需求，并在此基础之上选择具体的集成技术。

8.5 客户互动中心

8.5.1 客户互动中心概述

客户互动中心本质上也是客户服务中心，它是在传统的呼叫中心的基础上发展起来的。客户互动中心充分应用 CTI 技术和互联网技术，能够真正高效地实现企业与客户间的双向互动。

客户互动中心可以最大限度地整合整个企业的呼叫中心资源，有利于企业的统一管理和资源共享。它不仅具有传统呼叫中心的各项功能和以电话为主的接入方式，还支持 Web 方式的客户服务。用户可以通过多种设备，从多个网络(包括有线、无线或 IP)去访问客户互动中心。

客户互动中心的设计主要利用软交换的核心技术和 Parlay API 进行开放型呼叫中心的结构设计和技术开发，以满足低成本、分批处理、多媒体融合处理等传统呼叫中心无法完成或难以完成的特性。传统呼叫中心主要将电信网和计算机技术相结合，沟通的手段主要以语音为主，基于排队机、CTI 以及传统智能网技术构建呼叫中心系统，从客观上讲并非是一个全面开放的网络平台。客户互动中心采用了软交换和 Parlay 网关的最新技术与思想，可同时解决与现有已经建设完成的基于 PBX 的呼叫中心的整合，使得现有大量运行的呼叫中心的投资得到保护，实现传统客户服务系统与基于下一代网络的呼叫中心的融合。

8.5.2　客户互动中心的基本功能

客户互动中心不仅提供不同的接入模式，包括语音、电子邮件、传真、视频，而且还增加了许多技术功能服务，使客户能够以一种更为方便和满意的方式进行“互动”。除了具备传统客户服务中心的基本功能之外，客户服务中心还能够具备以下功能。

(1) 电话会议：系统可定时群呼 IP 坐席或普通坐席，召开上百人的压缩混音电话会议。

(2) 图文传真：系统/坐席可收发图文压缩传真，接收到的普通传真件可转传至坐席的电子邮箱。

(3) 留言信箱：每个坐席都可开设语音留言信箱，未接来电可在坐席留言信箱中录制语音留言。

(4) 通话录音：坐席在接听客户来电过程中可随时选择录音，系统可设置对所有来电进行全程录音。

(5) 电话点击：系统/坐席可预先设置一组电话号码，点击呼叫，系统将按顺序拨叫。

(6) 有声短信：坐席录制下语音留言，向来电客户自动播放，配合电话点击可实现有声短信。

(7) 预约呼叫：IP 坐席或座机/手机普通坐席，拨叫系统特服号后挂机，系统回拨坐席再二次呼叫。

(8) 网页呼叫：坐席设置网页窗口绑定自身号码，在网页上输入被叫号码，系统回拨令双方通话。

(9) 网页游标：网页游标窗口绑定客服坐席，浏览者在窗口填写自身电话号码，实现免费咨询。

8.5.3　客户互动中心的主要特点

尽管客户互动中心是在传统的呼叫中心的基础上发展起来的，但客户互动中心和传统客户服务中心还是有一些本质区别，表 8-2 列举了两者间的不同点[①②]。

表 8-2　客户互动中心与传统客户服务中心的比较

项　目	客户互动中心	传统客户服务中心
建设成本	由于客户互动中心充分利用了 VoIP 技术，很多功能都可通过软件来实现，如 ACD、IVR 等核心处理模块，可以省去许多硬件投资，同时系统处理流程也得到了进一步优化，大大降低了建设成本	由于需要专有硬件的支持，如排队机、IVR、录音服务器等，即使建设一个小型的客户服务中心，其成本也是比较高的

① 张梅. 呼叫中心的研究与应用. 重庆：重庆大学学位论文，2005.

② 孙强. 银行客户互动平台研究与实现. 济南：山东大学学位论文，2007.

续表

项 目	客户互动中心	传统客户服务中心
体系架构	采用软交换、分布式处理技术，系统以数据网络为基础，实现企业内部信息整合，为企业提供统一、高效的客户服务	采用TDM技术，系统不仅需要数据网络支持，同时需语音通讯网络支持，信息整合灵活度不高
媒体接入能力	系统支持多种媒体消息的接入，集语音、视频、传真、Email、Web、短消息、即时消息等多种能力于一体，可根据消息特点开展相应的业务，同时选择最合适的方式为客户提供优质、高效的服务	主要支持传统TDM语音的接入，通过叠加VoIP网关可支持不同IP语音接入，不支持视频、即时消息等的接入
排队和路由能力	系统提供跨媒体的排队和路由功能，可以方便地调度不同的媒体接入方式，并将合适的呼叫信息适时的传递给坐席，即在统一的排队队列中支持语音、数据、视频的统一排队，使得这些新型的接入媒体与语音接入一样得到实时的处理	只支持语音的实时排队功能，其他的接入媒体作为辅助的接入，通过媒体事件或其他非实时的方式进行处理
服务提供能力	坐席在统一排队、路由系统的调度指挥下有序地向客户提供服务，客户互动中心的服务对客户来说是透明的，客户并不会感知到坐席地理位置、服务人员不同所带来的差异	对此功能支持较弱，虽然传统的呼叫中心也可支持多种远端坐席的实现方式，但实际上由于远端坐席成本的增加直接导致操作比较困难
呼叫控制能力	基于软交换技术可以将呼叫的控制层与接续层进行分离，在统一的呼叫控制下使多个媒体网关处理器能够灵活地介入一个业务的处理过程，能满足分布式处理的需求	自动呼叫分配方式来实现部分呼叫控制
服务能力	系统采用分布式处理技术，有效地整合各种企业内部资源，让各自独立的系统连接起来，不再有信息的孤岛，尽可能为客户提供更多更全面的服务	主要是提供本地的客户服务
外包能力	每个呼叫中心可生成多个虚拟呼叫中心，虚拟呼叫中心在逻辑上独立，可独立开展业务、独立管理、独立运营。但由于系统采用软件终端实现坐席电话，只要有数据网络连接，便可实现坐席功能	虽然理论上传统方式也可实现虚拟呼叫中心，但实际上由于远端坐席成本及实现方式上的难度，加大了虚拟呼叫中心对外包支持的难度
IVR实现方式	客户互动中心采用MS技术来实现IVR功能。MS是一个IP驱动的交互式语音应答解决方案，提供一个开放、可扩展和功能丰富的媒体服务能力，通过标准协议访问控制	基于硬件方式实现IVR功能，不仅需要专用语音板卡的支持，同时前端必须还要有硬件ACD的支持才能实现相关功能
移动办公	客户互动中心支持CAD终端、多终端坐席电话方式、网络化的管理模式，使得异地接入变为现实，只要连入数据网络，便可实现呼叫中心服务的支持和管理	必须要有语音通道和数据通道的支持，坐席电话的语音通道上实现难度相对较大

从上述比较可知，客户互动中心具有以下特点[①②]。

1. 呼叫分布受理与集中管理

基于软交换的客户互动中心能够为客户提供更为丰富的服务，而且提供的服务更贴近客户和实际生活；能够为企业组建分布式的呼叫中心系统，使客服人员能在任何时间和地点，为客户提供方便、快捷、高效的服务。

2. 强大的业务处理能力

客户互动中心采用高速包交换数据网络，其目标是以一个统一的宽带多媒体平台，最大限度地承载现有和将来可能的业务，其实现途径是数字、语音、多媒体信号走同一网络，主要目的是充分利用现有资源，以避免重复投资。

3. 独立的网络控制功能

呼叫平台与媒体网关相分离，通过软交换技术实现基本呼叫功能，使业务提供者可以不受网络的控制，自由的组合业务与控制协议，也可以选择呼叫与数据业务，从而具有更广泛的接入方式。

4. 支持多样化的网络和媒体接入

客户互动中心适应通信网不断融合的发展趋势，提供语音、传真、IP、Web、Email、短消息等多种媒体接入的方式，使经营者拥有最广泛的客户群。

5. 统一的坐席平台

开放的体系结构设计使得客户互动中心可方便地支持多种服务者，业务的经营者可以最大限度地拓展服务源。客户互动中心的服务对客户来说是透明的，客户并不会感知到坐席地理位置、服务人员的不同所带来的差异。

6. 传统客服系统的平滑移植

客户互动中心采用软排队机，使得传统呼叫中心系统的坐席、人工业务、应用服务器、数据服务器等可以在不修改或最小修改的情况下，平滑移植，极大地降低了开发和维护代价，实现更快的产品开发周期。

7. 统一的排队和路由能力

软排队机与前端的 IP 网络相连，以进一步屏蔽底层网络的复杂性。它负责汇聚和封装

---

① 孙裴，王志斌，周宝忠. 第四代呼叫中心技术在辽宁"95598"客户服务中心系统的升级应用. 通信世界，2006(32).

② 张慧芹. 面向大规模定制的客户互动管理研究. 南京：东南大学学位论文，2009.

各种底层网络资源，提供对用户多媒体消息的接入、控制支撑能力，对上层提供自动业务和人工业务的标准开放的SIP、CSTA接口，提供对SIP、H.248、MGCP、IMAP/SMTP/POP3、SMPP、PAP、MLP等协议的接入能力，对各种接入进行统一路由和统一排队。

8. 统一受理多种媒体服务

客户互动中心融合了多种通讯技术，使得媒体接入和处理的形式更加广泛，在继承传统媒体处理方式的同时，还可以处理网络电话、Email、短消息、语音信箱、传真、网络传真以及扩展的客户端。从用户的角度考虑，可以选择任意方便、经济的方式访问呼叫中心，或者根据用户不同的年龄、层次来选择比较习惯的沟通方式来访问呼叫中心。同样，对于坐席来说，接收业务的手段也增强了，不仅可以处理传统的电话业务，也可以处理来自Email、Web、短消息、视频等的业务请求。由于融入了更多的信息资源，可以更加直观、准确的接受客户请求，并向客户反馈信息。

9. 采用Parlay API提供统一开放接口

Parlay API是一种基于分布式技术的、开放的、面向对象的下一代业务开发技术，定义了一套能使外部网络访问通信网络各种资源的标准接口，并屏蔽了底层网络以及复杂的信令交互，通过协议映射技术把底层网络的通信细节抽象成标准的API形式，使得业务开发人员无需掌握太多的通信背景知识，即可编写出丰富多彩的业务应用。Parlay的应用有效降低了业务开发的技术门槛，能使业务开发者更快捷地满足用户的个性化需要，提供丰富多彩的业务，为下一代网络的应用和发展提供最有效的驱动力。

10. 支持虚拟呼叫中心

虚拟呼叫中心业务是指虚拟呼叫中心提供商为企业提供虚拟呼叫中心坐席资源租用，以及坐席外包服务的业务，主要应用于政府、企事业单位、社会组织对公众和客户提供热线电话服务及进行电话营销等活动。企业用户在解决对外的营销及服务手段时，无需投资建设，只需按照企业自身运营的需求，向虚拟呼叫中心提供商租用相关的资源，迅速建立起自己的呼叫中心。一般提供商可以为企业提供定制化的坐席应用，企业的客户资料等数据可以保存在企业内部，也可以存储在提供商处，可以方便地与企业的信息系统进行集成。同时，企业可以根据其现状灵活调整所租用的呼叫中心资源的使用数量，以达到成本的最小化。

11. 提供灵活的个性化服务

客户互动中心除了提供传统的对话到用户的语音通信以外，还可以提供大量的人性化服务，可以由客户选择接入方式，选择谁为其提供服务。

12. 具有良好的可扩展性

由于 Parlay API 支持多种协议接口，支持 HP、IBM 小型机以及 Oracle、Sybase 大型数据库，支持多节点扩充，为智能业务搭建了一个具有优良扩展性的合理框架。

8.5.4　客户互动中心的核心技术

客户互动中心在三个关键技术领域的应用有显著突破：软交换技术、无线网络技术、Web 服务技术。从这种意义上来讲，客户互动中心已不仅是一个客户服务部门，而是一个立足于全局，整合了生产、销售、配送、服务等业务环节的互动整体。

1. 软交换技术

软交换的概念最早起源于美国企业网应用。在企业网络的环境下，用户可采用基于以太网的电话，再通过一套基于 PC 服务器的呼叫控制软件实现 IP PBX 功能。对于这样一套设备，系统不需单独铺设网络，而通过与局域网共享来实现管理维护的统一，综合成本远低于传统的 PBX。软交换是电路交换网向分组交换网发展的核心设备，它独立于传送网络，主要完成呼叫控制、资源分配、协议处理、路由、认证、计费等功能，同时可以向用户提供现有电路交换机所能提供的所有业务，并向第三方提供可编程能力。

2. 无线网络技术

通过与无线网络技术的结合，可以扩展用户的使用空间，如采用 WAP 技术可以建立 Internet 的无线访问空间。无线网络是以无线信道作为传输媒介的网络，它是目前整个数据通信技术领域中发展最快的方向之一。无线网络在某些场合可作为传统有线网络的补充或替代，以其灵活性、移动性及较低的投资成本等优势，获得了家庭网络用户、中小型办公用户、企业用户及电信运营商的青睐。而无线通信技术的应用和随处可得的 Internet 接入，更加推动了无线网络技术的发展，也改变了人们工作、居家、旅行时使用计算机及其他信息化设备的网络接入方式。

3. Web 服务技术

Web 服务是新一代的 Web 应用程序，它代表了组件技术和 Web 技术的结合，可远程而透明的调用和集成世界任何一个角落的一个服务。Web 服务是一种通过 URL 标识的软件应用，其接口及绑定形式可通过 XML 标准定义、描述和检索，并能通过 XML 消息及互联网协议完成与其他应用的直接交互。

Web 服务是松散耦合的、可复用的软件模块，是可编程的 URL，是使用标准 Internet 协议、可远程调用的应用程序组件。它在 Internet 上发布后，可通过标准 Internet 协议在程序中调用。Web 服务使用了面向服务的架构(Service Oriented Architecture，SOA)，这个架构突出强调了任何系统都有角色和操作两个方面。其中，角色指的是不同类型的实体，而操作指的是为了使Web服务工作，这些实体所完成的功能。

客户互动中心系统使用很多Web服务技术，可以实现网络同步，使客户可以通过网络随时随地访问客户互动中心，如使用VoIP技术，实现网络电话、固定电话、移动电话间的通话。客户互动中心在Email上增加了许多功能，如专题组讨论、网络新闻、远程登录、文件传输和信息检索等。

案例分析：锦江之星成功整合呼叫中心

锦江之星成功整合呼叫中心①

2010年4月13日，锦江之星旅馆有限公司(以下简称“锦江之星”)与IBM共同宣布，为实现企业提高赢利水平、加速市场扩张的战略，旨在便捷服务客户、统一优化管理与智能分配客源的呼叫中心正式上线。“锦江之星呼叫中心实施整合管理项目”充分利用并集成了锦江之星现有技术、设备，通过标准化流程再造和IT层面互联互通的技术整合，全面提升了锦江之星呼叫中心的客服水平和精细化、智能化管理，为锦江之星提升客户忠诚度、持续改善客户体验、进一步提高市场份额与盈利水平奠定了坚实的基础。

1. 呼叫中心引领业务变革

锦江之星是中国驰名的综合性旅游企业集团——锦江国际集团旗下一家经营管理经济型连锁酒店的专业公司，自1997年在上海开创国内第一家具有现代意义的经济型酒店至今，始终坚持以国际视野塑造经济型酒店品牌并保持着行业的领先地位。

在金融危机背景下，中国经济型酒店正面临着难得的发展契机：一方面该行业拥有广阔的市场增长潜力，越来越多的个人及企业客户接受这种便捷的差旅服务；另一方面，中国经济型酒店在经历连续几年的高速发展期后，竞争日趋激烈，客源的争夺与维护开始聚焦在从订房到结账的全程服务上。面对稍纵即逝的市场机遇，锦江之星的管理层敏锐洞察竞争的本质，认为整合、提升呼叫中心是其业务发展战略的重要任务之一，通过跨部门的业务整合与流程变革，集成现有技术和设备，实现呼叫中心的统一管理及更智能的客户服务，以进一步提升客户服务满意度与忠诚度，确保业务持续稳定成长，并应对未来市场扩张与整合的挑战。IBM凭借其多年深耕中国市场的成功经验、世界领先的IT服务解决方案，以及成熟高效的项目管理和卓越的执行能力，双方牵手使锦江之星服务宾客的整体水准迈上了一个新的台阶。

2. “互联、互通、智能”的智慧企业

IBM通过对客户中心、公司职能部门及相关门店的密集访谈与调研，对锦江之星呼叫中心业务现状进行深入的沟通与交流。在清晰把握现有技术设备及未来业务需求的基础上，IBM凭借前瞻的创新技术和丰富的酒店行业成功经验帮助锦江之星建成了具备250个坐席、

---

① http://www.cioage.com，访问日期2010-08-25.

拥有精细化运营管理、标准化服务及销售流程的大型综合呼叫中心。这不仅是全国酒店行业内的新标杆，更全面地体现了智慧企业的管理理念。主要有以下三个特点：

互联的：新的呼叫中心能够更高效地提供客户电话订房与咨询服务，更敏锐地收集、整合客户的信息与需求。客户只需拨打锦江之星专属的 400 订房电话，即可直接转入所在城市的锦江之星专线，而无需特意查寻所在地的锦江之星订房电话。大容量的坐席服务确保了客户来电能够在数秒内接通，并支持同一时点国内外 150 个电话往来。即时接通的应答服务、对客户信息的智能响应，不但改善了客户的愉悦订房体验，而且明显地提高了锦江之星 400 电话的认知度，为客户即将启程的旅途生活增加了一抹亮彩。

互通的：呼叫中心彻底实现了与总部业务管理部门及旗下各门店全面、及时的互通。全国所有的锦江之星特许经营门店的订房电话都被整合到总部的呼叫中心，若一处酒店房源不足，工作人员将为客户推荐距离最近的其他锦江之星门店，并将客户订房电话转接至该店。新的呼叫中心支持所有门店的预约和客房管理，更紧密地支持各门店的一体化管理和客源统一分配服务，并将所有内部资源联结成为互相支援的整体。订房效率的提高为所有加盟店带来更多客源，也使锦江之星作为一个整体的品牌形象鲜明凸显，为客户提供便捷而又体贴的一体化智能服务。

智能的：新的呼叫中心不仅能够自动选用客户的母语作为默认语言，如客户之前在锦江之星登记有住宿信息，系统会自动提示工作人员根据以往的住宿偏好为客户推荐相应的服务，而且通过对客户、运营、营销等信息进行整合和分析，能够进一步为锦江之星把握市场脉搏、开展业务拓展和经营创新提供决策依据。它不仅是锦江之星 IT 水平的提升，还促进企业内部包括品牌销售部、市场部和客户服务部等业务主管部门在统一的、以真实数据为依据的管理平台上的统一合作，为企业更高远的战略决策提供了及时有效的数据信息，初步实现了“化数据为智慧”的 IT 跨越。

【案例评述】

在当今的互联网时代，客户服务中心的服务方式、服务效率、服务水平已经成为企业核心竞争力的重要组成部分。呼叫中心的建设有助于将锦江之星打造成管理高效、技术先进、服务一流、持续发展的智慧型连锁酒店。

复习思考题

1. 简述客户服务中心的发展历程及其各阶段的特点。
2. 简述 CRM 与客户服务中心的关系。
3. 如何实现客户服务中心的绩效管理？
4. 客户互动中心与传统的呼叫中心比较具有哪些突出特点？
5. 选择一个你熟悉的行业，讨论如何建设和管理客户服务中心？

第9章　数据分析与商业智能

教学目标

- 了解数据存储、分析和呈现相关的概念和模型。
- 熟悉联机数据处理技术、数据挖掘算法及其在CRM中的应用。
- 掌握CRM中数据分析的流程。

9.1　客户数据

CRM建立在充分理解客户数据的基础之上。作为CRM后台的技术系统，特别是分析型CRM，需要把客户信息置于信息基础设施的核心，通过收集客户数据、萃取客户知识来支撑CRM的目标。从信息处理的角度看，CRM系统中存在两类客户信息，客户数据和客户知识[①]。其中，客户数据是企业收集的关于客户的事实，而客户知识则是企业理解客户并做出响应的逻辑。CRM通过分析客户的特征和行为数据，发现客户的愿望和需求等知识，然后将这些知识分发到各个部门，辅助制订执行战略和活动计划等，从而建立、发展和维护客户关系。从这个角度来看，CRM就是一个循环往复收集和利用客户数据的过程。

9.1.1　客户数据类型

客户数据是指企业信息系统中关于客户自身特征和行为的数字化描述。客户数据是客户自身的属性，它离开企业也是独立存在的，但已被企业获取并整理到了数据库中。可以将客户数据分成描述性、营销性和交易性三大类数据，如图9-1所示。

1. 描述性数据

描述性数据主要用于回答“客户是谁”的问题。客户名称、联系人、员工人数、年销售额等都可以用来描述客户。当然还可以根据需要，采集很多用于描述客户的数据，包括但不限于：

(1) 客户今年的销售额是多少？同去年相比如何？

(2) 有几个部门？在哪些地区有办事处(组织信息)？

---

① 研究人员根据信息处理的步骤、层次和工具等特性，有更细致的划分，例如客户数据、客户信息和客户知识等。本书不做术语上的辨析，仅从商业实践的角度来做粗略划分。

(3) 老板及其他员工的长相如何(照片信息)？
(4) 谁说了算？他们的脾气及处事风格如何？哪天生日(决策者信息)？
(5) 他们的竞争者是谁(市场定位信息)？
(6) 他们出售什么产品(产品信息)？
(7) 他们的主要业务伙伴有哪些？
……

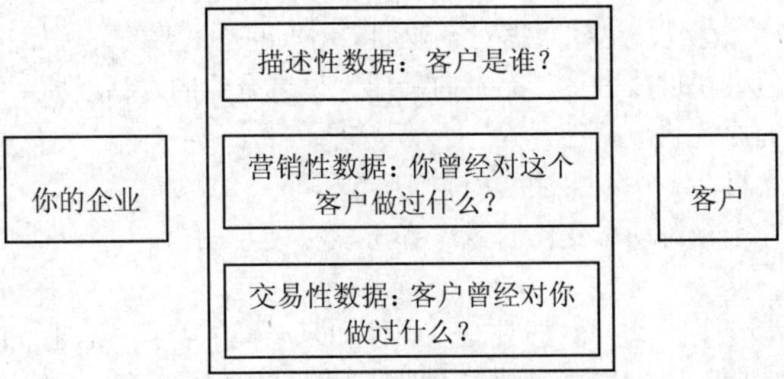

图 9-1　三类客户数据

(参考资料：何荣勤. CRM 原理•设计•实践(第 2 版)[M]. 北京：电子工业出版社，2006.)

2. 营销性数据

营销性数据主要用于回答“你曾经对这个客户做过什么”的问题。这是一类比较容易被忽视的数据，包括但不限于：

(1) 市场营销人员的广告语、展览会的产品宣传单、报纸杂志的宣传报道、电话直销对话、邮寄促销信件及电子邮件等。
(2) 销售人员现场推销，对客户所做的承诺和展示。
(3) 服务支持人员在服务过程中所提出的各种建议。
(4) 分销商对客户的宣传与承诺。
(5) 客户产品使用情况调查、满意度调查等。
(6) 其他任何以企业名义向客户传递的“消息”。
……

3. 交易性数据

交易性数据主要用于回答“客户曾经对你做过什么？”包括但不限于：

(1) 历史购买记录、购买频率、购买数量、购买金额、付款方式。
(2) 投诉信息、退换记录。
(3) 服务请求、售后服务内容。

(4) 访问企业网站(次数和行为)。

(5) 产品咨询信息、使用后对产品的评价。

(6) 填写各种调查表。

(7) 发送电子邮件。

(8) 对企业提出的建议和要求。

……

上述三类客户数据基本上描述了与客户直接相关的数据(或称之为显性数据)，另外，还有一些间接的“隐性数据”。这些数据对企业的 CRM 也是重要的，例如：

(1) 客户对其他人说过或做过什么？向其他人说过企业的好话或坏话吗？

(2) 客户最近的经营状况好不好？

(3) 主要决策人目前工作或生活处境如何？

(4) 所有其他处于相对动态变化的客户情况。

……

从上述分析可以看出，客户数据具有多样性和复杂性的特点，这也反映了 CRM 系统管理客户数据的复杂程度。在很多情况下，对客户数据的理解可能只是停留在计算机容易采集和处理的数据上，忽视了大量的其他信息。计算机容易处理的数据不一定就是关键数据，计算机难于处理的数据也可能对企业的销售业绩起关键作用。无论如何，充分认识客户数据是 CRM 应用的关键。

9.1.2 客户数据来源

客户数据的多样性和丰富性决定了 CRM 系统中数据来源的多渠道和多媒体特征。客户数据来源可以简单地划分为来自企业内部和企业外部，如图 9-2 所示。

1. 内部数据来源

客户数据的内部来源主要是企业内部已经登记的客户信息、销售记录、与客户互动过程中的信息、开展电子商务获取的 Web 使用信息等。另外，很多企业也会有意识地组织一些活动来采集客户信息，例如，以各种方式对自愿登记的客户进行奖励，要求参加者填写他们的姓名、电话和地址等信息。这些活动能够在短时间内收集到大量的客户信息。收集客户信息的方式还包括有奖登记卡、折扣券、会员俱乐部、通过赠品收集客户信息等。

2. 外部数据来源

外部数据主要是指在企业以外产生的、与企业密切相关的各种信息。企业可以通过以下渠道获取这些数据。

(1) 数据公司：数据公司专门收集、整合和分析各类客户数据。它们往往与政府以及拥有大量数据的行业机构有良好的合作关系，能够为企业营销提供给大量的客户数据列表。

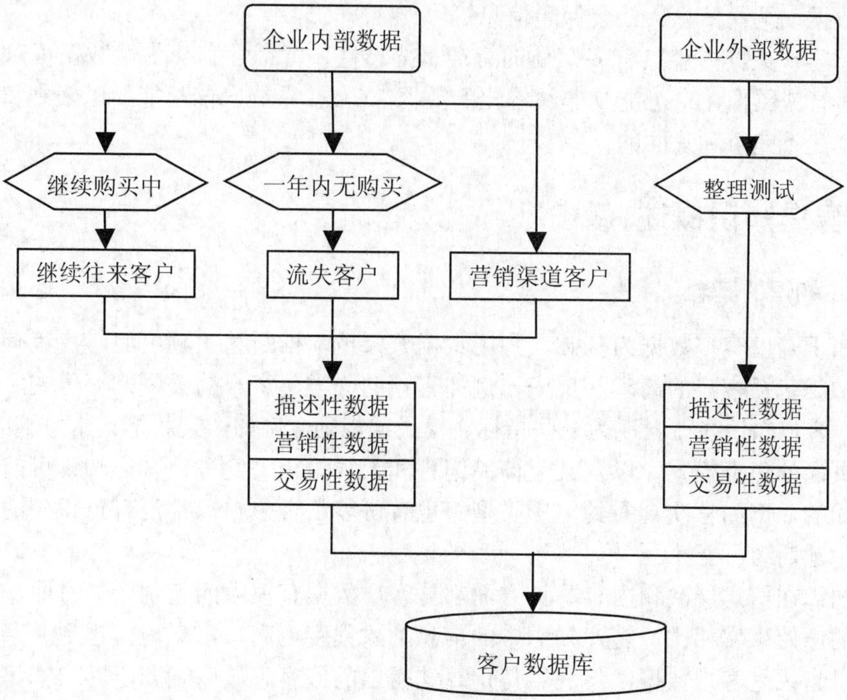

图 9-2　企业客户数据来源

(资料来源：杨路明.客户关系管理理论与实务(第二版)[M].北京：电子工业出版社，2009.)

(2) 直复营销组织：美国直复营销协会(ADMA)的营销专家将直复营销定义为“一种为了在任何地点产生可度量的反应或达成交易而使用一种或多种广告媒体的互相作用的市场营销体系”。它是个性化需求的产物，是传播个性化产品/服务的最佳渠道。常见的直复营销形式主要有，直接邮寄营销、目录营销、电话营销、直接反应电视营销、直接反应印刷媒介、直接反应广播、网络营销。这些直复营销方式可以单一运用，也可以结合运用。只要有合适的价格和目的，许多直复营销组织愿意分享他们的客户数据列表。

(3) 零售商：一些大型的零售公司会有大量的客户会员数据。

(4) 信用卡公司：信用卡公司保存有大量高质量的客户交易历史数据。

(5) 信用调查公司：专门从事客户信用调查的公司往往愿意出售客户数据。

(6) 专业调查公司：许多专注于调查特定行业产品/服务的公司积累了大量客户数据。

(7) 消费者研究公司：这类组织往往有大量客户行为方面的分析数据。

(8) 相关服务行业：通过与拥有大量客户数据的相关服务行业的企业合作，相互共享客户数据。这类机构包括通信公司、航空公司、金融机构、旅行社等。

(9) 杂志和报纸：杂志和报纸也会有大量的客户订阅信息和调查数据。

(10) 政府机构：政府行政机关和研究机构也会有大量的客户数据，例如，人口普查数据、户政数据、纳税信息、社会保险信息等。

另外，客户数据内容具有多媒体的特征。描述性、营销性和交易性数据可以是结构化的文本、语音或图像，也可能是非结构化的数据，CRM 系统应该都能加以采集和处理，否则客户数据是不完整和片面的。

9.1.3 客户知识概述

1. 客户知识的概念

客户知识是以客户数据为基础，利用数据分析技术推断和预测出的对决策有价值的知识。客户知识包括客户的需求和反应，例如客户的分类、客户的关联购买模式、客户的购物顺序等。客户知识往往表现为一些指标、模式或规则，例如，某款笔记本电脑的返修率，某个网站页面的焦点模式，以及某类商品销售和天气的相关度等。客户知识可能是客户自己有所感知的，例如喜欢观看的电影类型，也有可能是客户自己都没有意识到的，例如在录像店租片延期的可能性。

客户知识在信息层次和内容重点方面都与客户数据有很大的差别。一方面，与客户数据中直接的原始事实相比，客户知识中的信息抽象程度更高，信息内容也更复杂。例如，旅客的乘机记录是客户数据，但利用特定算法得出的旅客忠诚度则属于客户知识。客户知识的主要来源是客户数据，但 CRM 系统还用到一些其他数据，例如企业的产品数据和库存数据等。另一方面，客户知识中的信息更系统化和模式化，更侧重于未来的趋势。例如，零售店的客户消费记录是客户数据，但该店客户的购物时间和频次的整体分布则属于客户知识。总的来说，客户数据来自 CRM 的运作层面，而客户知识则更靠近 CRM 的决策层面。客户数据关心的是捕捉客户的特征与行为，而客户知识则关心事实背后所蕴含的相关或因果关系的价值。

2. 客户知识的发现

客户知识的发现是将客户数据提升为客户知识的过程，也就是利用知识发现工具寻找存在于客户数据中的规律和结论的活动过程。

客户知识发现是典型的数据加工过程，也是大多数 CRM 系统中所执行的活动。客户知识发现活动分布在众多数据处理系统中，也要用到众多数据处理技术。

3. 客户知识的应用

企业实施 CRM 的目标是为了在激烈的市场竞争中胜出，一旦客户知识被发现，企业就可以根据这些客户知识制订有针对性的行动计划来获得或挽留客户，最终创造价值。

客户知识的应用覆盖 CRM 的各个方面，以下是一些著名案例。

(1) 开发新产品：迅雷公司从客户的下载行为中提炼出代理下载的需求，并推出了离线下载服务。

(2) 获取更多利润：Amazon 公司在对商品定价时，曾对大手大脚的客户显示比精打细算的客户更高的单价。

(3) 增加客户价值：豆瓣网利用关联推荐系统为用户推荐合意的电影和音乐。

(4) 降低价值风险：Hertz 汽车租赁公司能识别驾车记录不良的用户，并要求其购买更高的安全保险。

(5) 保持现有客户：中国移动通讯公司通过分析呼叫中心运营记录，挑出棘手的客户投诉，主动解决用户不满而保持客户的忠诚度。

4. 客户隐私与保护

丰富、完整和准确的客户数据是企业成功实施 CRM 的关键，因此，不可避免地涉及客户的隐私问题。企业在其商业运作中不能忽视维护客户隐私，这是企业 CRM 战略的主要内容。企业对客户隐私权必须给予尊重，否则难以赢得客户，难以实现 CRM 战略目标。客户隐私保护涉及方方面面，包括政府、社会、企业、客户等，这里仅从企业的角度阐述几点客户隐私保护的具体措施。

1) 尊重客户隐私

在法律允许的范围内，确定收集客户信息的范围，提供客户查看和更新个人信息的机制，采取合理的验证措施，限制不安全的访问；在使用客户信息前，事前充分告知客户，尊重客户的自主权，使客户能够选择是否接受市场调查或推广；企业有义务保护客户数据不被滥用，未经法律要求和许可，或未经客户事先知晓和允许，不能将客户信息出售或共享给第三方。

2) 角色权限管理

基于角色的权限管理是指 CRM 应用系统的系统管理员依照系统用户在企业内部所扮演的角色来限制他们对客户信息的访问。建立基于角色的安全流程需要针对不同用户来设立许可权限，从而确保每个用户只能访问与其岗位职责相关的信息。建立基于角色的数据权限结构是规范客户信息使用的有效方式，它可以在保护客户隐私的同时兼顾系统用户的工作效率。基于角色的权限体系也是 CRM 系统设计开发的重要内容。权限设置涉及多方面因素，既与企业的性质有关，也与企业的发展阶段有关，同时也受企业流程和组织架构调整的影响，因此，基于角色的权限体系必须有足够的灵活性。

3) 技术安全措施

通过采用合适的技术安全措施，可以较好地解决客户信息的安全问题。技术方面的措施有很多。例如，数据使用安全包括敏感数据控制、数字水印、电子审批、数据追踪、数据加密等；统一日志管理包括访问层日志、应用层日志、数据层日志、获取层日志等；网络安全管理包括网络配置安全、数据传输安全、防病毒安全等。另外，还可能涉及主机系统的安全问题，例如，主机系统的口令管理、登录管理、代理访问管理等。

4) 管理制度建设

管理制度建设主要涉及规范客户数据的采集、处理和使用，CRM 项目实施的安全要求、安全保障体系建设，以及安全策略的集中管理等。

客户隐私信息保护至关重要，应该在技术和管理手段方面有系统安排和持续投入。泄漏客户隐私会对客户造成较大困扰，影响社会和谐，同时也会极大影响企业形象，对 CRM 应用工作造成负面影响。

9.2 数据仓库

9.2.1 数据仓库概念

1. 数据仓库的特征

数据仓库之父比尔·恩门(Bill. Inmon)将数据仓库定义为面向主题的、集成的、时变的、非易失的数据集合，用于支持管理决策过程。这个定义描述了数据仓库的四个主要特征。

(1) 面向主题是指数据仓库一般是围绕特定主题而建立的，如客户、供应商、产品和销售等。数据仓库是特定主题数据的简明视图。

(2) 集成是指数据仓库将多种不同的数据源，例如关系数据库、文本文件或联机事务记录，集成在一起，并统一命名、单位和格式，统一存取，为数据分析提供语法和语义一致的数据源。

(3) 时变是指数据仓库中的数据横跨较长的时段，不但提供历史数据，而且在数据结构中强制使用时间维度，隐式或显式地包含时间元素。

(4) 非易失是指数据仓库中的数据和联机运营数据完全物理隔离而单独存储。

2. 多维数据模型

数据仓库采用多维数据模型——数据立方体来组织数据。数据立方体由维度和事实来定义，维度是数据的字段名，而事实则是具体的数据。数据仓库将特定主题的所有相关数据集中在一起，不同数据源中的字段被统一整理成数据仓库中的维度。维度和事实也可以理解成“地址”和“内容”。多个维度就像坐标一样确定一个具体的地址，这个位置上的内容是事实。例如，一个销售数据，厦门的张三购买了 3 部手机。在这个销售主题的数据模型中包含了三个维度：产品(手机)、地点(厦门)和客户(张三)，而 3 部是事实。数据仓库采用多维数据模型是为了方便选取不同维度从不同侧面来分析数据。多维数据模型中包含大量的维度，数据立方只是一个比喻。数据仓库可以理解成围绕特定主题而专门建立的巨型多维数据库。

3. CRM 系统与数据仓库

CRM 系统的核心是数据，CRM 系统需要引入数据仓库技术来提供一致的、面向分析的数据存储和访问环境。

一方面，来自销售、客户服务、运营等部门的数据分散在企业内部各处的数据库中，造成了大量的"信息孤岛"，使得各部门无法全面了解客户，难以在统一的信息基础上对客户进行服务，更不要说对客户关系进行管理。数据仓库可以把各个数据库集成在一起，实现数据共享。有了数据仓库，无论是营销部门的策划、市场部门的预算，或是客户服务部门的支持，用的都是统一的客户数据源。数据仓库为有效利用客户数据提供了基础。

另一方面，传统数据库系统是为企业的日常事务而设计，主要是面向工作流程，而非专门为分析所设计。在 CRM 系统中，数据的存取一致性、操纵便利性和长时间的跨度是支撑数据分析的关键。数据仓库对这三个方面提供了专门的技术支持，数据分析可以在数据仓库中高效地进行。在比较成熟的 CRM 系统中，联机分析处理和数据挖掘等数据分析都以数据仓库为基础。数据仓库为有效分析客户数据提供了优化。

以上两个方面是 CRM 系统中建立数据仓库的主要原因。

9.2.2　客户数据处理

1. 数据处理流程

CRM 系统中的数据处理流程如图 9-3 所示，包括五个阶段，客户数据收集、数据预处理、数据存储、数据分析和商业应用。

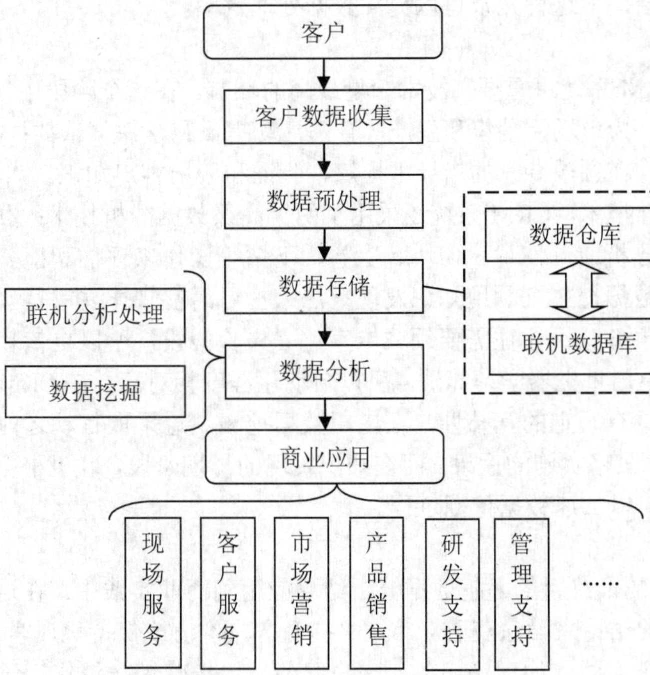

图 9-3　CRM 系统的数据处理流程

1) 客户数据收集

客户数据收集是CRM系统中数据处理的起点。在这个阶段中，企业通过多种渠道收集客户的基本信息、客户的需求，以及客户对产品的反馈；CRM系统支持方便、准确和高效地记录客户数据。

2) 数据预处理

数据预处理是CRM系统中必不可少的准备工作。企业从各处通过各种方法收集的数据存在缺失、无效、冗余和矛盾等问题，在这个阶段中CRM系统要提供科学的方法来清洗、转换和整理这些海量的客户数据——对离散的、非结构化的、包含噪声的数据去芜存菁。

3) 数据存储

数据存储是CRM系统技术中后续数据处理的基石。在这个阶段中，企业要把预处理过的数据按照主题和时间等维度进行结构化和定制化；CRM系统按照既定策略对海量数据进行存储集成和粒度划分，从而提供高效和规整的数据访问接口。

CRM数据主要存储在数据仓库和联机数据库这两类数据库基础设施中。其中，数据仓库是重中之重，它存储面向主题的、稳定的大规模历史数据集合，主要用于支持决策。而联机数据库则存储当前进行的局部数据，例如交易、库存等信息，主要用于支持运营。数据仓库和联机数据库之间是双向流动、互为补充的关系。联机数据库可用来定期更新数据仓库，数据仓库则根据不同部门的需求把加工好的数据反哺到联机数据库。从整体上看，两类数据库存在冗余，但这种冗余可以提高数据处理效率。

4) 数据分析

数据分析是CRM系统最重要、技术含量最高的环节。在这个阶段中，企业从客户数据中加工出客户知识，为市场、销售和生产等管理活动提供科学决策依据；CRM系统集成了多种数据分析工具，在领域专家的指导下提炼、验证和应用客户知识。

除了传统的统计技术，CRM系统还采用了两类高级数据分析技术：联机事务分析和数据挖掘。联机事务分析通过切片、切块、上卷、下钻等操作来评估和检验客户数据，本质上是演绎分析；而数据挖掘则利用知识发现算法来搜寻潜在规律并进行预测，本质上是归纳分析。由于联机事务分析往往需要领域专家建立先验假设，所以更依赖于业务人员的参与；而数据挖掘则更倚重机器学习算法，所以自动化程度相对高。在CRM系统中，数据挖掘和联机事务分析具有一定的互补性，在应用数据挖掘结论采取行动之前，可以用联机事务分析来推演CRM策略实施的后果；而在知识发现的早期阶段，联机事务分析也可以试探重要或异常的参数，以加速数据挖掘过程。

5) 商业应用

CRM数据处理的最终目的是把数据分析结果应用到商业实践中。在这个阶段中，企业利用数据分析得出的结论来设法获取新客户、提升客户价值或保持优质客户；CRM系统要支持企业经营的各个方面，如现场服务、客户服务、市场营销、销售、研发、管理支持和决策支持等。

2. 数据分析技术

CRM 系统中需要应用先进的数据分析技术，对客户数据进行有效处理，以洞察客户的需求并寻找满足客户需求的方法，最终创造更大的价值。CRM 中的数据分析技术主要有数据存储、数据分析和数据呈现三类。

1) 数据存储技术

数据存储技术的作用是为后续的数据分析提供方便的、可靠的数据源。它主要包括数据库技术、数据仓库技术等。

数据库技术，主要指关系数据库(Relationship Database)技术，是数据存储的基础。关系数据库是二维数据表的集合，它把数据按行列结构来存储，然后通过结构化查询语言(Structural Query Language，SQL)将数据提供给后续的数据处理系统。数据库技术又可划分为操作型和分析型两类。操作型对数据库记录进行查询和修改，为特定应用服务，注重事务响应时间；分析型进行联机分析，通过交互访问对数据库记录进行深入观察和理解，注重数据的一致性。由于生产和销售等信息系统大都使用关系数据库，所以关系数据库是 CRM 数据分析最原始、最丰富的数据源。

数据仓库(Data Warehouse)技术是在数据的规模和分布急剧增长之后发展起来的数据整合技术。数据仓库将以数据库为中心的企业数据环境整合成面向主题的数据集合，专门用于支持决策分析。数据仓库通过数据提取、转换和装载(Extraction，Transformation，Load，ETL)等方式，将海量的、分散的数据构建成便于操纵的大规模数据集合，并通过定期补充来不断更新。数据仓库以一致的多维方式将多个数据源统一提供给后续的数据处理系统。由于 CRM 系统需要使用集成的、稳定的历史性数据源，所以数据仓库是 CRM 数据分析最便利、最主要的数据源。

数据库技术和数据仓库技术在实现上有不同的特点，它们的对比如表 9-1 所示。

表 9-1　数据库技术和数据仓库技术的比较

特　点	数 据 库	数据仓库
主要操作	插入、更新、删除	查询、统计、分析、预测
数据用途	记录级别的事务处理	记录组级别的主题分析
实体关系	范式化，复杂关系，网状连接	非范式化，简单关系，星型连接
信息冗余度	低	高
数据表	记录字段少，表格多但体量小	记录字段多，表格少但体量大
时间覆盖	当前处理的数据	历史积累的数据

数据仓库并不是取代数据库，大部分数据仓库还是采用关系数据库来实现，并通过关系数据库管理系统来管理。关系数据库技术和数据仓库技术有时也可以结合起来使用。

2) 数据分析技术

数据分析技术应用既有的领域知识或发现新的领域知识。它主要包括联机分析处理、数据挖掘和传统的统计技术。

联机分析处理(Online Analytical Processing，OLAP)技术在多维数据库上应用领域知识，在不同的层面上进行查询和汇总分析。OLAP 技术主要使用多维数据模型和概念分层等技术，具体有上卷和下钻、切片和切块，以及旋转等数据操作方式。OLAP 技术的分析引擎支持统计功能，例如计算移动均值、增长率、利润、返修率等；它也支持一些简单的建模，例如推导比率、多维度量和不同粒度数据交叉汇总等；它还支持预测分析，如预报、趋势等。OLAP 使用的多维数据库可以是关系数据库、数据仓库或两者的混合。

数据挖掘(Data Mining，DM)技术和 OLAP 技术刚好相反，OLAP 依赖现有的领域知识，而 DM 则偏重发现新的领域知识。数据挖掘是融合统计、人工智能和机器学习等技术，从海量数据中发掘有意义的特征和模式的综合技术。DM 技术可在不同的知识粒度和抽象层次上工作，例如概念知识、元知识等，但这些知识必须新颖且有应用价值。DM 使用的具体方法有关联规则、聚类、神经网络等。实践中，DM 一般综合使用多种挖掘方法，并有效地加以集成。DM 技术可以使用多种数据源，但主要在数据仓库上运行。

在 OLAP 和 DM 这两种新技术之外，传统的统计技术在 CRM 数据分析中也一样发挥着重要的作用。用于验证猜想的回归分析，特别是多元回归技术，依然是数据分析的有力武器。用于识别主要关键影响变量的因子分析，包括主成分分析，也在 CRM 数据处理中有大量的应用。随机采样和实验技术，例如 A/B 测试，在 CRM 系统辅助市场营销时也被经常采用。

3) 数据呈现技术

数据呈现技术用直观的形式将数据分析过程和结果表达出来。它主要包括传统的报表技术和现代的可视化技术。

传统的报表技术主要通过图、表和线条等形式诠释数据分析结果。随着计算机技术的发展，早期的粗糙的文字打印报表已经被各种电子文件替代，数据处理结果可以用文本、图片、声音和视频等多种媒体来表达、传送和共享。电子表格和幻灯片文件可以更加出色、更加直观地将数据分析结果传达给决策者。它们已经成为包括 CRM 在内商业智能系统必不可少的输出形式。

现代的可视化技术不再满足于单纯的静态数据观察，而是给用户提供动态的、交互的多媒体环境，充分利用多种视觉手段，例如形状、方位、轨迹、颜色、纹理等，帮助用户操纵数据以理解信息本质。可视化集成了包括信息抽取和描述、人机交互、数据挖掘、计算机图像学等在内的多种技术手段。可视化技术追求的目标是用更好的可读性来揭示隐含在数据中的规律。

可视化技术与报表技术的主要不同有两点。一方面，可视化的信息量非常大，而报表无法展现复杂的信息空间。另一方面，可视化不仅能像报表技术一样呈现数据分析结果，更重要的是它可以提供交互手段来支持数据处理过程，例如检索、浏览和数据挖掘等。图 9-4 是一个综合了地理和人口数据的可视化地图，它利用颜色和高度来表现人口密度；当鼠标移动到特定位置时，还能显示该地区的人口总数和排名。

图 9-4　美国人口地理分布的可视化

(资料来源：美国《时代》杂志网站交互地图

http：//www.time.com/time/covers/20061030/where_we_live，访问日期 2010-8-10)

3. 其他数据处理问题

CRM 系统中的各种数据分析技术的应用是一个综合和反复的过程。现有的商业数据处理软件也都集成了各种技术，各种技术在数据处理过程中会被反复迭代使用。备好的数据源在后续的处理步骤中可能还需要补充数据，或需要提高质量。在最后的报告环节之前，数据准备和数据处理步骤中也可能使用大量的可视化技术。

CRM 系统数据分析过程中，领域专家和数据处理人员的经验也非常重要。一些数据分析技术中包含专家系统，需要领域专家贡献他们的业务经验作为基础知识库。同时，各种数据分析技术的效果在很大程度上依赖于数据处理人员的经验，需要数据处理人员在数据分析过程中判别新模式的有用性和新颖性，并选用更合适的数据分析技术。

最后，企业在利用 CRM 系统进行数据分析时，一定要认真识别数据分析的关键目标，选择合适的数据处理工具(数据准备方法、数据挖掘算法和结果解释方式等)，并明确哪部分任务需要领域专家参与，哪部分可以依赖自动化分析。

9.2.3　数据仓库产品

目前的数据仓库产品基本上以数据库产品为中心，集成了多种数据处理和呈现工具。经过并购和联合，提供数据仓库产品的公司一般是重量级的数据库厂商，还有一些知名的解决方案提供商以及数据分析工具厂商。下面介绍几个主要的数据仓库产品提供商及其产品。

1. IBM 公司

IBM 的可视化数据仓库商业智能(Business Intelligent)解决方案包括 Visual Warehouse(VW)、Essbase/DB2 OLAP Server、DB2 UDB 等。其中，VW 是用于建模和元数据管理的数据仓库集成环境，可用于数据抽取、转换、装载和调度；Essbase/DB2 OLAP Server 支持多维联机分析处理；DB2 UDB 是数据仓库的物理载体。

IBM 公司通过收购众多的数据分析产品以支持其数据仓库产品。2001 年 IBM 收购了当时最著名的数据仓库厂商 Informix，2009 年底又收购了数据分析行业当时最大的上市公司 SPSS。IBM 公司还通过战略合作集成了多家公司的数据处理工具。它支持 Business Objects 公司的 BO 和 Cognos 公司的 Impromptu 等数据呈现工具，也支持 SAS 公司的统计与数据挖掘工具。

IBM 公司的数据仓库产品在中国市场占有相对高的份额。

2. Oracle 公司

Oracle 公司的数据仓库解决方案包括 Oracle Discoverer 和 Oracle Express 两部分。其中 Discoverer 是面向决策支持系统的联机分析处理工具，而 Express 则由四个工具组成：多维联机分析处理服务器 MOLAP、基于网页的动态数据呈现工具 Web Agent、可编程的前端分析工具 Objects、通用报表分析工具 Analyzer。

Oracle 数据仓库通常把汇总数据存储在 Express 多维数据库中，而将详细数据存储在 Oracle 关系数据库中。当需要详细数据时，多维数据库通过 SQL 语句访问关系数据库。

Oracle 公司的传统优势在数据库，但它最新的战略是用数据库产品集成数据分析产品。Oracle 公司 2007 年还收购了著名商业数据分析厂商海波龙(Hyperion Solutions)。

3. SAS 公司

以统计分析软件享誉业界的 SAS 公司在过去 20 年中也积极加入了数据仓库市场的竞争，并推出了特色鲜明的数据仓库解决方案。SAS/WA(Warehouse Administrator)是建立数据仓库的集成管理工具，包括定义主题、数据转换与汇总、更新汇总数据、元数据管理、数据集市实现等；SAS/MDDB 是 SAS 用于联机分析的多维数据库服务器。

SAS 系统的优点是功能强、性能好。同时，由于 SAS 公司在统计分析和数据挖掘软件市场上长期的耕耘，它的数据分析软件和其他各家数据仓库产品的集成也非常好。

4. Sybase 公司和 SAP 公司

Sybase 公司的数据仓库解决方案称为 Warehouse Studio，它的产品线非常全面，包括数据仓库的建模、数据抽取与转换、数据存储与管理、元数据管理以及可视化数据分析等工具。Adaptive Server Enterprise 是 Sybase 的企业级关系数据库。Adaptive Server IQ 是 Sybase 公司专为数据仓库设计的关系数据库，它为高性能的决策支持系统作了优化处理，而且支持各种流行的数据呈现工具。Sybase 还推出了一系列数据仓库维护与管理工具，包括

Warehouse Control Center、Sybase Central、Distribution Director 等。

SAP 公司 2010 年收购了 Sybase，从而成为数据仓库市场的重要力量。这次收购和 SAP 在 2007 收购数据仓库前端工具厂商 Business Objects 一脉相承，都昭示了 SAP 进军数据仓库市场的战略。

5. Microsoft 公司

Microsoft 公司的数据仓库集成在其 SQL Server 数据库中，可直接在关系数据库中进行分析处理。从 SQL 2000 开始，Microsoft 就在 SQL Server 产品中集成了联机分析处理(SQL Server OLAP Services)、集成数据转换服务(Data Transformation Services，DTS)和知识库(Repository)。后两者的作用都是处理数据输入、输出和转换，为维护数据仓库提供便利。

Microsoft 公司在 SQL Server 数据库之外还拥有操作系统(Windows 系列)和办公软件(Office 系列)，所以 Microsoft 的数据仓库产品拥有良好的组件集成性，也便于外部产品通过 Active X、COM/DCOM、.Net 框架等数据接口来灵活地定制和集成。

6. 其他

其他知名的数据仓库产品包括，丰富的 CA 数据仓库解决方案，高性能的 NCR Teradata 等。

目前的数据仓库产品和数据库绑定都比较密切，价格也非常高昂。企业在构建 CRM 系统时，需从企业的实际情况出发来选择数据仓库产品。对于金融、电信、连锁零售等大型企业，复杂的、高性能的数据仓库是主流。对于中小型企业，Microsoft 公司便于扩展的基于数据库的产品比较有吸引力。

9.3　OLAP

9.3.1　OLAP 的概念

1. OLAP 的定义

关系数据库之父埃德加·弗兰克·科德(Edgan Frank Codd)于 1993 年提出了 OLAP 概念。他认为联机事务处理(Online Transaction Processing，OLTP)中简单的 SQL 查询无法满足深层次的数据分析需求。企业的分析、管理和执行人员往往需要从多个角度对原始数据进行复杂的分析操作，并提供直观易懂的查询结果。此外，OLAP 系统需要对关系数据库进行大量计算才能得到结果，而这类运算会影响联机数据库的正常运行，所以企业需要专门的面向复杂查询的数据分析技术——OLAP。

OLAP 的经典定义为，能让分析、管理或执行人员从多种角度对从原始数据中转化出来的，能够真正为用户所理解的，并真实反映企业特性的信息进行快速、一致、交互地存取，从而获得对数据的深入了解的一类软件技术。

2. OLAP 的特征

虽然 OLAP 是一类技术的总称，但这些技术具有一些共同特征。

(1) 快速：OLAP 能在很短时间内迅速处理大量数据，得出分析结果。

(2) 分析：OLAP 能在无需编程的情况下进行逻辑分析和统计分析，并给出报告。

(3) 多维：OLAP 支持多维视图和多重层次的数据分析。多维分析是分析企业数据最有效的方法，是 OLAP 的核心。

(4) 信息：OLAP 能随时获得并管理大容量信息。

(5) 共享：OLAP 能为众多用户安全地共享数据。

在这些特征里，共享、多维和快速是 OLAP 的关键特征，所以 OLAP 有一种简明的定义，即共享多维信息的快速分析。

9.3.2 分析操作

1. 关键术语

OLAP 的核心是多维分析，它使用如下的基础术语。

1) 维度

维度(Dimension)是人们观察数据的特定角度，当聚焦于问题的特定一类属性时，这些属性集聚成一个维度。例如时间维度、地理维度等。

2) 层次

层次(Level)是人们在分析特定维度时，可以在不同的细节程度下进行描述和观察。例如时间维度有日期、月份、季度、年份等层次。

3) 维度成员

维度成员(Member)是指特定维度在特定层次上的一个具体值。例如“某年某月某日”是时间维度的成员。

4) 度量

度量(Measure)是由维度成员组成的数组，例如[2010 年 1 月，厦门，笔记本电脑，$100000]。

OLAP 就是通过在数据立方体上选取维度和层次的组合来考察度量的过程。OLAP 可形式化为(维度 1，维度 2，……，维度 n，度量)，例如一个企业在考虑产品的销售情况时，会进行(地区，时间，产品，销售额)分析，这里的时间、地区和产品都是维度。

2. 多维分析操作

多维分析对多维数据进行剖析，使用户能从多个侧面观察数据，从而深入理解数据中包含的商业逻辑。基础的多维分析操作有下面三种。

1) 切片和切块

切片(slice)是在多维数据集中选定一个维度上的维度成员的操作。与切片类似，切块(dice)是在多维数据集中选定两个或多个维度上的维度成员的操作。切片和切块都是在特定维度上选择特定值来观察度量在其他维度上分布情况的操作。切块操作可以看成是将多次切片的结果进行叠加。通过切片和切块可以降低多维数据集的维数，使人们能将注意力集中在较少的维度上进行观察。切片和切块的数量由选定维度上的维度成员数量的多寡决定。

例如，对于(地区，时间，产品，销售额)多维数据集，选择厦门和汕头的所有销售数据，就是在地区维度上选择维度成员厦门和汕头的切片操作。类似的，如果选择厦门和汕头在2010 年和 2011 年的销售数据，则是在地区维度和时间维度上的切块操作。

2) 钻取和卷取

钻取(drill down)是对数据进行更细致地观察。与钻取相反，卷取(roll up)是对数据进行更宏观的观察。钻取和卷取都是通过改变维度层次来变换分析粒度。钻取和卷取的深度与维度划分的层次相对应。卷取将低层次的数据概括到高层次进行汇总，而钻取则从汇总数据深入到细节数据进行观察。

仍以上面的销售多维数据集为例，在时间维度上，观察 2010 年各季度的销售数据是钻取操作，而从各季度的数据中汇总出 2010 年全年销售数据则是卷取操作。

3) 旋转

旋转(rotate)是变换维度的方向，即在一个度量中重新排列维度的位置。旋转也叫转轴(pivot)。它转动了数据观察的视角，是原来数据的替换表示。旋转操作通过变换视角来分析数据，反映了数据分析重点的转移。

例如，过去 10 年东南地区的销售数据可通过旋转变换成东南地区过去 10 年的销售数据。

除了以上的基础操作，多维度数据分析还提供进一步的统计分析，例如最大/最小值分析、移动平均和增长率计算等。

9.3.3 系统实现

1. 三层客户/服务器架构

OLAP 一般采用典型的三层客户/服务器架构。在大型数据分析系统中，OLAP 一般建立在数据仓库之上，并使用图形界面。系统的逻辑结构如图 9-5 所示。

这种架构的优点在于将数据层、逻辑层和图形接口层严格区分开来，有良好的可扩展性，能适应各种复杂的数据分析处理要求。在数据层，数据仓库负责从各处收集和整理数据，然后装载到 OLAP 服务器中；在逻辑层，OLAP 服务器负责处理复杂的多维分析查询；在图形接口层，前端工具生成查询并将结果用图形和报表呈现出来。

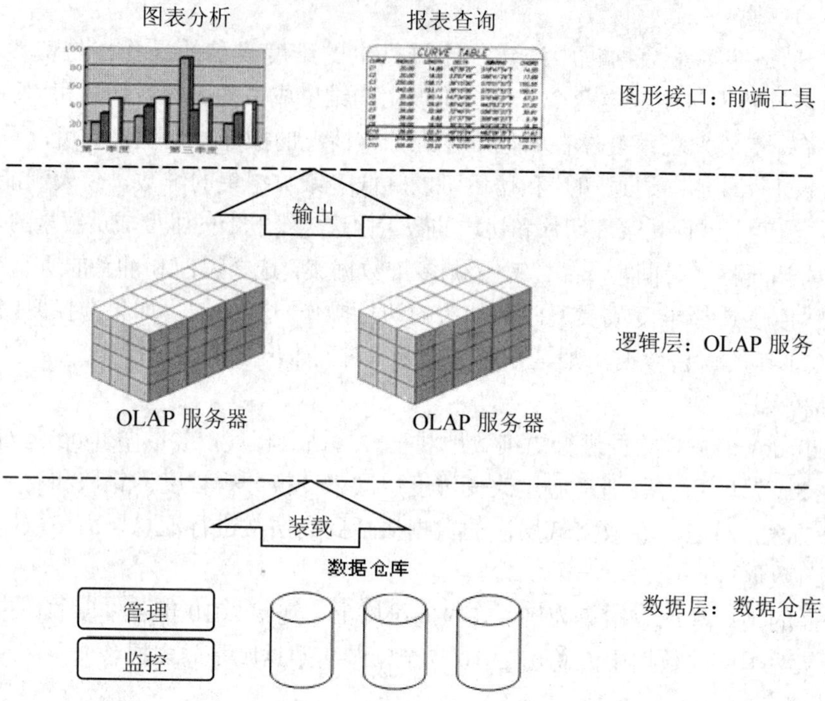

图 9-5 联机数据分析处理系统三层架构

2. OLAP 器

为了提供合适的数据粒度、合理的抽象程度和合规的标准化存储，OLAP 在物理实现上有三种方式，基于多维度数据库的 M OLAP，基于关系数据库的 R OLAP 和混合型的 H OLAP。

M OLAP 直接利用专门的多维数据库来存储 OLAP 所需要的数据。数据采用多维数组方式存储，并以多维度视图方式显示。M OLAP 的主要优点是它能迅速地响应决策分析人员的分析请求，并快速地将分析结果返回给用户。它的缺点是很难对维数进行动态改变，运算的适应能力和细节处理能力差。

R OLAP 通过扩充传统的关系数据库来实现 OLAP。R OLAP 利用关系数据库模拟多维数据集，它将多维结构划分为两类表，一类是事实表，用来存储数据和维度关键字；另一类是维度表，对每个维度单独建表存放层次和成员信息。维度表和事实表通过主关键字和外关键字联系在一起，形成“星型模式”。为避免数据占用过大，层次复杂的维度可以分拆成多个表来描述，形成“雪花模式”。R OLAP 的主要优点是灵活，用户可以动态定义统计和计算方式。它的缺点是数据的预处理程度较低，响应的时间要比 M OLAP 长。

H OLAP 将 R OLAP 和 M OLAP 的优点结合起来，底层是关系型的，高层是多维数组型。H OLAP 具有良好的灵活性和适中的性能。

由于关系数据库管理系统应用广泛，而多维数据库管理系统相对不成熟，所以数据分析产品市场上 R OLAP 占据着主流地位。CRM 系统中的 OLAP 主要采用 R OLAP。

OLAP 系统产品往往和数据库以及数据仓库产品捆绑发售，具体产品可参照数据仓库产品一节。

9.4　数 据 挖 掘

9.4.1　数据挖掘的概念

数据挖掘是随着海量数据的积累而兴起的一类综合数据分析技术。人们将数据看做是形成知识的源泉，数据挖掘就好像从大量矿石中淘金一样。数据挖掘比较通用的一个定义是，从大量有噪声的业务数据中提取隐含的、未知的、有价值的知识的过程。

这个定义有三个要点。第一，数据挖掘的对象是大规模的、真实的但有噪声的数据源；第二，通过数据挖掘所发现的知识必须是新颖的；第三，通过数据挖掘所发现的知识要有商业应用价值。这三个要点界定了数据挖掘技术的内涵。首先，企业的数据往往分散在各个部门和流程中，甚至来自企业外部；这些数据可能是不完全的，有噪声的，例如客户退货的数据会干扰正常的出货量统计。但有一点是确定的，这些数据是海量的。其次，对数据的理解过程始于且基于现有的知识，企业需要发现更多潜在的知识来加深人们对数据的理解。基于统计等先验知识的数据分析工具无法帮助发现新颖的知识。最后，尽管通过各种技术手段可以发现大量的相关或因果关系，企业最关注的是可以立刻应用并转化为财富的那部分知识。

数据挖掘在商业领域有广阔的用途。数据挖掘可以用来开发新产品，例如制药厂使用的化学合成预测技术；也可以用来改进现有的生产过程，例如半导体行业使用的集成电路制造缺陷分析技术；但数据挖掘最为成功的应用当属市场营销。数据挖掘被用于分析订单、支付和处理自动售货系统上产生的海量数据，最终用来节约市场营销成本，发现潜在有价值的客户，甚至用来对特定客户可以高价。

9.4.2　与联机分析的关系

数据挖掘和 OLAP 是 CRM 系统中最重要的两类数据分析技术，两者之间有明显的区别。

首先，分析方法不同。OLAP 由分析师设定的逻辑假设来驱动，OLAP 可以证实或推翻这些假设，所以 OLAP 本质上是一个演绎过程；数据挖掘是由海量数据来驱动，数据挖掘在数据中主动找寻模型并由分析师确认商业逻辑，所以数据挖掘本质上是一个归纳过程。例如在 OLAP 中，如果分析师认为某地区申请信用卡的用户会更主动地进行消费，他会通过数据切片或钻取去观察该地区信用卡申请人的账户属性。如果结果还不够明显，他也许会考虑年龄等因素，直到找全了能够判定主动消费的各种变量。同样的例子对数据挖掘分析而言，分析师也可能得出和联机分析同样的结论，但得出结论的过程却相反。分析师会把包括各种变量的数据导入数据挖掘工具，由挖掘工具自行建立模型，自动去除与信用卡消费不相关的因素，然后识别出相同的主要影响因素。这种区别的本质在于 OLAP 是猜想验证技术，而数据挖掘是知识发现技术。

其次，变量规模不同。OLAP 的核心是多维数据集处理，分析师通过对数据立方体进行操作而进行比对分析，人工思考的成分居多，能够处理的变量有限，一般在 10 个以下。但很多场合仅靠人工分析是远远不够的，当分析师不知道有效变量具体是哪几个，而分析变量有几十个或上百个的时候，OLAP 就变成了摆设。人们引入数据挖掘方法，利用自动算法寻找人力所不及但恰恰有用的结果。分析师在数据挖掘中主要的任务是准备待分析的数据，然后选择合适的分析工具，最后鉴别分析结果。因此，数据挖掘过程更适用于变量众多的情况，更少依赖于人工干预。

再次，数据对象不同。联机分析处理限于结构化数据，侧重与用户交互，快速响应并提供多维度视图。而数据挖掘还可以分析诸如文本、空间和多媒体等非结构化的数据。从数据分析深度来看，OLAP 位于较浅的层次——解释模型和思考模型，而数据挖掘所在的较高的层面——达到了公式模型层。分析模型层次的不同决定了两者的分析能力和问题种类也不相同。

虽然 OLAP 与数据挖掘在分析角度和层次上存在差异，但它们也具有互补性。OLAP 的分析结果能够为数据挖掘提供分析依据，数据挖掘可以拓展 OLAP 的分析深度。

9.4.3 数据挖掘技术

1. 数据挖掘的目标

数据挖掘瞄准两类目标：指示性的(Prescriptive)和描述性的(Descriptive)。

指示性数据挖掘的主要任务是创建一个可用于预测的模型并估计其参数，对特定问题给出答案，以便实现自动决策。例如，用数据挖掘创建审批信用卡申请的模型，可用来给出拒绝和批准决策。下面介绍的分类、预测和异常检测等都属于指示性数据挖掘。

大多数数据挖掘任务是描述性的，旨在增加对数据的理解。在描述性数据挖掘中，没有单一的目标变量，数据挖掘的任务是发现所有变量中的联系。例如，用数据挖掘来识别影响促销活动的主要因素。下面介绍的关联分析和聚类即属于描述性数据挖掘。

2. 数据挖掘的功能

不同的数据挖掘目标需要利用不同的数据挖掘功能。CRM 中数据挖掘一般用来实现以下功能。

1) 分类

分类(Classification)是按照一定的标准(分类函数或模型)将分析对象映射到给定类别中。

一般情况下，类别组是有限且完备的，即分类目标一定可被放入有限的给定组中。

CRM 中分类的例子有，分类客户使用电话的用途、分类客户的族群等。

2) 预测

预测(Prediction)是利用历史数据找出潜在规律并建立模型，然后用模型预测未来数据的属性。预测有时候也使用分类方法，但重点是对客户未来的行为做出估计，其准确性要等到将来事件发生后才得以检验。

CRM 中预测的例子有，预测哪些电话用户会申请增值服务，预测客户开通转账业务后的转账数额等。

3) 异常检测

异常检测(Outlier)是从数据中检测出异常记录的方法。数据库中可能包含一些与其他数据不一致的记录，这些数据记录是异常或离群点。大部分数据挖掘方法将离群点视为噪声或异常而简单丢弃，但特定应用中，罕见事件可能比正常事件更有价值。

CRM 中异常检测的例子有，信用卡欺骗检测、客户健康状况恶化检测等。

4) 关联分析

关联分析(Association Analysis)是通过分析特定事件与其他事件之间的依赖或同时出现的规律，来发现关联规则。关联规则使用“如果怎么样，那就怎么样”的简洁形式来描述事件发生的可能。关联规则可以是特定时刻多种属性之间的横向关联，也可以是同一属性在时间顺序上纵向关联。

CRM 中关联分析的例子有，客户购物篮数据分析、交叉销售分析等。

5) 聚类

聚类(Clustering)是在预先不知道数据包含多少分类的情况下，根据“最大化组内相似性，最小化组间相似性”的原则将数据记录归并到不同的组。与分类不同，聚类并不依赖于事先确定好的组别。聚类一般作为数据挖掘的第一步对数据进行试探。

CRM 中聚类的例子有，归类音像产品销售情况背后的文化背景，口碑营销到达路径识别等。

3. 数据挖掘技术与算法

要执行上述数据挖掘功能，必须使用合适的数据挖掘技术。数据挖掘技术从应用的角度看是决策支持系统的延伸和发展。它实践了利用数据为决策提供支撑的思想，同时继承吸收了联机事务处理、联机事务分析等传统决策支持技术的积累。

数据挖掘技术涉及数据库、统计学、机器学习、高性能计算、模式识别、神经网络、数据可视化、信息检索与融合、图像与信号处理等众多学科与技术。数据挖掘最重要的学术传承来源于统计学和机器学习：统计学为数据挖掘提供了思想和背景，机器学习则提供了数据特征识别的解决方法。

数据挖掘技术的具体实现步骤称为数据挖掘算法。数据挖掘技术体现了从数据中提炼知识这个指导思想，而数据挖掘算法则为实现从数据中提取知识提供了具体步骤和细节。例如，聚类技术可以通过 K 均值算法(K-means)、高斯 K 均值算法(gaussian k-means)、自组织映射算法(Self-organizing map)或其他一些算法来实现。

随着商用数据挖掘产品的发展，数据挖掘算法的细节已经越来越多地被集成在标准软件模块中打包出售，各种数据挖掘技术也被集成在了商用数据处理系统中。

4. 数据挖掘系统的架构

数据挖掘系统不仅依靠良好的算法来建立模型，更重要的是将数据挖掘技术集成到当今复杂的信息技术应用环境中，所以我们有必要了解数据挖掘系统的架构。下面我们从下到上来介绍图 9-6 中的数据挖掘系统的架构。

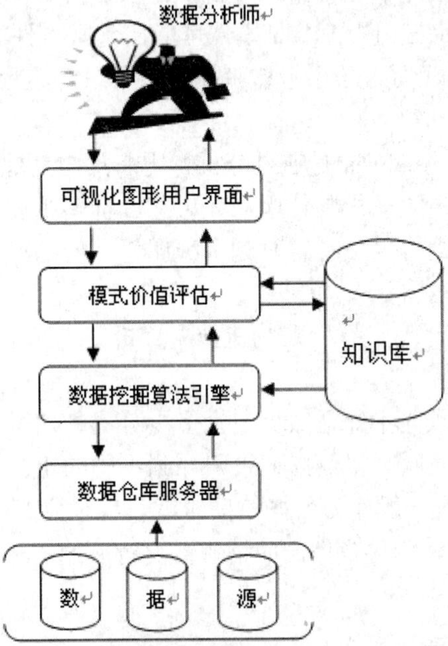

图 9-6　数据挖掘系统的架构

(1) 数据仓库服务器：数据仓库服务器为数据挖掘提供统一的多维数据集操纵接口。根据数据挖掘的任务，数据仓库服务器从各种数据源通过清洗、转换等技术把数据载入服务器，以便高效地进行数据处理。

(2) 知识库：知识库支持知识表示、知识存储和知识评估等任务。知识库存储着与挖掘任务相关的领域知识，以及挖掘出的有用知识，也保存用于评估新知识价值的评价体系。它也为数据挖掘引擎提供指导。例如，领域知识包括专家的信念、兴趣度、约束阈值和元数据等。

(3) 数据挖掘算法引擎：它是数据挖掘系统的核心部分，理想情况下由一组功能模块组成，用于实现各种数据挖掘的算法，执行关联分析、分类、预测、聚类、离群点检测等功能。数据挖掘引擎的输入是数据仓库，它的产出是新知识。

(4) 模式价值评估：通常这个模块使用兴趣度来度量数据挖掘算法引擎的产出，并利用兴趣度阀值过滤没有价值的模式。模式价值评估模块与数据挖掘引擎可以进行交互，以便将模式搜索范围聚焦在有趣的模式上。在有些数据挖掘系统中，它和数据挖掘算法模块集成在一起。

(5) 可视化图形用户界面：这个模块允许数据分析师以可视化的方式来浏览和控制数据挖掘过程，并评估模式的价值。该模块在数据分析师和数据挖掘系统之间承担通信和解释功能，允许数据分析师与系统进行高级交互。

目前的数据挖掘系统还不具备人类特有的经验和直觉，无法准确判断挖掘出的模式在商务实践中的意义和可用性。所以，数据挖掘系统必须要有经验丰富的数据分析师参与。另外，商用数据挖掘系统一般和数据仓库以及联机事务分析集成在一起销售。

9.4.4　数据挖掘算法

数据挖掘理论有很多种，具体的数据挖掘算法更是不计其数。要熟练应用数据挖掘系统来为商业服务，必须深入地了解各种数据挖掘算法的原理、优缺点和适用范围。只有这样才能为数据挖掘准备适当的数据集，并在数据挖掘过程中配置合适的参数，最终挖掘出实用的新知识。

本节主要介绍三种数据挖掘算法，聚类、决策树和神经网络。之所以选择这三种算法，一方面是因为它们被主流的商业数据挖掘软件所支持，另一方面它们也适用于大多数数据挖掘任务。

1. 聚类算法

聚类算法是将数据对象分成多个相似对象聚合组的方法。聚类的原则是在达到组内元素之间相似度最大且同时达到组间相似度最小。相似度是聚集算法的关键，一般被定义为多维空间中数据点之间的几何距离。由于数据库中数据类型的多样性，距离度量的方法也有很多种，由此就有好多种聚类算法。聚类算法的特点是聚类的结果需要领域专家最终给出解释和评估。

在 CRM 中，聚类算法主要用来帮助发现客户群，用消费模式来刻画不同客户群的特征。例如汽车投保者分组，客户忠诚度分组等。还有一些场合，聚类算法的结果可以用作其他算法的初始输入。在简单聚类的结果上结合决策树和神经网络，可以对特定类别做进一步的分析以消除数据噪声。

聚类算法有很多种，例如区隔方法、层次分析方法、密度方法、网格方法和模型方法等。这里主要介绍在数据挖掘中广泛使用，同时也简明易懂的区隔类 K 均值聚类算法。

K 均值算法使用了多维空间的几何概念。它将待处理的多维数据集映射到多维空间，单个数据对象就变成了多维空间中的点，多维空间中的几何距离可以作为相似度的度量指标。多维数据集的每个字段对应一个维度，数据集的每个数据对象都是一个多维向量指向的点。K 均值算法先将多维空间划分成 K 个组，同时预设各组的质心(数据点的均值)，然后通过计算各个数据点到这 K 个质心的几何距离，反复调整质心的位置和各点的归属，直到质心位置稳定下来。算法的具体流程如图 9-7 所示。

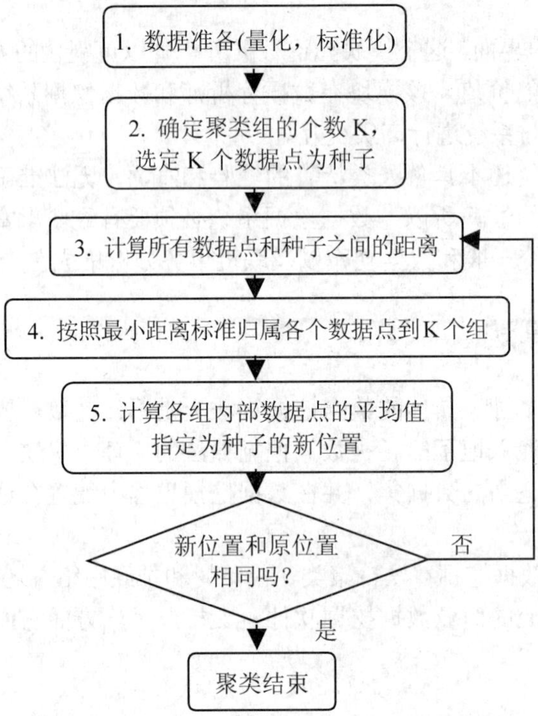

图 9-7　K 均值聚类算法流程

用图 9-8 中的一个二维数据集来解释 K 均值算法的步骤。假设一个多维数据集包括两个维度，销量和离市中心的距离，总共有 13 个数据点。第 1 步，统一数据量纲。可以用轴坐标除以该轴坐标的最大值，将数据标准单位化。第 2 步，确定组的个数。组的个数可以任意指定，本例中我们选择 K=2；然后任选两个点 S_1 和 S_2 作为种子。图 9-8(a)显示了这两步工作。第 3 步，计算各数据点到 S_1 和 S_2 的几何距离。在二维平面中距离等于 $D_{i,j}=(X_i-X_j)^2+(Y_i-Y_j)^2$，其中 i=1…13, j=1,2。这样共有 13 对 26 个距离。第 4 步，归属各数据点到 2 个组。比较 D_{i1} 和 D_{i2} 哪个数字更小(距离更短)，即可将数据点 i 放到对应的组中。在图 9-8(b)中，13 个数据点被归到灰色和黑色两个组中。第 5 步，重新计算种子点位置。利用均值法计算各组种子点的新坐标，其中 S_1' 点的坐标为 $X_{S_1'}=(X_1+X_2+\cdots X_6)/6$，

$Y_{S_1'}=(Y_1+Y_2+\ldots Y_6)/6$。同理可确定新的 S_2'。S_1' 和 S_2' 在图 9-8(b)中以星号表示。最后，比较 S_1' 与 S_1 是否重合，以及 S_2' 与 S_2 是否重合。如果不重合则返回到第 3 步。在图 9-8(c)中，第三次迭代发现 S′ 和 S″ 重合，说明组的质心收敛了，聚类到此完成。我们可以看出，销售数据集中在两个组中，第 1 组距城市中心较近，销售量也更高；第 2 组距城市中心较远，销量偏低。利用这个新的知识，可以调整销售策略。

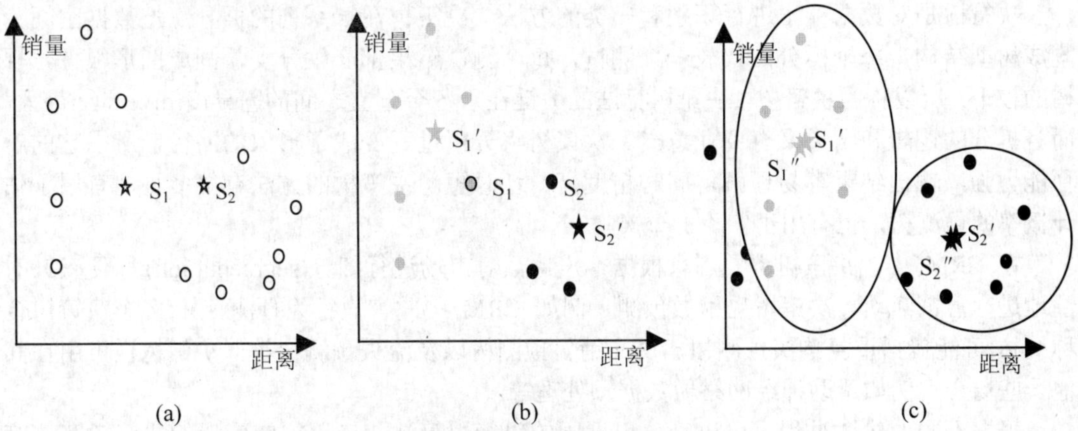

图 9-8　简单的二维 K 均值聚类分析

K 均值聚类算法有以下五个特点。

1) 数据适用性

当数据空间是数值时，K 均值聚类算法的效果最好，因为数值型属性比较容易映射到多维几何空间。如果有其他类型的数据，需要先转换为数值型。为了统一数据量纲以便于比较，数值在分析前需要先进行标准化(normalize)处理。

2) 组个数 K 的设定

K 均值聚类算法的效果依赖于组个数 K 的设定。如果设定的 K 值和数据的内涵不匹配，该方法的效果就不好。数据分析师一般会使用不同的 K 值来试验，聚类完后逐一评估。大部分数据挖掘软件会自动产生一系列的 K 值结果供评估，同时也会提供总体拟合优度指标供参考。

3) 算法的结果

K 均值聚类算法的结果很难直接应用。由于没有依赖经验知识，所以无法预知聚类算法能挖掘出什么结果。K 均值聚类只是将数值映射到几何空间中，数据点的聚集除了反映样本的邻近程度之外，没有其他含义。

4) 算法的扩展性

通过选择不同的距离度量方法和数据类型转换方法，K 均值聚类算法几乎可以应用到所有的数据分析中。当然，距离度量方式可以选择不同权重以反映不同维度的重要性，数据转换方式也可能影响特定维度的敏感性。

5) 算法的效率

对于大部分数据集，通过几次有限的迭代，K 均值聚类算法都可以保证聚类分组的完成。所以，K 均值聚类算法的效率非常高。

2. 决策树

决策树是对数据样本进行识别和归类的方法。决策树在一系列的拆分点把数据空间分割成树型结构，每个拆分点代表一个测试，每个测试结果都产生分支，画成图形很像一棵树的枝干，所以称为决策树。决策树算法的关键在于各个分支之间的差异度(diversity)最大，而且拆分的逻辑和结果又有商业意义。决策树将分析过程变成了形象的路径，所以它的解释能力强，输出结果容易理解，同时精度高、耗时短。决策树的方法有很多种，有用于估计概率的预测树，也有用于归类的分类树。

在 CRM 中，决策树主要用来根据客户特征对市场进行细分(segmentation),以便有针对性地进行营销活动。决策树也用做预测，例如 CRM 中的客户行为预测森林(多个决策树合称森林)可能包括重复购买预测树、交叉销售预测树以及流失预测树等。决策树也可用在其他一些场合，例如帮助神经网络做数据预处理等。

根据不同的建树过程，可以划分出不同的决策树算法。应用比较广泛的决策树算法有分类回归树(classification and regression tree，CART)、卡方自检测树(chi-square automatic interaction detector，CHAID)、信息熵算法树(ID3 及其后继 C4.5，C5.0)等。

首先通过一个简单的例子来认识决策树。图 9-9 是一个考虑了三个拆分点(工作年限、年收入和负债)的决策树。决策树的每个分支都相当于一个单变量检测，数据空间被拆分成两个或更多子空间。数据集合在最顶层按照特定属性的值来划分，然后逐层划分直到拆分不能提供更多有用的信息。每个拆分点称为一个节点，代表拆分规则。最底层的记录集合称为叶节点。图 9-9 中的椭圆形是拆分节点，而矩形是叶节点，每条从决策树根节点到叶节点的路径都是一条分类规则。图 9-9 的例子使用了是/否来划分子节点，形成的是二叉树，最后形成了四个客户集合。最左边的一个客户集合代表了“工作年限长于 5 年且年收入高于 5 万”这一规则划分出的客户集合。

构造决策树的关键是拆分。决策树构造过程中要从三个方面考虑拆分。

1) 拆分的规则

构造决策树首先要找到最佳的拆分点作为根节点，因为根节点处数据空间最大，进行拆分后各个子节点的代表性最强，差异度最大。由于树结构是递归的，确定最佳根节点的方法可以反复应用到子节点的建树过程中。

对于多维数据集，找最佳拆分点的算法也就是寻找最佳维度的算法，使得依此维度对数据空间据划分后子空间之间的差异最大。具体的做法是逐个考察各个维度的维度成员，对维度成员排序，然后逐一测试每个可能的拆分点。对于图 9-9 中的三维数据集合，可以逐个考察三个维度，工作年限、年收入和负债。考察工作年限维度时，对各个客户按工作年限进行排序，然后测试以不同工作年限划分客户后各组之间的差异度，选出最大差异度的划分方法。差异度有很多种指标，常用的有基尼系数(gini index)和信息熵(entropy)等。考察完各个维度的划分方法后，再比较不同维度的不同划分方法，选取差异度最大的维度划分方法作为根节点的拆分规则。图 9-9 的例子中选择了以工作年限是否大于 5 年作为根节点拆分规则。

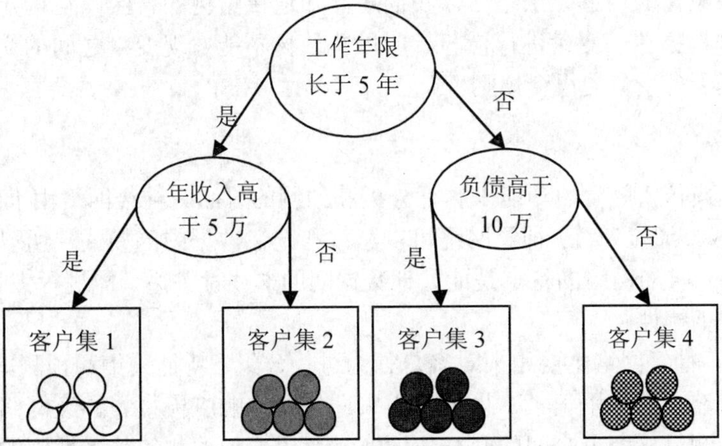

图 9-9　简单的决策树

2) 拆分的数目

构造决策树还要考虑的一个因素是拆分点处的拆分数目。为简单起见，图 9-9 的例子中使用了二分法来拆分，但实际情况会比较复杂。尽管多于两个分支的拆分可以用多个二分法来模拟，但实际的拆分数目往往由数据的商业意义来决定。例如，特定企业的产品可分为高、中、低 3 档，可以在拆分点使用 3 作为拆分数目。决策树的输入类型最好是离散型，例如产品类型，是否有保险等，这样便于利用数据的商业意义。

如果决策树的输入是数字型，一般用值区间等方式进行离散化。例如年龄可以划分为 1 到 18，18 到 30 岁，30 到 60 和 60 岁以上 4 个区间。离散化可能会扭曲数据的商业意义，甚至导致重要信息丢失，决策树的结果因此也发生偏差。例如，以月收入 3000 元作为离散化标准时，月收入 3001 元和 2999 元两个数据其实只差 2 元，但被划分到了完全不同的分支。在使用离散化确定拆分数目时要依靠数据分析师的经验，有时还可以利用聚类分析对数据进行预处理。

3) 拆分的控制

使用决策树进行分类时，一般会用一批已有定论的历史数据(称为训练集)去训练分类树，然后再利用该分类树去分析新数据(称为测试集)。例如,为了对客户贷款申请进行评估，可以使用已知的 4 类客户分组来训练图 9-9 中的决策树，然后再用决策树对新的贷款申请进行评估。这样构造决策树可能存在过度训练(overfitting)的问题，即导致枝繁叶茂的分类树出现，从而降低拆分规则的可理解性和可用性，同时也使决策树对历史数据的依赖性增大——对历史数据分类比较准确，但对于新数据的分类准确度急剧下降。

解决过度训练的关键在于对拆分进行控制，即限制树的生长。常用的拆分控制策略有修剪法和盆栽法。盆栽法主要限制树生成的深度，每次拆分时，盆栽法检查是否有必要进行深入拆分。修剪法则先允许决策树自由生长，然后按一定的规则剪掉不重要的枝节。

在了解了决策树的构造方法之后，我们还要知道决策树的盲区。在构建决策树的过程中，每次拆分都根据单一变量进行检验，所以决策树不能发现变量之间的交互关系，即决策树无法发现基于多变量的组合规则。

3. 神经网络

神经网络是模仿人脑学习功能来进行分类和预测的方法。神经网络由大量的神经元(网络节点)连接而成。通过训练，神经网络可以总结和记忆数据中的模式，所以神经网络具有判断与推理能力。神经网络的特点是能处理数据间的非线性关系，能进行大规模并行处理，并具有良好的抗干扰性。

在 CRM 中，神经网络主要用来对客户行为进行分组、特征采集和预测。例如，神经网络可以用来分析客户的信用记录，也可以用来评估服务响应模型。神经网络无需假设具体模型，所以对预测目标变量之间的交互作用非常有用，如预测年龄和性别的组合效果。但神经网络的可解释性比较差，所以大多数应用场合中要和其他数据挖掘算法结合使用。

神经网络的构造和性能由神经元、网络连接和数据流向三方面共同决定。神经元的分布可以有单层，也可以有多层，常用的有单层、二层和三层神经网络。根据数据的流向，神经网络可分为前馈型和反馈型结构。当数据从输入到输出单向流动，没有反馈，称为前馈型；如果数据有反馈，例如反馈给当前神经元或其他神经元，则称之为反馈型。

实践中最常用的构造是如图 9-10 所示的多层前馈神经网络(Multilayer Feedforward Network)。多层前馈神经网络由许多分属三个不同层级——输入层、中间层和输入层的神经元构成，这些神经元既能存储信息也能处理信息。神经元在三层之间多对多连接，同层神经元之间没有连接，输入和输出层与外界是一对一连接。神经元之间的每个连接都有权值 W。中间层(也称隐含层)的每个神经元都有多个输入和多个输出，而且有内部结构。中间层神经元的内部结构包括：加法器 $\boldsymbol{\Sigma}$，偏差值 θ 和激活函数 f。加法器将各路输入与权值的乘积加和，然后加上偏差值进行调整，最后用激活函数计算输出。输入层和输出层神经元没有内部结构。图 9-10 是一个简单示范，实际神经网络的输出层可能有多个神经元对不用类别输出变量的概率做出估计；实际神经网络的中间层结构可以很复杂，包括大量互相连接的神经元；实际神经网络的拓扑结构也并不是全连接，可能是稀疏网络。

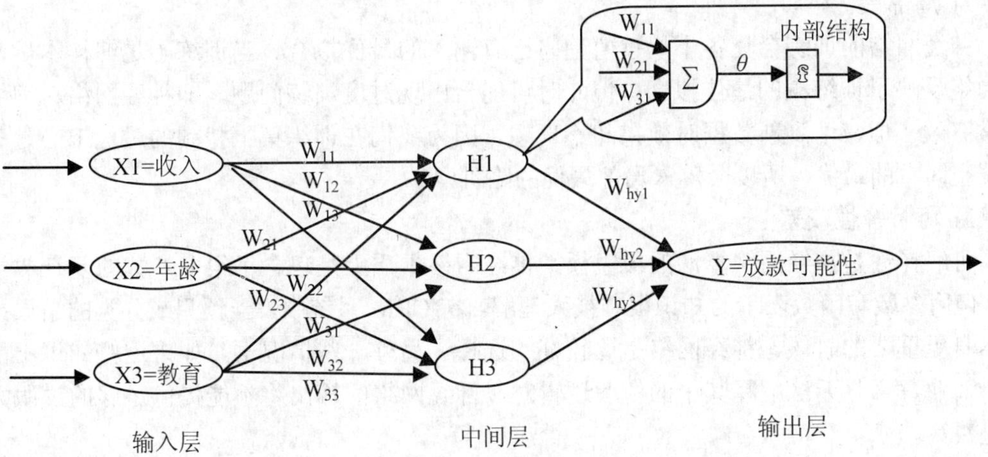

图 9-10　三层神经网络示意图

神经网络通过调整连接权值和偏差值来完成学习。神经网络的学习就是用真实数据样本来训练神经网络，以一组包括输入和输出的样本数据作为训练集，将训练集的输入导入神经网络的输入层，然后将输出层的结果和训练集的输出进行比较。通过调整神经网络中的连接权值和偏差值，让两者的差异保持在可接受的误差范围之内。例如，为了训练图 9-10 中的神经网络，需要使用一组包含收入、年龄、教育和放款情况的实际数据作为训练集。首先将训练集中的收入、年龄和教育数据分别导入到 X1,X2 和 X3，然后计算出放款可能性 Y，接着比较 Y 和训练集中放款情况的误差，最后反复调整各个连接权值和偏差值使这个误差最小，最终使该神经网络能正确预测放款安全性。从建模的角度来看，神经网络是历史数据的拟合模型，训练神经网络就是合理地改变权重参数。不同结构和用途的神经网络有不同的学习方法，如 Hopfield 反馈法、后向传播(Back Propagation, BP)法、自适应共振(Adaptive Resonance Theory，ART)法等，其中后向传播法最为流行。

神经网络在实用中有以下三个特点。

1) 数据适用性

神经网络预测要产生很好的效果，必须注意输入数据的变换和缺失数据的处理。

神经网络的输入使用数值变量而不是离散变量。由于神经元的内部结构和权重都是用数值计算来进行的，所以神经网络只能使用数值型数据。一些离散数据可能无法合理地转为数值数据，例如省市行政划分就很难转换成有意义的排序数据。这时就需要对每个可能的离散值都赋予一个输入神经元，但这可能会导致输入节点数目过分膨胀，最终导致训练失败或模型不稳定。

神经网络的输入不能有缺失数据。如果在训练时丢弃包含数据的记录，则训练集就有偏的，而有偏数据容易导致局部最优陷阱。这时需要补全缺失数据，但补全缺失数据本身就是一个数据挖掘难题。

2) 局部最优陷阱

神经网络的训练会让各个权重值趋向已有输入的最优拟合。当训练了足够样本后，神经网络反映了训练集的最佳拟合。但此时可能会出现过度训练问题，即神经网络对训练集非常有效，但应用到新数据时效果却不理想。因为我们在训练集上找到的最优未必是整体数据空间中的最优，所以会落入局部最优的陷阱中。

3) 可解释性较差

可解释性是神经网络算法的最短板。神经网络本质上是包含了很多参数的复杂数学函数，但用参数和函数表示的知识很难被人理解。在 CRM 系统中，当预测或分类的结果比知识本身更重要的时候，神经网络是比较好的选择。另外一些情况下，如果这些知识不能被赋予商业意义且无法解释其中的商业逻辑时，神经网络的输出将不能提供足够的说服力以促进决策。

4) 效率问题

神经网络的训练非常困难，要准备大量的数据。当有成百上千个变量时，神经网络的效果就不显著了，可能会导致过长的训练时间，而且误差难于收敛。在这种情况下，可以用决策树为训练神经网络选择重要的变量。

9.4.5 数据挖掘在 CRM 中的应用

CRM 体现了一对一的市场营销，也包括了销售自动化和规范化的思想，所以在 CRM 中数据挖掘可以担当导向作用。与此同时，在现代的信息环境下只有应用数据挖掘方法，企业才能将海量的客户数据库转变成为描述客户特征的图像，才能按图索骥识别出客户的行为模式，从而能发现客户、服务客户和保持客户。随着商业行为越来越多地融入到互联网当中，例如网络购物，企业在时间和空间上拥有了更多的客户，也记录了更多的客户行为，同时也需要更快地响应客户，数据挖掘技术就显得更加重要了。下面介绍六类数据挖掘在 CRM 中的典型应用，以及数据挖掘应用的困难。

1. 客户群体分类

数据挖掘能够完成客户群体的分类工作。数据挖掘中的决策树和聚类等算法可以把大量客户分成不同的群体。通过对数据库中收集和存储的大量客户消费信息进行分析和处理，数据挖掘可以通过分类确定特定类别消费群体或个体的消费兴趣、习惯、倾向和需求，进而推断出下一步消费行为。客户群体分类是目前数据挖掘在 CRM 中最成熟、最广泛的应用形式。

数据挖掘应用到客户群体分类时，应全面结合企业战略目标和规划。分类方案过于复杂会导致难以理解和实施，方案过于简单或只是基于小样本会导致应用的局限。

2. 交叉销售分析

数据挖掘可以帮助企业分析出最优的交叉销售匹配方式。聚类分析能够发现对特定产品感兴趣的用户群；神经网络能够预测客户购买新产品的可能性；关联规则能发现客户倾向于关联购买哪些商品。实践中，一般先分析现有客户的购买行为和消费习惯；然后用数据挖掘算法对不同销售方式下的个体行为进行建模；接着用模型对客户将来的消费行为进行预测，对每一种销售方式进行评估；最后用模型对新客户的数据进行分析，以决定哪一种交叉销售方式最合适。

数据挖掘和交叉销售的结合要建立在客户和企业双赢的基础上。一方面，数据挖掘要通过支持关联销售和扩展销售来更好地满足客户需求；另一方面，当客户的购买习惯发生变迁时也能通过数据挖掘反馈到企业，以改变或改进产品/服务。

3. 客户信用分析

数据挖掘技术可以有效地分析出客户的信用状况，预测出可能发生的欺诈风险。数据挖掘中的离群点检测、神经网络和聚类等分析方法可以预测出客户欺诈发生的可能性、原因、程度及防范措施等，使得企业可以准确及时地对各种欺诈风险进行监视、评估、预警和管理，进而采取有效的规避和监督措施控制欺诈风险。数据挖掘中的差异分析技术能让企业从大量历史数据中分析出客户的信用等级，使企业能够对不同信用等级的客户采取不同的贷款业务营销方案。

客户信用数据挖掘主要应用于银行和保险等行业的 CRM 系统中。此类数据挖掘的特点是拥有高质量的客户数据，包括全面的客户资金流动、消费习惯和资产状况等，所以这些行业的数据挖掘应用相对成熟，但很难扩展到其他行业。

4. 客户获得和保持

数据挖掘可以帮助企业识别出潜在的客户，提高客户对营销活动的响应。数据挖掘技术中的关联分析、聚类和分类功能可以很好地完成这类分析。根据企业给定的客户资料以及其他输入，数据挖掘系统可以建立“客户反应”预测模型，利用这个模型可以计算出客户对某个营销活动的反应指标。企业根据这些指标就可以找出感兴趣的客户，进而达到获取客户的目的。

数据挖掘可用于客户流失分析。时序分析、神经网络和粗糙集等数据挖掘技术可以用于此类分析。利用数据挖掘工具可以为已经流失的客户建模，识别导致他们的流失模式，然后用这些模式找出当前客户中类似的情况，以便企业采取相应措施防止流失，进而达到保持客户的目的。

在进行客户获取和保持的数据挖掘时，一定要对企业服务和产品的市场有清晰的认识。如果企业产品的目标客户相对专业和稳定，那么数据挖掘工作的重点可以放到维持已建立的客户关系上，用长期忠诚客户的口碑效应增强竞争优势。当企业产品面对的是新兴变动的客户群体，不断地获取新客户才是数据挖掘的重点。预测潜在客户对企业销售推广活动的反应可以使有限的营销资源得到最合理的利用。

5. 客户满意度分析

数据挖掘可以帮助企业进行客户满意度分析。一方面，神经网络等算法可以定量地衡量客户满意度，并产生度量标准和公式。另一方面，决策树等算法可以从客户购买、维修、意见、建议、投诉等众多的环节中识别出关键影响因素，从而制定改进策略，提高客户满意度。

利用数据挖掘分析客户对企业产品/服务的满意度，可以帮助企业了解客户的需求和期望，发现企业在产品、服务和管理上的不足，为企业改善经营策略、提高客户忠诚度指明方向。

6. CRM 中应用数据挖掘的困难

从以下两个方面来讨论 CRM 中应用数据挖掘的困难。

1) 技术因素

尽管人们已经系统地开展了数据挖掘研究，市场上充斥了各种 CRM 数据挖掘软件，然而数据挖掘在 CRM 中的应用仍然不够成熟。导致这种现状的原因是多方面的。首先，数据挖掘技术是基于机器学习的智能活动，机器学习所能模拟的智能活动和人类的复杂信息处理能力相比仍是原始的，并且缺乏适应能力。其次，数据挖掘技术本质上是用历史数据来预测未来，它的应用情况严重依赖于数据输入。数据的完整性、数据的噪音、数据的格式，甚至数据的体量都严重影响数据挖掘算法应用的效果。最后，当前的数据挖掘工具无论从过程自动化，还是从知识判读上都需要有经验的数据分析师参与，特别是有丰富领域知识的专家来参与。否则，即使数据挖掘为 CRM 提供了大量输出，由于无法判读这些输出的价值并做出行动策划，数据挖掘应用的效果仍然停留在信息部门之内，而不能给企业带来实际价值。由于这几方面的因素互相缠绕，数据挖掘在 CRM 中的应用仍然处于摸索阶段，需要企业不断地积累经验，并不断地改善技术。

2) 隐私问题

数据挖掘在 CRM 中的应用一定要把握好隐私探索的尺度，以保持精益管理和客户感知之间的微妙平衡。数据挖掘在 CRM 中的应用是一个商业过程，它能让企业收集或购买的客户数据发挥最大价值，但消费者也许讨厌自己成为被精细打量并严格控制的目标。企业在将数据挖掘应用到 CRM 时会遇到两个挑战：第一，客户是否会感到隐私受到了侵犯；第二，企业的行为是否会造成法律纠纷。第一个问题在广泛应用互联网的今天已经成为了一个非常敏感的话题。第二个问题对于保险等特殊行业尤其严峻。精准营销和定制化服务本来就是基于经济学的价格歧视原理来进行的。数据挖掘将这个趋势变得更加复杂和难以理解，而且无所不在。所以，隐私问题也导致企业在将数据挖掘应用到 CRM 时要步步为营，谨慎应对。

9.4.6　互联网与 CRM 数据挖掘

随着越来越多的商业环节融入互联网，企业的 CRM 越来越依赖于互联网的数据挖掘。一些企业的商务模式和核心竞争力本身就是建立在互联网数据挖掘能力之上，例如互联网广告的相关度，咨询公司的网购报告等。所以我们有必要关注互联网环境下 CRM 数据挖掘的新特点。

下面从我们数据、模型和算法这三个方面来分析互联网环境中的 CRM 数据挖掘。

1) 数据

企业可以利用互联网收集到更多、更快、更好的数据，而数据是数据挖掘的基础。由于商业环境和沟通渠道的网络化，企业可以收集到大量在互联网之外无法获得的，但对数据挖掘却是至关重要的数据。例如，客户在购物网站上浏览时的行为数据，客户在网络媒体上留下的评论文本，客户的社交网络关系图等。互联网极大地丰富了数据收集手段，在网络的支持下，传统的用户注册、调查问卷、意见反馈等数据收集流程都可通过网络随时随地地融合进数据仓库。由于网络监控技术的发展以及不同数据间的交叉验证，互联网上收集到的客户数据在准确度和精细度上都大大胜过传统的 CRM 数据，如眼球网页聚焦数据和地理位置数据等。

2) 算法

数据挖掘发展出了专门化的互联网数据算法技术，以应对数据在体量和更新速度方面的膨胀和网络行为监测的优异特性。首先，大规模并行数据挖掘技术逐渐投入使用。世界领先的网站，例如 Facebook, Google 等，普遍使用分布式大规模数据挖掘技术来实时分析大型网站所获取的海量行为数据，以提高网络广告的相关性。其次，由于网络标识(用户账号或电子邮件等)具有很好的可跟踪性，数据挖掘算法逐渐向实时分析发展，并且集成到生产系统中。社会网络拓扑分析算法被广泛用于社交网络，以评估意见领袖的影响力和口碑营销的效果。再次，内容分析算法被广泛用于改进互联网产品。贝叶斯过滤器是电子邮件、博客等互联网服务用户体验的守护神。最后，对网站日志和互联网流量的数据挖掘算法的研究方兴未艾。互联网作为信息服务的入口，它的运行状态数据是 CRM 数据挖掘技术的发展重点，搜索引擎优化类算法就是一个实例。

3) 模型

建立有效的模型是数据挖掘的第三个支柱。在互联网环境中 CRM 数据挖掘的建模工作也有几个新动向。第一，地理位置模型普遍应用。随着基于位置的服务(location-based service，LBS)和移动互联网技术的发展，企业可以获得更多的实时地理数据，并建立地理位置模型来解决许多重要的业务问题，例如，在零售行业，客户愿意开多远的车去兑换折扣优惠券？在金融行业，在哪里开设分行才能更好地服务于最具盈利性的客户并吸引新客户？第二，新模型更多地结合了实验心理学和实验经济学的原理，对客户的消费行为做出干涉。例如，B2C 企业广泛使用的交叉销售推荐模型就利用了人机交互心理模型来引导用户快速做出购买决策。第三，社会行为模型越来越重要。随着社交网络服务的流行，相应的社交网络模型也在 CRM 数据挖掘中流行起来了。通过分析微博(microblog)服务的跟随情况，口碑扩散模型可以有效地评估互联网营销效果。企业的公共关系部门也建立了更多的阈值模型来监控企业的互联网声誉，以便及时做出响应。

9.5 商业智能

9.5.1 商业智能的概念

人们通过研究数据(事物)之间的关联，分析信息背后所隐藏的规律或事实，并在了解事实的基础上做出应对决策。现代企业的运作通常都会产生并使用大量的数据，包括来自企业内部业务系统的订单、库存、交易账目、客户资料、与客户和供应商通讯的记录，以及来自企业外部所处行业和竞争对手的数据。如何利用这些数据帮助企业在管理的过程中及时、准确地做出决策，正是商业智能所要研究的课题。

1996 年，Gartner Group 集团引入商业智能(business intelligence)的概念。它把商业智能定义为一系列让企业迅速分析数据的技术和方法，包括收集、管理和分析数据，将这些数据转化为有用的信息，然后分发到企业各部门，以便通过应用基于事实的信息系统来辅助商业决策。这类技术和方法在 Gartner Group 集团命名之前被称为行政信息系统(executive information system，EIS)或决策支持系统(decision support system，DSS)。

在传统的业务处理系统环境中，当业务人员要从数据中了解企业运营全貌时，必须求助于信息技术部门专门编制的报表程序，并在头脑中做出融合和推理。在现代瞬息万变的商业环境中，当数据规模和种类越来越多时，传统的工作方法和流程再也无法适应越来越紧迫的决策压力。商业智能的数据整合工作能将决策人员从繁重的“头脑”数据整合工作中解放出来，迅速地从各个侧面“读”懂数据，使他们能腾出精力探究问题的本质。商业智能不但能帮助决策人员更深入地研究数据，还能提高决策的效率。

从数据分析的观点看，商业智能是收集和研究与主题相关的、高质量的和有意义的数据，以帮助做出假设、分析数据或得出结论的过程。从信息系统的观点看，商业智能是提供信息处理能力以帮助业务运营和识别信息蕴含趋势或模式的系统。

9.5.2 技术构成

从技术创新的角度来看，商业智能系统并不是全新的技术，而是一种集成体系。商业智能系统的核心是企业级集成。它从来自企业各个业务处理系统的数据中提取出有用数据进行清理，整合到企业级数据仓库中，得到企业数据的全局视图。在此基础上，利用查询、统计和数据挖掘工具对数据仓库进行分析和处理，进一步从信息中提炼出辅助决策的知识，最后把知识呈现给管理者，为管理者的决策提供支持。

为了用信息技术支持决策活动，商业智能系统一般会集成数据抽取/转换/装载、数据仓库、OLAP、数据挖掘和数据呈现等软件系统。商业智能系统的集成架构如图 9-11 所示。

为了在企业中实施商业智能系统，必须先建立一个元数据(metadata)系统，该系统包括企业中各种数据的分布、类型、处理和分发等描述信息。元数据系统可以指导商业智能运作过程中的各个环节。首先，分布在企业各个职能部门运作系统中的数据库和文件等数据，在元数据系统中注册自己的位置和时间戳。然后，经过抽取/转换/装载，海量数据被集成在数据仓库中形成面向主题的企业级集成数据集。接着，数据仓库中的数据被数据挖掘、OLAP 和数据可视化等工具深度探索，以网站、文档、报表或移动通讯等方式分发到各部门决策者的手中。最后，决策人员凭借这些知识做出归纳推理，进行响应。

对比图 9-3、9-5、9-6 和图 9-11，我们不难发现，CRM 系统和商业智能系统都使用了类似的数据集成方式、系统模块、系统架构和处理流程。商业智能系统从全局上支持企业的各种运营活动，而 CRM 系统则重点关注客户和销售。这种同构关系一方面反映了现代信息系统架构的共同规律，另一方面也反映了 CRM 在企业管理中无所不在的重要地位，以及企业各部门之间的职能融合。

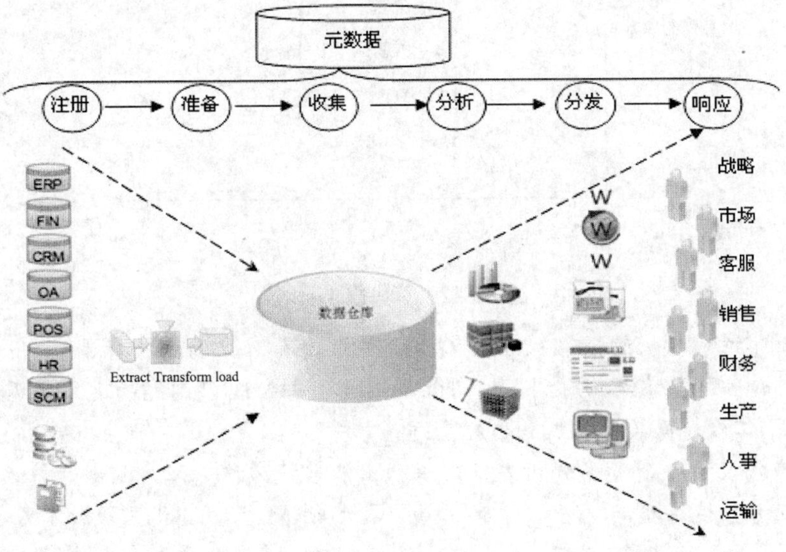

图 9-11　商业智能技术

案例分析：B2C 网站的 CRM 数据分析

B2C 网站的 CRM 数据分析①

B2C 本质上是零售，客户是它最宝贵的资源。相对于实体零售店，B2C 网站具有先天的数据优势：不仅拥有客户购物记录，而且可以记录客户在网站上的活动细节。数据优势为 CRM 提供了巨大的方便。

首先，我们回顾一下 CRM 的基本原理，以确立数据分析的目标。CRM 有两个基本的原理：①让曾经的客户再次购物比吸引全新的客户更容易；②让刚刚流失的客户回头比劝服流失已久的客户更容易。所以，B2C 网站进行 CRM 有两个高优先级目标：①让已经在网站上购买过物品的客户再次购物，这种 CRM 的投资回报率比较高；②当客户稍稍显露出流失信号时马上进行干预，这种 CRM 的成功率比较高。这两个目标都要通过数据分析来对客户分类，并识别客户流失信号。

其次，让我们来看看 B2C 的领域知识。B2C 网站的客户成长有如图 9-12 所示的规律。一般来说，客户第一次接触 B2C 网站后会有一段时间的适应期，购物频率较低；等到客户慢慢熟悉了网站功能和待售产品之后，他的购物频率会上升，并逐渐稳定下来；如果遇到购物需求减弱，或对服务不满意，或找到了其他购物方式，客户的购物频率会降低，直至完全流失。尽管图 9-12 非常简单，但对 B2C 网站来说是个很好的模型，不但数据现成，而且便于理解和操作。

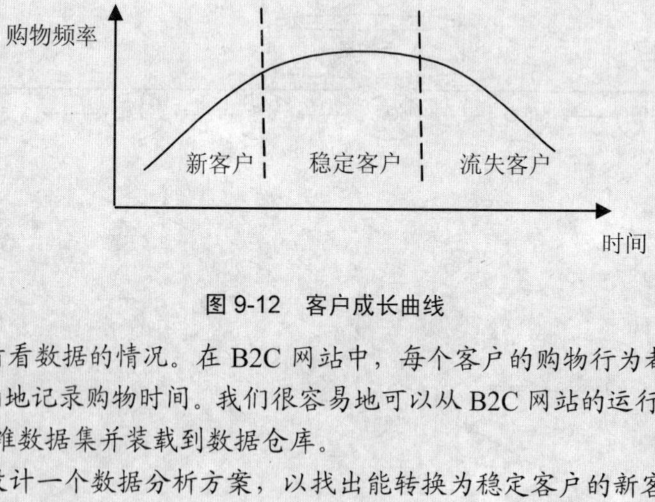

图 9-12　客户成长曲线

再次，我们看看数据的情况。在 B2C 网站中，每个客户的购物行为都有一个账号来跟踪，所以可以精确地记录购物时间。我们很容易地可以从 B2C 网站的运行数据中抽取出(购物时间，顾客)二维数据集并装载到数据仓库。

接着，我们设计一个数据分析方案，以找出能转换为稳定客户的新客户，并找出稳定客户的流失信号。这样我们就可以对症下药，设计 CRM 行动。数据分析方案分几个步骤：

---

① 本案例编自任鑫《粗糙却方便的客户关系管理模型》博客文章，http://www.marsopinion.com/2008/07/13/crm-model-for-ecommerce/。

(1) 定义新客户。通过经验或者神经网络回归出一个阈值 K，规定购物次数小于 K 次的客户为新客户，购物次数大于等于 K 次的客户为老客户。为方便起见，这里假设 K=4。

(2) 分析客户购物模式。我们对老客户的购物间隔做聚类分析，看老用户前 4 次购物的间隔分别是多少。这里可以使用 K 均值聚类分析出 4 个组，然后计算 4 个组的质心之间的三个距离，这些距离反映了老用户前四次购物的典型间隔。这里是 P1，P2，P3(例如 70 天，60 天，和 30 天)。

(3) 识别待转换的新客户。如果一个新用户在第一次购物后，超过了 P1 天还没有进行第二次购物，我们就知道他在“转化为稳定客户”上遇到了困难；同样道理，新用户第二次购物后 P2 天或第三次购物后 P3 天内没有购物，说明他遇上了同样的问题。这样我们就识别出了待转换的新客户。

(4) 发现流失信号。对于老用户，我们可以计算每个用户的干预阈值 TrapWire = Max {P1, P2, P3, P4, …, Pn}，其中 P_i 为相邻两次购物的时间间隔。如果客户距上次购物的时间 T 超过了干预阈值，即 T > TrapWire，则该客户呈现出了流失信号。

图 9-13 描述明了(2)中的聚类分析，图 9-14 则描述了(3)、(4)中的决策树分析。

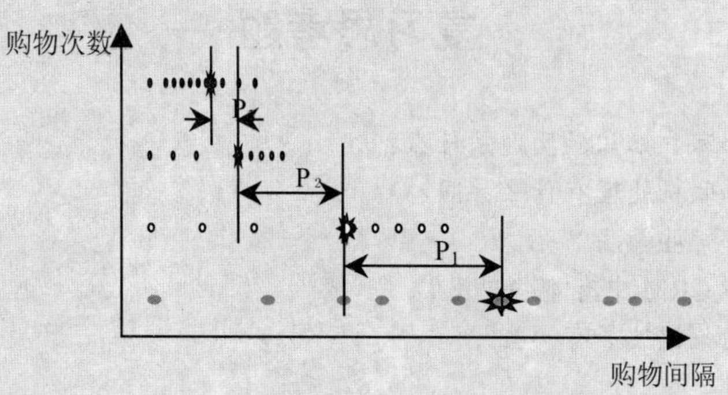

图 9-13　顾客购物间隔的 K 均值聚类分析

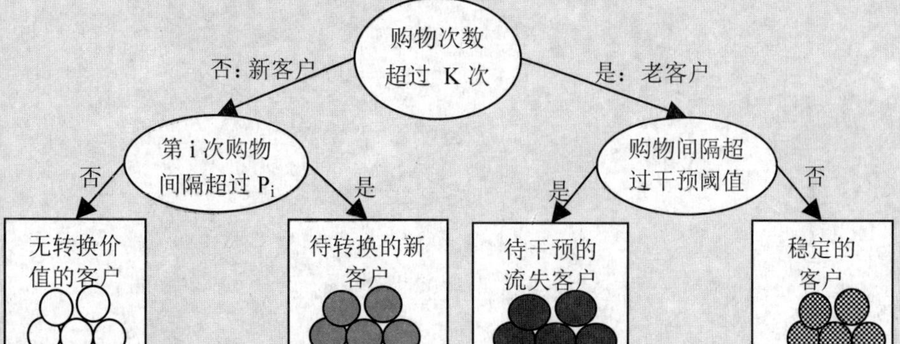

图 9-14　购物间隔的决策树分析

最后，我们需要将数据分析结果应用到实践当中。我们可以对网站进行改版和优化，并展开不同的市场营销活动，然后跟踪图 9-14 中各类客户比例的变化来判断营销的效果。如果待转换的新客户和待干预的流失客户比例都在增长，说明客户在加速流失，需要确认 CRM 质量是否有波动，客户的消费心理是否有变化。对于待干预的流失客户，可以让客服打电话询问他们对于网站的意见，并及时给予激励挽留，例如发放折扣券等。在执行这些 CRM 活动时，还可以根据执行情况和可用资源等因素修正和调整上述数据分析方法及其参数。例如，如果预算比较充裕，可以适当降低干预阈值以展开更多的挽留行动。

【案例评述】

本案例通过一个假想的 B2C 网站示范了如何综合应用领域知识和数据分析技术来实施 CRM。尽管该案例极其简化，但非常典型。它不但综合了常见的数据分析方法，还演示了从数据准备到建立模型，再到付诸行动的整个 CRM 数据分析流程。这个案例说明了数据分析时所作的假设和模型，还有 CRM 知识及领域知识的应用。其中的 K 均值聚类和决策树固然简单，但已充分展示了客户细分和决策可视化的巨大作用。

复习思考题

1. 客户数据和客户知识的区别是什么？
2. 数据挖掘和联机处理有什么异同？
3. 数据挖掘有哪些算法？
4. 数据挖掘在 CRM 中有哪些应用？
5. 商业智能的关键技术有哪些？

第 10 章　CRM 与其他系统的整合

教学目标

- 了解企业应用整合的基本概况。
- 熟悉 ERP、SCM 的基本思想、主要功能模块、企业知识管理的基本概念。
- 掌握 CRM、ERP、SCM 之间的关系，以及它们之间的整合思路与方法。

10.1　企业应用整合的基本概况

任何有意实施 CRM 系统的企业都无法绕过系统整合的问题，这也是 CRM 系统实施成功与否的关键因素之一。企业应用整合(enterprise application integration，EAI)就是因应这类整合的需求而产生的一个专业术语。

10.1.1　EAI 的背景

从 20 世纪 60 年代到 70 年代期间，企业大多是应用替代重复性劳动的一些简单设计。当时并没有考虑到企业数据的集成，唯一的目标就是用计算机代替一些孤立的、体力性质的工作环节。

到了 20 世纪 80 年代，有些企业开始意识到应用集成的价值和必要性。这是一种挑战，很多企业的技术人员都试图在企业系统整体概念的指导下，对已经存在的应用进行重新设计，以便让它们集成在一起。然而这种努力收效甚微。20 世纪 90 年代，开始流行 ERP 应用的时候，也要求能够支持已经存在的应用和数据，这就必须引入 EAI。所以说，EAI 的发展是合乎逻辑的，企业利用客户机/服务器技术实现了分布应用，后来认识到了连接多种业务处理的好处。其他推动 EAI 市场的因素还有应用软件包的发展、针对 Y2K 问题的应用、供应链管理(B2B 集成)、流式业务处理以及 Web 应用集成。

图 10-1 是 ERP 和 CRM 整合发展历程的示意图。ERP 和 CRM 的发展都是从部分功能逐步扩大到其他应用领域，即从“小整合”到“大整合”，从局部到全局。在当今的互联网时代，这个总体趋势发展得更快。技术的每一次发展都为企业最终实现“业务活动完全自动化”带来机会。

驱动企业应用整合所产生的主要内、外在因素如下。

(1) Web-based & Packaged 应用系统的流行。

(2) 追求效率和控制成本。

(3) 兼并和收购。

(4) 技术的不断创新。

(5) XML 技术的兴起。

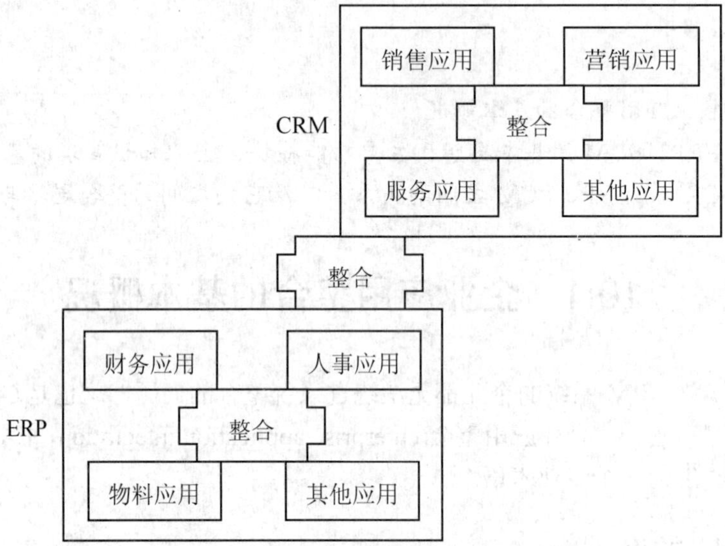

图 10-1　ERP 和 CRM 的整合发展过程

(资料来源：何荣勤. CRM 原理•设计•实践(第 2 版). 北京：电子工业出版社，2006.)

目前，大企业已逐渐接受“企业集成骨干网”的概念。所谓“企业集成骨干网”实际上是建立一个集成的可扩展的应用软件总线结构，所有的应用可以“即插即用”。“企业集成骨干网”的模型如图 10-2 所示。

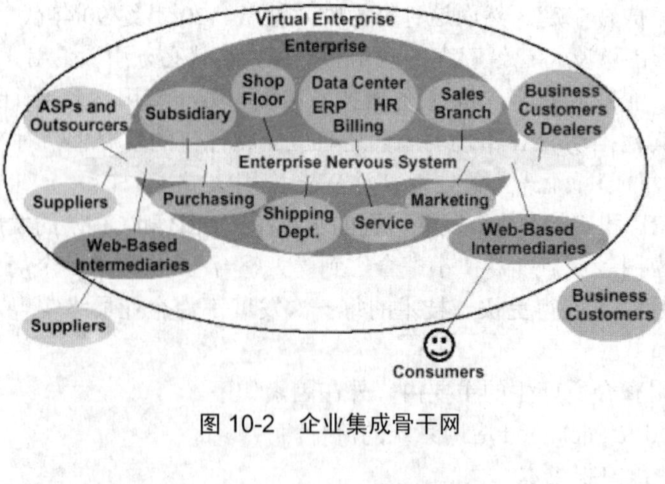

图 10-2　企业集成骨干网

目前，企业对“企业集成骨干网”的需求急剧增加，企业应用集成(EAI)已经成为实现企业主要战略目标的必需手段和捷径。

10.1.2　EAI 的含义

1. EAI 的定义

企业应用整合(enterprise application integration，EAI)，是将基于各种不同平台、用不同方案建立的异构应用集成的一种方法和技术。EAI 通过建立底层结构联系横贯整个企业的异构系统、应用、数据源等，完成在企业内部的 ERP、CRM、SCM、数据库、数据仓库，以及其他重要的内部系统之间无缝地共享和交换数据的需要。有了 EAI，企业就可以将企业核心应用和新的 Internet 解决方案结合在一起。

EAI 将进程、软件、标准和硬件联合起来，在两个或更多的企业系统之间实现无缝集成，使它们就像一个整体一样。尽管 EAI 常表现为对一个商业实体(例如一家公司)的信息系统进行业务应用集成，但当在多个企业系统之间进行商务交易的时候，EAI 也表现为不同公司实体之间的企业系统集成，例如 B2B 的电子商务。形象地看，EAI 起着将两个“孤立”的应用系统相互“粘接”的作用，是一个“中间插件”，很像一个“中间人”的角色，如图 10-3 所示。

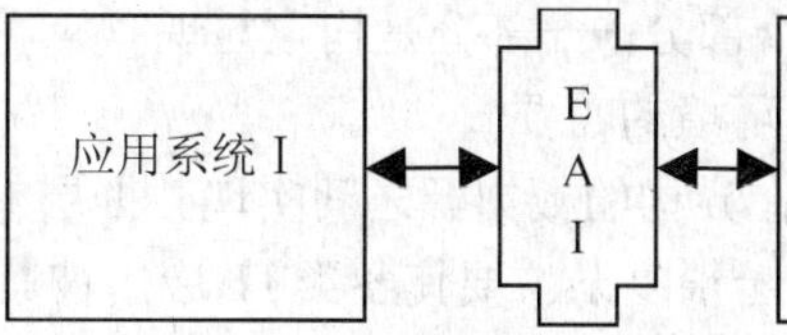

图 10-3　EAI 的定位

(资料来源：何荣勤. CRM 原理•设计•实践(第 2 版)[M]. 北京：电子工业出版社，2006.)

如果一个“中间人”能够协调两个以上的关系，那么这个“中间人”就必须具有多方面的协调能力，例如会讲多种语言。这个“中间人”是躲在企业“应用系统”后面的，企业的最终“用户”并没有觉察到它的真实存在。

2. B2Bi 与 B2Ci

B2Bi(business to business integration)是一个企业与另一个企业的应用系统之间的整合，以实现企业同供应商、经销商等合作伙伴之间更加紧密的协作关系。

B2Ci(business to customer integration)是指企业内部系统(主要是 ERP 系统)和企业的 Web 应用之间的整合。一个企业如要进行电子商务，就必须将 Web 应用同后台的财务、库存管理模块等实现充分的信息交流，否则传统的作业方式无法满足电子商务的实际需要。

另外，也有一些研究人员干脆将 B2Bi 和 B2Ci 都归到 EAI 的范围内，而不管是企业内部还是企业之间的。这种把 B2Bi 和 B2Ci 都当作 EAI 的扩展的提法，也未尝不可。其实很多在互联网时代出现的名词本身也在不断的演变之中，往往隔一段时间就需要重新定义。

3. BPI 与 eBI

BPI 即业务流程整合(business process integration)的简称。很显然，EAI 主要强调的是应用系统之间对数据和功能组件的共享(相互调用)，是以“数据”驱动的；而 BPI 是由“活动”驱动的业务流程“整合”，就是将原有的分散于企业内部或者外部的“业务流程断点”加以接续，从而完成全程业务活动的自动化。

eBI 即电子商务的整合(e-Business Integration)，是一个广义的词汇，任何的整合只要它是在电子商务框架内，都属于电子商务的整合，这包含了上面各种整合的提法。

10.1.3 EAI 集成方案

一个完整的 EAI 解决方案应当包含以下五个层面。

(1) 用户交互：实现应用用户界面统一的接入与安全机制，利用门户技术进行构建。

(2) 应用连接：通过 HUB 或总线架构，实现应用与应用之间的连接，完成相关的数据路由与数据格式的转换。

(3) 业务流程整合：实现业务流程管理，包括工作流管理和自动化流程两个方面。

(4) 构建整合：这个层面包含两个部分，一部分是构建与现有应用兼容的新应用，另一部分是对现有资源进行重用以适应新环境的需要。

(5) 信息集成：实现数据集成，在异构的数据源之间实现数据层的直接整合。

EAI 的目标决定其所包括的内容会很复杂。要使各类 IT 应用彼此如意地沟通，EAI 肯定要拥有与 CRM、MIS 等这样的应用系统打交道的能力。各系统可能分布在企业的不同地域；系统所使用的平台可能是微软的产品，也可能是其他公司的产品；系统的开发工具可能是 VC，也可能是早期的 COBOL。EAI 要涉及信息系统的底层结构、硬件平台、软件内部甚至业务流程等方面。

通过以上集成，EAI 使得企业众多信息系统都与一个由中间件组成的底层基础平台相连接，各种“应用孤岛”、“信息孤岛”通过各自的“适配器”(可以理解成一个转接口)连接到一个总线上，然后再通过一个消息队列实现各个应用之间的交流。

10.2 CRM 与 ERP 的整合

CRM 受到广泛关注的根本在于，企业关注的重点由提高内部效率向尊重外部客户转移。传统的 ERP 注重于企业后台的管理，提高了内部业务流程的自动化程度，使员工从日常事务中得到解放，但它缺少直接面对客户的系统功能。在完成了提高内部运作效率和质量的任务之后，企业可以有更多的精力去关注自身与外部相关利益者的互动。企业在处理与外部客户关系时越来越明显地感到对 CRM 的需求。

10.2.1 企业资源计划概述

企业资源计划或称企业资源规划，简称 ERP(enterprise resource planning)，由 Gartner Group 于 1990 年提出，最初被定义为应用软件，但迅速为全世界商业企业所接受，现已经发展成为现代企业管理理论之一。ERP 系统，是指建立在信息技术基础上，以系统化的管理思想，为企业决策层及员工提供决策运行手段的管理平台。

ERP 是整合了企业管理理念、业务流程、基础数据、人力物力、计算机硬件和软件于一体的企业资源管理系统。ERP 是先进的企业管理模式，是提高企业经济效益的解决方案。其主要宗旨是对企业所拥有的人、财、物、信息、时间和空间等综合资源进行综合平衡和优化管理，协调企业各管理部门，围绕市场导向开展业务活动，提高企业的核心竞争力，从而取得最好的经济效益。因此，ERP 是一个软件，同时也是一个管理工具。它是 IT 技术与管理思想的融合体，也就是先进的管理思想借助电脑，来达成企业的管理目标。

ERP 的发展大致经历了以下五个过程。

(1) 订货点法：20 世纪 40 年代，计算机系统还没有出现，为了解决库存控制问题，人们提出了订货点法。

(2) 时段式 MRP：20 世纪 60 年代随着计算机系统的发展，使得短时间内对大量数据进行复杂运算成为可能。于是人们提出了 MRP 理论，即物料需求计划(material requirement planning)，这是一种开环 MRP。

(3) 闭环 MRP：随着人们对 MPP 认识的加深及计算机系统的进一步普及，MRP 的理论范畴也得到了发展。在 20 世纪 70 年代，为解决采购、库存、生产、销售的管理，发展了生产能力需求计划(capacity requirement planning，CRP)、车间作业计划以及采购作业计划理论，使得 MRP 变成一个闭合系统，即闭环 MRP。

(4) MRPII 理论：20 世纪 80 年代，随着计算机网络技术的发展，企业内部信息得到充分共享，MRP 的各子系统也得到了统一，形成了一个集采购、库存、生产、销售、财务、工程技术等为一体的子系统。于是发展了 MRPII 理论，即制造资源计划(manufacturing resource Planning，MRPII)。MRPII 用来集成生产制造与财务管理，是制造领域和财务领域的桥梁。

(5) ERP 的产生：到了 20 世纪 90 年代，市场竞争进一步加剧，企业竞争的空间和范围进一步扩大，80 年代主要面向企业内部资源全面管理的思想随之逐步发展成为怎样有效利用和管理整体资源的管理思想。90 年代初(1991)Gartner Group 首先提出了 ERP 的概念报告。从 MRPII 系统到 ERP 系统的演变是一个必然的趋势，企业资源计划也是实施企业流程再造的有效工具。

ERP 项目是一个庞大的系统工程，不是有钱买软件就可以的。ERP 更多的是一种先进的管理思想，它涉及面广，投入大，实施周期长，难度大，存在一定的风险，需要采取科学的方法来保证项目实施的成功。

ERP 强调对企业管理的事前控制能力，把设计、制造、销售、运输、仓储和人力资源、工作环境、决策支持等方面的作业，看作是一个动态的、可事前控制的有机整体。ERP 系统将上述各个环节整合在一起，它的核心是管理企业现有资源，合理调配和准确利用现有资源，为企业提供一套能够对产品质量、市场变化、客户满意度等关键问题进行实时分析、判断的决策支持系统。

ERP 是先进的现代企业管理模式，目的是合理配置企业各方面资源(包括人、财、物、产、供、销等因素)，以使之充分发挥效能，提升企业核心竞争力。ERP 体现了以下四种管理思想。

(1) 体现了对整个供应链进行有效管理的思想。实现了对整个企业供应链上的人财物等所有资源及其流程的管理。

(2) 体现了精益生产、同步工程和敏捷制造的思想。面对激烈的竞争，企业需要运用同步工程组织生产和敏捷制造，保持产品高质量、多样化、灵活性，实现精益生产。

(3) 体现事先计划与事中控制的思想。ERP 系统中的计划体系主要包括生产计划，物料需求计划，能力需求计划等。

(4) 体现业务流程管理的思想。为提高企业供应链的竞争优势，必然带来企业业务流程的改革，而系统应用程序的使用也必须随业务流程的变化而相应调整。

10.2.2 ERP 主要功能模块

ERP 是将企业所有资源进行整合集成管理，简单地说是将企业的三大流：物流、资金流、信息流进行全面一体化管理的管理信息系统。由于各个 ERP 软件提供商的产品风格与侧重点不尽相同，因而其 ERP 产品的模块结构也相差较大。另外，一些非生产性、公益性企业也可导入 ERP 系统进行资源计划和管理。这里仍然以典型的生产制造企业为例，介绍 ERP 的功能模块。

生产制造企业的管理主要包括三方面内容：生产控制(计划、制造)、物流管理(分销、采购、库存管理)和财务管理(会计核算、财务管理)。这三大系统本身就是集成体，它们互相之间有相应的接口，能够很好地整合在一起管理企业。另外，随着企业对人力资源管理的重视，已经有越来越多的 ERP 厂商将人力资源管理纳入了 ERP 系统，成为 ERP 系统的一个重要组成部分。

1. 生产控制管理模块

这部分是 ERP 系统的核心所在，它将企业的整个生产过程有机的结合在一起，使企业能够有效地降低库存，提高效率。同时，将各个原本分散的生产流程自动连接，也使得生产流程能够前后连贯，不会出现生产脱节，耽误生产交货时间。

生产控制管理是一个以计划为导向的先进的生产管理方法。企业首先确定一个总生产计划，再经过系统层层分解后，下达到各部门去执行。即生产部门以此生产，采购部门按此采购等等。生产控制管理主要包括以下几个部分。

1) 主生产计划

根据生产计划、预测和客户订单的输入，安排将来各周期中需要提供的产品种类和数量；它将生产计划转为产品计划，在平衡了物料和能力的需要后，精确到时间、数量的详细进度计划。主生产计划是企业在一段时期内的总体活动安排，是一个稳定的计划，是以生产计划、实际订单和对历史销售分析得来的预测。

2) 物料需求计划

在主生产计划决定生产多少最终产品后，再根据物料清单，把整个企业要生产的产品数量转变为所需生产的零部件数量，并对照现有库存量，得到还需加工多少，采购多少的最终数量。这才是整个部门真正依照的计划。

3) 能力需求计划

在得出初步的物料需求计划之后，将所有工作中心的总工作负荷与工作中心的能力进行平衡，而后形成的详细工作计划，用以确定生成的物料需求计划是否是企业生产能力上可行的需求计划。能力需求计划是一种短期的、当前实际应用的计划。

4) 车间控制

这是随时间变化的动态作业计划，是将作业分配到具体各个车间，再进行作业排序、作业管理、作业监控。

5) 制造标准

在编制计划中需要许多生产基本信息，这些基本信息就是制造标准，包括零件代码、物料清单、工序和工作中心，都用唯一的代码在计算机中识别。

(1) 零件代码：对物料资源的管理，对每种物料给予唯一的代码识别。

(2) 物料清单：定义产品结构的技术文件，用来编制各种计划。

(3) 工序：描述加工步骤及制造和装配产品的操作顺序。它包含加工工序顺序，指明各道工序的加工设备及所需要的额定工时和工资等级等。

(4) 工作中心：使用相同或相似工序的设备和劳动力组成的，从事生产进度安排、核算能力、计算成本的基本单位。

2. 物流管理模块

物流管理模块主要涉及分销管理、库存控制、采购管理以及批次跟踪管理等。物流管理模块在功能上与 CRM 系统和 SCM 系统有比较多的重叠，也是 ERP 与 CRM、SCM 集成整合的关键环节。

1) 分销管理

分销管理从产品的销售计划开始，对其销售产品、销售地区及销售客户的各种信息的管理和统计，并可对销售数量、金额、利润、绩效、客户服务做出全面的分析，这样在分销管理模块中大致有三个方面的功能。

(1) 客户信息的管理和服务：建立一个客户信息档案，对其进行分类管理，进而对其进行针对性的客户服务，以达到保留老客户、争取新客户的最高效率。

(2) 销售订单的管理：销售订单是 ERP 的入口，所有的生产计划都是根据它下达并进行排产的。而销售订单的管理是贯穿了产品生产的整个流程。它包括以下内容。

- 客户信用审核及查询(客户信用分级，来审核订单交易)。
- 产品库存查询(决定是否要延期交货、分批发货或用代用品发货等)。
- 产品报价(为客户作不同产品的报价)。
- 订单输入、变更及跟踪(订单输入后，变更的修正及订单的跟踪分析)。
- 交货期的确认及交货处理(决定交货期和发货事物安排)。

(3) 销售统计与分析：系统根据销售订单的完成情况，依据各种指标做出统计，比如客户分类统计、销售代理分类统计等，就这些统计结果来对企业实际销售效果进行评价。

- 销售统计(根据销售形式、产品、代理商、地区、销售人员、金额、数量来分别进行统计)。
- 销售分析(包括对比目标、同期比较和订货发货分析，来从数量、金额、利润及绩效等方面作相应的分析)。
- 客户服务(客户投诉记录，原因分析)。

2) 库存控制

用来控制存储物料的数量，以保证稳定的物流支持正常的生产，但又要有最小限度的资金占用。它是一种相关的、动态的、及真实的库存控制系统。它能够结合、满足相关部门的需求，随时间的变化动态地调整库存，精确的反映库存现状。这个功能模块涉及以下内容。

(1) 为所有的物料建立库存，决定何时订货采购，同时作为交给采购部门采购、生产部门作生产计划的依据。

(2) 收到订购物料，经过质量检验入库，生产的产品也同样要经过检验入库。

(3) 收发料的日常业务处理工作。

3) 采购管理

确定合理的定货量、优秀的供应商和保持最佳的安全储备。能够随时提供定购、验收的信息，跟踪和催促外购或委外加工的物料，保证货物及时到达。建立供应商的档案，用最新的成本信息来调整库存的成本。具体包括以下四个方面。

(1) 供应商信息查询(查询供应商的能力、信誉等)。

(2) 催货(对外购或委外加工的物料进行跟催)。

(3) 采购与委外加工统计(统计、建立档案，计算成本)。

(4) 价格分析(对原料价格分析，调整库存成本)。

4) 批次跟踪管理

许多行业都要求对物资流转过程进行产品批次的跟踪管理，一旦产品出现质量问题，可以通过产品批次追溯。这就可以清楚地知道哪些原材料、零部件，或是哪道工序的工艺出现问题。这时可以对同样有问题的产品进行隔离。

3. 财务管理模块

清晰分明的财务管理极其重要，财务管理模块是 ERP 中不可或缺的部分。ERP 中的财务模块与一般的财务软件不同，作为 ERP 系统中的一部分，它和系统的其他模块有相应的接口，能够相互集成，例如：可将由生产活动、采购活动输入的信息自动记入财务模块，生成总账、会计报表，取消了输入凭证繁琐的过程，几乎完全替代以往传统的手工操作。一般的 ERP 软件的财务部分为会计核算与财务管理两大部分。

1) 会计核算

会计核算主要是记录、核算、反映和分析资金在企业经济活动中的变动过程及其结果。它由总账、应收账、应付账、现金管理、固定资产核算、多币制、工资核算、成本核算等子模块构成。

(1) 总账模块：处理记账凭证输入、登记，输出日记账、一般明细账及总分类账，编制主要会计报表。它是整个会计核算的核心，应收账、应付账、固定资产核算、现金管理、工资核算、多币制等各模块都以其为中心进行互相的信息传递。

(2) 应收账模块：指企业应收的由于商品赊欠而产生的正常客户欠款账。它包括发票管理、客户管理、付款管理、账龄分析等功能。它和客户订单、发票处理业务相联系，同时将各项事件自动生成记账凭证，导入总账。

(3) 应付账模块：会计里的应付账是企业应付购货款等账，它包括发票管理、供应商管理、支票管理、账龄分析等。它能够和采购模块、库存模块完全集成以替代过去繁琐的手工操作。

(4) 现金管理模块：主要是对现金流入流出的控制以及零用现金及银行存款的核算。它包括对硬币、纸币、支票、汇票和银行存款的管理。在 ERP 中提供了票据维护、票据打印、付款维护、银行清单打印、付款查询、银行查询和支票查询等和现金有关的功能。此外，它还和应收账、应付账、总账等模块集成，自动产生凭证，过入总账。

(5) 固定资产核算模块：完成对固定资产的增减变动以及折旧有关基金计提和分配的核算工作。它能够帮助管理者对目前固定资产的现状有所了解，并能通过该模块提供的各种方法来管理资产，以及进行相应的会计处理。它的具体功能包括登录固定资产卡片和明细账、计算折旧、编制报表以及自动编制转账凭证，并转入总账。它和应付账、成本、总账模块集成。

(6) 多币制模块：这是为了适应当今企业的国际化经营，对外币结算业务的要求增多而产生的。多币制将企业整个财务系统的各项功能以各种币制来表示和结算，且客户订单、库存管理及采购管理等也能使用多币制进行交易管理。多币制和应收账、应付账、总账、客户订单、采购等各模块都有接口，可自动生成所需数据。

(7) 工资核算模块：能够自动进行企业员工的工资结算、分配、核算以及各项相关经费的计提。它能够登录工资、打印工资清单及各类汇总报表，计算计提各项与工资有关的费用，自动做出凭证，导入总账。这个模块是由总账、成本模块集成而来的。

(8) 成本核算模块：依据产品结构、工作中心、工序、采购等信息进行产品的各种成本的计算，以便进行成本分析和规划。还能用标准成本或平均成本法按地点维护成本。

2) 财务管理

财务管理的功能主要是基于会计核算的数据，再加以分析，从而进行相应的预测、管理和控制活动。它侧重于财务计划、分析和决策。

(1) 财务计划：根据前期财务分析做出下期的财务计划、预算等。

(2) 财务分析：提供查询功能和通过用户定义的差异数据的图形显示进行财务绩效评估，账户分析等。

(3) 财务决策：财务管理的核心部分，中心内容是作出有关资金的决策，包括资金筹集、投放及资金管理。

4. 人力资源管理模块

长期以来企业一直将与生产制造有关的资源作为企业的核心资源进行管理，因此，最初的 ERP 系统基本上都是以生产制造及销售过程(供应链)为中心的。随着人力资源越来越受到企业的关注，被视为企业的资源之本。人力资源管理作为一个独立的模块，被加入到 ERP 系统，和 ERP 中的生产制造、物流、财务模块构成一个高效的、具有高度集成性的企业资源系统。人力资源管理主要包括以下子模块。

1) 人力资源规划的辅助决策

(1) 对于企业人员、组织结构编制的多种方案，进行模拟比较和运行分析，并辅之以图形的直观评估，辅助管理者做出最终决策。

(2) 制定职务模型，包括职位要求、升迁路径和培训计划，根据担任该职位员工的资格和条件，系统会提出针对本员工的一系列培训建议，一旦机构改组或职位变动，系统会提出一系列的职位变动或升迁建议。

(3) 进行人员成本分析，可以对过去、现在、将来的人员成本作出分析及预测，并通过 ERP 集成环境，为企业成本分析提供依据。

2) 招聘管理

人才是企业最重要的资源。优秀的人才才能保证企业持久的竞争力。招聘系统一般从以下三个方面提供支持。

(1) 进行招聘过程的管理，优化招聘过程，减少业务工作量。

(2) 对招聘的成本进行科学管理，从而降低招聘成本。

(3) 为选择聘用人员的岗位提供辅助信息，并有效地帮助企业进行人才资源的挖掘。

3) 工资核算

(1) 能根据公司跨地区、跨部门、跨工种的不同薪资结构及处理流程制定与之相适应的薪资核算方法。

(2) 与时间管理直接集成，能够及时更新，对员工的薪资形成动态化核算。

(3) 回算功能。通过和其他模块的集成，自动根据要求调整薪资结构及数据。

4) 工时管理

(1) 根据本国或当地的日历，安排企业的运作时间以及劳动力的作息时间表。

(2) 运用远端考勤系统，可以将员工的实际出勤状况记录到主系统中，并把与员工薪资、奖金有关的时间数据导入薪资系统和成本核算中。

5) 差旅核算

系统能够自动控制从差旅申请、差旅批准到差旅报销整个流程，并且通过集成环境将核算数据导进财务成本核算模块中去。

10.2.3　CRM 与 ERP 整合

1. CRM 与 ERP 的关系

从管理理念上来说，ERP 是提高企业内部资源的计划和控制能力，讲究的是在满足客户、及时交货的同时最大限度地降低各种成本，通过提高内部运转效率来提高对客户的服务质量，是以效率为中心的。CRM 以客户关系的建立、发展和维持为主要目的。二者在关注对象上有所区别，与企业级的内部资源计划 ERP 相比，CRM 更多的是关注市场与客户。所以 CRM 的作用主要在与客户直接接触的部门，主要针对的是企业的市场营销、销售、服务部门，包括管理整个客户生命周期的各个阶段，为企业提供对客户及所购产品的统计、跟踪、服务等信息化的手段和功能。也就是说，如果 ERP 是企业级的全面管理应用，CRM 就是 ERP 的最前端，它的作用延伸到了 ERP 以前力所不能及的范围。

从应用系统的设计角度来看，大部分 CRM 业务流程相对比较灵活，而 ERP 主要业务流程则相对固定。ERP 系统是一个“事务处理”系统，强调准确记录企业中人、财、物各项资源的轨迹，无缝集成企业生产、库存、财务等管理模块，提高企业的“自动化”能力，从而极大地降低人力需求及差错，提高效率。而 CRM 的体系设计以客户关系发展和维系为目标，系统以统一的客户数据库为中心，为系统用户提供客户的统一视图和对客户的分析、预测等。

ERP 和 CRM 既有区别又有很紧密的联系，它们在功能上存在重叠，在信息收集、处理和使用上存在相互交叉，需要同步和共享。因此，CRM 与 ERP 集成整合非常必要。通过整合，才能充分发挥这两个系统的最大效用。单独使用 CRM，则缺乏来自企业后台的信息，从而无法与客户实时响应；单独使用 ERP，则无法解决客户个性化需求的满足和市场营销方面的业务管理问题。只有二者进行整合，才能使市场与客户信息、订单信息、产品/服务的反馈信息及时地传递给 ERP 系统和企业设计部门，全面满足客户需求。同时，ERP 系统中产生的产品信息、生产进度、库存情况和财务结算信息可以及时地传递到 CRM 系统中，为客户提供整个交易过程中的全程跟踪服务。

2. CRM 与 ERP 的功能交叉

CRM 侧重于管理企业的客户，ERP 则侧重于管理企业的内部资源，同时 ERP 在管理企业内部资源时，必须保证企业各种资源围绕客户资源进行配置，所以，CRM 与 ERP 在功能上存在交叉的模块。CRM 与 ERP 功能交叉的模块主要有客户管理、产品管理、销售管理、工作人员管理和决策支持等。功能交叉的模块既存在相同点，又存在不同点，如表 10-1 所示。

表 10-1　CRM 与 ERP 的功能交叉

模　块	相同点	不同点	
		CRM	ERP
客户管理	都包括客户的基本信息、客户购买记录等	CRM 内容要更全面一些；还能通过数据仓库和挖掘工具有效整理客户信息，对客户信息进行分类，对客户消费行为进行分析和预测	只有客户的基本信息、客户购买记录等
产品管理	都包括产品基本信息、产品的 BOM 表、产品的客户化配置和报价等	管理对象主要是产成品的信息	管理对象包括产成品、在制品和原材料等所有产品的信息
销售管理	都包括合同管理、订单管理、销售费用管理、销售佣金管理等	CRM 强调销售过程的管理，讲究机会管理、时间管理和联系人管理等	强调销售收入和销售结果的管理，讲究销售计划和销售业绩等
工作人员管理	都涉及企业员工的基本情况和工作安排情况	管理范围小，主要对销售、服务人员进行管理	管理范围广，包括企业所有人员。实施非常全面的人力资源管理，包括组织管理、人事管理、薪资管理、工时管理、员工发展管理、员工自助服务等
决策支持	都使用了数据仓库和联机分析处理功能，从而实现商业智能和决策支持	数据对象是销售、客户数据	数据对象是销售、生产、产品等数据

(资料来源：马刚，李洪心，杨兴凯. 客户关系管理[M]. 大连：东北财经大学出版社，2008.)

对于工作流管理，CRM 与 ERP 系统工作方式基本上是相同的；对于营销管理，ERP 系统包括一些简单的市场资料和营销资料管理，而 CRM 则提供完善的营销功能，特别是支持一对一营销；对于客户服务和支持部分，ERP 系统只提供了简单的客户投诉记录、解决情况，没有就客户服务和支持作全面的管理，而 CRM 则实现了这种全面管理，尤其强调客户关怀，同时还兼做一些质量管理方面的工作。

对于 CRM 与 ERP 功能交叉的模块，企业应根据实际业务的需要进行梳理、整合，以提高其整体功能。

另外，对于前台应用的 CRM 和作为后台应用的 ERP 之间需要共享部分信息，包括订单信息、价格信息、库存信息、客户信息、联系人信息、信用信息、物料信息、付款信息等，必须采用一定的方法保持同步，使前后台对同一业务对象记录一致。其中，有些信息是一方生产，另一方使用，如库存状态和订单状态就是从 ERP 传递到 CRM；有些信息是双向的，如客户信息和订单信息。在整合的时间要求上，有些可以是批处理，有些则必须是实时同步。

3. CRM 与 ERP 的整合重点

正是由于 CRM 与 ERP 功能之间有连通和交叠，它们在发展中才要求相互进行整合。总的来说，CRM 侧重管理企业客户，这是企业最重要的资源；ERP 作为企业资源规划系统，必须保证企业的物质、资金、人力、信息等资源围绕客户资源进行配置；与此同时，CRM 以客户战略带动企业整体组织和业务流程的优化；ERP 必须遵循此战略对自身的生产制造、物流管理、财务和人力资源管理流程进行改造和更新。

1) 产品与客户信息

CRM 与 ERP 系统都需要利用产品与客户的基本信息、产品的客户化配置和报价以及客户同企业的交往历史等信息。对这些信息的集成是实现 CRM 与 ERP 系统整合的基础。从整个供应链集成的角度来看，建立统一的信息平台，使供应链中所有的伙伴都有能力及时准确地获得共享信息，这是提高供应链性能的关键。

2) 工作流协同工作

工作流管理是人与计算机共同工作的自动化协调、控制和通讯，在计算机化的业务过程上，通过在网络上运行软件，使所有命令的执行都处于受控状态。在工作流管理下，工作量可以被监督，分派工作到不同的用户达成平衡，实现工作流、知识、办公、公文、项目、人力资源、客户关系、供应链等“多维一体”的管理。ERP 与 CRM 系统中都有工作流管理，应进行协调整合，这是 ERP 与 CRM 系统协同工作的关键。

3) 信息交流与商业智能

在 ERP 和 CRM 中都可能使用数据库、数据挖掘和 OLAP 等技术对数据进行分析处理，从而实现商业智能和决策支持。它们所使用的技术相差不大，只是数据对象有所不同，将二者整合起来，将大幅度增加决策的信息量，使决策更加及时准确。

ERP 与 CRM 系统的很多使用者都需要查询对方系统的一般信息。因此，在两个系统之间建立畅通的数据通道，实现数据共享，将减少重复录入，提高工作效率。

ERP 与 CRM 通过整合，实现相互支持、相互依赖的数据信息传递关系。ERP 为 CRM 的数据仓库提供了丰富的数据；CRM 的分析结果和对市场发展的预测给 ERP 提供了决策数据。通过两者整合，实现从客户到供应商完全连通，企业内部流程和外部交易完全一体化，即通过 CRM 实现与客户的互动营销，通过 ERP 实现整个供应链上的数据流畅通。

10.3 CRM 与 SCM 整合

供应链管理和 CRM 的一体化使企业可以更有效地管理供应链，在实现成本节约和服务改善的同时，能有更多的时间去关注客户及客户关系。这使得企业可以真正实现实时响应客户需求，实现需求与供应链上资源的最优化配置，从而全面提升企业的竞争能力。

10.3.1 供应链管理概述

供应链是社会化大生产的产物，是重要的流通组织形式和市场营销方式。它以市场组织化程度高、经营规模化的优势，有机地联结生产和消费，对生产和流通有着直接的导向作用。

1. 供应链的概念

供应链是围绕核心企业，通过对物流、信息流和资金流的控制，从采购原材料开始，制成中间产品以及最终产品，最后由销售网络把产品销售出去，将供应商、制造商、分销商、零售商直到最终用户连成一个整体的功能网络。企业的供应链按其管理范围可分为三个层次：企业内部供应链、产业供应链或动态联盟供应链、全球网络供应链。

1) 企业内部供应链

在一个企业中，不同部门作为一个环节参与了价值增值活动。企业内部经营的所有业务单元，如订单、采购、库存、计划、生产、质量、运输、市场、销售、服务等，以及相应的财务活动、人事管理均可视为处于企业内部供应链中的环节。这种供应链管理要求将企业各个业务环节的信息孤岛连接在一起，使各种业务和信息能够实现集成和共享。

2) 产业供应链或动态联盟供应链

产业供应链贯穿于整个行业，从业务源头一直到终端客户市场的全部流程范围。一般其结构较为稳定，有明确的上下游供应链划分；动态联盟供应链较为虚拟，常常不具备产业供应链那种稳定的结构，它是一种“市场机会驱动型”的灵活的组织，它从组成到消失完全取决于市场机会的存在与否。它的优点是避免重复投资，可在短时间内形成较强的竞争能力，实现对市场需求的敏捷响应；其缺点是供应链运行的最优目标和效率难以清晰定义，运作过程蕴涵着较高的风险。

3) 全球网络供应链

Internet、交互式 Web 的应用以及电子商务的出现，改变着商业模式，使得传统的供应链向着全球化的供应链转变，并形成基于 Internet 开放式的全球网络供应链。企业的形态和边界将产生根本性改变，整个供应链的协同运作将取代传统的电子订单，供应商与客户间信息交流层次的沟通与协调将是一种交互式、透明的协同工作。这种全球网络供应链将广泛和彻底地影响并改变所有企业的经营运作方式，同时也将为企业带来更多的商业机会。

2. 供应链管理的概念

供应链管理(supply chain management，SCM)是指在满足一定的客户服务水平的条件下，为了使整个供应链系统的成本达到最小，把供应商、制造商、仓库、配送中心和渠道商等有效地组织起来进行产品制造、转运、分销及销售的管理方法。SCM 的实质是深入供应链的各个增值环节，将客户所需的正确产品(right product)能够在正确的时间(right time)，按照正确的数量(right quantity)、正确的质量(right quality)和正确的状态(right status)送到正确的地点(right place)，即“6R”，并使总成本达到最小。

SCM 是一种先进的管理理念，它的先进性体现在是以客户和最终消费者为经营导向的，以满足客户和消费者的最终期望来决定生产和供应。除此之外，SCM 还体现以下管理思想。

(1) SCM 把所有节点企业看作是一个整体，实现全过程的战略管理。传统的管理模式往往以企业的职能部门为基础，但由于各企业之间以及企业内部职能部门之间的性质、目标不同，造成相互的矛盾和利益冲突，各企业之间以及企业内部职能部门之间无法完全发挥其职能效率。

(2) 供应链是由供应商、制造商、分销商、销售商、客户和服务商组成的网状结构。链中各环节不是彼此分割的，而是环环相扣的一个有机整体。SCM 把物流、信息流、资金流、业务流和价值流的管理贯穿于供应链的全过程。它覆盖了整个物流，从原材料和零部件的采购与供应、产品制造、运输与仓储到销售各种职能领域。它要求各节点企业之间实现信息共享、风险共担、利益共存、并从战略的高度来认识供应链管理的重要性和必要性，从而真正实现整体的有效管理。

(3) SCM 是一种集成化的管理模式。SCM 的关键是采用集成的思想和方法。它是一种从供应商开始，经由制造商、分销商、零售商、直到最终客户的全要素、全过程的集成化管理模式，是一种新的管理策略，它把不同的企业集成起来以增加整个供应链的效率，注重的是企业之间的合作，以达到全局最优。

(4) SCM 提出了全新的库存观念。传统的库存思想认为，库存是维系生产与销售的必要措施，是一种必要的成本。因此，SCM 使企业与其上下游企业之间在不同的市场环境下实现了库存的转移，降低了企业的库存成本。这也要求供应链上的各个企业成员建立战略合作关系，通过快速反应降低库存总成本。

(5) SCM 以最终客户为中心，这也是 SCM 的经营导向。无论构成供应链的节点的企业数量的多少，也无论供应链节点企业的类型、层次有多少，供应链的形成都是以客户和最终消费者的需求为导向的。正是由于有了客户和最终消费者的需求，才有了供应链的存在。而且，也只有让客户和最终消费者的需求得到满足，才能有供应链的更大发展。

由于供应链是一种网状结构，一旦某一局部出现问题，马上会扩散到全局。因此，在SCM的运作过程中就要求各结点对市场信息的收集与反馈要及时、准确，以做到快速反应，降低企业损失。要做到这些，供应链管理需要先进的信息系统和强大的信息技术作为支撑。

10.3.2 SCM主要功能模块

由于各个SCM软件提供商的产品风格与侧重点不尽相同，因而其SCM产品的模块结构也相差较大。以用友公司NC的供应链管理解决方案为例，介绍SCM系统的几个主要功能模块。NC的供应链管理解决方案主要分为两大模块。

1. 内部资源协同管理模块

(1) 销售管理：以订单为核心，对销售过程中物流运动的各个环节及状态进行跟踪和管理，可区分出订单分配量、现存量、可用量、不可动用量和销售在途量等。销售管理支持用户自定义业务类型，支持对业务类型进行业务流程配置，可以灵活地支持包括委托代销、直运销售在内的各种销售业务。结合流程配置，可以定义各种与销售有关的事务的触发点，灵活地设定收入成本的确认点。

(2) 采购管理：通过商务协同，用友NC可对采购过程中物流运动的环节及状态进行跟踪管理。

(3) 库存管理：可以准确地得出未来某个时点上的预计库存及相应的资金占用情况。

(4) 票据管理：灵活的支付手段增强了对复杂业务的发票、票据和外贸支持。

(5) 委外加工：支持委外加工业务和结算，还可以与NC、MRP模块群充分整合。

(6) 配送 / 运输管理：以订单推动配送、运输，支持对内、外运输合作伙伴的管理和结算，还支持专业运输公司对运输业务收入的基本管理。

2. 外部资源协同管理模块

1) 渠道管理

渠道管理(partner relationship management，PRM)是销售市场管理的基础，PRM包括如下三个应用组件。

(1) 销售合同管理：提供对于销售合同的全面记录与跟踪；支持总量合同、总价合同、非具体存货合同、劳务合同等多种形式的合同。

(2) 销售策略：价格策略是NC供应链的一个非常强的功能节点，完全支持灵活的销售价格政策和各种促销策略，并可对销售过程进行提示或干预。

(3) 渠道管理：可对渠道成员的商誉、信用等级，销售的硬件能力、软件能力、投入产出，竞争对手在各地的动态和竞争态势等各方面指标进行综合评估，可制订、推进并考核各种渠道的计划和活动。

2) 竞争信息中心

除了日常业务流以外，还提供了各种商品反馈信息、渠道信息和市场竞争信息的收集筛选中心。

3) 分销资源计划

分销资源计划(distribution resource planning，DRP)使集团本部能够及时掌握分布在渠道中各个结点上的货物状态，并在此基础上实现对渠道中货物的均衡处理。支持分销网络的变迁和分销结点拓展。在获取网络上每个结点的现存量、要货申请及预测的情况下，对要货申请做必要的合理性检测后。根据可配置的算法，完成对分销网络存货水平的自动平衡，自动给出合理的补库建议或调拨建议。每个结点现存量、预计入和预计出都可从各节点的用友 NC 系统中获取，同时支持网上直接录入或 Email 发送，实现信息采集的垂直化和扁平化。

4) 供应商管理

供应商管理(vendor relationship management，VRM)是用友 NC 供应链体系中重要的一部分。VRM 由三个应用组件构成。

(1) 供应商评估：VRM 中的核心应用组件，支持对供应商在质量、价格、交期、服务、可持续性的改进等各方面进行综合评估。

(2) 采购合同跟踪：全程的合同记录和跟踪。

(3) 采购价格管理：建立供应商的存货价格体系，实现采购询价、比价、筛选、分析等。可严格控制订单价格，降低采购成本。

5) 质量管理

支持企业建立一个全面的质量信息数据库，并融入供应链日常运作。

10.3.3　CRM 与 SCM 整合

1. CRM 与 SCM 的关系

CRM 与 SCM 的最大共同点是，都十分重视客户。从供应链的角度看，客户是 SCM 链条上的重要环节，如果企业无法了解或响应客户的需求，那么它的供应链将因缺乏交流和信息沟通而僵化，甚至出现断点。因此，要保证供应链上信息流、物流、资金流、商流这四大流的畅通，就必须具有对客户信息进行分析的能力以及与客户互动的能力，而这一切都要求 SCM 与 CRM 进行整合。只有这样，才能提高客户的满意度与忠诚度、提高供应链的灵活性与效率。

从企业经营的角度看，SCM 与 CRM 进行整合，将提高信息流的精确性，有效减少因信息交换不充分带来的决策失误等不利因素；为跨部门、跨企业的工作提供有力的支持；加快客户反应速度，从而有效、连续地消除不确定性，避免许多不必要的库存，创造竞争的时间和空间优势；提高客户服务质量，简化需求判断的过程，极大地降低经营成本和费用，从而增强企业的竞争力。

CRM 以客户为中心，强调客户也是企业的一项重要资源，将客户需求贯穿于从研发、设计、生产、销售和售后服务的全流程，满足客户的个性化需求；SCM 基于供应链竞争的理念，将整个物流供应链作为对象来管理，强调把供应商、制造商、分销商、零售商和消费者作为供应链的节点，实现协调管理，力争实现多赢；ERP 以产品为核心、以作业计划为主线，强调企业内部资源的整合与平衡，实现对整个企业内部供应链的管理。随着互联技术、电子商务应用以及协同商务理论的发展，CRM、ERP、SCM 这三大企业信息化系统相互融合趋势明显，如图 10-4 所示，不是简单地存在谁包含谁的关系。基于 EAI 实现 CRM、ERP、SCM 三大系统的整合应用是实现企业协同商务的关键。

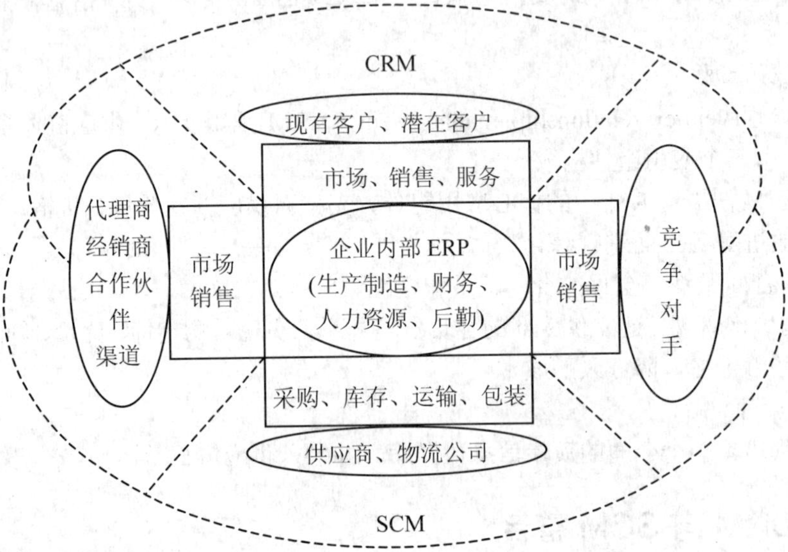

图 10-4 CRM、ERP、SCM 的关系

(资料来源：杨路明. 客户关系管理理论与实务(第二版)[M]. 北京：电子工业出版社，2009.)

2. CRM 与 SCM 的功能交叉

CRM 与 SCM 系统在以下六个方面有交叉和重叠。

(1) 客户数据管理：CRM 与 SCM 系统中都需要利用客户的一些基本数据开展业务、进行决策。在这一方面，SCM 系统可以直接应用 CRM 系统中的相关功能模块。

(2) 伙伴关系管理：伙伴关系管理是作为 SCM 系统的一个重要职能而存在的，它是构建供应链体系的基础。而在 CRM 系统中，伙伴关系管理还只是协作型 CRM 的一个发展方向。在这一方面，CRM 系统应当直接应用 SCM 系统中的相关功能模块。

(3) 销售管理：销售管理既是 SCM 系统的职能领域，也是 CRM 系统的职能领域，但

CRM 更加完善、更有优势。因此，SCM 系统可以直接利用 CRM 系统的销售管理模块。

(4) 营销管理：营销管理是属于 SCM 系统的辅助领域，SCM 系统可以直接利用 CRM 系统的营销管理模块。

(5) 客户服务：客户服务也属于 SCM 的辅助领域。SCM 系统同样可以直接利用 CRM 的客户服务与支持模块。

(6) 工作流管理：SCM 系统中也有工作流管理．而且同 CRM 两者的工作方式也是一样的，都采用了工作流管理技术，因此在实际运作中完全可以整合在一起。

3. CRM 与 SCM 的整合重点

类似于 CRM 和 ERP 的整合，产品与客户信息、工作流协同工作、信息交流与商业智能等也是 CRM 和 SCM 集成整合的重点。在实际技术实现时，应当综合考虑 CRM 系统、ERP 系统以及 SCM、ERP 和 SCM 系统之间同样存在着很大的整合空间。

在整合 CRM 与 SCM 时，应重视两者在管理思想上的融合。在产品差异化越来越小的今天，一个领先的企业也许有能力在任何时间将大量产品投向市场，但是如果不能对客户个性化的需求作出反应，不能结合客户的需求去设计乃至在流通体系上改进产品，那么可能是导致大量产品的积压。因此，企业在应用 SCM 系统时必须在管理思想上与 CRM 集成，实现以客户为中心的“拉动式”供应链运作。同时，在 CRM 中应当引入 SCM 的思想，即将客户视为供应链中的下游链，只有这样，才能从整个供应键的角度来运作 CRM，寻求整个供应链的全局最优。

10.3.4　CRM、ERP、SCM 的整合

现在的时代是“以客户为中心”的时代，只有实现客户的价值，得到客户的认可，企业才能真正实现自身的价值创造。现代的竞争是供应链之间、商业生态系统之间的群体竞争，个别企业的单打独斗难于建立持久的竞争优势。而企业的内部资源效率是实现以客户为中心以及实现供应链竞争的基础。因此，需要将 ERP、CRM 和 SCM 进行有效的集成，才能完整地实现企业的信息化，为协同电子商务提供支撑，实现完整意义上的电子商务，创造持久的企业竞争优势。

CRM 的管理思想是以客户为中心，强调客户也是企业的一项重要资源，将客户需求贯穿于从研发、设计、生产、销售和售后服务的全流程，满足客户的个性化需求。CRM 提倡通过增加客户销售来提高经济效益，其经营分析的重点是客户满意度、客户占有率等指标。实现 CRM 的目标需要 ERP 和 SCM 系统的支持，因为 CRM 缺乏对企业内部及供应链相关信息的有效管理，从 CRM 中所获取的客户信息，需要与企业的生产、物流、销售等信息进行有效的整合。每一类客户的需求都需要有规范的企业内部流程及供应链的支撑，才能真正给客户提供满意的服务。

ERP 的管理思想是以产品为核心、以作业计划为主线，强调企业内部资源的整合与平

衡，实现对整个企业内部供应链的管理。ERP 提倡通过降低生产成本来提高经济效益，其经营分析的重点是产品销售率、市场占有率和成本降低率等指标。虽然 ERP 能够通过对企业资源的合理安排，实现资源的最优化，但是它无法实时响应客户需求，难于对供应链提供有效支持，难于实时预测业务伙伴和客户群体的变化。因此，ERP 系统需要 CRM 和 SCM 的有效支持，通过前端的电子商务采购平台和销售平台，使企业内外部之间的信息流、资金流和物流相互协调与配合。

SCM 的管理思想是基于供应链竞争的理念，将整个物流供应链作为对象来管理，强调把供应商、制造商、分销商、零售商和消费者作为供应链的节点，实现协调管理，力争实现多赢。通过 IT 技术手段，对供应链上的物流、信息流、资金流、价值流及工作流进行计划、组织、协调与控制，实现最优的供应链效率。SCM 着眼于企业与供应商和客户之间供给与需求的平衡，对从供应商到客户之间的整个渠道进行全面的管理，以最小的成本满足客户需求。但是，要实现供应链的整体协同，必须建立在企业内部的 ERP 系统之上，缺少来自后台的企业内部生产信息，SCM 无法实现与供应商的协调；同样，如果没有前台的客户需求信息，SCM 也无法清楚对供应商的需求，无法实现对客户的满意服务。

从以上的分析还可以看出，ERP、CRM 和 SCM 基于不同的管理思想，有重叠，更有各自不同的功能实现。CRM 缺乏来自企业后台的信息，无法实现对客户的实时响应，而 ERP 则无法解决满足客户个性化需求和市场营销方面的业务管理问题；SCM 必须与 ERP 的车间管理、能力数据等进行实时交互，而 ERP 则无法解决企业间的协调与集成；客户是 SCM 链条上的重要环节，在无法了解及响应客户需求的情况下，供应链是不完整的和僵化的。

通过 ERP 与 CRM 的整合，能够将市场与客户信息、订单信息、产品/服务的反馈信息及时地传递给 ERP 系统和企业设计部门，全面满足客户需求。同时，ERP 系统中所产生的产品信息、生产进度、库存情况和财务结算信息可以及时地传递到 CRM 系统中，为客户提供整个交易过程中的全程跟踪服务。

通过 ERP 与 SCM 的整合，能够使企业内部和企业之间的业务流程得到整合，对整个供应链中的信息流、物流、和资金流进行优化，实现生产管理、库存管理、物流管理、财务管理以及人力资源管理集成。

通过 CRM 和 SCM 的集成，才能够完整保证供应链上的信息流、物流、资金流的畅通，才能提高客户的满意度与忠诚度、提高供应链的柔性与效率。通过整合集成，一方面，能够准确判断需求，加快对客户的反应速度，提高客户服务质量；另一方面，能够有效地减少信息交换的不充分与信息扭曲，避免决策错误，为部门之间、企业之间的协作提供有力的支持。

ERP 和 CRM 要想发挥更大的作用也离不开 SCM 的支持。通过 SCM 与 ERP 能够在物料采购、库存管理和产品设计方面做得更出色，SCM 为 CRM 提供可靠的产品供给。SCM 与 ERP 和 CRM 集成，能够体现供应链竞争的优势，支持 ERP 和 CRM 对企业的所有资源进行更完善的管理。

10.4　CRM 中的知识管理

CRM 以客户知识为基础，所有的活动都要建立在对客户知识的掌握之上。因此，CRM 项目实施离不开知识管理的支持。

10.4.1　知识管理概述

知识管理(knowledge management，KM)是网络新经济时代的新兴管理思潮与方法，管理学者彼得·杜拉克早在 1965 年即预言："知识将取代土地、劳动、资本与机器设备，成为最重要的生产因素。"管理大师德鲁克认为："21 世纪的组织，最有价值的资产是组织内的知识工作者和他们的生产力。"

1. KM 的概念

KM 被定义为，在组织中建构一个人文与技术兼备的知识系统，让组织中的信息与知识，透过获得、创造、分享、整合、记录、存取、更新等过程，达到知识不断创新的最终目的，并回馈到知识系统内，个人与组织的知识得以永不间断的累积，从系统的角度进行思考，这将成为组织的智慧资本，有助于企业做出正确的决策，以适应市场的变迁。许多 KM 的文献将 KM 概括为"创造(发现、获取)、存储和应用知识，以提升组织绩效的过程。"

依据知识的性质，可以将企业知识划分为显性知识(explicit knowledge)和隐性知识(tacit knowledge)。显性知识是能用文字和数字表达出来，能够通过语言、书籍、文字、数据库等编码方式传播，容易被人们获取和学习的知识；隐性知识是高度个性化且难于格式化的知识，主观的理解、直觉和预感都属于这一类知识。两者间的主要区别如表 10-2 所示。

表 10-2　显性知识与隐性知识的比较

显性知识	隐性知识
存在于文档中	存在于人的头脑中
可编码的(Codified)	不可编码的(Uncodified)
容易用文字的形式记录	很难用文字的形式记录
容易转移	难于转移

根据 Delphi Group 的调查显示，企业中的大部分知识(42%)是存在于员工头脑中的隐性知识。因此，隐性知识应该得到重视。

2. 企业知识管理的基本内容

企业中主要存在以下九类知识。

(1) 业务知识：由 ERP 等业务系统所生成和管理。

(2) 员工知识：员工个人技能、知识潜力、工作经验、工作记录。

(3) 流程知识：将知识嵌入业务流程之中，在关键环节能有专家知识支持。

(4) 组织记忆：记录现有经验以备将来之用。包括知识库、案例库、最佳实践库和历史档案等。

(5) 客户知识：通过客户关系发展深层知识，提高产品/服务质量，以此赢得更多客户。

(6) 产品/服务知识：产品中要有知识含量，围绕产品提供知识密集服务。

(7) 关系知识：提高跨领域的知识流动，比如利用与供应商、客户以及雇员的关系等。

(8) 知识资产：智慧型资本/专利和无形知识产权，控制其发展和利用。

(9) 外部情报：从 Internet、外部专家等渠道从企业外部收集到的知识和情报。

上述这些知识包括企业内部的显性、隐性知识，也包括企业的外部知识，如社会环境、供应商、客户等方面的知识。图 10-5 是企业中的主要知识节点。

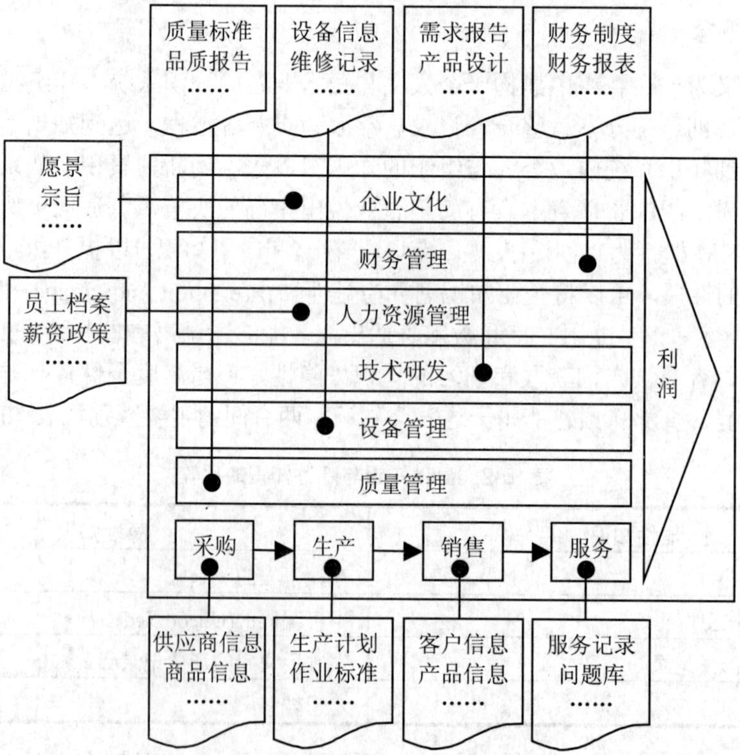

图 10-5 企业中的知识节点

(资料来源：http://wi/ci.mbalib.com/wi/ci%E7%9F%A5%E8%AF%86%E7%AE%AI%E7%90%86，访问日期 2011-1-5.)

根据知识在企业中的生产、存储、传播和使用规律，企业知识管理活动的基本内容包括创建企业知识库、建立企业学习机制、管理企业知识资产三个方面。①

创建企业知识库可以帮助企业将现有知识分门别类，进行加工和提炼，形成企业系统性、不断发展的知识资产；将个人知识和信息提升为组织知识，减少因员工休假或离职给企业造成的损失；通过建立知识索引，将大量无序知识有序化，为员工提供知识共享的环境，提高其工作效率和创新能力，改善服务质量。

建立企业学习机制就是要创造尊重知识的良好内部环境，提供适当工具和环境辅助员工与相关客户和工作伙伴进行直接或间接交流，从所处网络环境接受知识，形成“边学边干、在干中学”的终身学习机制。

管理企业知识资产就是要将企业知识当成一项资产加以管理，包括对知识资产进行量化价值评估，对专利、技术、版权进行经营等。

10.4.2 CRM 与知识管理的关系

CRM 朝着以知识管理为基础方向发展将成为一种趋势。国际数据公司(international data corporation，IDC)的知识管理项目高级研究分析员 G. Dyer 说：“今天，企业启动知识管理项目最普遍的原因是想增加收益和利润，维持企业的关键能力和专家知识，改善客户服务。”

1. 客户关系管理是知识管理最重要的应用之一

客户关系管理是知识管理在企业层面最重要的应用领域之一，在 CRM 中所体现的知识管理主要包括以下方面。②

1) 知识获取

CRM 前端业务系统(包括销售管理、营销管理、客户服务等)为获取客户知识提供各种途径，如销售自动化系统、电子商务网站、呼叫中心、网络社区、博客等。另外，企业还直接从外部环境、内部 ERP 等信息系统中获取各种数据、信息，这些通过各种渠道收集来的数据进入后台数据仓库、数据集市，CRM 系统积累了与企业业务、客户有关的海量信息，包括历史销售记录、客户特征、产品信息、行业信息、竞争对手信息等等，这就为知识的获取提供了可靠的数据源。应用 OLAP、数据挖掘、人工智能、知识发现等先进技术，企业可以探究数据、信息背后隐含的规律性，从而为企业决策提供科学的依据。

2) 知识共享和传播

企业在 CRM 后端建立了数据库和知识库。通过良好界面的知识地图、知识定位技术，企业员工不管在企业的总部还是分支机构，不管是在办公室还是出差在外地，都可以通过 CRM 系统从企业知识库中获得相关的知识，保证业务的达成和问题的解决，在企业进行决

① 杨路明. 客户关系管理理论与实务(第二版). 北京：电子工业出版社，2009.

② 卢友东. 知识管理在客户关系管理中的应用探析. 中小企业管理与科技(下旬刊), 2010(2):236-237.

策时可以提供参考依据。为了鼓励员工共享知识，除了 CRM 系统外，必须有鼓励共享、学习的企业文化及激励制度等配套措施。

3) 知识应用

将信息和知识投入使用是 CRM 知识管理的最重要的环节。许多 CRM 和数据挖掘没有成功，很大程度上在于产生的与客户有关的信息和知识不能投入使用。CRM 通过营销、销售、客户服务和支持与客户打交道，客户知识通过它们的使用与集成，作用于客户。CRM 中的知识主要应用于四个方面：识别(识别新客户、识别老客户的新需求等)、差异化(基于不同客户群体的差异化营销策略)、互动(基于对客户全面了解的针对性互动)、定制化(基于客户个性需求的增值定制)。这些工作不是单独一个合理的信息结构所能完成的，需要与之整合的工作流程做支撑，例如创造鼓励员工共享知识、使用知识的氛围，使知识库和知识结构界面友好化，方便员工使用知识等。

2. 知识管理完善客户关系管理的技术与功能

一些企业投入大量资金实施 CRM 系统，但总体效果并不明显，其主要原因是缺乏有效的方法和工具对客户的信息进行深入的分析、挖掘。要解决这个实际问题，需要将 KM 的技术整合到 CRM 的实践中去是一种非常有效的途径。可以应用数据挖掘、知识发现等技术分析、挖掘出存在于客户需求链中的潜在行为与事件，尽可能得到客户完备的信息，以达到留住客户、发展客户以及有效地挖掘客户潜力的最终目的。将 KM 应用于 CRM，可以极大地提高企业 CRM 项目的实施应用效果。KM 正日益成为 CRM 的重要组成部分。CRM 中的合同管理、价格政策、销售政策、标书管理、服务问答知识库等都属于“知识管理”的应用范畴，一些关键的“知识发现”技术，如自然语言处理、推理引擎、案例自动生成系统等奖融合到 CRM 系统中，必将极大地推进 CRM 系统功能的发展。

3. 知识管理与客户关系管理有必要相互整合①

单一资源通常不能持续保持企业的竞争优势。也就是说，企业的资源是一个体系，需要有效配合在一起才能更好地发挥作用。同样，只有将客户资源与知识资源整合在一起，才能使企业获得持续的竞争优势，从而同时提升 CRM 系统与 KM 系统的实施成效。

CRM 将客户看做是一项重要的企业资源，通过完善的客户服务和深入的客户分析来提高客户满意度和忠诚度，从而吸引和保留更多有价值的客户，最终提升企业利润。而完善的客户服务和深入的客户分析是建立在有效的知识管理基础之上的。只有有效地对客户信息进行知识挖掘和知识积累，建立企业知识库，并在有效利用已有知识的基础上，才能更有效地提供完善的客户服务，从而提高 CRM 系统的实施成效。

KM 则将知识作为一项重要的企业资源，通过人、流程以及技术的有机结合而有效支撑企业战略目标的实现。目前，由于网络技术的发展，企业与企业之间、企业与客户之间、

① 叶彩鸿，董新平. 论客户关系管理与知识管理整合的必要性. 图书情报工作, 2005, 49(7):41-44.

企业内部各部门之间已不再只是垂直或水平的关系，而是全方位、全天候的联系。因此，企业知识管理不应仅局限于企业内部，而应在整个价值网范围内进行。此时，价值网中的各成员包括企业内部员工都成为广义上的企业客户，企业知识管理必然与对这些企业客户的管理密切相关。成功的 CRM 可以使企业与客户之间的联系更紧密，有利于客户知识的获取，从而更有利于在整个价值网范围内进行知识管理。因此，CRM 与 KM 的整合可以提升系统的实施成效。

10.4.3 基于 KM 的 CRM 模式

现有的网络技术和数据挖掘技术为企业 CRM 的 KM 体系提供了可靠和良好的集成平台。基于对 CRM 中的知识分类，将相应的 KM 策略集成到 CRM 系统中，使 CRM 系统不单是一种管理理念或者计算机软件，而是企业处理销售、市场、服务等企业前端业务和企业决策的必要工具，使 CRM 系统切实在企业中应用起来。图 10-6 是以 KM 为基础的 CRM 模式。①

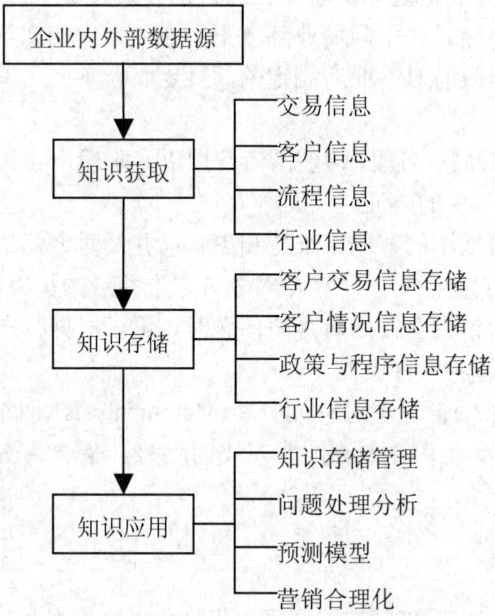

图 10-6 以 KM 为基础的 CRM 模式

(1) CRM 需要从不同的数据源中获得信息，这种数据源对于企业来说既有外部的也有内部的，并且数据资源异常复杂和难以管理。因此 CRM 必须具有获得和追溯这些数据的能力，例如，CRM 不仅需要客户交易相关信息，而且还要具备企业和全行业的相关知识，才能做

① 马凯旋. 知识管理对客户关系管理的重要意义. 商业研究, 2006(3):110-112.

出正确的决策。

(2) 知识获取是KM周期的最初阶段。

① 交易信息是通过数据库中存在的交易记录来收集客户在一段时期内与企业发生交易的情况。

② 客户信息是收集客户偏好、特点等方面信息并跟踪这些变化，保持对客户的全面了解。

③ 流程信息是收集企业运作中不同流程方面的信息。

④ 行业信息是收集企业所在行业的大体状况、最新发展和政策、程序信息并提供给企业决策者。

(3) 知识存储是知识获取阶段的必然延续，并要经常对存储的知识进行更新。

① 客户交易信息存储是包括客户所有交易情况的记录，便于使用者查询任何客户的交易情况。

② 客户情况信息存储是全面的客户背景资料，比如偏好、交易历史和等级，便于营销人员迅速判定某个客户的商业价值并采取相应的营销方式。

③ 政策与程序信息存储是在不同商业环境下所必须遵守的政策、规定等。

④ 行业信息存储是指政府对行业所制定的新规定、新条例，以及该行业的大体现状和最新发展。

(4) 知识应用是KM的最后阶段，即使用者应用以上阶段所收集和存储信息进行问题的处理，是对以上阶段成功与否的验证。

① 知识存储管理是对知识的整理、维持和更新，并及时为营销部门、客户服务部门提供客户信息支持，以使他们能确定重要客户对象并采取相应的措施。

② 问题处理分析是营销人员在面对客户问题时，可以根据客户情况和客户交易历史迅速做出判断并采取相应措施的一种机制。

③ 预测模型是可以帮助管理者进行元分析(Meta-analysis)，比如通过观察实时交易情况来发现客户消费行为的变化，并预测消费模式的趋势，及时调整相应存货情况实现利润最大。

④ 营销合理化是指对同一个客户不能发送相同的宣传信息，并不能忽视反馈率低但有价值的客户。

KM提供技术、流程和平台来创建、分享、获取和更新关于客户的信息，并在客户关系生命周期内提供实时客户知识，帮助企业制定更有效、更准确的产品发展、流通渠道和市场分割战略；以KM为基础的CRM为企业建立快速反应机制提供支持，使企业能预测各种市场变化，把握商机，解决遇到的各种问题，从中汲取经验；当企业实施CRM时，KM能帮助企业管理日益膨胀的客户信息，能结构化信息管理流程和系统，并且保证所有相关信息均被保留和可获取，为企业和客户增加价值；KM可以为CRM系统提供多种解决方案，通过在全企业范围内构建KM系统，提高企业的竞争力，并且可以通过网络把不同部门、地域的相关人员组成虚拟团队，不仅可以创造、收集、交流和共享知识，而且还增强了员工之间的合作和企业运作的高效；通过构建以 KM 为基础的 CRM，把企业建成知识型、学习型企业，提高企业的反应能力和创新能力。

基于上述以 KM 为基础的 CRM 模式，图 10-7 为整合 KM 的 CRM 体系结构，箭头的方向为信息、知识流动方向。该体系既包含了传统 CRM 的交互平台，又具有融合了 KM 思想与手段的知识平台。

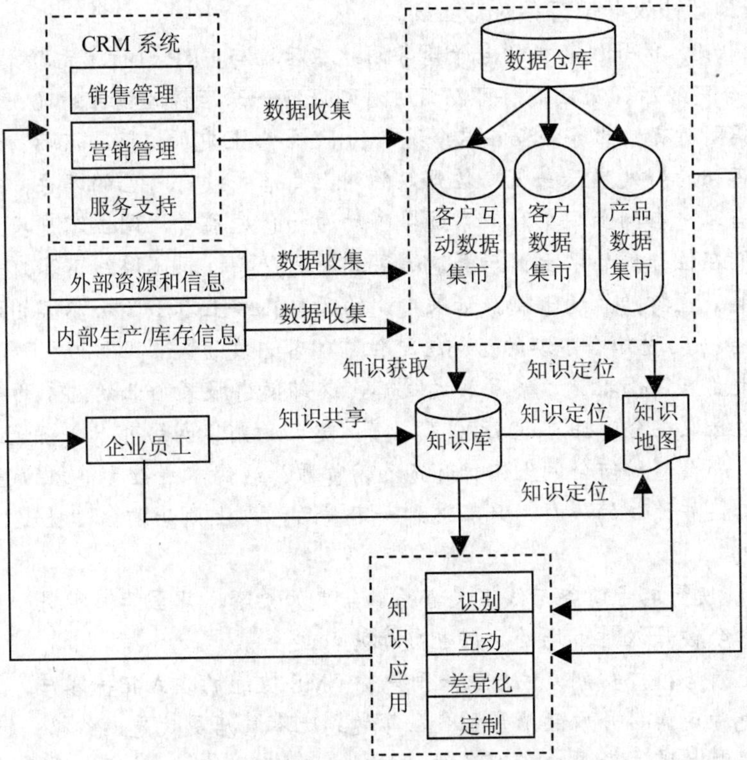

图 10-7 整合 KM 的 CRM 体系结构

(资料来源：http://www.idnovo.com.cn/article/2010/0617/article.62213.html，访问日期 2011-1-4.)

案例分析：佐丹奴的电子商务整合

佐丹奴电子商务整合案例分析①

在服装行业，佐丹奴的电子商务有口皆碑。与无店铺的直销类服装电子商务模式相比，佐丹奴的电子商务模式采用了与国内 770 家门店混合交互的策略，线上线下紧密互动。这

① http://ec.yidaba.com/201004/191644221002100100021031848_3.shtml，访问日期 2010-08-14.

个策略令佐丹奴能够以低成本地借助传统渠道的优势，开拓全新的网上商业空间。

在其 4000 万元的电子商务销售额背后，仅有两个 IT 部门的人员做专门维护，除此之外，佐丹奴没有为电子商务做过多的额外投入。佐丹奴轻松玩转电子商务的秘密，是基于其对 ERP、CRM 和供应链的一步步整合。

1. ERP 整合

佐丹奴的电子商务始于 2000 年，但真正发力却是在整合完它的全球 ERP 之后。2003 年 12 月，全新的佐丹奴电子商务网站上线。

与 2000 年相比，佐丹奴新版的电子商务网站在后端与 ERP 进行了无缝集成。当佐丹奴的全球 ERP 整合完成后，集团高层可以随时看到任何一家店铺的销售情况、任何一个仓库的库存状态，集团所有的业务流程在这个统一的 IT 平台上更加规范、流畅。这个统一的平台给电子商务带来的好处显而易见。佐丹奴的网上商店并没有自己的库存，而是与线下渠道共享仓库，当客户在网上下单时，系统会自动通知仓库备货。网上客户甚至比线下客户更加幸运。他们在佐丹奴的网上商店里能够买到所有产品，而不像线下客户一样受到当地气候、推广政策、主打产品的限制。如果广州的客户在线上看上了哈尔滨的商品，整合完成的 ERP 系统会自动通知哈尔滨的店铺给这位广州客户发货。

服装企业大都采用小批量、多品种的策略，这却使得服装企业的电子商务网站缺货现象比较普遍。佐丹奴在全球拥有近 1800 家门店，庞大的销售网络可以令它迅速地把货品分发到世界各地。那么，如何令网上销售有充足的货源？这仍然得益于整合的 ERP 系统，因为它会自动计算某件商品的库存，只有达到一定量后，网上商店才会“挂出”这件产品。

2. CRM 推广

CRM 整合，使得电子商务与线下渠道的融合更加紧密，甚至能够实现一些传统店铺难以实现的功能，令佐丹奴对市场的反应也更加灵敏。

在新版网上商店推广初期，佐丹奴采用免费 EMS 快递的方式招徕客户。另外，在网上注册的用户可免费获得佐丹奴的消费积分，享受到比零售店更优惠的价格。

诸多传统服装品牌在开展电子商务时，往往会心有顾忌：一方面，消费者总会认为网上的东西比线下便宜;另一方面，如果网上价格比线下低，势必会冲击线下渠道的价格体系。

购买服装是件体验性很强的行为，而网上商店无法解决客户试穿、手感等体验，因此相比线下渠道，网上商店提供 2%~5%的价格折扣，既可以弥补客户缺失的体验，同时还会刺激一些对价格敏感的消费者购买。

为网上商店带来更大流量的，是佐丹奴从 2004 年开始推广的 CRM——名为“没有陌生人的世界”的全球 VIP 计划。到 2006 年，这个计划已经在全球推广开来。在佐丹奴，任何一个城市的客户消费达到一定金额，成为 VIP 会员后，其每次消费都可以享受折扣，并且可以积分。

佐丹奴的 CRM 计划推广也是全球性的，其 VIP 会员在全球任一店铺的消费都可以进行积分、享受折扣，当然也包括网上商店，在网上商店加盟的 VIP 会员甚至可以享受比线下更高的价格折扣。如果顾客在网上填写 VIP 资料，还可以获得一些小礼物。这些举措大幅提升了佐丹奴网上商店的人气，其中有 60%~70%的回头客都来自它的 VIP 会员。

CRM 帮助佐丹奴提升线上与线下渠道的人气。在这个全球统一的 CRM 平台上，200 多万会员的所有数据都可以共享，提供给佐丹奴相关部门进行分析与销售预测。另外，网上商店对传统渠道的补充在于，佐丹奴可以借此获得更加准确的客户资料，因为客户在线下通常难有耐心填写客户资料。

在佐丹奴内部，每天都有反映各店铺客户评价的报表。网上商店为客户关系管理开通了一个新的通道，习惯网络世界的客户比较愿意在网上店铺发表评论，提出对某家店铺的改进意见或消费感受。

在 CRM 的推动下，佐丹奴线上与线下渠道的互动更加紧密。佐丹奴曾在一些店铺做过 RFID 试验，通过 RFID 统计到底有多少客户拿起这件衣服走进试衣间，最终究竟有没有买。普通的店铺系统只能看到服装销售量，却无法获知客户是否试穿过，因此这些数据是非常宝贵的。不过，由于 RFID 成本过高，很难在佐丹奴全球进行大量推广。“网上商店却可以帮我们低成本地获取很多有意义的数据。”所有网上客户的行为都可以被佐丹奴的系统记录下来，包括他浏览过哪些商品、点过哪些网页、是否将其和其他商品做过比较等等。

2007 年下半年开始，佐丹奴的 IT 部门利用这些网上数据，不断调整他们的网页，以使网上商店更加符合客户的购物心理。此外，他们还将这些数据反馈到销售部门，“如果有客户在网上反复看某件衣服后却没有买，可能是他对网上购物信心不够，我们就会告诉店铺的同事，若销售人员对看这件衣服的客户积极一些，售出的成功率会更高”。

佐丹奴认为，IT 部门做网上商店不仅增加了企业的销售额，最重要的是为业务部门提供更好的数据支持，数据产生的价值比网上商店的销售额更大。

3. SCM 整合

在整合完 ERP 与 CRM 后，佐丹奴基于统一 IT 平台的快速反应供应链加快了电子商务的配送速度，且令成本显著降低。

佐丹奴整个集团的存货天数是 32 天。由于佐丹奴是上市公司，每年的 6 月和 12 月，它都有两大目标——存货周转率与销售额，以向股东“交代”。佐丹奴董事局反对采用大仓库策略，因此其门店一般都没有仓库，只是在员工休息室堆放少量货品。这需要货品周转具有很高的效率。要能做到这一切，需要来自 IT 的强力支撑。

在佐丹奴的 IT 平台上，供应链的每个环节都有条不紊地高速运转着。当某件衣服设计好、选定加工厂后，工厂可以从系统里看到服装的样板，且根据实际打版情况修改图样，然后报价。此时，佐丹奴分布在全球的采购人员可以在系统里下单，工厂生产的每一个步骤也会录入系统。

货物出厂后，佐丹奴总部对全球每家店铺的每件货品的分布情况，都一目了然。在中国国内，佐丹奴在广州、北京和上海有 3 个大的物流中心。当这 3 个地方及香港的物流中心的库存跌破安全值后，工厂会自动补货。

因IT而高效运转的供应链，看似与其网上商店没有什么关系，其实不然，因为佐丹奴的网上商店没有库存，所有的库存都在它的仓库或店铺里，因此高效的供应链系统可以使得网上商店的配送流程更加流畅。从今年开始，佐丹奴网上商店的货物配送一改从广州发货的模式，而是根据客户所在的地理位置，就近发货，这样可以节省大笔的物流费用。当客户在网上下单后，系统会先寻找存货在哪里，一般先找仓库、再找店铺，找到后再看物理距离，然后根据就近原则，将货发送出去。

因为佐丹奴的核心业务流程都基于IT在运转，因此改变配送模式，只需要在后台修改一下程序，不会增加物流部门太多麻烦。

佐丹奴的网上商店，那些很酷的模特都是他们自己的员工。当电子商务步入正轨后，佐丹奴IT部门仅有两名员工在做常规维护，其他工作人员只是在需要时兼顾一下网上商店的工作。

【案例评述】

一个世界性品牌过渡为一个以无缝方式使用当代信息与协作技术的组织是一项十分必要的战略决策，它使佐丹奴通过电子商务渠道改进销售、促进产品推向市场、提高资源利用效率及降低营业费用等一系列经营目标得以实现。

复习思考题

1. 什么是EAI，如何通过EAI实现企业各应用系统的相互整合？
2. CRM与ERP在哪些方面是有交叉的，如何集成整合？
3. 简述CRM与SCM之间的关系，如何实现整合？
4. 如何通过CRM、ERP、SCM之间的整合应用，实现企业协同电子商务？
5. CRM如何促进企业的KM，KM对CRM的作用体现在哪里？

第 11 章　CRM 的绩效评价

教学目标

- 了解企业绩效评价的一般方法，以及 CRM 绩效评价的主要困难。
- 熟悉建立 CRM 评价指标的原则，CRM 绩效评价的基本过程及指标体系。
- 掌握 CRM 绩效评价的关键维度，CRM 项目投资绩效的分析方法。

11.1　CRM 绩效评价概述

随着越来越多的企业实施 CRM 项目，但如何评价 CRM 项目实施的具体效用也越来越困扰企业管理者。许多 CRM 项目实施效果不令人满意，与缺乏有效的绩效评价方法有直接的关系。

11.1.1　企业绩效评价的一般方法

1. 传统绩效评价方法的局限性[①]

标准成本制度和责任会计系统是传统企业用于控制成本、评价绩效的主要方法。传统的企业绩效评价体系以企业的财务评价为主，其评价方法也不可避免地以财务分析法为核心。关键业绩指标体系是一种很有代表性的传统绩效评价方法，在建立 KPI 指标时，通常要先由企业高层对企业未来成功的关键达成共识，在确定企业未来发展战略之后，再对每个成功的关键业务重点、相关的业绩标准及所占比重进行分析。但随着企业经营环境的不断变化和企业信息化的不断发展，这套体系就表现出一些局限性，主要表现在以下四个方面。

(1) 传统的绩效评价系统偏重于对过去活动结果的财务评价，并针对这些结果做出某些战术性反馈，控制短期经营活动，以维持短期的财务成果。这种过分重视取得和维持短期财务成果的评价方法，助长了企业管理者急功近利的思想和短期投机的行为，使得企业不愿进行可能会降低当前赢利目标的资本投资，去追求长期战略目标，以致企业在短期绩效方面投资过多，在长期的价值创造方面投资过少。对于为创造未来财务价值而采取的行动，传统的财务评价系统不能提供充分的指导。

(2) 建立在传统会计数据基础上的传统绩效评价系统，以财务衡量为主，对有形资产的

---

① 马刚，李洪心，杨兴凯. 客户关系管理. 大连：东北财经大学出版社，2008.

管理很充分，但在对无形资产和智力资产的确认、计量、记录和报告方面却明显不足。然而恰恰是无形资产和智力资产(包括员工技能、员工干劲和灵活性、客户忠诚度、专利权和商标权、专有技术和商誉等)对当今企业在竞争激烈的环境中获得经营成功，起着举足轻重的作用。在目前看来，把上述资产纳入资产负债表，并成为正式的财务衡量内容尚需假以时日，因此，企业的现实选择应该是将绩效评价系统拓展到财务衡量以外。

(3) 传统的绩效评价系统注重企业内部管理，这在卖方市场的情况下的确有效，但在买方市场的条件下，企业之间存在着激烈的竞争。因此，在绩效评价系统中，除了将视野放在内部生产过程外，还必须投向外部利益相关者，关注如何吸引客户，如何使股东感到满意、获得政府的支持以及赢得公众的赞誉。这是传统财务评价系统所无法涵盖的内容。

(4) 虽然 KPI 指标共同指向了组织成功的关键要点，并能够发挥指标本身的成果导向作用，对于纯粹的绩效考核来说是一种有效的方法，但是由于指标之间没有明确的内在联系，考核还是主要定位在各个部门及其内部个体绩效的结果，而忽视了部门绩效之间的内在逻辑与组织战略实施之间的关系。

2. 企业常用的绩效评价方法

1) 克罗斯和林奇的绩效金字塔

1990 年，凯文·克罗斯(Kelvin Cross)和理查德·林奇(Richard Lynch)提出了将企业总体战略与财务和非财务信息结合起来的绩效评价体系。为了强调总体战略与业绩指标的重要联系，他们列出了一个绩效金字塔，如图 11-1 所示。在绩效金字塔中，企业的总体战略位于最高层，由此产生企业的具体战略目标，并向企业组织逐级传递，直到基层的事务处理中心。有了合理的战略目标，事务处理中心才可以开始建立合理的经营效率指标，以满足战略目标的要求。然后，这些指标再反馈给企业的高层管理人员，以此作为制定企业未来战略目标的基础。

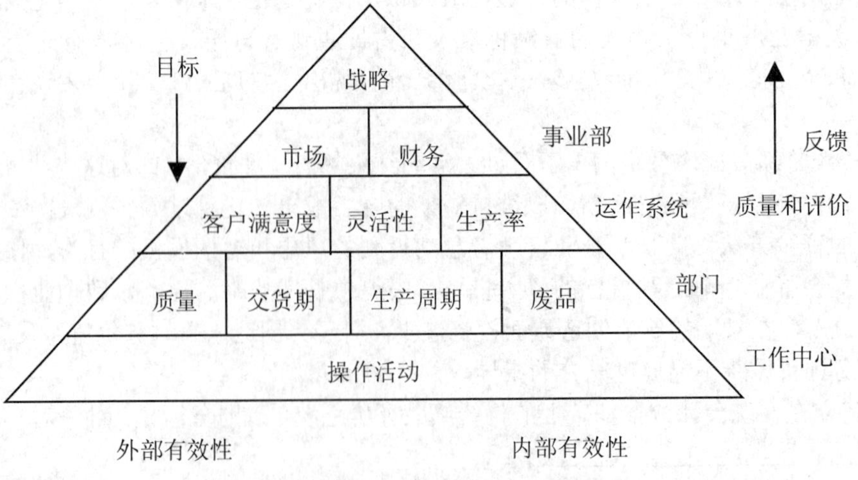

图 11-1 绩效金字塔

绩效金字塔着重强调了组织战略在确定绩效评价指标中所扮演的重要角色，揭示了战略目标自上而下和经营指标自下而上地逐级重复运动的等级制度。这个逐级循环过程揭示了企业的持续发展能力，对正确评价企业业绩有着十分重要的意义。绩效金字塔模型最主要的缺点是忽视了组织学习的重要性，而在竞争日趋激烈的今天，对组织学习能力的评价显得尤为重要。这正是该模型在理论上已经比较完善，但在实际工作中的利用率比较低的主要原因。

2) 经济增加值法

经济增加值(economic value added，EVA)，又称经济利润、经济附加值，是一定时期的企业税后营业净利润与投入资本的资金成本的差额。

EVA 是基于税后营业净利润和产生这些利润所需资本投入总成本的一种企业绩效财务评价方法。企业每年创造的 EVA 等于税后净营业利润与全部资本成本之间的差额。其中资本成本不仅包括债务资本的成本，而且包括股本资本的成本。

从算术角度说，EVA 等于税后经营利润减去债务和股本成本，是所有成本被扣除后的剩余收入(residual income)。EVA 是对真正“经济”利润的评价，或者说，是表示净营运利润与投资者用同样资本投资其他风险相近的有价证券的最低回报相比，超出或低于后者的量值。

如果 EVA 的值为正，则表明企业获得的收益高于为获得此项收益而投入的资本成本，即企业为股东创造了新价值；相反，如果 EVA 的值为负，则表明股东的财富在减少。

EVA 和会计利润有很大的不同。EVA 是企业扣除了包括股权在内的所有资本成本之后的沉淀利润，而会计利润没有扣除资本成本。经济增加值改变了会计报表没有全面考虑资本成本的缺陷，它可以帮助管理者明确了解企业的运营情况，从而向管理者提出了更高的要求。

3) 平衡计分卡

平衡计分卡(the balanced score card，BSC)于 20 世纪 90 年代初，由哈佛商学院的罗伯特·卡普兰(Robert Kaplan)和诺朗诺顿研究所(Nolan Norton Institute)所长、美国复兴全球战略集团创始人兼总裁戴维·诺顿(David Norton)所从事的“未来组织绩效衡量方法”一种绩效评价体系，目前已成为一种重要的企业绩效管理工具。

BSC 从财务、客户、业务流程、学习与成长四个方面综合衡量企业业绩，其中后三个方面是非财务目标。这个方法使企业能够一方面追踪财务结果，另一方面监视自身在提高能力和获得实现未来增长所需的无形资产等层面的进展，BSC 是目前在绩效评价中最为普遍的方法。

11.1.2 CRM 绩效评价的主要困难

CRM 评价是比较困难的，这是由于 CRM 评价的复杂性所导致的。对 CRM 项目的评价涉及多个主体、多种目标和多个层面，它不仅涉及与客户有直接关系的活动，还会涉及企业内部的业务活动，也可能涉及供应链管理的活动，包括与协同供应商和其他合作伙伴的关系。另外，不同主体对 CRM 系统有不同要求，从而产生了评价的多重目标。这种复杂性就决定了选择评价方法和设置评价指标的复杂性。

对 CRM 进行有效评价的困难还具体体现在以下四个方面。

(1) 难以衡量 CRM 促进企业流程改善、客户关系质量提升等所带来的大量的无形效益、长期效益、间接效益和滞后效益。

(2) 企业的经营绩效受各方面因素的影响，但是很难将 CRM 对企业的影响单独分离出来，也就难以评价 CRM 对企业经营业绩的贡献程度。这也是一般信息系统项目评价的主要困难之一。

(3) CRM 项目涉及企业所处的供应链管理活动，不仅企业可以从 CRM 项目中获得收益，客户、经销商、供应商以及其他合作伙伴都可以从中获得收益，因此难于完全计算 CRM 的实施效果。

(4) CRM 项目实施，特别是 CRM 实践具有长期性，因各种内外部环境因素的变化，对 CRM 评价的标准和要求会有所不同，这也增加了建立评价体系和评价活动的复杂性。

11.1.3 建立 CRM 评价指标的原则

为了实现对 CRM 绩效的有效评价，确定 CRM 评价指标体系至关重要。CRM 目标的实现程度如何，不仅关系到目前企业获得的经济效益水平，而且还关系到企业未来如何发展、向何处发展、核心竞争力何在。因此，在建立 CRM 绩效指标测评体系时应该遵循以下原则。

(1) 明确建立指标体系的目的。建立一套完整的 CRM 评价体系主要有三个目的：①辅助决策制定。不同的评价方法适用不同的决策方式，并协助决策者进行相关决策；②指导进行中的活动或策略。指标体系不仅用来辅助决策，还应用于指导与客户相关的活动或策略；③预测未来的状态。指标体系用于协助预测客户需求，或预测未来的潜在客户或市场态势。

(2) 与企业战略目标相互融合。制定 CRM 评价指标体系应符合企业的战略目标、CRM 项目实施目标的要求。在指标体系中，应该体现战略目标与战术目标相结合，既包括各项具体的操作指标，又包括反映企业战略目标的相关指标。

(3) 平衡短期利益和长期利益。CRM 既然是一种企业战略，就应该把 CRM 上升到战略高度，CRM 追求的是一种长期效应不能仅依靠近期的数据来衡量 CRM 的成败。财务指标往往强调短期利益，所以平衡计分卡中引入了“学习与成长”角度的若干指标，借以强调企业长期利益。

(4) 财务指标与非财务指标相结合。现在比较广泛使用的平衡计分卡，本质上是财务指标与非财务指标综合起来对企业战略进行解释交流和控制的一种管理系统，而财务指标往往都是一种结果指标，它并不能评价达到这项结果的过程中各项行为的业绩，因此需要辅之以过程指标(往往是一些非财务指标)以及一些人性化的、能够反映人主观变化的指标。

(5) 定量指标与定性指标相结合。此原则要求在测评指标体系中，既要包括定量的关于各项工作应该达到的目标水平指标，又要有经过一定方式量化了的和无法量化的定性指标。这类指标通常更多属于相应的工作与产出质量或软指标。

(6) 结果测评与过程控制相结合。不仅要评价 CRM 项目实施后的效果，还需要对 CRM 项目实施进行过程控制。一般来说，测评指标体系更多地被用来评定已经完成的工作状况，这种结果评定往往又成为奖励与惩罚的依据。在设计指标体系时，还应体现对过程的控制，发挥指标体系的导向性作用，让员工清楚企业提倡什么、反对什么。

(7) 关注客户与关注员工相结合。企业长期持续生存力的培养，不仅要依靠忠实、满意的客户群体的存在，同样离不开经过长期培养、训练有素和忠于企业的优秀员工群体的存在。因此，所设计的指标体系不能将员工与客户对立起来。

(8) 指标的丰富性和针对性相结合。由于 CRM 的复杂性，完整评价体系的内容非常丰富，包括品牌业绩评价、客户资产管理、客户行为、营销业绩、销售业绩、服务中心业绩、现场服务业绩、供应链和物流业绩、网站业绩等。但是仍然应当在 CRM“得”与“失”方面建立有针对性的具体指标，抓住重点、找到瓶颈、各个击破，才能由点到面，逐步建立起一种完整的 CRM 体系。

11.2　CRM 绩效评价的一般内容

11.2.1　CRM 绩效评价的基本过程

CRM 的绩效评价是一个动态循环的过程，如图 11-2 所示。首先，确定 CRM 的任务和目标，如客户资产最大化目标；其次，设计 CRM 的战略框架，以便确定主要的战略因素，例如进行互动渠道整合，找出并分析 CRM 活动与所有实现的商业目标之间的因果联系，制定评价计划表；然后，在这些因果联系分析的基础上，确定分析视角和度量手段的具体评价方法，评价的对象通常包括客户价值(终身价值与忠诚)、客户满意(客户挽留与获取)、客户互动(互动渠道管理与优化)、客户知识(了解客户特征及行为)等，管理人员可以从中明白如何做才能获得更多的收益、什么样的评价视角对获得效益至关重要；最后，通过效益分析测评 CRM 的实施绩效及实施有效性，并根据评价结果调整 CRM 目标，进入下一轮循环。

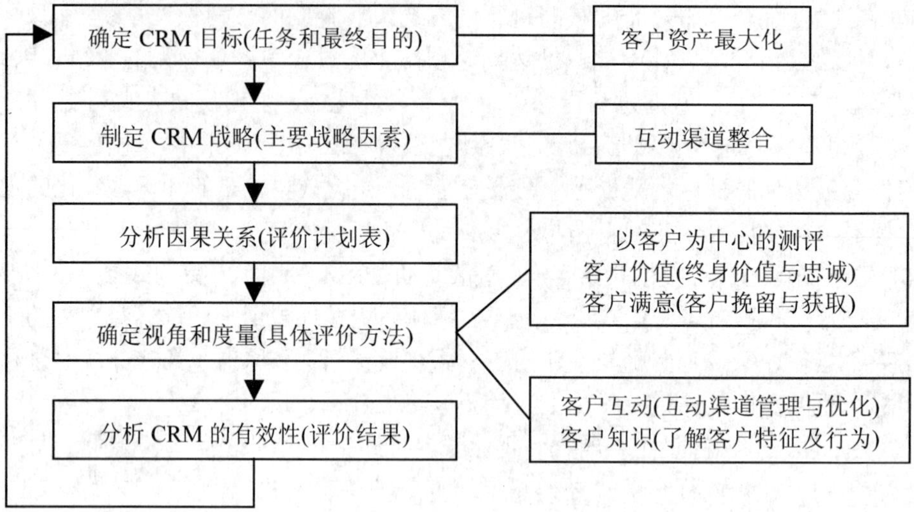

图 11-2　CRM 绩效评价的基本过程

(资料来源：王永贵. 客户关系管理. 北京：清华大学出版社，北京交通大学出版社，2007.)

11.2.2　CRM 绩效评价的因果关系和关键维度

CRM 绩效评价过程中的因果关系和关键维度如图 11-3 所示。

1. CRM 绩效评价的因果关系

首先，企业应大量收集相关客户信息，并创建客户特征数据库。在此基础上运用数据挖掘工具和其他相关技术，从客户数据仓库中挖掘并发现大量隐藏的客户特征或客户行为模式，进而帮助企业进行产品创新或客户定制服务。

其次，企业管理人员可以进一步整合每个客户的相关信息，实施更有效的营销、销售和客户服务计划与活动。其中，对客户知识的界定和管理，有助于企业在与客户的互动中，发现客户需求、寻找满足客户需求的途径。当客户需求、期望与客户实际绩效感知相符时，往往会提升客户忠诚度，但需要以优异的客户价值为基础。企业可以通过提高产品/服务质量、提供个性化的产品/服务、传递额外的有价值信息等方式，创造并交付优异的客户价值。然而，收集并理解客户需求对任何价值创造和交付活动而言是至关重要的。

最后，CRM 的技术和流程要有助于加强客户洞察力、提高客户满意，并形成更加有效的客户互动，同时整合全部客户渠道与企业后台职能。只有这样，才能向客户提供更为有效的服务，才能够与客户建立长期、令人满足的关系。最终企业必将在提高形象、构建客户关系、创造客户价值和引导客户消费等过程中获取丰厚的收益。

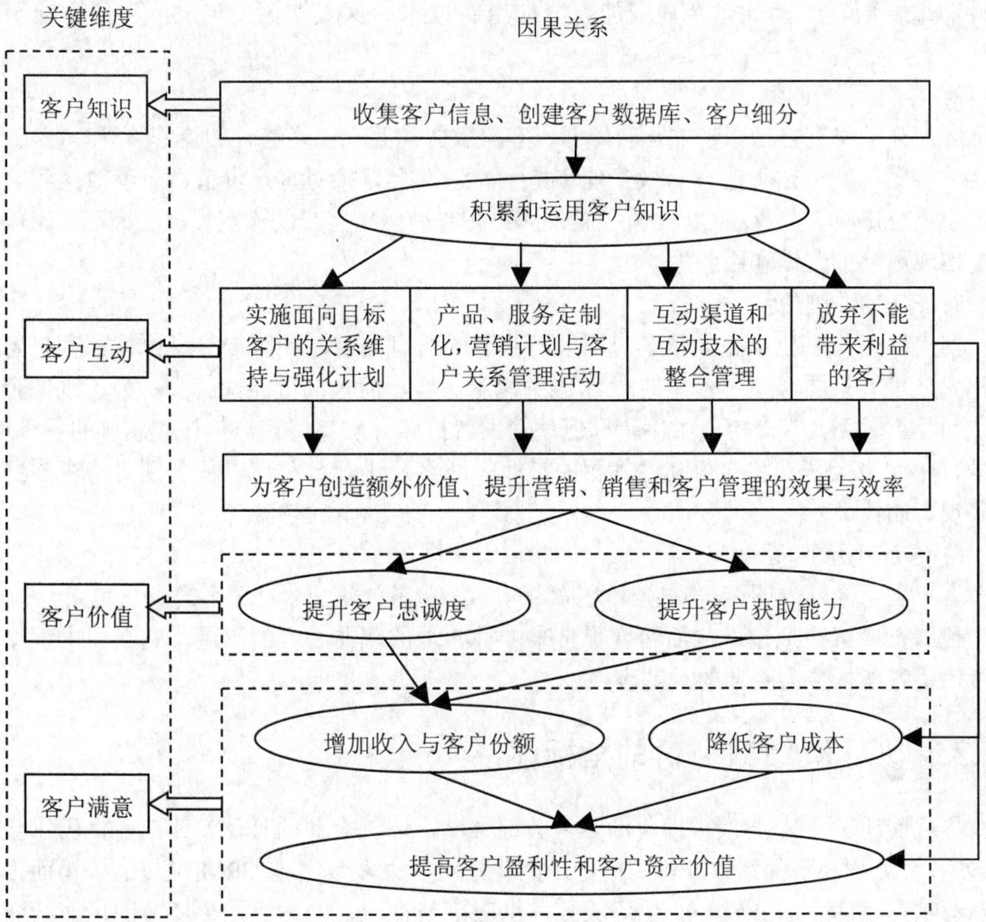

图 11-3　CRM 绩效评价过程中的因果关系和关键维度

(资料来源：王永贵. 客户关系管理. 北京：清华大学出版社，北京交通大学出版社，2007.)

2. CRM 绩效评价的关键维度

以客户为中心的 CRM 绩效评价主要包括四个方面的关键维度，即客户知识、客户互动、客户价值和客户满意。[①]

1) 客户知识维度

客户知识维度包括客户细分群体的层次以及对客户数据的管理。它关注技术改进、客户需求理解以及客户特征数据库等，这些指标会影响到与客户的互动过程，进而对客户价值和客户满意产生重要影响。客户知识是探索和满足客户未来需求、改进管理流程的先决

① 王永贵. 客户关系管理. 北京：清华大学出版社，北京交通大学出版社，2007.

条件和重要内容。因此，企业应能充分应用新技术，深入挖掘、形成、存储和应用客户知识。

2) 客户互动维度

客户互动维度包括卓越的运营能力、客户服务的互动渠道管理和流程管理。在实践中，对客户接触与互动过程进行有效管理和持续改进，会直接对客户价值、运营效率和客户服务产生重要影响。企业对 CRM 流程管理和维护越有效，客户的满足度就会越高，也就越有可能实现更高的营销和服务生产力。

3) 客户价值维度

客户价值维度包括企业从客户那里所获取的所有利益，如客户终身价值、客户忠诚或客户资产等。只要客户对企业的产品/服务满意，客户流失的可能性就小。为了维持企业与客户的互惠关系，客户价值维度指标促使管理者持续寻求赢得客户信任和忠诚的各种途径。另外，企业也会基于客户盈利性等相关指标，对客户进行分类，以便区别对待客户并更好地实现定制化。

4) 客户满意维度

客户满意维度表明客户对企业所提供的产品/服务的满意水平。客户满意是指一种产品/服务能够符合客户期望，从而给客户带来一种心理的或非心理的满足，它在很大程度上决定了消费者能否成为企业的长期客户。

11.2.3 CRM 绩效评价的指标体系

尽管前述了 CRM 绩效评价的四个关键维度，但就企业的具体实践而言，仍然会关注 CRM 各个流程环节的绩效评价的问题。因此，对于大多数实施 CRM 项目的公司而言，需要从营销、销售、服务中心、现场服务、供应链与物流、网站等六个环节的运作绩效评价准则来测评 CRM 项目的运作情况。在制定每个环节的绩效评价指标时，应基于客户知识、客户互动、客户价值和客户满意等四个维度，如图 11-4 所示。

下面所列是一些常规性的评价指标，可以根据企业及 CRM 项目的不同情况进行取舍、组合或建立新的指标等。

1. 营销运作

对营销运作绩效的评价指标主要包括以下几个方面。

(1) 客户参与程度：有多少潜在客户参与营销活动？

(2) 客户响应率：响应营销活动的客户占了多大的比重？

(3) RFM：RFM 指新近消费(recency)、消费频率(frequency)、消费金额(monetary value)。用来基于客户过去行为计算一个客户的价值。用特定的权重，综合分析过去及新近的交互活动情况、每种交互活动的频率和货币价值。可以用这种综合评价来预测客户的未来价值以及是否响应新的营销活动。

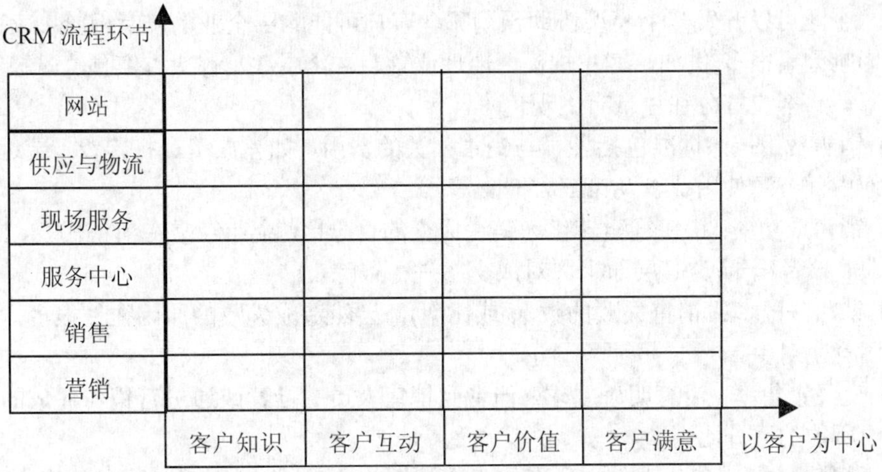

图 11-4　制定 CRM 绩效评价指标的基本框架

(4) 客户交易率：在参与营销活动的客户中，真正购买的比率是多少？

(5) 客户流失率：客户终止与公司的交往、结束购买或选择了一个竞争对手的比率。

(6) 客户钱包份额：客户在购买的总商品预算中，其中购买本企业产品的份额为多少？

(7) 平均订单规模：客户平均每个订单花费的金额为多少？许多企业建立有关提高平均订单规模的目标。

(8) 客户获取成本：企业获取一个新的客户的成本是多少？

(9) 产品类参与程度：客户在某一个产品分类上所表现的支出和兴趣。在某一个产品分类上具有高参与率的客户比低参与率具有更大的购买量。

(10) 平均客户交互成本：在一次营销活动中，与一个客户的所有交互成本除以交互的种数，就为平均客户交互成本。用此可以对比在多种媒体上与客户的交互成本。

2. 销售运作

CRM 中或许最成熟的领域就是销售领域。在 CRM 广泛应用之前，已有许多企业实施 SFA 解决方案。对销售运作的测评应当关注追踪销售运作所开发的线索，同时也要对销售人员和团队进行业绩评价、对产品销售业绩进行监控、对培训的效果进行评价。对销售运作绩效的评价指标主要包括以下几个方面。

(1) 销售配额：每个销售代表、销售团队应完成的销售量，或每种产品或产品类应实现的销售量。

(2) 线索成功比率：给每个销售线索最终成功与否赋予一定的成功百分比。销售人员获取客户意见、与客户交互信息或者成功达成销售协议等，这些不同等级的“成功”被赋予不同的百分比。

(3) 客户价值分：不仅销售线索有分值的问题，客户也有价值分的问题。通过给一个客户打分，企业可以开发一个模型协助预测哪些客户可能购买企业的产品/服务。确定客户价值分的影响因素很多(例如，客户规模、地理位置、文化层次、解决方案预算规模等)。在这种情况下，给客户打分往往带有主观色彩。

(4) 销售费用：该标准包括各种与销售相关的费用，如差旅费、打印费、装运费、招待费、其他内部资源使用费以及第三方开支等。

(5) 销售成功率：销售线索转化为销售成交的百分比。企业经常在销售代表、销售团队、细分客户、产品/产品类等层面上，对成交率进行跟踪。

(6) 销售失败率：销售失败的数量(或比率)，当然造成失败的原因往往很多，比如，客户投靠了竞争对手。

(7) 交叉销售率：没有明确要求，但受到销售人员的推荐或通过营销而促成的销售在销售总量中所占的百分比。

(8) 销售总量：销售代表使用所有线索的销售总量。这个准则可以用来预测未来的销售。

(9) 培训效果：企业使用不同方式检测销售团队成员接受培训的有效性，并对比培训前后销售量变化。

(10) 电话数量：一个销售代表或销售团队给客户所打电话的总量。这可以划分为新客户电话数量和老客户电话数量。

(11) 新客户数量：在某一段时间内获得的新客户有多少。

3. 服务中心运作

客户服务中心(也称呼叫中心或交互中心)是 CRM 的重要组成部分。对服务中心运作绩效的评价指标主要包括以下几个方面(有关客户服务中心的绩效管理已在第 8 章详细阐述)。

(1) 呼叫数量和时间：呼入或呼出的数量和时间，呼叫中心服务代表通常根据呼叫类型进行分类，在结束话务后进行相关记录的输入。

(2) 平均等待时间：客户在接受人工坐席服务时不得不等待的时间量。

(3) 呼叫放弃率：客户感到等待服务的时间过长而放弃服务的数量占总呼叫量的比率。

(4) 平均放弃时间：客户在放弃电话之前等待的平均时间。

(5) 连接时间比率：人工坐席接听电话之前的准备时间占人工坐席被分配的总时间的百分比。

(6) 后续处理时间：人工坐席接听完电话后，完成与该电话客户相关的任务所需要花费的平均时间。

(7) 平均单呼成本：运行呼叫中心的总成本除以总呼叫数量。

(8) 平均谈话时间：人工坐席在客户上花费的平均谈话时间。

(9) 平均处理时间：该数值等于后续处理时间加上平均谈话时间。

(10) 人工坐席利用率：人工坐席在处理呼叫的时间占一天工作总时间的比率。

(11) 堵塞呼叫量：处于信号繁忙阶段时的呼叫数量(或百分比)，甚至那个阶段的客户呼叫都不能进入自动呼叫分配系统(ACD)。

(12) 服务水平：呼叫中心绩效目标。呼叫中心通常使用的目标是，在 20 秒内回答 80%的呼叫。

(13) 呼叫答复质量：企业设计模型来监控呼叫的质量和人工坐席的能力。评价质量与能力的因素通常包括人工坐席的音调、友好性、机敏性、见识性等。

4. 现场服务运作

现场服务运作涉及许多与销售相关的活动，包括服务合同管理、配置现场服务代表、内部服务的服务呼叫分配、问题跟踪与解决的管理、现场服务的库存管理、零部件补充的物流管理。现场服务的评价准则要略微低于服务中心的准则，但是它涉及范围更广。对现场服务运作绩效的评价指标主要包括以下几个方面。

(1) 响应时间：获得一个服务代表响应所花费的时间。

(2) 完成时间：服务代表解决一个客户问题所花费的时间。

(3) 备件时间：配送一个修理备件所花费的时间。

(4) 客户满意分：许多企业在服务代表给客户服务完后往往喜欢调查一下客户对服务的满意程度。

(5) 现场服务优先级：现场服务的优先次序的排列通常要考虑客户请求的重要性，以及客户的价值。

5. 供应链和物流运作

供应链和物流管理与 CRM 既相互独立又紧密联系。如何快速配送客户所消费的产品对客户满意度和客户价值感知有重要影响。对供应链和物流运作绩效的评价指标主要包括以下几个方面。

(1) 完成率：已经装运的商品条目与订单的商品条目之比。

(2) 准时装运率：订单上的商品被准时(或在要求期限之前)装运所占的百分比。

(3) 退回订单量：没有能够履行的订单数量(或占总订单的百分比)。

(4) 客户订单周期：客户完成一个订单需要花费的平均时间。

(5) 现金周期：从支付原材料到从客户手里获得产品收入之间的时间间隔。

(6) 供应周期：所有的库存水平为 0 时让一个客户订单得以满足而花费的总时间。

(7) 完美订单：每一个订单阶段的无误率。错误率可以在每一个阶段进行评价(依据订单登入、采集、交货、无损装运、发票正确性等)，然后进行相加。

(8) 上游灵活性：供应商满足额外需求的能力。

6. 网站运作

随着互联网的普及，越来越多的企业重视企业网站的建设，并将其作为营销、销售和服务支持的有效手段。企业网站是电子商务环境下 CRM 的重要组成部分。对网站运作绩效的评价指标主要包括以下几个方面。

(1) 访问量：访问网站的人数有多少？

(2) 独立访问量：访问网站的独立人数有多少？这种参数不会重复计算多次访问网站的客户。准确计算网站的独立访问量存在困难，特别是难于辨认那些匿名、没有注册的访问者。

(3) 网页点击量：一个网站上有多少页面被下载过，或者某单个网页被访问过的次数。

(4) 停留时间：一个访问者在一个页面或一个站点上花费的时间。

(5) 点击链接率：访问者通过点击横幅广告或其他形式广告，访问所链接网站的百分比。

(6) 注册用户：有多少访问者在网站上进行了注册？

(7) 中途失败率：访问者与网站开始了交互(例如开始参与一项调查，或购买一个产品)，但中途放弃的百分比。

11.3 CRM 项目的投资绩效分析

企业需要花费大量的资源来进行 CRM 实践，很多人都会有这样的疑问，CRM 投资与其他投资相比，真的可以为企业带来更多的回报吗？CRM 的实施效果到底如何，不能靠感觉来确定，必须要有真实的评估，建立客观合理的评估体系。项目投资绩效分析的方法有多种，这里主要简述 CRM 项目的投资回报以及基于平衡记分卡的 CRM 项目绩效评价。

11.3.1 CRM 项目的总拥有成本①

1. TCO 简介

TCO(total cost of ownership，总拥有成本)是一种关于 IT 成本的整体观点，即指从客户拥有某种产品开始，直到停止使用该产品期间的所有与其相关的投入成本，通常是跨越整个生命周期。

“总拥有成本”概念的问世源于 20 世纪 80 年代后期 Garnter 公司的一项研究，当时是为了评估拥有 PC 的可见成本和隐性成本。Garnter 想要知道购买、配置和使用一台 PC 到底要投入多少成本。他们的研究结果表明，企业拥有每台 PC 的年度成本接近 10000 美元，这个数据不仅帮助 PC 拥有者认清了 PC 整个服务生命周期中的总成本，更在财务人员和 IT 管理人员中间引起了不小的骚动。根据 Gartner Group 的调查，企业在应用信息技术过程中，5 年内 PC 及服务器的软硬件采购成本仅占所有成本的 12%，那么其他的钱都花到哪里去了呢？17%是管理监督的花费，14%花在技术支持上，57%则是花在用户端操作。所有这些成

① 吴清，刘嘉. 客户关系管理. 上海：复旦大学出版社，2008.

本加起来就称作“总体拥有成本(TCO)”。后来 TCO 发展成为一组完整的方法、模型和工具，用来帮助企业考核、管理和削减在一定时间范围内企业与某项获得的资产相关联的所有成本，以提供更有效的管理和决策支持。这些资产可能是厂房建筑、交通工具或软件系统。TCO 可以被描述为资产购进成本及在其整个生命服务周期中发生的成本之和，即 TCO 绝不等同于资产的购买成本，它还要包括资产购进后运营和维护的费用。

在实践中，并没有普遍接受的计算 TCO 的公式，当企业在计算 TCO 的时，一定要考虑到资产的所有关联成本。下面列出的是包含在 TCO 中的典型项目：购买成本、安装成本、财务成本、佣金、能源成本、维修成本、升级成本、转换成本、培训成本、支持成本、服务成本、维持成本、宕机成本、安全成本、生产力成本、风险成本、处理成本等。至于哪些因素应该被计算到 TCO 中，这和资产的行业用途，以及资产的自身属性密切相关(软件、计算机、建筑、汽车、设备、厂房等)。

与企业在其他领域的资产投资相比，TCO 在企业进行 IT 技术投资应用时使用得更为广泛。在实施 IT 项目的过程中，整体拥有成本已经越来越多地被人们提及，并引起广泛重视。TCO 分析的目的，就是要识别、量化，最终减少与全部计算机资产相关的成本，这能够帮助企业更好地理解 IT 成本的完整构成，并帮助企业通过成本优化改善组织绩效。

在绝大多数情形下，计算 TCO 是一个需要持续努力的过程，它既需要考虑技术方面的因素，又要能兼顾到非技术方面的因素。想要对相关的应用软件的持续成本有个完全的了解，最好通过至少三年的时间范围来计算 TCO。包括软件和硬件成本在内的各项成本，加上真正实施该软件前准备工作中的咨询和有关支持成本，都是在计算 TCO 时要考虑在内的。而真正该软件实施后，随后几年的维护、升级成本，以及培训用户和 IT 支持方面的成本也是必须要考虑的。

Aberdeen Group 在一份关于制造业的 ERP 报告中指出，在选择 ERP 软件的标准中，TCO 居第二位，仅次于软件功能。TCO 经常作为中小型企业选择 ERP 软件的关键依据，甚至有些年营业额超过 10 亿美元的大企业也很看重 TCO。也有很多报告指出，在 CRM 系统选择时，TCO 也是非常主要的考虑因素。

TCO 的突出优点是，在某个项目购进的初期，人们对其将来可能要投入的成本尚未清楚的时候，提供了一种强有力的成本估算方法。然而，由于这种估算方法只看重成本，所以对于完全仰赖 TCO 的企业而言，将使这样的企业最终采取将开支减到最少的策略，而不再考虑如何最大限度获得回报的策略。为此，这些企业可能购买成本最低廉的应用软件，而很少选择那些能对企业的最低要求产生最大影响的应用软件。

2. CRM 项目中的 TCO

CRM 系统建设涉及系统的开发、使用、维护和管理等过程，是一项非常复杂的系统工程，企业需要投入各类资源，包括人力、物力和财力资源，同时还需要各种软硬件设施的支持，这一切都构成了 CRM 系统的成本。

企业如何能够管理 CRM 软件的许可证费用、维护成本与执行成本？通过规划、对内部资源进行预算，以及认识到解决方案的购买价只是一个项目总体成本中的一部分，企业就能降低 CRM 方面的 TCO。

1) CRM 中 TCO 的定义

CRM 中的 TCO 是很复杂的，它涉及整体评估和一切成本汇总，包括软件许可证费用与维护费、直接与间接的人员费用、培训费、咨询费及其他开销。一般情况下，可以将 CRM 的 TCO 分为两大部分，建设成本与使用成本。

2) 如何计算 CRM 中的 TCO

AMT 专家张艳根据实践认为，正确计算 CRM 中的 TCO 不是一件简单的事情，需要做一个长期的评估，而不能只针对前两年，应该涵盖整个生命周期的整体评估。

在一项针对 251 家企业的 CRM 项目实施所进行的调查结果表明：有 71%的企业认为已完成了 TCO 评估，这其中有 60%的企业只计算了一两年的 TCO。很多企业在实施的头一两年计算实施 CRM 的 TCO 时，会把企业 CRM 方案的成本费低估 35%~65%(甚至有可能 80%)，一项一两年的 TCO 根本就不是 TCO，这些"短时期的成本评估"代表的是这些项目的收购成本或购买成本，而非全部成本，企业将会面临预算过低的风险。而那些建立了一个准确的、用来引导 CRM 项目决策的 TCO 模型的企业，其成功实施 CRM 项目的机会则会提高很多。正确计算 CRM 项目的 TCO，对于企业来说非常重要。

CRM 的 TCO 是对 CRM 的整个生命周期内所有成本所进行的整体评估。在建立 CRM 的 TCO 的时候，要从两个角度来考虑成本，最初的采购成本与持续性支持费用，可以称之为建设成本和使用成本。

3) 建设成本

建设成本指的是在项目建设初期，用于构建 CRM 项目所投入的各项资金的总和。CRM 的建设成本主要体现在以下五个方面。

(1) IT 成本。IT 成本包括 IT 基础设施(硬件与网络设备)、数据库开发和软件方面的投资。不同的企业对 CRM 的期望功能会有所不同，并且不同的企业其信息化程度也不一样，这决定了不同的企业其 IT 基础设施的成本也会不同。一般而言，IT 成本组成部分是相对固定的，主要有硬件成本和软件成本。硬件成本包括 PC 机、笔记本电脑、服务器、手持设备，以及所需要的网络设备等，同时还包括这些设备的维修成本。软件成本主要是软件许可证成本，包括客户端的软件、服务器端软件及第三方软件(如数据库、安全软件、集成软件等)。

(2) 咨询成本。咨询成本可分为第三方咨询服务提供商和软件厂商的服务。第三方咨询服务提供商的服务包括咨询、系统集成以及外包厂商所提供的所有服务方面的成本。这些服务包括技术配置，以及支持 CRM 行动方面的战略规划、需求提炼、业务流程咨询、培训等。软件厂商专业服务包括由软件厂商的顾问人员所提供的所有咨询服务。这些服务包括设计复审、配置复审、技术服务复审，以及开发人员与最终用户的培训等。

CRM 项目的实施是一个长期过程，不但耗资巨大，而且费时、费力，很多企业都缺少这方面的经验。目前 CRM 市场的发展还不太成熟，在 CRM 解决方案提供商和客户之间存在着信息不对称现象。往往是 CRM 厂商从自己产品角度出发过分宣扬自己产品的性能，导致企业不能完全站在自己的角度来对自身需求作出准确判断，容易导致选型及实施失误。在这样的环境下，企业产生了对第三方专业咨询机构的咨询需求。CRM 第三方咨询基于中立、权威的立场，专注行业 CRM 应用，提供战略规划、需求提炼、业务优化、项目评价等咨询服务，在帮助企业进行现代化和信息化建设中发挥了很大的作用。同时，第三方咨询也为 CRM 厂商提供行业解决方案、咨询培训、项目监理等咨询服务。在 CRM 实施中，专业的第三方 CRM 咨询机构的产生和存在是有必要的。

(3) 培训成本。一个完整的 CRM 项目不仅单纯指 CRM 的实施，还包括 CRM 的培训、咨询等服务在内，其中培训对于 CRM 项目的选型、实施、上线起着至关重要的作用。以 CRM 项目的不同阶段和不同受众为标准，可以将 CRM 的培训分为 CRM 理念和 CRM 实施两类培训。前者主要是在 CRM 项目启动前，针对企业的高层管理人员举办的培训。为了让企业高层管理者达成共识，理解什么是 CRM，使他们对 CRM 有一个正确的预期，必须针对企业高层管理者进行培训，包括先进管理思想培训、CRM 管理理念培训、CRM 风险和机会培训等不同内容。后者是在 CRM 项目实施过程中，对于涉及的不同受众所组织的不同内容的 CRM 培训，以便让他们理解如何运作 CRM 系统。员工是 CRM 实施的主体，CRM 最终的实施成果是由企业员工的工作体现出来，因此每一位员工对 CRM 的正确理解与熟练使用都是关系到 CRM 成效的关键。为了使员工能够充分发挥新的业务模式的优越性，保证 CRM 项目的顺利实施，CRM 项目的实施培训贯穿于 CRM 项目的全过程，包括项目小组培训、用户操作培训、技术人员流程培训等，这些培训的内容主要由 CRM 厂商根据具体的项目特点和产品的功能模块来决定。

(4) 集成成本。CRM 实施的另一项开支在于它的集成成本。CRM 是一个大型的集成管理系统，包括客户管理、销售管理、客户服务、决策支持等多种功能模块，数据必须涵盖于所有模块，才能保证企业呈现出一幅完整的客户“视图”。在 CRM 实施中，如果客户从桌面到后台整个系统均采用同一家公司的标准，集成成本相对低一些。但事实上，客户往往使用多个软件供应商的多种系统。这其中任何一个的系统都不会拥有用户所有的数据，不会贯穿着从桌面到后台整个流程。在这种情况下，集成这些应用程序就很困难，会带来较高的集成成本。根据 Garnter 报告，在实施主要的应用软件包的过程中，集成成本所占的比重可以达到整个项目实施费用的 30%。

(5) 人力成本。人力成本主要包括人员招聘、人员重新部署和人员培训的费用。在 CRM 项目的实施中，人是非常重要的因素。为了确保 CRM 成功实施，企业必须要投入相应的技术人员、分析人员，以及管理人员来进行数据及流程的整理分析工作。企业在保证 CRM 实施的前提下，还要维持企业的日常运营，这就需要重新审视企业的人力资源，招聘急需的技术和管理人才，建立新的激励机制，而所有这些活动都需要成本。例如，实施 CRM 的企业需要一些统计师和分析师，他们能够进行客户细分分析、客户终身价值评价、客户获取计划，以及客户流失分析。同时，企业还需要招聘一些在直销、竞争管理和其他领域的CRM专家，对员工进行专业的CRM技能培训。

实际上，在项目实施过程中，人力成本占据总成本的相当比例，项目实际的人力成本决定了项目盈利的水平。但是，人力成本很难准确估算，为了质量和进度的要求，在项目执行过程中，经常会不断追加人力，最后使用的人力资源大大超出了预算。因此，企业必须认真核算CRM项目的人力成本，以控制项目的人力资源投入。另外，在考虑人力成本时还应该注意，企业现有员工在参与CRM实施时，他们并不是“免费”的，因为参与CRM项目而导致原部门人力紧张，可能需要新员工来填补空缺，这导致的成本也应该计入到项目的人力成本。

4) 使用成本

使用成本是指项目投入使用期间，为了维持项目正常运行所消耗的成本。CRM的使用成本主要体现在以下四个方面。

(1) 材料成本。CRM的运行离不开材料成本的消耗。从企业日常的管理，如纸张、邮寄等办公用品的开支，水、电等资源的消耗，一直到CRM硬件设施维护的所需材料消耗，都需要不断地有成本支出。

(2) 维护成本。维护成本是系统保持和业务需求同步增长的重要环节。为了保证CRM系统的正常运作，企业需要定期对CRM硬件设施进行维护和支持。没有维护成本，CRM系统就无法保持强壮的生命力。通常，CRM项目的软硬件费用只占到总成本的一小部分，相当比例的成本是由后期维护所引起的，尤其是业务需求改变所引起的新的维护需求。维护成本通常是该软件定价的一个固定百分点(15%~25%)，一般而言这些费用是按年支付给厂商的，这项费用可能会多于最初的软件成本。通常，服务商提供的维护包括对系统进行修补、升级，以及接入软件厂商的支持平台。如果企业需要对原始软件进行定制化的话，可能就需要额外支付维护费用，因为标准的维护通常适用于标准化的系统。

另外，CRM还需要日常的数据维护。CRM需要庞大的数据来识别客户，以便描绘出他们的购买行为和偏好。数据不是一劳永逸的，它需要通过持续的维护进行更新。根据Gartner的观点，客户数据每个月将有2%的退化率，这样每年需要改变1/4的客户数据库。也就是说，数据并不是一成不变的，它们需要进行不断的维护，确保数据及时更新。低质量的数据将影响CRM的实施效果，因此确保数据质量是维护成本中的重要因素。

(3) 通信成本。通信成本的支出在CRM的运行过程中是不可忽略的。互联网、电话、传真等通信方式是维系企业与客户之间良好关系的纽带，是企业内部人员进行沟通的桥梁，也是CRM建设的基础。

(4) 人力成本。CRM系统的正常运作离不开数据的支持，系统操作人员将对所需数据进行及时的收集、转换与维护，确保数据的真实、准确。CRM是一套完整的业务自动化解决方案，需要有专业的系统管理人员对整个系统进行管理和监控，以便能及时发现问题、解决问题，保证系统的安全运作。

5) 计算 CRM 中的 TCO 时的注意点

在创建 CRM TCO 的时候，应该注意考虑以下各点进行计划、管理，并降低整个 CRM 项目的 TCO。

(1) 不要立即购买所有的许可证。要按照需要进行购买，这样就可以把部分许可证的成本推迟到第二年，甚至以后的年份中去，这有助于减少项目的成本费用。

(2) 咨询成本。TCO 中有非常大的一部分来源于服务成本，而服务成本主要是外部的咨询服务。为了降低这部分成本，企业可以考虑在整个项目期内为 CRM 项目配置恰当的内部人力资源，因为内部的人力资源成本是远低于外部顾问的成本。内部人员也应该在项目早期增加，这样可以方便内部员工在项目过程中与外部咨询人员进行交流，实现知识转移，以求尽早降低对外部人员的依赖。

(3) 内部员工成本。有些企业在考虑 CRM 项目时，没有注意到内部的员工成本，会误以为是“免费的”，这是非常危险的。因为当员工把主要精力放在 CRM 项目时，就没有时间来执行其他任务。若该员工原有的工作任务由新员工来顶替，这就需要企业支付报酬，这也是 CRM 项目的成本之一。同时要注意的是，企业一旦“执行了”CRM 项目，内部员工就不得不在项目的整个生命周期内维护这套系统，执行系统修补、维护、升级(针对软件与硬件方面)等方面的工作。这就意味着，必须为持续性生命周期管理做好准备，并且必须为内部员工在以后的年份中一直要“扑在该项目之上”而做好准备。企业需要为每个员工(或顾问)的全部费用做好预算，这些人员的工作就是要在第三年到第五年内执行持续性经营与维护。

(4) 要意识到培训并不是一次性的工作。除了为所有员工做好最初培训的计划以外，企业还需要为持续性培训确定时间。由于员工可能会在 CRM 方案的生命周期内离职或职位流动，所以企业应该把对“新员工”培训工作作为一项持续性成本。

当 TCO 被用作分析 CRM 项目成本的评估工具时，要注意考虑在项目规划期的最初成本与持续性成本。但是 TCO 并不能作为一种单独的价值判断标准，要全面评估 CRM 项目，还必须要考虑其投资回报方面的问题。

11.3.2　CRM 项目的 ROI 分析①

1. ROI 的定义

尽管投资回报(return of investment，ROI)中存在着很多无法量化的因素，但投资回报是一个很现实的问题，在 CRM 趋于理性时，投资回报已经成为人们不得不考虑的关键因素。不过需要明白，CRM 投资不同于其他类型的投资，很难准确计算出 ROI，或者描绘出 CRM 项目实施后的具体收益数据。CRM 中的 ROI 分析是十分复杂的，存在定性和定量、长期和

① 吴清，刘嘉. 客户关系管理. 上海：复旦大学出版社，2008.

短期、有形和无形的问题。

ROI 原本是会计学概念，指企业所投入资金的回报程度。早期用来判定投资工厂或购买铁路相关的成本是否合理，现被广泛使用在各个领域。ROI 的结果通常用百分比来表示，即投入产出比，简单地说就是企业所投入资金的回报程度。

企业管理人员希望能够通过一种定量的判断标准，来了解企业在进行了一定的资源投入之后，能够从 CRM 项目上获得多少收益。ROI 表现的正是企业在整个研究期内的资金收益程度，是证明投资项目合理性的最重要因素，也是进行技术投资决策时常用的一种经济分析工具。ROI 将用户的投入及应用价值加以量化，简单地表示出项目执行的效果。ROI 值越高，表示 CRM 的实施效果越显著。

一般来讲，企业在实施 CRM 之前对 CRM 投资回报的期望值往往很高，会出现很多对 CRM 回报的定性描绘，如收入增长、成本减少、增加客户忠诚度、获得适时信息、提高员工的积极性等。企业做到定性描述不是太难，而要对 CRM 的 ROI 进行量化分析一般会很困难，因为对 CRM 的收益和成本的定量考量都是一件复杂的事。

2. CRM 项目的 ROI 分析

标准的 ROI 方程为：收益 / 投资×100%。在 CRM 投资中，收益主要表现在成本降低和收入增加两个方面，因此可以将公式改变为

ROI＝(成本降低＋收入增长) / 总成本

形式上，这个公式应用于计算 CRM 的 ROI 尤为简单，只需知道：①你在 CRM 的投资为多少(总成本)？②你从投资获得了多少收益(成本降低＋收入增长)？③你所测量的时间跨度为多少？根据企业各自的需求来确定，比较简单。如果一个项目是软件服务，或者比较简单的 CRM 解决方案，这个项目需要 3 年至 4 年的分析时间。如果这个 CRM 项目是一个比较大的项目，拥有许多集成和客户化定制，其设计、开发和应用需要 12 个月左右的时间，分析时间范围很可能需要 4 年至 5 年。而①和②计算起来相对比较复杂，因此实际的 ROI 估算远比这个公式复杂。在建设 CRM 系统时，不但需要综合考虑长期因素(客户忠诚和品牌形象等)与短期因素(成本和收入等)，还需要考虑 CRM 所带来的有形和无形的收益。因此，综合评价 ROI 也是一个挑战。

实际上，CRM 建设是一个长期过程，按其生命周期，可以将 CRM 的成本划分为建设成本和使用成本两类。从效益作用的方式和效果上，可以将 CRM 的收益划分为直接收益和间接收益两种。一般而言，在 CRM 的整个生命周期中，建设初期的成本较高，收益较低；在进入使用期后，直接和间接的收益逐渐体现出来，收益增加，使用成本保持稳定；到后期，面临 CRM 系统陈旧更新问题，其收益下降。具体如图 11-5 所示。

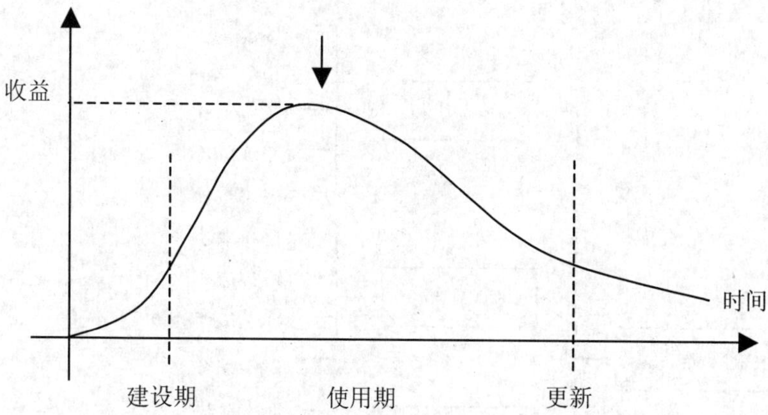

图 11-5 CRM 收益图

3. ROI 的要素分析

如何测量 ROI 并不是一个轻松的问题，因为在它所涉及的成本和收益中，有很多因素并不能准确测量。图 11-6 显示了一个 CRM 项目所涉及的成本和收益的组成要素，下面对各项衡量指标进行具体分析。

1) 在 CRM 的投资为多少(总成本)

关于 CRM 投资的总成本，已经在 TCO 总拥有成本中详细讲述，一般用于 ROI 测量中的成本主要包括 IT 的软硬件的建设成本和使用成本，其具体组成如图 11-6 所示。

2) CRM 为企业带来了多少收益(成本降低+收入增长)

CRM 项目的收益，可以分为有形收益和无形收益两种，也被称为直接和间接收益。

3) 直接收益

直接收益是指有形收益，即“看得到的收益”，如增加的销售额、减少的员工总数和节约邮寄、电话和交易费用等。直接收益包括业务收益和成本收益两个方面。业务收益可以通过报表上的收入状况直接体现出来；成本收益则需要通过 CRM 实施前后的对比分析进行确定。与间接收益相比，直接收益更容易以数据定量表示。

(1) 业务收益。

CRM 项目的业务收益主要来自销售收入的增长。销售能力自动化是 CRM 的核心组件之一，CRM 系统最初的雏形就是 SFA 系统。SFA 系统能大大提高销售人员日常活动的效率，使销售人员能够利用更多的机会与更多的客户进行接触，以便企业在销售过程中，能够针对每一个客户、每一个销售机会，基于每一个人员的行动进行科学的、量化的管理。销售人员可以从不同的角度获取所需的客户信息，便于发掘客户需求和促成交易。SFA 还能自动地帮助销售人员生成各类所需报告及分析结果，从而帮助销售人员将更多的时间和精力放在客户身上，在同样的时间内为客户提供更多、更有价值的咨询和服务，带来更多的订单。

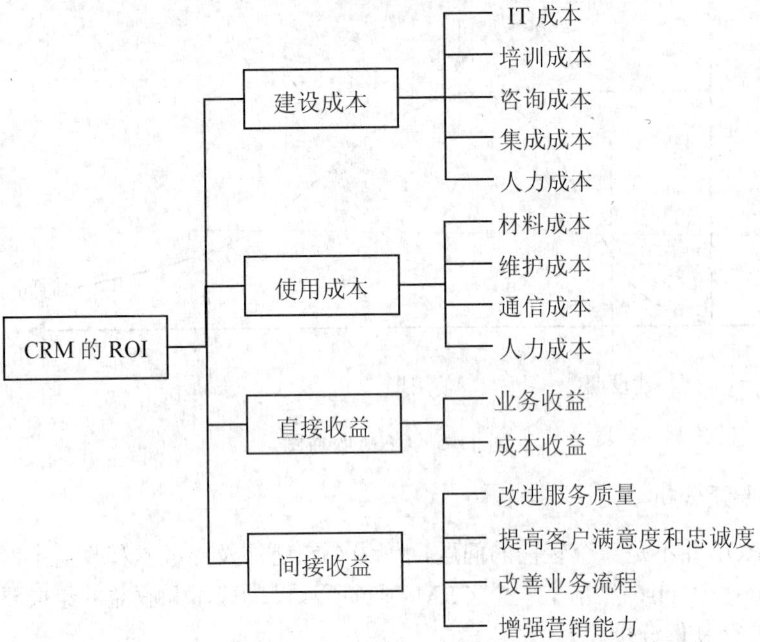

图 11-6　CRM 的 ROI 模型图

呼叫中心也是一个十分高效的互动窗口，是 CRM 系统获得信息的主要渠道。通过呼叫中心，企业直接与客户进行联系，能够收集客户各方面的信息，以及客户对产品/服务的潜在需求，有助于企业贴近市场，了解客户的需求，同时呼叫中心也是企业进行交叉销售的理想场所。呼叫中心由单纯的服务职能开始向具有市场营销、产品销售、客户服务等多职能领域深入。越来越多的呼叫中心开始帮助企业进行直销，挖掘和验证商机，同时通过分销商的管理，传递商机，提供最快的支持。通过客户服务中心，企业可以及时了解市场，反馈信息，捕捉新的收益机会，为客户介绍新产品，带来新的销售机会。

CRM 系统的客户智能分析功能可以帮助企业更细致地了解客户情况(如利润率、偏好、趋向等)，对客户群进行有效的归类、挖掘，从而通过获取、保留、服务客户，提升客户价值，进而满足企业商业战略目标的需要。通过客户智能，企业可以分析自己在市场活动和营销策略上的收效，清楚地区分利润客户与非利润客户，对市场行为进行有效的管理和控制，最终实现企业资源最优化。客户分析结果还可以为企业提供新的销售机会，分析各种销售信息，找出潜在客户，并对潜在客户进行目标销售。

(2) 成本收益。

CRM 项目的成本收益主要体现在交易成本的降低，以及运行成本的减少两个方面。

① 交易成本的降低。

交易成本是指交易双方可能用于寻找交易对象、签约及履约等方面的一种资源支出，包括金钱上的、时间上的和精力上的支出。根据科斯的定义，交易成本包括以下三种成本：信息成本、谈判成本、履约成本。信息成本，即搜寻交易双方信息时所发生的成本，是交易成本的核心。产生信息成本的主要因素是信息不对称，交易的一方掌握了关于交易的更多信息，而另一方信息匮乏，只能通过一定的代价来获得期望的信息。信息分布得越不均匀，信息匮乏方获得信息的成本就会越昂贵。CRM 的实施可以帮助全方位采集客户信息，增加企业信息拥有量，降低了市场的不确定性，使自己免受或少受市场变化的不利影响，最终实现信息成本的最小化。

在合约签订方面，实施 CRM 的企业和客户之间较容易形成一种长期的合作伙伴关系，这种关系中存在着相互的信任，这在一定程度上降低了双方谈判签约环境的复杂性和不确定性，减少了双方在谈判签约上所花费的人力、物力和财力，而且有利于企业与客户之间签订长期合约，避免由于不断签订中短期合约而导致的屡次谈判签约成本。

CRM 还可以对合同进行全面管理，从合同的起草到合同的签订和执行，全程可以进行监督管理，从而保证合同的顺利执行。

② 运行成本的减少。

CRM 系统的实施为员工提供了合适的工具，帮助面向客户的员工提高工作效率，改善服务质量，更加快速地获取客户信息，并且极大地降低了服务成本，尤其在日常办公损耗上，如纸张、邮寄费用的节约等；另外，有的 CRM 系统组件提供强大的邮件管理功能，可以自动记录客户信息，并利用自定义的模板和工作流规则做到针对客户请求自动回复邮件，这可以极大地降低企业通讯成本。同时，CRM 系统还可以与网络结合，在 Internet 上为客户提供自我服务的平台，实现客户自助服务，减少服务人员的劳动量和随之产生的各种费用，如客户通过自助服务可以查询 FAQS(常见问题解答)、输入订单、输入服务请求、查询订单状态等。

4) 间接收益

相对而言，不太直观的间接收益比较难以衡量，主要表现在以下三个方面。

(1) 增强营销能力。

一个企业的市场营销功能相当于企业收入的“发动机”。通过 CRM 使企业更加明确地了解所面对的客户数量、客户构成、消费偏好、购买动机等信息，为企业配置资源提供决策支持。CRM 系统能够帮助企业完善目标客户基本信息，通过数据挖掘对客户的构成、购买意向等进行不同角度的透视和分析，使企业多方位地把握客户需求，全面透视客户情况；CRM 系统能够对各种商业活动进行追踪，通过新的渠道和业务模式(电话、网络)扩大企业经营活动范围，及时把握新的市场机会，占领更多的市场份额，如呼叫中心是进行交叉销售的理想场所。客户呼叫“呼叫中心”后，销售人员可以在客户挂机之前推断出要销售的商品类型，知道客户以往的交易习惯，增加销售成效。要有目的、有针对性地采取分层次、按类别、划区域等形式，以“呼叫中心”为纽带，根据客户的文化差异、收入水平和消费习惯，开展有效的促销活动。另外，还可以通过预算营销投入和收益分析，对活动效果进行分析与评价，提高营销活动效果。

(2) 改进服务质量。

CRM 系统的核心部分是客户服务自动化系统，为企业提供了一套完整的客户服务解决方案。客户服务自动化系统中重要的组成部分——呼叫中心，为客户提供交互式、专业化、集成式的单一客户服务窗口。客户无论遇到哪方面的问题，都可以与呼叫中心进行联系，再由呼叫中心对任务进行分解，决定如何解决问题；从而有效地避免客户要根据不同问题与企业不同部门进行联系的问题，也解决了客户无法有效判别问题所属部门而带来的困惑，也有效地避免了企业其他部门因为接待客户而带来的工作效率的损耗。另外，客户服务自动化系统还可以通过服务自动化功能，建立客户的服务档案、跟踪对客户的服务过程、了解统计客户对服务的反馈意见，及时传送给产品设计、生产计划和质量管理部门，以确保为客户提供高品质的服务。

在后台数据库系统的支持下，客户服务自动化系统可以不断地扩充服务及产品的知识库。该知识库可以有效地帮助客户服务人员提高服务的质量和效率，若客户的问题已经存在于知识库中，则可以直接调用答案而节约时间。同时，也可以将知识库中合适公开的问题及答案放到企业网站上，方便客户在任意时段查询和解决问题。另外，企业也可以通过呼叫中心利用 IVR 技术，以及网络技术向客户提供全方位、全天候的服务。这对服务质量的提升也非常有帮助。

(3) 提高客户满意度和忠诚度。

客户由潜在客户变为老客户，中间有很多阶段，其中最重要的是，当客户购买过一次企业产品之后所获得满意的程度。若客户的满意度越高，则其持续购买的可能性就越大，而老客户的持续购买会给企业带来更高的利润。决定客户持续购买背后的因素是客户的满意度，而这又与售后服务的质量密切相关，即客户的“满意不满意”很大程度上是来自服务的好坏。一个实施得不错的 CRM 系统，将通过以下方式让客户的满意度有所提升：通过服务案例的自动跟踪与管理，系统会自动提醒服务人员与有关客户上一次通话的内容或维修历史；服务人员可以利用各种手段与客户保持密切联系，包括电子邮件、便条、电话等，以不断满足客户需求；客户同样可以自己选择联系方式(电话、传真、网络等)，同企业进行交流和业务往来，极大地方便了客户对所需信息的获取；系统用户可以不受地域限制，随时访问企业的业务处理系统，方便了客户信息的收集与管理；客户信息的完整性有助于服务人员对各种客户服务请求作出快速反应，根据客户的需求进行个性化交易，减少了客户等待的时间。快速地响应客户的抱怨，并及时解决客户面临的难题，能有效地提高客户的满意度。呼叫中心的出现，能有效地为客户提供个性化的服务，快速而直接地帮助客户解决难题，同时也帮助企业更了解客户的需求和想法。

客户满意度的提高，可帮助企业保留更多的老客户，吸引更多的新客户。但是，客户满意度并不直接贡献于企业的经营目标，它是通过提高客户的忠诚度间接为企业带来利润的，只有持续的客户满意度才能带来客户的忠诚。CRM 系统通过技术手段，从不同角度提高了客户对企业的依赖性，具体表现在，长期地、不断地培养让客户满意的经历，体现企业服务质量的一致性；利用系统所掌握的客户个人资料，在适当的时候自动提示发生一些“感性”关怀，如向重要客户发送礼品、赠送生日蛋糕等；通过 CRM 中的网络客户社区功能，让客户与客户之间产生“牢固关系”，从而让企业从中获益。

需要指出的是，如果将提高客户满意度作为 CRM 项目的收益之一，就必须在 CRM 项目开始前，对客户满意度进行调查，作为比较的标准，否则将无法衡量 CRM 项目是否获得了此项收益。其他的收益也是如此，一定要将项目开始前的数据或指标进行测量，与项目实施后的相关指标进行比较。

11.3.3　基于 BSC 的 CRM 绩效分析

1. 平衡计分卡的应用概况

平衡计分卡摆脱了传统的只重视财务指标进行绩效评价的缺点，构建兼顾内部与外部因素、反映过去与未来绩效的战略性绩效管理机制。“平衡”的观念是这个系统的关键，主要体现了财务指标与非财务指标之间的平衡、企业组织内外的平衡以及前置与后置绩效评价指标的平衡。管理的注意力从短期的目标实现转移到兼顾战略的目标实现，从对结果的反馈思考转向对问题原因的适时分析。这种思想能够指导对 CRM 进行综合、全面的绩效评价。CRM 和平衡计分卡两者都强调企业战略的发展，它们的结合能够实现 CRM 绩效的全面评价和战略改进的目的。

企业的长期生存有赖于其长期价值创造程序能否符合市场的需要，传统绩效评价系统过分局限于财务数字和针对部门层次进行绩效管理，对企业长期的、总体的发展不能做出合理的评价，因此受到越来越广泛的质疑。相对而言，平衡计分卡是引导企业获得高利润的指示器，它使经理人可以最大限度地满足员工、客户和股东的要求。所以，在 20 世纪末，平衡计分卡已作为企业战略管理的重要手段，被西方企业大规模地采用。

一般来说，最佳的绩效评价指标应该与企业战略紧密联系。但越来越多的高级经理开始询问他们的绩效评价系统是否合乎标准，并且对于一些非财务指标，如客户满意程度、员工满意或创新等关系企业未来发展的方面更加关心。平衡计分卡绩效评价法的支持者们一直建议增加非财务指标内容，并通过附加的三个方面对传统财务指标进行补充，采用这种方式平衡计分卡绩效评价法可以更好地修正传统绩效管理一系列的缺陷。平衡计分卡绩效评价法认为企业的可持续发展不可能单一地仅依靠有形资产的开发而获得，而“无形资产”或“智力资本”愈来愈成为重要的成功因素。根据卡普兰模型，平衡计分卡绩效评价法的四个基本原件将使企业不仅能够跟踪财务结果，而且可以同时监测获取“智力资本或无形资产”的进程，保证企业未来的成长和竞争力。

2. 平衡计分卡的指标维度

平衡计分卡的绩效评价方法打破了传统的只注重财务指标的绩效管理方法。平衡计分卡认为，传统的财务会计模式只能衡量过去发生的事情(滞后的结果因素)，但无法评估组织前瞻性的投资(领先的驱动因素)。在工业时代，注重财务指标的管理方法还是有效的。但在信息社会里，传统的业绩管理方法并不全面，组织必须通过在客户、供应商、员工、组织流程、技术和革新等方面的投资，获得持续发展的动力。正是基于这样的认识，平衡计分卡认为，企业应从四个角度审视自身绩效，财务、客户、流程、学习与成长维度，如图 11-7 所示。

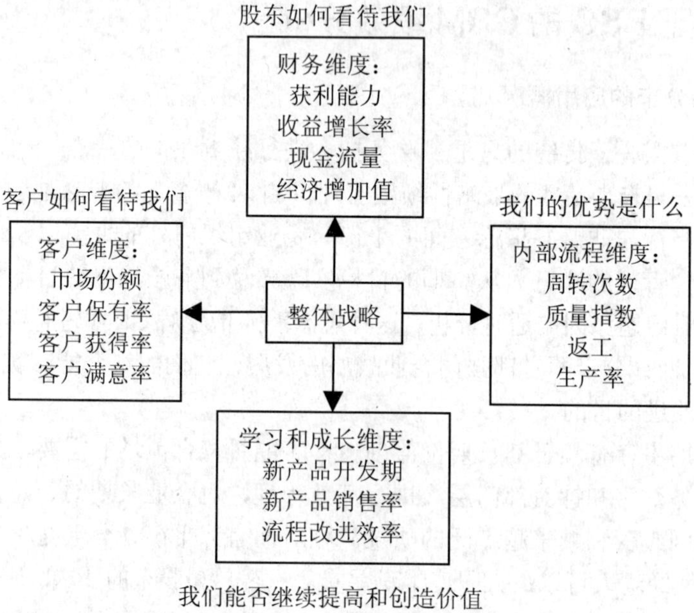

图 11-7 平衡计分卡中的指标

1) 财务维度

这个维度的指标告诉我们，在其他维度已经通过指标设计，具体的战略实施是否能够引起最终结果的改善，企业所有的改善都应通向财务目标。平衡计分卡法将财务方面作为所有目标评价的焦点，财务维度的指标通常是传统的滞后指标，主要有获利能力、收益增长率、现金流量和经济增加值等。

2) 客户维度

解决谁是我们的目标顾客，我们服务的价值定位是什么的问题。企业为了获得长远的财务业绩，就必须创造出客户满意的产品/服务。为客户服务所期望达到的绩效而采用的评价指标主要包括市场份额、客户保有率、客户获得率、客户满意等。

3) 内部流程维度

辨认或创造出能够持续增加客户和股东价值的关键流程是平衡计分卡法突破传统绩效评价显著的特征之一。传统绩效评价虽然加入了生产提前期、产品质量回报率等评价，但是往往停留在单一部门的绩效上，仅改造这些指标，只能有助于企业生存，而不能形成企业独特的竞争优势。

4) 学习和成长维度

学习与成长维度是实现其他三个维度目标的强化剂，通过这个维度所设计的指标来缩小现实与目标的差距，进而保证取得未来可持续的绩效。平衡计分卡法实施的目的和特点之一就是避免短期行为，强调未来投资的重要性，同时并不局限于传统的设备改造升级，更注重员工系统和业务流程的投资。注重分析满足需求的能力和现有能力的差距，将注意力集中在内部能力上。这些差距将通过员工培训、技术改造、产品服务得以弥补。相关指标包括新产品开发周期、新产品销售比率、流程改进效率等。

3. 平衡计分卡的管理循环

BSC 从上述四个维度对企业战略管理的绩效进行财务与非财务综合评价，不仅能有效克服传统的财务评价方法的滞后性、偏重短期利益和内部利益以及忽视无形资产收益等诸多缺陷，而且是一个科学的集企业战略管理控制与战略管理的绩效评估于一体的管理系统，其基本原理和流程简述如图 11-8 所示。

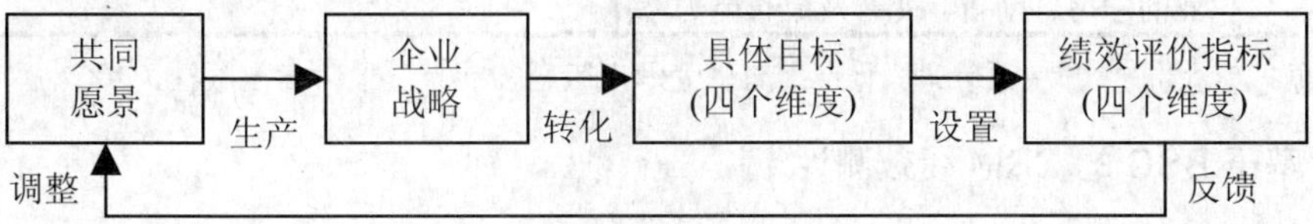

图 11-8　BSC 管理的循环过程

(1) 以企业的共同愿景和战略为内核，运用综合与平衡的哲学思想，依据组织结构，将企业的愿景与战略转化为下属各责任部门(如各事业部)在财务、客户、内部流程、学习与成长等四个方面的系列具体目标(即成功的因素)。

(2) 依据各责任部门分别在财务、客户、内部流程、学习与成长等四种可具体操作的目标，设置对应的绩效评价指标体系。这些指标不仅与企业战略目标高度相关，而且是以先行(leading)与滞后(lagging)两种形式，同时兼顾和平衡企业长期和短期目标、内部与外部利益，综合反映战略管理绩效的财务与非财务信息。

(3) 由各主管部门与责任部门共同商定各项指标的具体评分规则。一般是将各项指标的预算值与实际值进行比较，对应不同范围的差异率，设定不同的评分值。以综合评分的形式，定期(通常是一个季度)考核各责任部门在财务、顾客、内部流程、学习与成长等四个方面的目标执行情况，及时反馈，适时调整战略偏差，或修正原定目标和评价指标，确保企业战略得以顺利与正确地实行。BSC 管理循环过程的框架如图 11-8 所示。

4. 两种评价维度比较

上述阐述的财务、客户、内部流程、学习与成长等四个维度是"以企业为中心的 BSC"的评价维度，而"以客户为中心的 BSC"的评价维度强调的是"客户知识、客户互动、客户价值、客户满意"，两者所关注的焦点是有区别的，如表 11-1 所示。例如，以企业为中心的 BSC 更关注为股东创造价值，而以客户为中心的 BSC 更强调提升客户忠诚和客户利益；以企业为中心的 BSC 更注重提升企业作业流程的效率和效果，而以客户为中心的 BSC 更强调增强互动渠道的有效性以及追求卓越的客户资产经营方式。

表 11-1　CRM 的评价维度对比

以企业为中心的 BSC		以客户为中心的 BSC	
指标维度	关注焦点	指标维度	关注焦点
财务维度	为股东创造价值	客户价值	提升客户忠诚和客户利益
客户维度	为客户创造价值	客户满意	获取商业价值
内部流程维度	提升企业作业流程的效率和效果	客户互动	增强互动渠道的有效性及追求卓越的客户资产经营方式
学习与成长维度	通过实施持续性的改善措施，保持企业的学习、创新、变革及成长能力	客户知识	理解客户以及对客户信息进行分析

(资料来源：王永贵 客户关系管理. 北京：清华大学出版社，北京交通大学出版社，2007.)

5. 基于 BSC 的 CRM 绩效测评①

根据平衡记分卡的基本原理和思想，下面围绕以客户为中心的四个关键评价维度展开讨论，给出一个可供参考的 CRM 绩效综合评价模型。

1) 客户知识测评

由于客户需求、感知及其行为的多样化，企业很难按照同质性的标准对客户进行科学的分类，因而难于制定十分有效的营销战略。但与此相对，几乎每一位客户都希望能够得到适合自身需求的定制化产品/服务。因此，企业必须深入分析客户需求。在 CRM 过程中，企业可以运用适当的数据挖掘工具和数据仓库技术对客户数据进行分析，从而准确把握客户行为特征及其需求。

在 CRM 活动中获取信息的关键在于能够对数据进行过滤、分类、处理、分析和运用，通过数据挖掘工具从大量的数据中提取出不同的数据类型并发现相应的规律，实现从大众营销向一对一营销的转化。在此过程中，技术更新对如何更好地理解客户也是至关重要的，

① 王永贵. 客户关系管理. 北京：清华大学出版社，北京交通大学出版社，2007.

如何培训和发挥员工的技能，也是有效处理和运用客户信息的关键所在。

在许多行业里，安全性是处理客户信息的一个基本的先决条件，特别是在电子商务领域。而且在现实生活中，许多客户也都非常关心存储在企业数据库的客户信息，以及企业如何使用这些信息的方式。因此，如何测评企业需要收集的信息，企业如何分析、处理和使用客户信息等，都是客户知识维度需要重点关注的内容。表 11-2 列举了对客户知识测评需要实现的目标以及相应的测评指标。

表 11-2　客户知识测评表

需要实现的目标	测评指标举例
收集合适的客户信息 分析客户数据 获取新客户 理解客户需求 改进员工技能 改进 CRM 技术 与领先客户合作等	获取客户的数量 现有客户的数量 网络营销与电子商务 每天的网页浏览量 每天的客户访问量 网络销售 技术能力评级 硬件升级频率 研发投资 ➢ 研发支持：数据仓库、数据维护、数据挖掘、多元数据分析 ➢ 研发服务：个性化的客户细分，推荐、网络服务 客户收益与安全等级 客户实现的创新(个数)

2) 客户互动测评

有效的客户互动有助于企业与客户构建良好的关系。企业应在作业流程管理方面对众多的互动渠道进行有效整合。企业的作业流程包括内部流程和外部流程，内部流程管理强调对企业内部流程的掌控，它在很大程度上决定了企业内部的经营操作；外部流程管理则注重企业与供应商和客户之间的互动关系，它在很大程度上决定了互动渠道管理的有效性。一般而言，客户互动管理主要包括以下八个方面。

(1) 企业一线员工、其他员工接触管理。

(2) 对接触延伸的有效管理，包括邮件、电话、销售回访、送货等。

(3) 服务硬件设施的构建和管理。

(4) 服务人员的态度与技能。

(5) 特定的交易管理与忠诚计划管理，包括定价、收益、期限、定制化等。

(6) 多种互动渠道的整合管理。

(7) 员工和客户参与程度的平衡管理，以及各自在服务创造和交付中的分工。

(8) 管理员工之间、客户之间及员工与客户之间的相互影响。

在分析客户互动时，往往需要考虑一些重要的评价指标，例如，营销推广活动的次数、销售推广的总成本、产品目录的更新频率、费用支出、互动渠道的数量及彼此之间的互补程度等。其中，互动渠道的种类较多，既有诸如信件、电话、传真等传统方式，也有呼叫中心、服务中心、网站、互联网虚拟客户社区等现代方式。在企业的内部流程管理中，必须整合匹配各种不同的互动渠道，并对其进行及时有效的管理。

企业在分析作业流程时，还需注意到以下评价指标，客户支付手段、送货渠道和产品差异性等，因此，必须对在送货、答复客户以及产品差异化过程中所产生和收集到的信息进行分析研究。总而言之，客户价值创造和客户满意度提高都离不开互动渠道的管理和企业作业流程的优化。表 11-3 列举了对客户互动测评需要实现的目标以及相应的测评指标。

表 11-3　客户互动测评表

需要实现的目标	测评指标举例
对客户请求的及时回复 整合企业作业流程 改善互动渠道管理 最大化企业作业效率和效果 定制化产品/服务 互动渠道的整合与协同等	营销推广活动 销售推广的总成本 产品目录的更新频率 响应客户请求的渠道数量 互动渠道管理的总成本 订单完成后的平均送货时间 对客户需求的响应时间 产品分销 产品信息的细化 畅销产品的及时销售 客户对移情性的感知 客户对互动渠道的满意程度

另外，在客户互动过程中，对销售人员和客户服务人员的管理尤其重要，同时需要重视在互动过程中获取重要信息以及如何利用这些信息。

3) 客户价值测评

客户价值包括企业从 CRM 活动中所获取的全部有形和无形的收益。为了确定客户价值，企业必须对营销推广活动、客户挽留的数量、网络销售等信息进行分析。任何 CRM 项目的实施都能够给企业和客户双方带来利益，测算客户的潜在利益，并以此为依据进行相关管理活动，往往可以为企业创造巨大的未来收益。表 11-4 列举了对客户价值测评需要实现的目标以及相应的测评指标。

表 11-4 客户价值测评表

需要实现的目标	测评指标举例
提高客户挽留率 提高利润率 提升客户服务与支持 建立有吸引力的客户社区或客户俱乐部 客户资产的价值等	挽留客户的数量 网络销售/传统销售 资产/员工 利润/员工 互动渠道层面 ➢ 可用性/吸引力 ➢ 导航效率/产品目录搜索 客户终身价值

4) 客户满意测评

客户满意测评是 CRM 评价模型中最为重要的环节，因此 CRM 的最终目标就是通过实现客户满意来提升客户资产的价值，实现企业利润。客户满意的评价指标主要包括客户投诉、响应时间、处理客户问题的平均时间、成功解决客户投诉的比例等；实践中可以基于 SERVQUAL 模型的五个服务质量维度，有形性、可靠性、响应性、保证性、移情性来提升服务质量，实现客户满意。有形性(tangibles)包括实际设施，设备以及服务人员的列表等；可靠性(reliability)是指可靠的，准确地履行服务承诺的能力；响应性(responsiveness)是指帮助客户并迅速地提高服务水平的意愿；保证性(assurance)是指员工所具有的知识、礼节以及表达出自信与可信的能力；移情性(empathy)是指关心并为客户提供个性服务。表 11-5 列举了对客户满意测评需要实现的目标以及相应的测评指标。

表 11-5 客户满意测评表

需要实现的目标	测评指标举例
提升服务质量 构建企业与客户间的关系 客户忠诚水平等	品牌形象 服务水平(对客户请求的响应) 每天客户请求的次数 客户满意(有形性、可靠性、响应性、保证性、移情性) 重复购买与升级购买等

企业可以借助一组科学的问题，通过问卷调查的方式测评客户满意情况，在考察客户满意的同时，也能在一定程度是实现对企业品牌形象的考察。

运用基于 BSC 的 CRM 绩效测评模型，需要立足于企业的整体高度，将与 CRM 远景制定和战略实施相关的所有要素，以及 CRM 绩效测评的四个关键维度进行有机的整合，如图 11-9 所示。

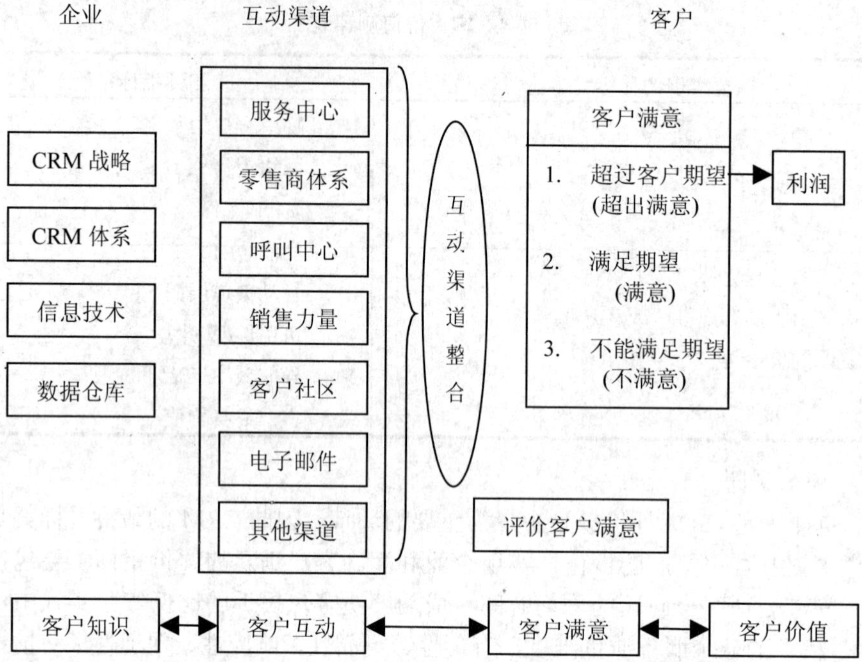

图 11-9　基于 BSC 的 CRM 绩效实施模型

具体而言，就是要求将 CRM 战略、CRM 体系、信息技术和数据仓库等因素与企业和客户互动的各种渠道整合起来，努力测评和提升客户满意度，并分别对处于不同满意度水平的客户采取差别化的措施，以便实现更高的客户盈利水平，进而不断提升客户资产的价值。这也意味着企业必须采取系统性的全面观点，在兼顾企业与客户利益的同时，妥善处理好客户知识、客户互动、客户满意和客户价值之间的关系。

补充阅读：客户关系管理实施绩效衡量

客户关系管理：案例分析①

詹姆斯·古德莱特

实施客户导向型战略，首先要为个人客户创造价值。因此对客户关系管理的绩效进行衡量，是其成功的关键。具体而言，我们要衡量个人价值创造如何对企业利润作出贡献，以及怎样改善价值创造过程。衡量的主要目的在于区分客户、个性化产品和提供互动渠道，为员工提供激励标杆，为管理层提供决策依据，以及量化客户关系管理的绩效。

当然，衡量客户关系管理绩效的方法不止一种。根据企业所在行业、拥有的客户数量

① 邓·皮泊斯，马沙·容格斯. 客户关系管理. 郑先炳，邓运盛译. 中国金融出版社，2006.

和战略渠道的不同，衡量方法也会有较大的差异。本文将系统介绍三家企业对客户关系管理绩效的衡量方法：

- 埃迪鲍尔公司(Eddie Bauer)是位于西雅图的服装零售商，它通过零售、电话和互联网渠道，与 1500 万个客户保持一对一的关系。
- 城市旅游在线(Travelocity)是世界上最大的旅游网站，拥有 3800 万以上的注册会员。
- 新闻眼(Newport News)是专营高品质妇女服装的 Spiegel 集团的电话和互联网营销部门。

通过上述案例，我们可以大致了解客户关系管理指标体系的发展历程与使用现状。我们将讨论下面几个问题。

客户关系管理指标的三种类型：

- 为企业设计客户关系管理指标体系，并让企业上下都能理解与接受。
- 衡量这些指标会给企业带来什么影响？
- 客户关系管理如何从大众营销思想中发展起来？这两种方法有什么不同之处？

在导入客户关系管理的过程中，企业要逐步发展和使用以客户为中心的衡量方法。然而，在完成上述步骤之后，企业下一步应该怎么做？

1. 衡量的类型

海诺德·哥勒(Harold Egler)是埃迪鲍尔公司前任客户关系管理副总裁，对企业的客户关系管理做了个定义：“我们衡量利润、收入和客户满意度之间的联系，并对这三个领域不断进行优化，这就是客户关系管理战略。”以客户为中心的衡量方法提供了一个平衡企业利润和单个客户价值的天平(图略)。根据这样的定义，客户关系管理指标体系分成三类：①成本指标；②价值评估；③偏好。这三类指标体系经常用来衡量单个客户的表现、市场营销活动的成效、员工的个人业绩和客户关系管理的成绩。

2. 成本指标

城市旅游在线的客户关系管理主任保罗·布热哥斯(Paul Briggs)写道：“我们面临的最大挑战是如何避免跌入一些顾问公司标榜的客户关系管理的陷阱中，它们可能与我们的商业模式不匹配。”但是，许多公司并没有意识到这一点，往往花费巨资购买客户关系管理系统，而最后还是要注定失败。拖慢客户关系管理的应用，最大的原因在于市场上不断传来失败的消息。

客户关系管理的成本主要包括需要增加的业务人员的成本、技术支持人员成本、整合不同客户关系管理系统所耗费的时间、计算机硬件成本和软件专利使用成本。成本还包括产品批量定制和客户互动的专用设备。为赢得对新客户关系管理的支持，企业必须进行试点，以分析成本效益。

对客户关系管理进行成本效益分析的方法有投资回报率(ROI)、净现值法(NPV)和内部收益法(IRR)。本书将不对这些财务分析方法进行具体介绍，有兴趣的读者可以参阅 Quaero 出版的白皮书《投资回报：对客户关系股那里的成本效益分析》。当计算客户关系管理投资的潜在回报时，对下列指标要进行估计：

成本	收益
支持新智能的人工成本	市场营销活动带来的销售增长
技术支持的人工成本	通过改善客户转换率增加的销售
咨询	通过提高客户保留率增加的收入
硬件成本	增加的毛利率
软件专利使用费	通过目标营销减少的成本
系统整合	商业计划周期的减少
用户培训	营销和销售自动化减少的员工成本

尽管客户关系管理更多地依赖直觉，但企业经常要遵循严格的财务决策程序，在批准经费之前，要对客户关系管理的成本效益进行初步评估。典型的评估方法包括以下几个方面。

- 通过改善客户选择，实现成本节约；
- 证明技术投资可以实现成本节约或收支平衡；
- 准确预测收入和利润，并在事后能及时准确地衡量；
- 缩短市场响应时间。

当城市旅游在线发现电子邮件营销对销售收入产生重大影响时，就试图利用这一自动化的营销工具实现一定的营销目标。城市旅游在线的主任保罗·布热哥斯认为："这些自动化营销工具提高了我们与客户沟通的能力，使客户关系管理专家有更多的时间思考战略性的问题，而不是将主要精力放在客户清单上。"但是，城市旅游在线的管理层希望能够提供确切的数据，分析新技术投资的成本。保罗·布热哥斯还认为："我们能从电子邮件营销活动中积累客户转化率数据，通过与客户保持更为频繁的、及时的、个性化的、更有针对性的接触，我们能估计客户转化率的规律，以此分析技术投资的成本。"

通过分析与企业客户关系管理活动相类似的活动规律，将有助于预测客户关系管理的投资回报。当然，我们也可以采用其他方法。"不管任何时候，对收入影响的判断应该是基于过去的经验，因为如果企业缺乏或只有很少的客户关系管理经验，那么就很难对收入的影响进行分析。公开出版的信息、顾问的经验和竞争的智慧将能令人满意地填补这一空白。"

对于企业投资客户关系管理系统，存在许多难于预测的收益。因为在实践中很难对这一收益进行量化，所以很多公司通过测量成本节约的程度来评估客户关系管理的成效。《客户关系管理生存指南》的作者迪克·李(Dick Lee)在回答在线提问时指出："在我看来，任何回报率公式都过于花哨。从本质上看，客户关系管理的投资回报率源自客户行为的变化，而这需要在相当长的时间里进行跟踪测量。"

新闻眼的营销分析师和数据仓库管理者凡·罗德斯(Van Rhodes)非常赞同上述观点："我们决定将多主机的决策支持系统移植到单一的用户/服务器仓库里。成本指标的预测非常困难，因为我们在预测改进方面的意见出现较大分歧。我们知道，我们需要对成本指标作出大量的改进，但是我们却仍然无法量化它。”新闻眼通过引进新的技术，改进客户关系管理决策支持系统，能够对成本指标进行分析，结果达到了收支平衡。罗德斯指出：“因为我们要被迫解决主机决策支持系统的 2000 年问题，我们就说服管理层将上述系统整合成单一的用户/服务器仓库系统。”

埃迪鲍尔公司的海诺德 · 哥勒发现，成本指标并不太精确，不过，即使再保守的预测都能显示有较大的回报。“尽管我们缺乏足够的数据证明我们实现了增收节支，但是，我们假定，如果我们能做到这一点，我们所需要的就是测算它值多少钱。我们首先提出一些漂亮的数据假设，然而选择较为保守的估计。”海诺德 · 哥勒补充说，使用假设的数据预测投资回报率是难以令人信服的，“不管你怎样预测投资回报率，你假设的数据不能太离谱，要让人觉得切实可行”。

3. 价值评估

对客户价值加深理解，将有助于改变与客户互动的方式。从个人角度看，销售和服务工作事实上转换成对客户关系的管理；对市场细分的角度看，直销、销售和网站信息要符合客户保留战略或增长战略的要求；从管理和操作的角度看，我们要使战略决策尽量透明，以影响所有客户的行为。

业务管理战略要从产品、业务线或渠道等角度考虑。收入管理战略通常与产品、业务线相联系，而成本管理战略通常与渠道或其他业务成本中心相联系。综合实施上述战略，将有助于促进业务发展与客户价值之间的平衡。表 11-6 阐述了上述思想。问题在于一些业务单位可能自认为作出了一个正确的决策，但实际上可能损害客户关系。为了全面理解与客户发生的业务关系，我们要从产品和渠道两个方面来理解客户。

表 11-6　客户价值要从产品和渠道两个方面来理解

收入管理战略 客户交易				
产品 1	产品 2	产品 3		
			渠道 1	成本管理战略 客户互动
	假设：客户价值和企业价值将得到平衡		渠道 2	
			渠道 3	

保险公司在管理电话服务中心时，经常受到收支不平衡的困扰。这些电话服务中心经常被当作成本中心来管理。电话服务中心的管理者缺乏创收和提高市场份额的动力。取而代之的是，他们被要求提高电话服务中心的效率，经常用平均通话时间、等待时间和客户满意度来衡量。因为担心受到惩罚，很少有电话服务中心的管理者愿意延长通话时间以掌握更多的客户信息，为今后增加客户关系价值打下坚实基础。

企业只有充分理解客户关系的价值，才能找到创造价值的答案。

埃迪鲍尔公司在刚开始衡量客户关系时，发现一个令人吃惊的趋势。海诺德·哥勒对此评论道："在分析客户反馈时，我们发现了一个非常有价值的细分市场，反馈越多的客户，购买也越多。实际上，这些客户是我们最有价值的客户，需要我们区别对待。"直到1998年，埃迪鲍尔公司才拥有了单一的提供所有渠道客户信息的来源，才使这种分析有了实施依据。

一般而言，许多企业采用相近的方法来计算客户价值。新闻眼创造了更为精细的数据，能够为每个业务领域提供详细的报告。营销部门的副总裁莫林·法甘(Maureen Fagan)概括了公司流程："我们从客户的每一笔交易和每一次互动着手，建立数据库。然后在此基础上，将数据汇总到客户层面，甚至到某一细分市场层面。"这种方法(如图11-10所示)被广泛用作客户价值的计算方法。

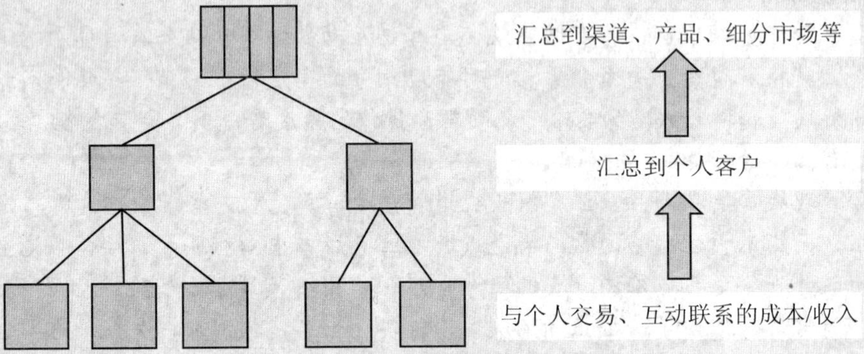

图11-10　客户价值的汇总计算程序

但是，精确计算客户的财务价值是一种艺术。习惯于大众营销的企业在计算客户价值时需要跨越巨大障碍。对每一次互动的收入、固定成本、可变成本以及毛利的计算，需要耗费时间和成本。在建立客户价值计算程序之前，我们通常采取一系列的举措。

作为数据库营销商，新闻眼总是使用直销的方法。但是，当他们通过互联网直销、提供私人标志的信用卡、建立折扣俱乐部时，他们发现单靠直销是行不通的。凡·罗德斯指出："过去二十年里，我们测量新近消费、消费频率、消费金额(简称RFM指标)，现在仍然在测量这些指标。但是，我们也发现，最有价值的客户既通过互联网购物，也通过报价单购物，甚至属于我们的折扣俱乐部，并使用带我们私人标志的信用卡。"结果，新闻眼将所有这些信息输入到数据仓库，使用RFM指标、渠道、信用卡种类/活跃程度和折扣俱乐部会员类型等区分客户。下一步，新闻眼考虑每类客户的收益率。

使用RFM指标评估客户价值是一个好的开始。按照客户类型，计算其实际的客户利润同样重要。海诺德·哥勒写道："估计利润和实际利润之间的细微差异都会导致你做出不同的决策。"

当银行和保险公司开始关注客户利润时，他们经常发现市场部门对他们的客户提供无利可图的产品/服务。销售数量增加了，但利润却下降了。为什么呢？这是因为他们通常要每三到六个月才将已经存在的业务转换成新的产品，但是如果频繁地更换销售条件，对企业和客户都会造成伤害。

问题容易找出来，却很难得到解决。对销售人员要考核其实现的利润，而不是销售量。然而，如果企业不能准确衡量客户的实际价值，就不可能有动力实施它。当激励发生变化时，它将改变客户的思考方式。许多公司发现，销售人员并不特别关心从客户身上赚取多少钱，但一旦激励机制发生变化，考核其客户利润，他们将突然开始关注客户利润报告了。

从我们调研的企业看，要改变客户行为，就要改变企业从最高管理层到前线员工对客户的决策程序。实际上，推动客户行为持续的变化，要依次经历五个阶段(如图 11-11 所示)。首先是衡量客户行为的变化。挖掘和报告客户价值也是整个过程中的重要阶段。

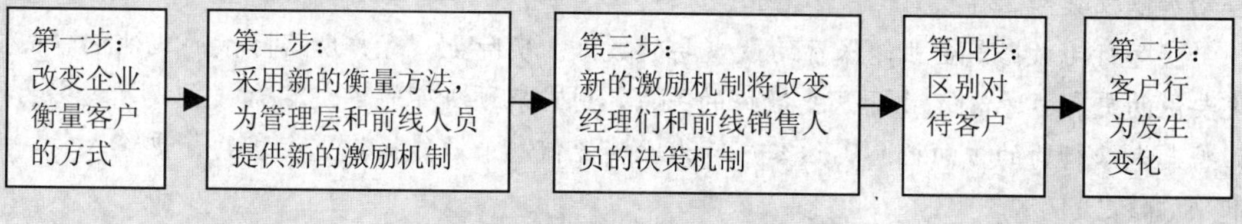

图 11-11　推进客户行为持续演进的过程

理解每个客户的价值对平衡业务线的利润和其客户的价值非常重要。理解客户价值，首先从创建客户信息来源(例如数据仓库)开始。一旦条件成熟，企业就要从衡量简单的销售量指标向衡量客户利润指标，甚至潜在的客户利润指标的方向改变，最好的做法是衡量每一个客户的实际生命周期价值和潜在价值。企业在衡量客户关系价值方面越成熟，就越能在客户关系优化方面做得更加突出。

4. 偏好

对偏好的衡量，并不是客户关系管理必须要做的一项工作。然而，通过收集和管理偏好信息，我们能较好地发展和改善客户关系。这些细节数据通常被用于客户关系管理，同样也需要区分不同客户之间的偏好。

不同的企业采用不同的方法来衡量偏好，例如，观察、聆听、理解和猜测客户的偏好。通常的思路是，通过衡量客户偏好，能够将交易做得更容易、更灵活、更安全、更迅速、更贴近客户的需要。简言之，使企业对客户更有价值。

广义而言，从客户身上收集数据的过程，被认为是与客户对话的过程。在做业务的过程中，企业可以了解客户的购买模式、喜好和厌恶的东西。通过研究这些信息，我们就能回答下面几个与客户有关的问题。

- 在一天或一年当中，客户喜欢什么时候做出什么决策？
- 客户有什么偏爱？
- 客户为将来做出什么计划？

- 客户关心什么？

企业可以充分利用这些信息，加强与客户的互动，以保证这些互动更加及时、贴近个人需要，并更具价值。

通过对话程序收集到的偏好数据可以分成五类：①实际行为；②评分；③市场细分；④直率的对话；⑤交叉性数据。

5. 实际行为

实际行为是指客户与企业交往过程中可观察到的行为。这些行为包括：网上行为、购买、反馈、抱怨、对营销活动的响应、使用的渠道、其他实际的互动和交易行为。它还包括平均交易金额、颜色和尺寸的选择、座位偏好、产品种类和产品交叉销售率，等等。这些数据包括所有企业与客户打交道的日常事实和数据，当客户和企业互动时，这些数据被自动加以收集和保存。

实际行为数据是企业能保存的最重要的数据。实际上，客户所实际做的比他们口头上说要做的更有参考价值(由于历史数据的关系，用它来预测可能不太准确)。但是，过去的行为将是未来行为的方向标。实际客户行为比其他信息来源能提供更丰富的、更深入的、更准确的信息。

埃迪鲍尔公司在收集客户行为数据方面做得很好。但是，直到最近，这些数据仍然分散在三个渠道(销售目录、零售和互联网)的系统里，不能有机地将这些行为数据与单一的客户完全一一对应起来。哥勒举了个例子，“一个客户可能比较喜欢逛商店，但他在逛商店之前，喜欢看销售目录以决定购买什么东西。在过去，我们可能认为这个客户不是一个很合适的目录销售对象，因为他从来没有通过销售目录渠道购买任何商品。但是现在我们会说，我要在这个客户身上投资销售目录，以帮助他做出购买决策，增加零售渠道的盈利性。”哥勒采用 SAS 软件检验这一假设，实验首先将客户分成两组受控的客户，其中，一组是正常客户，另一组给他们销售目录，然后比较两组在商店里的行为变化。

自从引进数据仓库之后，埃迪鲍尔公司开始分析数据之间的联系，并已揭示某些有价值的新知识。特别是，他们发现在两条渠道中购买商品的客户比只在一条渠道购买商品的客户会带来更多的盈利。而在三条渠道里购买商品的客户能带来的盈利还要多，估计是在一条渠道里购买商品的客户所带来盈利的 5 倍。利用这一发现，埃迪鲍尔公司可以迎合客户的偏好，挖掘客户的价值。

城市旅游在线充分利用客户在互联网上的行为信息，为客户提供及时的、有针对性的相关信息。例如，布热哥斯提出：“如果你生活在纽约，想询问檀香山的旅游情况，那么我们就有针对性地发送电邮，以提高你对纽约——檀香山的了解，并争取获得你的光顾。”实验表明，适时地提供信息，将有助于提高利润和客户满意度。在将目标瞄准最近两个星期做询问的客户后，城市旅游在线将客户响应率提高了一倍。

城市旅游在线发现互联网数据对于推动战略转型具有较高价值。通过路径分析(分析客户在做出购买决策之前浏览哪些网页)和“跳伞”分析(分析有多少客户从某一网页点离网站)，城市旅游在线能够迅速检查到客户行为的变化。布热哥斯举了一个例子，“我们上个星期改变了网页，这个星期我们就能看到是否有更多的客户浏览这些网页，然后根据实际情况作出调整。”其他公司也发现，网站、电话中心、POS 系统和其他渠道也可以采用相同的方法优化其运营。但是，更有说服力的分析在于：要对所有渠道的实际行为数据进行综合分析。

新闻眼将很快将网站浏览数据移植到其数据仓库中。法甘指出：“我们开始将网站浏览数据(例如，网页和产品)与实际购买行为联系在一起。”这种信息将用于为客户定制个性化的网页。实际行为数据不但对个性化定制有价值，而且是分析客户盈利性、市场细分、市场份额和评价模型的主要元素。

6. 评分

评分在平衡客户价值和业务价值中扮演着重要角色。通过评分，我们能了解客户的偏好、行为模式、风险属性和盈利水平。评分是通过数据挖掘统计技术(例如预测模型)得到的数字价值，主要用于挖掘客户的个人偏好。通过使用数据挖掘软件的预测模型，拥有 500 万个客户的公司发现大约有 10 万个客户最有可能购买某种产品，将目标对准他们，提供有针对性的邮寄服务。如果每一客户平均花费 2 美元，则会带来 20 万美元的新收入。

简单而言，预测模型是一种典型的数据库营销。尽管它不能保证每次营销都能成功，但它的成功概率比较高。

城市旅游在线在航空预订领域取得了成功，但是在旅馆预订和出租车预订方面却没有取得同样程度的成功。城市旅游在线的前任数据库营销经理那德 · 库伦(Ned Cullen)说：“我们知道，休闲旅游人士和商务旅行者对旅馆和出租车的偏好是不同的。但是，直到最近，我们都不太容易分清休闲预订和商务预订，导致不能很好地增强个性化的交叉营销效果。”城市旅游在线决定使用预测模型，对两类旅行者进行评分，以找出两者的主要差别。那德 ·库伦接着说：“通过对每位客户进行评分，我们就能更好地发展与我们客户之间的双赢关系，因为我们可以有针对性地为他们提供他们偏爱的旅馆和出租车。”

7. 市场细分

市场细分通常是指将客户分类成若干组别，每组客户具有相似的需求和偏好。一些组织采用单一的市场细分系统，而另一些组织采用多角度的市场细分系统，市场细分的信息对于管理层报告、目标营销、人力资源配置具有重要意义。

像其他目录销售商一样，新闻眼开展市场细分活动，时间长达 20 年以上，最初也是从 RFM 市场细分开始，并不断尝试新的市场细分策略，以达到更好地理解客户并提供个性化服务的目的。莫林 · 法甘评论说：“RFM 市场细分方法对我们来说仍然很重要，但是我们开始尝试其他的市场细分方法。”市场细分也可以根据私人标志信用卡的使用、折扣俱乐部会员、产品目录等进一步实施。莫林 · 法甘接着说：“我们并不坚持某些特定的分类方法，我们将在动态中调整市场细分的方法。”

通常的市场细分方法包括：盈利性细分、人口统计学细分、渠道利用细分、RFM 细分、个人态度细分、偏好细分和行为细分等。

8. 直率的对话

当客户通过表明偏好、回答问题、提出要求等有目的地向组织提供反馈时，直率的对话就发生了。收集这些数据，需要企业做出相应的程序安排，例如询问、记录和保存这些信息等。

高级酒店通常不会要求客户填写调查问卷，而是通过自由的方式，收集并保存直率对话的信息和客户偏好信息。例如，客户可能打电话要求提供低变应原的枕头。当服务员送枕头时，他们就会将这一信息连同客户的房号和日期记录在案。这一信息将会在晚上输入数据库，以方便客户下一次来到该酒店时，酒店自动提供这种类型的枕头。直销企业经常捕捉类似信息，并将这些信息记录在销售部门的数据库中。

其他企业收集客户信息，往往是基于批量的角度考虑。在交易的时候，企业才会收集颜色偏好、尺寸、座位偏好、生日、周年纪念和其他信息。这意味着企业要和客户合作决定未来一段时间里可能的需要，然后再满足这些需求。

通过使用这一类型的信息，为客户提供更大的价值，企业就能反过来得到客户的信任和忠诚。客户也愿意提供更多的信息给企业，因为他意识到这能创造价值。价值交换的重要性是不可估量的，正如埃迪鲍尔公司的哥勒所说："通过对话，我们可以建立一种对客户偏好进行响应的能力，而这种对话的能力对于客户关系管理的未来非常重要。"换句话说，这是一种我们使用客户信息的能力。

9. 第三方信息

我们可以从第三方购买信息。第三方信息之所以不视为对话，是因为客户并一定知道企业得到了这种类型的信息。但这些信息得到私人机构的严格审查，对确定客户偏好具有较高的参考价值。

然而，获得第三方信息需要付出成本，并且第三方信息比客户的实际购买行为信息要简单得多。但是，企业自己创建数据库要花费大量的时间和成本。相对而言，购买第三方信息并不算太贵，这些信息被记录在计算机数据库里，能比较方便地用于报告、分析和目标营销。

第三方信息的种类包括：年龄、收入、孩子的数量、婚姻状况、房产产权性质、信用记录、简历和生活习惯，对于 B2B 的第三方信息种类还包括信用评级、SIC 代码、雇用的员工人数和营业日期等。

偏好数据对各项任务的价值

○低价值

◎中等价值

●高价值

偏好数据的五种类型适合客户关系管理的不同情况，表 11-7 对此进行了总结。当企业在发展其管理关系能力的过程中，他们经常发现，在起步阶段购买第三方信息，失败的风险较低。第三方信息一般比较丰富，带有基本的评分和市场细分的信息。与实际行为数据相结合，不但能为市场营销和个性化提供巨大的分析价值，而且有利加强和推广评分、市场细分和价值评估等。总而言之，直率的对话信息是数据收集和客户关系管理的最后手段之一，但或许具有最具潜力的内在价值。

表 11-7　偏好的类型

任务		偏好数据类型				
		实际行为	评分	市场细分	直率的对话	第三方信息
任务	价值计算	●	○	○	○	◎
	目标营销	●	●	◎	●	◎
	管理层报告	◎	◎	●	◎	●
	批量个性化	●	●	◎	●	◎
	POS 个性化	◎	◎	●	●	○

10. 无所不包的客户关系管理

建立客户关系管理系统是将企业完全纳入以客户为中心的经营活动中的第一步。紧接着第二步就是，企业要使客户关系管理系统的使用对于决策者变得比较容易，从前线员工到行政主管人员，都能理解并能熟练使用这些系统。但是，在分销组织中，如果不能给予有效激励，没有人愿意自觉使用新的信息。内部销售、营销和教育程序将有助于员工自觉使用这些信息。只有当客户关系管理系统完全成为企业的基础设施，并成为内部激励程序的必要组成部分，企业才会逐步向客户关系管理要求的方向转型。

客户关系管理要在企业内部顺利实行，就必须被整个企业所普遍接受。将客户数据仓库用于经营实践，牵涉两大核心程序：①将自动联机分析处理(OLAP)的报告功能、高级数据挖掘功能和数据库紧密结合起来；②将数据库的信息和其他诸如自动售货机网络、网页、电话中心和 ATM 网络等系统连接起来。

城市旅游在线的布热哥斯说："我们已经使用自动联机分析处理程序的报告功能向整个企业发布客户信息，但是我们发现这些报告引发了新的问题，需要我们对数据库作更深入的分析研究，因此我们提供功能更强大的客户关系管理的分析工具。通过运用这些分析工具，我们的分析员不但能做更高级的数据挖掘，而且能创造新的报告系统。"

埃迪鲍尔公司计划采用更多的措施推进客户关系管理系统的应用。既然具有较高回报率的客户将是最有价值的客户，我们就应该采取更加积极的行为。对零售渠道进行客户购买行为细分，将是一个很好的起点。零售经理们希望能够得到详细的客户信息，然后对这些客户区别对待。对客户行为的深入研究，将会改变销售网点对待个人客户的方式。企业客户关系管理的流程如图 11-12 所示。

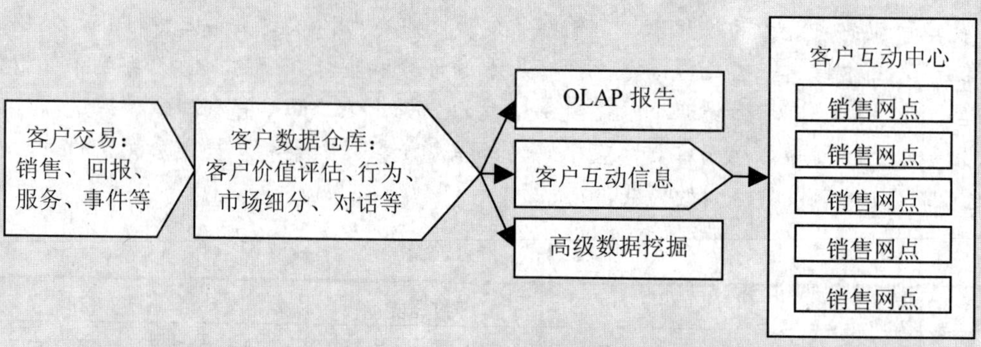

图 11-12　企业客户关系管理的流程图

一旦建立客户关系管理系统，就应该在内部制定推广客户关系管理系统的战略。客户关系管理经理们经常发现，对于推广客户关系管理而言，内部销售、营销程序至少和数据仓库的分析程序一样重要。

布热哥斯通过内部委员会机制在城市旅游在线推广客户关系管理战略。他说："每两个星期，我们都会优先安排与产品开发部门开会，对产品开发的过程全程参与，以保证任何产品的设计都要以客户为中心。通过采用客户关系管理战略，我们就能在早期及时发现我们的产品是否真正符合以客户为中心的设计理念。"

在衡量客户关系管理成效的过程中，企业不断发现并采用更多的新方法。埃迪鲍尔公司现在对单个业务线进行业绩衡量时，会将它同整个公司的客户关系管理结果联系起来一并考虑。歌勒说："现在，当我们分享成果时，我们会更广泛地分享成果；当我们展示成效时，我们也会展示间接的绩效。"

新闻眼发现，通过采用客户关系管理战略所赢得的质量和效率创造了组织持续发展的动力。莫林 · 法甘评论道："当我们将所有数据都整合进数据仓库时，预测系统的准确性大大超过原系统。信息被源源不断地提供给电话中心和管理层，为营销计划和财务预测提供支持。"而且，对客户关系管理指标进行计算和报告的新方法将能产生巨大的效率收益，新方法将法甘的团队和内部合伙人解放出来，使他们有更多的时间策划和执行新项目。法甘说："这进而向整个企业宣布了客户关系管理的重要性和可信性。"

11. 影响

显而易见，客户关系管理将促使企业以更及时、更有针对性、更具个性化的方式为客户提供服务。但是，在年终结算时，企业需要了解他们的投资是否产生回报，他们是否需要继续投资客户关系管理系统。研究表明，理解客户关系管理的影响是问题的关键。开展客户关系管理计划的大多数企业(82%)积极考察和追踪这一影响的收益。

凡 • 罗德斯说："当增加新的服务时，我们就可能超出已有的数据挖掘软件包的服务能力。我们将对之进行成本效益分析，并削减不同主机上的多个报告系统，以达成降低成本的目的。”但是，系统完成之后，其影响便将显现出来。一旦新闻眼开始见到成效，在讨论分配更多资源来扩展数据挖掘软件包的服务能力时，就比较容易。凡·罗德斯说：“现在全公司对客户关系管理系统普遍能理解并接受，我们的首席财务官经常使用我们提供的业绩报告，总裁和首席财务官在其计算机桌面上都安装了报告工具，以了解客户关系管理的进程。”

布热哥斯认为城市旅游在线的客户关系管理非常成功，“我们通常以客户为导向，我们的首席执行官将城市旅游在线称之为数据库营销组织。我们唯一的目标就是与客户进行及时的、有针对性的沟通。”

埃迪鲍尔公司通过技术、营销和渠道等传播和整合客户关系管理，并取得较大进步。哥勒说：“我们零售营业集团正在调查新的 POS 系统，他们要求我们与他们一起工作，向他们陈述意见，分析客户行为，帮助他们理解 POS 项目。”但是，哥勒对合作保持谨慎乐观，因为这仅仅是问题的开始。“当我们讨论如何对销售网点的客户关系进行改善时，他们却将调查范围一再扩展。改变整个企业对客户的思考方式，将会导致我们研究范围不断扩大，这将是我们不得不考虑的问题。”

很少有企业愿意与他人分享客户关系管理的成功经验，而埃迪鲍尔公司、城市旅游在线和新闻眼与我们分享的是共同的经验，在初期对客户关系管理进行适度投资之后，这些公司持续不断地进行再投资，现在作为客户关系管理的成熟企业，他们对客户关系管理的预算和基础设施的投资，在过去 5 年时间里不断增加。

12. 客户关系管理的历史演变

表 11-8 显示，对客户行为的衡量，从大众营销发展到直销，再发展到现在的客户关系管理。在这些不同类型的营销模式之间存在一些灰色地带，但也存在着一些重要区别。当客户关系管理成为主流时，客户关系管理对传统的大众营销思想和方法进行扬弃。

客户关系管理和大众营销最重要的区别就是，客户关系管理以衡量每一位个体客户为起点。这是一个重要的区别，因为客户关系管理的精髓就是使企业更好地管理与每位客户的关系。传统的市场营销只是促使企业做出影响所有客户行为的业务决策，而不是单独影响个体客户。

因为客户关系管理的缘故，大众营销和直销的水平都得到了较大的改善。对客户关系管理的衡量，经常和市场营销与活动营销结合起来，以创造比以前更准确、更好理解的衡量水平。例如，新闻眼对使用私人信用卡进行购物的客户给予双重折扣。法甘说：“我们得到了很好的响应，但是却在营销活动中失去了利润。”在过去，事情会到此为止。但是，现在，新闻眼不仅仅衡量营销活动本身，而且要衡量营销活动未来至少 12 个月的表现，看看在长期的客户盈利性方面，良好的愿望能否创造出较好的业绩。法甘说：“可能刚开始看起来不怎么赚钱的营销活动，在长期里却能创造出可盈利的客户关系。”这种信息在过去注重单个营销活动效果的营销中，是无从得到的。

表 11-8 对客户营销的进展

向客户关系管理演变类型 →

焦点	大众营销(市场)	直销(活动)	客户关系管理(客户)
目标	市场份额的增长控制成本	提高活动的盈利性控制成本	客户份额增长控制成本
战略	增加广告改善服务流程	改善营销程序	改善客户互动定制/个性化
例子	独立的意识 客户满意度(估计) 市场渗透率	响应率 单位目录收入 RFM 活动的净现值	行为 光环效应 交叉销售率 细分市场份额 客户满意度 潜在的净现值 生命周期价值

← 客户关系管理改善市场和营销活动的表现

与此类似的是，许多企业曾长期讨论保留客户的营销活动，但却很少实施可持续的客户保留计划。原因在于理解“谢谢你”或“对不起”的长期价值是非常困难的，评估“谢谢你”的回报几乎是不可能的。但是，对于某组受控的客户群，如果能衡量与客户沟通在今后 12 个月的滞后影响，那么就能量化实际的影响效果。

以衡量个人客户价值为主要特点的客户关系管理并不完全摈弃传统的市场营销方法和理论。企业经常发现许多传统的衡量方法和措施，对于理解增长和客户获得战略依旧非常重要。

大众营销将会促进业务操作的变化；直销将会促进营销程序的改善；客户关系管理将会结合前两者，并衡量个人客户关系，帮助企业做出决策。有意思的是，合成的客户关系管理将能比以前产生更加精确和更具操作性的数据。

13. 下一步怎么办

对生命周期的盈利性和某一时点的盈利性的衡量是新闻眼关心的焦点。生命周期的盈利性是指自成为企业客户的第一天算起的实际财务价值。某一时点的盈利性是指通过观察促销活动如何在较长时间里影响客户行为而衡量的促销活动光环效应。罗德斯说：“因为特别的促销活动，我们将会有一些开销。但是我们想知道在今后一段时间里能否将这些开销赚回来。”

城市旅游在线的布热哥斯清楚地知道，客户的需求总是持续地发生变化，因此，他们的数据仓库也要保持一定的灵活性。“我们并不知道衡量方法应该是怎样的，所以我们走入歧途，尽量多地记录客户翔实的细节。”城市旅游在线也将重点放在更多地使用触发性事件的营销活动上，以改善客户关系。

但是，布热哥斯必须推进内部培训，“让全公司的人都能理解我们采用的方法是非常困难的，我们必须为客户信息的内部使用者提供培训，使他们熟悉客户关系管理系统并学会使用它”。

作为著名的推行客户关系管理的企业，埃迪鲍尔公司仍然努力在公司的各个部门整合客户战略。哥勒说：“如果我管理一个渠道，要求从客户利益最大化的角度做出有关渠道的决策，这需要一定的时间，并且要求做出一定的个人牺牲。为确保做得更好，这将是一场困难的斗争。”

布热哥斯经常向正在推进客户关系管理的企业提出这样的建议：“这不仅仅是销售和营销的事情，有时候，通过培训客户，或提醒他们存在的风险和机会，或在客户提出要求之前服务他们，就能增加客户的价值。”

对于正在推进客户关系管理的企业，客户价值和企业价值之间的紧张关系经常会导致新的问题和机会。努力追求两者之间的平衡，将是一个不断深入的过程，并且缺乏“放之四海而皆准”的答案。莫林 · 法甘建议道：“这将是始终都会存在的问题，这里既不存在魔法，也不存在银弹。往往需要保持经常性的控制和观察，以确保你所提供的产品恰好是客户想购买的产品。”

对于客户关系管理实践，衡量增长的机会和客户关系管理的实际财务效果非常重要。有些企业只实施客户关系管理的局部要素，而不采用科学严谨的方法衡量客户价值，这样的企业几乎都会遇到障碍。客户关系管理是一道亮光，如果没有它，在区别对待不同客户、正确衡量企业的努力、战略抛弃非盈利的经营活动、以客户为企业中心等方面就会缺乏基础。

复习思考题

1. 传统的企业绩效评价方法存在哪些局限性？
2. 简述经济增加值与会计利润之间的不同点。
3. 你认为平衡计分卡在具体实施中会存在哪些困难？
4. 为什么说 CRM 项目实施成功与否和项目的绩效评价有直接的关系？
5. 评价 CRM 项目绩效除客户知识、客户互动、客户价值和客户满意等四个维度之外，你认为还需要重点关注哪些方面的评价，为什么？

主要参考文献

1. 陈明亮. 客户生命周期模式研究. 浙江大学学报(人文社会科学版)，2002(11)：66-72.
2. 毕意文，孙永玲. 平衡记分卡中国战略实践. 北京：机械工业出版社，2003.
3. 丁建石、韩景丰. ASP - CRM 模式及在我国面临问题的分析. 科技管理研究，2007(3)：213-214，217.
4. 丁秋林，力士奇. 客户关系管理. 北京：清华大学出版社，2002.
5. 菲利普・科特勒. 市场营销. 俞利军译. 北京：华夏出版社，2003.
6. 菲利普・科特勒. 市场营销原理. 高登第译. 北京：清华大学出版社，1999.
7. 冯小婵，李星. 客户关系管理中的流程整合. 法制与社会，2007(6)：399-401.
8. 冯艳. 旅游业客户流失管理方法研究. 商业研究，2008(8)：138-140.
9. 韩小芸，申文果. 客户关系管理. 天津：南开大学出版社，2009.
10. 何荣勤. CRM 原理•设计•实践(第 2 版). 北京：电子工业出版社，2006.
11. 胡理增. 面向供应链管理的物流企业客户关系管理研究. 南京理工大学学位论文，2006.
12. 胡延平，廖雷. 基于 CTI 的呼叫中心系统设计与实现. 计算机工程与设计，2003(3).
13. 黄健，于洋. CRM 与 ERP 的整合研究. 中国管理信息化，2007，10(1)：15-18.
14. 蒋向东，康亚. 构建基于软交换的第四代呼叫中心. 网络安全技术与应用，2009(2).
15. 李农，袁全超，郭为民. 银行客户服务中心规划与建设. 北京：电子工业出版社，2005.
16. 李先国，曹献存. 客户服务实务. 北京：清华大学出版社，2006.
17. 李志宏，王学东. 客户关系管理. 广州：华南理工大学出版社，2004.
18. 刘国联，孔志周. ERP、CRM、SCM 3 大系统的整合. 企业技术开发，2007，26(6)：84-86.
19. 卢友东. 知识管理在客户关系管理中的应用探析. 中小企业管理与科技(下旬刊)，2010(2)：236-237.
20. 马刚，李洪心，杨兴凯. 客户关系管理. 大连：东北财经大学出版社，2008.
21. 马凯旋. 知识管理对客户关系管理的重要意义. 商业研究，2006(3)：110-112.
22. 孟治国，王银平. 构建保险 CRM 系统中的客户服务中心. 中国管理信息化，2007(10).
23. 彭志忠，李蕴. 客户关系管理——理论、实务与系统应用. 济南：山东大学出版社，2005.
24. 邓・皮泊斯，马沙・容格斯. 客户关系管理. 郑先炳，邓运盛译. 北京：中国金融出版社，2006.
25. 邵兵家，于同奎. 客户关系管理——理论与实践. 北京：清华大学出版社，2004.
26. 孙裴，王志斌，周宝忠. 第四代呼叫中心技术在辽宁"95598"客户服务中心系统的升级应用. 通信世界，2006(32).
27. 孙强. 银行客户互动平台研究与实现. 济南：山东大学学位论文，2007.
28. 孙宗虎，李聪巍. 客户关系管理流程设计与工作标准. 北京：人民邮电出版社，2007.
29. 汪莹，李林. CRM 打造企业核心竞争力. 合肥工业大学学报(社会科学版)，2004，18(6)：24-27.
30. 王广宇. 客户关系管理方法论. 北京：清华大学出版社，2004.

31. 王永贵. 客户关系管理. 北京：清华大学出版社，北京交通大学出版社，2007.
32. 王悦. 基于协同电子商务的 ERP、CRM 与 SCM 的集成. 物流技术，2006(2)：19-22.
33. 吴清，刘嘉. 客户关系管理. 上海：复旦大学出版社，2008.
34. 杨路明. 客户关系管理理论与实务(第二版). 北京：电子工业出版社，2009.
35. 姚国章. 电子商务与企业管理. 北京：北京大学出版社，2002.
36. 叶彩鸿、董新平. 论客户关系管理与知识管理整合的必要性. 图书情报工作，2005，49(7)：41-44.
37. 余力，吴丽花. 客户关系管理. 北京：中国人民大学出版社，2009.
38. 俞立平. 电子商务. 北京：中国时代经济出版社，2006.
39. 张国安，孙忠. 客户关系管理与企业文化. 科技进步与对策，2001(1)：98-100.
40. 张慧芹. 面向大规模定制的客户互动管理研究. 南京：东南大学学位论文，2009.
41. 张梅. 呼叫中心的研究与应用. 重庆：重庆大学学位论文，2005.
42. 张樵，叶佩华. 基于 XML 技术电子商务平台的构建. 集团经济研究，2006(36).
43. 张云涛，王永成，龚玲. 客户服务中心的应用及其结构. 计算机工程，2000(10).
44. 赵相如. CRM 中项目管理的应用与研究. 项目管理技术，2008(S1)：363-367.
45. 郑毅，樊自甫. NGN 中基于 CORBA 的 Parlay API 接口模型. 重庆工学院学报，2006(8).
46. http://baike. baidu. com/
47. http://cio. it168. com/
48. http://crm. ctocio. com. cn/
49. http://soft. chinabyte. com/
50. http://sysapp. 51cto. com/
51. http://wenku. baidu. com/
52. http://wiki. mbalib. com/wiki/
53. http://www. c800. com/
54. http://www. ccmw. net/
55. http://www. ccw. com. cn/
56. http://www. chinabyte. com/
57. http://www. cioage. com/
58. http://www. ciotimes. com/application/CRM/
59. http://www. ciweekly. com/
60. http://www. cnshu. cn/
61. http://www. ctiforum. com/
62. http://www. customerthink. com/
63. http://www. em-cn. com/
64. http://www. g-cem. org/
65. http://www. greaterchinacrm. org/

66. http://www. hudong. com/wiki/

67. http://www. idc. com. cn/

68. http://www. mbalib. com/

69. http://www. topoint. com. cn/

70. http://zh. wikipedia. org/zh-cn/

读者回执卡

欢迎您立即填妥回函

您好！感谢您购买本书，请您抽出宝贵的时间填写这份回执卡，并将此页剪下寄回我公司读者服务部。我们会在以后的工作中充分考虑您的意见和建议，并将您的信息加入公司的客户档案中，以便向您提供全程的一体化服务。您享有的权益：

★ 免费获得我公司的新书资料；
★ 免费参加我公司组织的技术交流会及讲座；
★ 寻求解答阅读中遇到的问题；
★ 可参加不定期的促销活动，免费获取赠品；

读者基本资料

姓　　名＿＿＿＿＿＿＿＿ 性　　别 □男　　□女 年　　龄＿＿＿＿＿＿＿＿

电　　话＿＿＿＿＿＿＿＿ 职　　业＿＿＿＿＿＿＿＿ 文化程度＿＿＿＿＿＿＿＿

E-mail＿＿＿＿＿＿＿＿ 邮　　编＿＿＿＿＿＿＿＿

通讯地址＿＿＿＿＿＿＿＿＿＿＿＿＿＿＿＿＿

请在您认可处打✓（6至10题可多选）

1、您购买的图书名称是什么：＿＿＿＿＿＿＿＿＿＿＿＿＿＿＿＿

2、您在何处购买的此书：＿＿＿＿＿＿＿＿＿＿＿＿＿＿＿＿

3、您对电脑的掌握程度：□不懂　□基本掌握　□熟练应用　□精通某一领域

4、您学习此书的主要目的是：□工作需要　□个人爱好　□获得证书

5、您希望通过学习达到何种程度：□基本掌握　□熟练应用　□专业水平

6、您想学习的其他电脑知识有：□电脑入门　□操作系统　□办公软件　□多媒体设计　□编程知识　□图像设计　□网页设计　□互联网知识

7、影响您购买图书的因素：□书名　□作者　□出版机构　□印刷、装帧质量　□内容简介　□网络宣传　□图书定价　□书店宣传　□封面，插图及版式　□知名作家（学者）的推荐或书评　□其他

8、您比较喜欢哪些形式的学习方式：□看图书　□上网学习　□用教学光盘　□参加培训班

9、您可以接受的图书的价格是：□ 20 元以内　□ 30 元以内　□ 50 元以内　□ 100 元以内

10、您从何处获知本公司产品信息：□报纸、杂志　□广播、电视　□同事或朋友推荐　□网站

11、您对本书的满意度：□很满意　□较满意　□一般　□不满意

12、您对我们的建议：＿＿＿＿＿＿＿＿＿＿＿＿＿＿＿＿

←请剪下本页填写清楚，放入信封寄回，谢谢！

1 0 0 0 8 4

贴邮票处

北京100084—157信箱

读者服务部　　收

邮政编码：□□□□□□

技术支持与资源下载：http://www.tup.com.cn　http://www.wenyuan.com.cn
读 者 服 务 邮 箱：service@wenyuan.com.cn
邮　购　电　话：(010)62791865　(010)62791863　(010)62792097-220
组　稿　编　辑：彭　欣
投　稿　电　话：(010)62792097-316　13261692311
投　稿　邮　箱：pengxin_bj@126.com　pengxin_bj@sina.com

质检5